胡乔木文集

第一卷

人民出版社

胡 乔 木

(1912—1992)

胡乔木为延安《解放日报》写的社论稿《重庆事件与东北问题》经毛泽东修改的手迹。

胡乔木为新华社写的时评《稿介石解散民盟》经毛泽东修改的的手迹。

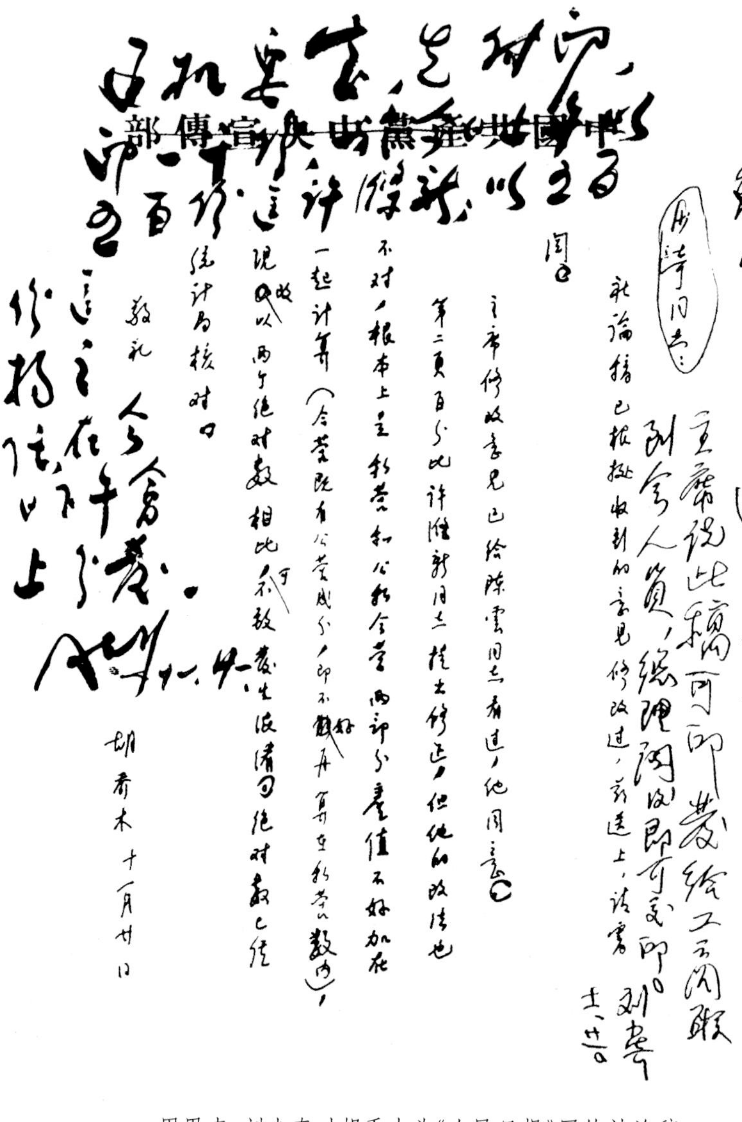

周恩来、刘少奇对胡乔木为《人民日报》写的社论稿《统一认识，全面规划，认真地做好改造资本主义工商业的工作》批语手迹。

目　　录

第　一　辑

再 版 说 明

　　《胡乔木文集》共三卷,由胡乔木生前亲自编定。从1992年5月出版第一卷,到1994年12月三卷出齐,至今已经二十年。值此胡乔木诞辰一百周年之际,应读者要求再版本书。

　　此次再版,保留了初版的原貌。仅对错漏的字词和文章日期做了更正;书前的插页做了部分调整,原第二卷首页的胡乔木照片改在第一卷首页;另将开本改为16开,全书重新排版。

人民出版社

二〇一二年五月

本 卷 序 言

　　过去半个世纪写的文章,现在加以整理,分三卷出版。第一卷收的是作者从一九四一年六月到一九八六年二月所写的政治评论,主要的是为解放日报、新华社和人民日报所写的社论,共一百一十四篇,其他的评论和评论性新闻十二篇。

　　这些评论一般带有很大的时间性。现在仍然收集起来(只删去少数几篇),是出于以下的考虑:第一,这些评论的绝大多数,特别是四十年代和五十年代的,都经过党中央的审定,有些篇题目和主要观点都是党中央决定的,有两篇还经过中央政治局扩大会议讨论通过(《再论无产阶级专政的历史经验》和《西藏的革命和尼赫鲁的哲学》),因而在很大程度上代表了党中央对有关问题的主张。把这些评论编在一起,可以作为研究党的政策发展的重要资料;作为党对党报工作的领导经验,这也提供了重要的见证。第二,四十年代和五十年代的绝大多数评论,都是毛泽东同志修改过的,有许多重要段落是他的手笔(这也是一些评论性新闻所以破格收入本书的原因)。把这些评论编辑成书,既有助于研究毛泽东同志的思想、文章和工作作风,也是对他的一种纪念。毫无疑问,就我个人来说,没有毛泽东同志的指导教诲,我就很难写出这些文章,我的写作能力也很难像在这本书里所表现的逐渐有所进步。本书把现在能查出的毛泽东同志修改时所加的文句都用黑体字印出(很可惜,解放日报评论的原稿已经丢失,人民日报评论的毛泽东同志修改原件也只保留了一部分)。同样,对于刘少奇同志修改时所加的文句,也用仿宋体表示出来。第三,这些评论一般都带有论战性,锋芒毕露,对于论敌不留余地。尽管各篇的文字水平参差不齐,文中的有些论点现在看来不算适当,但是就整体而论,这些评论的战斗品格仍然是过去紧张的战斗年代的值得怀念的标记。现在的环境和任务与当时有很大的不同,但是我们仍然需要战斗,仍然需要战斗的风格。把过去的这些评论编辑起来,也希望能对现在的新闻界和评论界有所贡献。

为了保存历史原貌,本卷在编辑时对所收的文字一般不作变动,只是删去了个别人名,对所用的部分译文和译名改用了现在通行的译法。

第 一 辑

救救大后方的青年

（一九四一年六月八日《解放日报》社论）

抗战以后，战争的烽火，把全国很大部分的学生和知识青年，驱使集中到后方各省。他们都是不愿意在敌伪统治下当顺民，受奴化教育，才不辞艰辛跋涉，跑到这"自由"的中国。希望在自己的政府的保护下，或者可以安心求学，学习抗战知识；或者可以参加各种工作，以报效于祖国。

但是他们失望了！不仅是他们的满腔热望无从得到满足，而且是完全相反地跌落在非常惨痛的深渊里。

首先，他们不能安心读书。学校的门墙太高了，在这兵荒马乱的年代，已非一般中产阶级以下的子弟所能随便问津。去夏国民政府教育部所主办的大学统一招生，重庆区高中毕业的学生在两万以上，而应考者尚不足二千。这就是说，在首善之区的重庆周围，就有十分之九以上的中学毕业生，只能对着大学校望门兴叹，根本不能再作继续升学的想望！至于一般中学校里的学生，其遭遇更是黑暗悲惨，他们大都是茫茫无告的流浪子弟，依靠十块钱一月的贷金维持生活，在战时生活程度飞一样上涨的情况下，他们简直是呼救无门，束手无策了。有很多的人，经常饿着肚皮走进课堂，有很多的人，因为营养不足而生病而死亡；更有很多的人，不得不在无情的生活重压下，黯然离开学校。因为无钱医病而不得不向校长要求预支棺材钱；因为无钱吃饭而不得不每天跑到校外水饺铺去当伙计；这一类令人听了啼笑皆非的故事，更还不断在大后方的学校里发生着。但教育当局对此熟视无睹，他们正忙于如何强迫教员学生"入党入团"，如何防止异党活动，如何禁止学生自由阅读课外书报等等，对于实际解决学生的种种困难问题，并不感到兴趣，于是可怜的学生们不独在物质上生活上受着煎逼，同时在精神上思想上更受着苛刻的压制。在此情况下，所谓安心读书云云，只能是一种欺人之谈了。

其次，他们找不到自己所要做的工作。政府虽然高张着抗战的旗帜，但在堂皇的抗战旗帜之下，他们却没有参加任何抗战工作的自由。无论校内校外，青年的一切爱国活动和言论思想自由尽被剥夺；三青团以外的一切青年组织全不能存在。甚至在反共的名义下，多少进步的书报杂志及文化机关被封闭，多少热血有为的青年被逮捕屠杀。四川綦江县枪杀战干团学生一百九十余名的大惨剧，可说已把国民党对待青年的狰狞面目暴露无遗！

因此，青年在沉重的压力下：喘息，徬徨，毁灭，得不到应有的援助和适当的工作。

本来，中国在伟大的抗战中，国家对青年的需要方殷，青年亦正跳跃着满腔热情，等待着政府的识拔和驱使。然而当政的衮衮诸公，他们不能善用国家的英才，却对自己治下的青年施以分裂，加以迫害，毫无顾恤地践踏自己的年轻一代。言念及此，我们不仅为横遭不幸的后方青年痛心，抑且更为我们危难中的民族前途悲叹！

但是某些一向自命为文化界的公正人士们，他们一面摆着仁义道德的面孔，为青年诉苦，一面却又故意歪曲事实，抹杀良知，对青年叫喊："左倾右倾的说法已经落伍了！因为你们认识不清，为化外的马克思主义所迷惑，所以政府不得不设法帮助你们纠正错误。是左倾的思想害了你们啊！纯洁的青年切莫再'妄从'共产党啊！"

这正像暴徒们掠夺了病弱者的钱财后，却有一位假仁假义的伪君子出来，做出一副悲天悯人的样子，谆谆告诫那不幸的被劫者道："多怪你的朋友接济你钱财，不然，你何至于被劫呢？是接济你钱的朋友害了你啊！以后再莫和他来往啊！"

这真是指鹿为马！这真是暗害者的帮凶！

现在，我们愿意诚恳地向挣扎在重重压力下的大后方青年，贡献几点意见：

第一，对抗战的前途须有透彻的认识和信心。尽管抗战的途程坎坷不平，而且国际国内的某些政治投机家时时在企图合演东方慕尼黑，时时在找寻出卖抗战的机会，但中国抗日战争的革命烽火，是无论如何不会被那些政治阴谋家所扑灭的。国际上有日益强大的社会主义国家苏联及日益高涨的世界革命运动的援助，国内有中国共产党及一切抗日力量的不断生长，这就保证中国的抗战日趋坚强巩固，足以击破任何投降妥协的阴谋而获得抗战的最后胜利。所有残留在国土上的幢幢魔影，届时亦均将烟消云散，豁然开朗。因此在任何情况下，我们必须坚持抗战到底的原则，绝不移易。

第二，必须自强不息，自觉地担负自己应尽的责任。抗战虽然能够最后取得胜利，但却不是胜利能自己送上门来，还需要主观上努力争取。有志的青年绝不能懒洋洋地缩起头来睡觉，静候痛饮凯旋之酒。为了加速最后胜利的到来，每一青年都应振作精神，在环境允许的条件下，进行各种有益于抗战的工作，同时更需要充实自己的知识，加强对社会现实问题的注意和研究，以提高自己的革命战斗力。——学习知识技能，学习对社会实际情况的切实掌握，应该是今日后方青年最迫切主要的任务。

第三，必须善于识别各种危害青年者的面目。现在他们的手法高明，花样繁多。用以毒害青年的武器有明枪，还有暗箭，你们不仅要认识满脸杀气，操着硬刀子的屠夫；更还要谨防那赔着笑脸，却是暗暗操着软刀子的谋士，——他们善于巧言令色，为嗜杀的暴君歌功颂德，为刀头下的青年唱安眠曲。

欢迎科学艺术人才

（一九四一年六月十日《解放日报》社论）

随着抗战以来文化中心城市的相继失去，以及国内政治倒退逆流的高涨，大后方的文化阵地已显得一片荒凉，只有延安不但在政治上而且在文化上作中流砥柱，成为全国文化的活跃的心脏。

延安的古城上高竖起了崭新的光芒四射的新民主主义文化的旗帜，在这个旗帜下萃聚了不少优秀的科学艺术人才，从事着启蒙的研究的和实际建设的工作。建立新民主主义文化已成了全国进步文化工作者共同努力的目标，而只有在抗日民主根据地的边区，特别是延安，他们才瞧见了他们的心灵自由大胆活动的最有利的场所。

这就是为什么他们在延安身上看见了生机，一个民族的生机，寄托了完全的信赖和希望，这就是为什么他们到延安来，仿佛回到自己的故乡、家庭。

最近边区中央局所颁布的施政纲领内明确规定了提倡科学知识与文艺运动，欢迎科学艺术人才，这无疑地对今后新民主主义文化事业将有更大的推进，将会招致更多的科学艺术人才来到边区，将更提高边区的以至全中国的科学艺术的水准。

在延安，不拘一切客观条件的困难与限制，各种文化活动在蓬蓬勃勃地发展。科学和艺术受到了应有的尊重。在抗日的共同原则下，思想的创作的自由获得了充分保障。艺术的想象，与乎科学的设计都在这里发见了一个可在其中任意驰骋的世界。任何细小的创造与发明，都会博得赞扬与鼓励。自然，物质上的生活是较清苦的，然而大家精神上却并不以为苦，有一个共同的基本认识支配着大家：每个人都知道自己是在为什么人工作，为着什么目的。这里不提倡"与抗战无关"的作品创造，也不鼓吹为"一个领袖"服务的精神，一切都服从战争，服从大众。这就是科学艺术所以能够繁荣的真实原因。

科学和艺术，只有与现实斗争的实践任务相结合，才能向上发展；而要建设边区，提高边区，没有科学艺术的帮助，也是不可能的。由于历史的社会的种种条件，边区曾经是、现在也仍然是一个文化上落后的地区。不错，四年以来，我们曾做了不少启蒙的工作，艺术大众化（如利用地方戏，改造各种民间艺术形式等等）与科学大众化的工作，而且获得了初步成绩。民众娱乐已逐渐改进，民众的欣赏趣味与水平已开始渐渐提高。伴随着落后散漫的小农经济而来的人民的落后意识、迷信、旧习等等也已慢慢地被新的意识、观念和知识所代替。然而进步还不够得很。我们需要进行更广泛更深入的启蒙工作。我们期待着有更多的愿意到民间去的科学艺术人才来共同担负这个工作。

在边区的经济建设上，技术科学，尤其是一个决定的因素。不论是改良农牧、造林、修水利、开矿、工厂管理、商业合作,都必须有专门的知识技能,必须受科学的指导。祖传老法已经不行了,必须让位给科学。自然科学家在这里有着最广大的活动地盘。

边区,特别是延安,已成了全世界进步人士口头上的名词,关于它,已经有了几种书籍;然而却还没有看见在艺术语言上的较完整的反映。深入到边区里而去吧,深入到民众中间去吧,涌现在你眼前的将会是无限丰富而生动的形象,许多新奇的生活的故事,斗争的故事。不用歌颂,只需忠实地写出来,就会是动人的,富于教育意义的。对于边区的缺点(即是任何新社会亦所不免的),也正需要从艺术方面得到反映和指摘。我们看重"自我批评",尤其珍视真正的"艺术家的勇气"。

这样说,我们欢迎科学艺术人才,就只是为的要他们来反映边区,宣传边区,帮助建设边区吗? 不,我们并不把科学艺术活动局限在启蒙与应用的范围,我们同样重视,或者毋宁说更重视在科学艺术本身上的建树,普及和提高两个工作,在我们总是联结着的。虽处在战争环境,但估计到战争的长期性,中国地大的条件,以及抗战与建设新民主主义的必须同时进行,我们不应把科学艺术上的提高工作推迟到抗战胜利以后。特别是因为中国新文化的根基尚浅,而民族化的程度又还十分不够,我们的责任是尤为重大的。我们要急起直追。我们要有决心来做长期研究和长期讲学的工作。我们要大大发扬朴素切实的埋头做学问的作风。

我们面前放着的科学艺术的领域如此广阔,任务如此重大,所以我们虽然已经有不少的科学艺术人才聚集在这边区,然而还觉得必须有更多更多的人来和我们共负艰巨。我们忠实地遵守着列宁的遗教："没有在许多不同的范围中与非共产党员成立联盟，任何共产主义建设的工作都是不能成功的"。何况，我们今天所着手的还只是新民主主义的建国事业。

我们虔诚欢迎一切科学艺术人才来边区，虔诚地愿意领受他们的教益。

国民党缺少什么

（一九四一年六月十七日《解放日报》社论）

国民党缺少什么？飞机大炮吗？干部人才吗？抗日办法吗？是的，这些都不算顶多，但是最缺少的，却是民族的信心。

国民党的有些先生们，常常骂旁人（尤其是骂共产党）没有国家民族观念，但是共产党和人民既然对于抗战和民族解放从来没有消极过，这些骂人的文献无论花样怎样新奇，篇幅怎样浩瀚，也就徒然使人惊叹于这种纸张的浪费，与蒋介石先生所号召的节约运动是如何地不相符合罢了。但是这些先生们自己的国家民族观念的仓库里究竟还剩下基金几许，却是很值得怀疑的。我们不敢幸灾乐祸，只能够很严肃地忠告这些先生们说：请自己珍重，在这上面多加些砝码吧！这将于你们和我们，于你们和我们的最钟爱的国家民族，都有益的。

你们请平心静气想一想，你们如今对于美国的捧场和依赖已经到了什么田地？我们不要求你们放弃对美国的幻想，这是思想自由和言论自由，但是孔子曰：辞达而已矣，过犹不及。你们硬要说中国和英国乃是美国的左右翼，说汉水和英伦海峡同是美国的边界，这又何苦来呢？你们又说美国和中国已超过了盟邦的关系。请问有史以来，美国对中国曾负过什么盟约的义务呢？而且还要超过，那该是种什么甜蜜的关系呢？未必小罗斯福大尉到中国来拜了几个干兄义弟？你们把人家高捧入云，但是人家和日本的军用品贸易发展的曲线却在高耸入云；你们把赫尔的一纸空文当做观世音菩萨的灵符，人家却在和野村谈判如何命令中国停战。好像什么时候中国已经一古脑儿投奔到美国的荷包里一样！这才叫真正超过了盟邦的关系，真正把汉水当做密西西比呢。

不能不依赖美国吗？至少也不要依赖火星上的美国呀！地球上的美国，无论申包胥们怎样痛哭流涕，在美国国务院门口站他几十个七天七夜，目前也是只有把太平洋的舰队开往大西洋，但是你们，你们过去曾把全部希望寄托于日苏战争，现在又托之于日美战争，全不管上穷碧落下黄泉，今天的议事日程上并无日美战争的踪迹。请问万一不幸，美国妥协竟成事实，你们这一幕喜剧将如何收场？人民责备你们今天所进行的乃是有计划的欺骗，你们如何能够否认？退一步说，即令美日妥协不成，美国对我又有何皇恩浩荡之处，使我堂堂奋斗中的伟大民族必须肉麻当有趣，自丧国格，自毁人格，至于斯极？你们的这一切宣传，究竟有多少民族观念？它们究竟出于孙中山先生民族主义的何章何页？出于蒋介石先生自力更生口号的哪一种字典的注解？

你们请再平心静气想一想，你们对于共产党和人民的摧残压制，造谣诬蔑，又已经到了一步什么田地？为了对付共产党和人民，你们建筑了一个何等庞大的机构！这个机构愈积愈大，现在是早已像寓言里的骆驼对待可怜的阿拉伯人一样，把一个抗战政府的其他作用都挤到帐篷外面去了。在强敌压境之际而采取这种政策，无论在古今中外，都绝对说不上兴国建国，而只能祸国亡国，这一点浅显的道理，你们岂能不明白？但是你们既然把异胞看做同胞，醉心于在纽约交易所建立你们的民族中心，就自然要把同胞看做异胞，就自然不能从人民身上看出民族的无限力量和无限前途。而且不但如此而已，"一尺布，尚可缝，一斗米，尚可舂，兄弟二人不相容。"你们还要把自己的同胞看成不共戴天的寇仇！你们在皖南事变和各种反共活动中是何等地勇敢！你们在制造谣言和各种反共舆论中是表现了何等的创造性积极性！你们既然毫不迟疑地把人民和人民的先锋队都描写做奸匪叛贼，你们对于民族还能有什么信心呢？虽然受到一切不能忍受的敌视，但是只要你们继续抗战，共产党和人民还是爱护你们，还是愿意和你们合作的，不幸你们连这种信心似乎也很贫乏。你们这样地既不信任旁人，又不信任自己，究竟又有多少民族观念？这又是出于孙中山先生民族主义的何章何页，出于蒋介石先生自力更生口号的哪一种字典的注解？

　　"这又不信又悖谬的世代啊！我实在告诉你们，你们若有信心像一粒芥菜种，就是对这座山说，你从这边移到那边，他也必移去，并且你们没有一件不能作的事了。"在民族信心横遭蹂躏的今天，我们不能不借耶稣的这几句话来奉赠国民党。国民党里有许多人近来很悲观，甚至也知道依赖美国并不是出路。他们很奇怪为什么共产党在更艰苦的条件下却得到更大的胜利。无论国内国际的环境如何险恶，共产党确然总是风雨不动安如泰山的屹立着而且前进着。共产党究竟有什么秘密呢？共产党的全部秘密，就在于相信中华民族和中国人民,因此始终和全民族的伟大人民群众在一起奋斗,而不去依赖任何外国尤其任何帝国主义国家。但是国民党有什么理由一定不能提高自己的民族信心,不能信任人民和信任自己,而非去膜拜那些心怀叵测的帝国主义阴谋家不可呢?国民党的许多"理论家"说,三民主义目前最需要的唯有一个民族主义,这大概也就是所谓一个主义了,国民党有什么理由连这一个主义也不全力加以坚持呢?只要国民党能够坚决提高民族信心,坚决贯彻民族独立战争,国民党的一切困难都是可以解决的,国民党还是有光明前途的。

苏必胜，德必败

（一九四一年六月二十九日《解放日报》社论）

苏德战争到今天才一星期，其将来发展会有种种可能，但无论从哪一种可能来推想，都必然达到一种结论：苏必胜，德必败。

时论多以为：苏联若与中国英美成立反法西斯的同盟，必可操胜利之左券。这自是一种设想，而且亦非决不可能，但我们把这种情形姑置不论，且来假定几种较为困难的情形，在这些情形之下，许多对苏联估计不足的人们通常是把胜利的把握放在德国方面的。

现在假定苏德战争在现在的规模之下继续进行，即一方是苏联，一方是德国、意大利、芬兰、罗马尼亚，双方都不再增加新的力量。德国方面比较苏联的可能优点只是：军队久经锻炼，自作战以来未遇何等挫败，锐气未衰；居于包围的和进攻的方面，在开始几天内对方不易捉摸其主力所在。但这些优点并无决定的意义。德国方面的弱点远超过它的优点，而且能使优点也变为弱点。

第一，德国师出无名，无法进行精神动员。德国过去对波兰对英法荷比丹挪作战，已苦于没有足以制胜对方的理由，后来对南斯拉夫希腊的战争，更被举世斥为侵略，这次悍然不顾信义，进攻自己两年来的友邦苏联，其理屈词穷，路人皆知，以至像美国这类国家的统治阶级的人物，也不能不因德国的"背信"和"阴毒"而加以抨击。希特勒这次为发动侵略写了那样长的宣言，硬派苏联的领袖为"犹太人"，为英国的同谋，而自称德国正在建设着"社会主义社会"，并吁请上帝的援手，便正是自己做贼心虚的供状。德国军队虽远未遭遇何等挫败，但这只是由于它过去所攻击的国家或是强弱悬殊，或是政治腐败，或是内奸窃据要津，通敌叛国所致，并非希特勒真的有何神秘的力量。而就在这种一帆风顺的外表之中，德国内部经济的艰窘，民族的轧铄，十年法西斯血腥统治所激起的和两年对苏外交所促进的革命运动的酝酿，已使德国士兵开始厌战，德国人民开始反战。这种厌战反战的情绪，在这次侵苏战争中无疑将更加发展，而事实上也已经在发展了。但是苏联呢？苏联的红军就在近几年也是受过张鼓峰哈桑湖和芬兰战争的洗礼，也是未曾遭遇过挫败的，而苏联现在的战争，却是一个反对背信弃义的敌人，守卫自己的祖国的神圣战争。苏联的士气民气，超过德国奚啻霄壤！所以从这一点说，苏必胜，德必败。

第二，德国实力，在量上是有限的，在质上是已暴露的。德国缺少粮食和煤油，其生产力已扩大到极限，而这点基础又在不断地大量消耗，交通封锁和轰炸破坏之中，绝对无法持久。德国的战略战术，长短优劣，经过两年的战争，亦泰半大白于天下，引起被侵略者的注意与防制，而苏联的条件则恰好相反。苏联资源之富，超过任何一国，生产力之高，甲于欧洲，人力之强，三倍于德国。苏联是自给自足的国家，苏联的边疆，德国亦无法封锁。苏联工人的工作时间，现在不过八小时，必要时依然有增加的余地。苏联有广大工业农业区域，可以长期不受炮火飞机的威胁。苏联的红军自建军以来，就在潜心研究各国的军事和自己的国防，第二次的世界大战，更供给了这种研究以一个绝好的机会，而红军的战斗力，至今不过小试锋芒，其真相如何，是没有一个其他的国家所能够揣摩的。德国统帅部现已被迫承认红军的战斗力和战略方针超出他们的意料之外，这种承认以后必然还会接踵而来。从这一点上说，也是苏必胜，德必败。

第三，德国对苏作战还要不可免地遇到许多重大的技术上的困难，德国对苏似乎是外线作战，其实德国的四面，都在敌人的包围攻击中间。即使德国的陆军决定放弃攻英的计划，德国的空军事实上已陷于两面作战，因而德国的制空权无论在东线西线都有濒于丧失的危险，而这是对于战争的结果有决定影响的。又因为德国对苏联是在国外作战，不但得不到居民的任何接济，而且战线愈长，战区愈广，德国的供给联络就愈将遭受严重的阻碍，甚至还有被切断后路的可能。这些困难，都是苏联所没有的，所以这也证明苏必胜，德必败。

第四，德国内不稳而外孤立，苏联内坚强而外多助，这乃是决定这次战争胜败的关键。在名义上的一个德国里面，希特勒就树立了至少十四个民族敌人和少数大资产阶级以外的无数阶级敌人。由于德国的侵掠苏联，表现了希特勒征服全世界的决心，因此希特勒不但成了全世界一切努力保持自由和争取自由的民族的公敌，也成了帝国主义国家英美的敌人。

就是日本、意大利、罗马尼亚、芬兰等国的统治者，就是国社党内的其他派别，也都是和希特勒各有其或多或少的矛盾，而与他同床异梦的。在希特勒的周围，无论何处都充满他的敌人。相反的，在苏联的内外，无论何处却都充满了苏联的朋友。苏联是全世界最统一的国家，苏联的政府和军队，是全世界得到最广大的拥护的政府和军队。苏联是一切被法西斯主义所奴役或威胁的民族的朋友。因为苏联对于全世界的号召，乃是反对法西斯奴役而非社会主义革命，因为如果苏联失败就将使希特勒对于英美对于全人类的威胁极度严重，所以一切被法西斯威胁着的国家民族，都必须站在苏联的方面，英美虽有一部分最危险的亲德反苏的资产阶级分子，但另一部分资产阶级则从其帝国主义利益出发，承认亲德反苏在目前无益有害，而英美广大人民群众更是一致援苏反德的，所以英美也不能不站在苏联的方面。由于这种种原因，可能的局部的失败，对于苏联是完全不足忧的，苏联结局是必然胜利的。而对于希特勒，任何胜利都只会促成他的失败，如果希特勒在失败时还不悬崖勒马，那就会发展成为全盘的失败——崩溃和灭亡。所以苏必胜，德必败。

但是还可以有更坏的假定。假定日本和土耳其都参加到德国方面而对苏宣战。这个情形当然坏些，但是也不能改变事情的本质。日本的陆军大部分已陷于侵略中国的战争。很难想象，不能战胜中国的军队竟能够战胜已经再三击败过日本的苏联，苏联的远东红军是不曾受也不会受西方战线的影响的。至于土耳其，就更不是一个严重的力量。土耳其而倒戈反对自己的恩人，是只能引起土耳其人民的愤恨的。英国在伊拉克和叙利亚的胜利也有制止土耳其完全投入德国方面的作用。所以在这样的情形下，结论依然是：苏必胜，德必败。

　　但是，苏联的胜利不是可以唾手而得的。艰苦奋斗是必然的过程，重大的牺牲和一时一地的挫折也是不可免的，盲目的乐观心理，显然十分有害，因为强大的德国不是可以轻易打败的。我们中国人民为了保卫自己，为了援助苏联，都必须竭尽我们最大的努力，我们怎样援助苏联？这就是加紧我们的团结抗战，反对我们的敌人日本帝国主义，这个敌人是和苏联的敌人互相勾结的。战胜法西斯日本和法西斯德国，是中国的利益，是苏联的利益，也是一切爱自由的民族和全人类的利益。全人类和全中国的战斗口号是反对法西斯奴役，而全人类和全中国的战斗信念是：中必胜，日必败；苏必胜，德必败。

国际的团结与国内的团结

（一九四一年七月八日《解放日报》社论）

由于苏德战争的爆发，全世界分成法西斯阵线与反法西斯阵线，世界各民族的斗争与中国的抗日战争汇合起来，中、苏、英、美及一切反法西斯的国家民族，现在已在政治上有了一致性，这是目前国际形势的基本特点。在此情况下，中国抗日阵线的内部关系，也应该较之过去有所改进，加强民族团结，是目前的急务。在此基本立场上，中国共产党中央在七七抗战四周年纪念日发表了它的辉煌的宣言。这个宣言所解释与号召的中心口号只有一个，就是国际的团结与国内的团结。

中共中央的宣言指出：希特勒进攻苏联和苏联反对希特勒进攻的战争，不是仅仅两个军队的战争，也不但是全苏联人民反对希特勒的战争，而且是全人类反对全人类公敌的战争。打倒希特勒及其国际法西斯阵线，建立和拥护国际反法西斯阵线，应该是一切自由民族的共同任务。

中共中央的宣言指出：希特勒及其国际法西斯阵线是一切自由民族的死敌，也是中国人民的死敌，这是因为希特勒、墨索里尼已经公开承认日本傀儡汪精卫，希特勒辈如果得志，就将是中华民族奴役和灭亡。因此中国人民应该积极促进国际反法西斯阵线的形成，应该积极加强抗战，打倒法西斯阵线的东方主角日本帝国主义。

中共中央的宣言又指出：为要战胜法西斯阵线，为要打倒日本帝国主义，需要国际的团结，而且更需要国内的团结。中共中央在宣言中提出了加强国内团结的基本方针，并再一次表示了坚持国内团结的一贯立场。中国共产党所执行的各种政策，是服从于民族团结的，中国共产党所提出的各项主张，正是为着这个民族团结。

可以庆幸的是，抗战统帅蒋介石先生在今年七七所发表的"告全国军民书"和"告友邦书"对于国际的团结和国内的团结，和中共中央的意见是基本上一致的。蒋先生在他的宣言中对于目前的国际形势说："今天世界上侵略国家和反侵略国家，已形成显然分明的两大分野，轴心国家的侵略范围在欧洲与亚洲同时扩大，一切爱好自由的友邦很自然地站在一条战线上。我们抗战必须在世界局势发展中尽到我们的责任，乃能求得最后的胜利，达到真正的成功。"关于抗战问题，他表示了国民党反对日寇汪逆的决心和加强国内团结的愿望。他警告国人不要因为敌人的南进北进而放过反攻的机会，使积年之功毁于一旦，并号召"全国军民要一致精诚团结，提高战斗力量"。这种表示，对于时局的推进是有益的，是值得欢迎的。

国际的反法西斯团结，因为苏联的英勇抵抗，因为希特勒对于全世界野心的暴露，正在发展之中。中国的抗战环境，在法西斯德国和法西斯日本的加紧勾结之下，也已遭遇严重的危机，我们希望国内的团结也能够迅速加强起来。

严重的国际国内环境，要求一切不愿意丧失自由的人们团结起来,谁违反这个方向,谁就是自觉地或不自觉地站在敌人方面。必须警觉,敌人是要破坏我们的团结的,对于这种破坏必须给予无情的回击,这又是为着加强国际国内团结必须注意的一方面。

全世界全中国一切反对德意日法西斯的力量团结起来,打倒法西斯恶魔,打倒日本帝国主义,打倒团结的破坏者,胜利是我们的。

出路和迷路

（一九四一年七月二十七日《解放日报》社论）

在今天的国际形势之下，中国的出路何在？

这个问题在中国本来已经有了差不多一致的答案。中国共产党在七月七日发表的宣言里提出的基本答案是：

（一）拥护国际反法西斯阵线，促进中苏英美一致联合；

（二）加强反汪斗争，巩固抗日阵营；

（三）加紧国军的整训，加强前线和敌后，积极反攻；

（四）加强各抗日根据地，使敌人无法抽调兵力西进、南进、北进；

（五）加强各抗日党派的合作，调整国共关系，解决新四军问题；

（六）给一切爱国人民以言论出版集会结社自由；

（七）改革政治机构，罢免贪污，肃清敌人的第五纵队；

（八）禁止囤积居奇，实行调剂粮食，平抑物价；

（九）改革兵役动员制度；

（十）调整中央与地方的关系。

这个答案是得到各个民主党派、海内外同胞和一切关心中国抗战的国际人士的同情的。蒋介石先生在抗战四周年的表示，和这个答案的根本精神也是大体一致的。所以这个答案无论在理论上和实际上，都是唯一的答案。

但是可惜中国竟还有极少数的民族败类故意要把国家拖到迷路上去。这些人就是以何应钦为首的亲日亲德分子。他们在中国共产党和蒋介石先生的宣言发表以后，不但不在全民族的意志前面屈服，而且积极展开了反对的活动。由于这些人今天还在窃据要津，他们的罪恶活动也就还能够发生阻止整个局势进展的作用，也就不能够不唤起全国人民的严重注意。

为了抗战的前进，为了民族统一战线的前进，为了中苏英美的联合阵线和整个国际反侵略阵线的前进，对这些败类加以彻底的清算，是必要的。

让我们看看，何应钦辈在现在的国际新形势下面干了些什么把戏？

在整个外交路线上，何应钦辈的立场是不抗日而亲日，不反德而亲德，不联英美苏而反英美苏。何应钦之为由来已久的亲日派首脑，在中国固已妇孺皆知，在英美苏等友邦亦人言啧啧。自从德国法西斯背信进攻苏联和承认汪逆精卫以后，希特勒在国际，在中国，都已成了老鼠过街，人人喊打，而何应钦辈却因为进攻苏联承认汪逆就是帮助了自己的破坏中国抗战的阴谋，就是抬高了自己的身价，反而大为称快，以至他们那长久失望的眼窝里简直涌出了感激的眼泪。在中国政府宣告对德意绝交，驱逐德意驻华使馆人员出境的时候，何应钦辈居然对他们大排其离亭别宴，而且和他们相约"在新疆再会"！他们到处宣传德国必胜，宣传中国应该和德国站在一起，应该和德国走一样反共反民主的路,应该和德国继续维持偷偷摸摸的关系,应该密切配合德国的反对英美苏和"育成"汪逆,应该积极鼓励和帮助日本的反对英美苏和灭亡中国,以便在国际造成中日德意的集团,而在国内则造成汪精卫、何应钦和一切亲日亲德分子的"统一"。

在这个总路线之下,何应钦辈的对内政策自然是可以想象,可以了解的了。何应钦辈反对在现在的国际形势下面加强团结,刷新政治,以便配合整个的国际反侵略阵线而实行反攻敌人,收复失地。相反的,他们正因为国际两大阵线的斗争日趋尖锐,所以主张趁此时机分裂国共的团结,分裂中央与地方的团结,分裂政府与人民的团结,以便与南京的傀儡合流,建立所谓"东亚新秩序",实现日寇和三国同盟多年的梦想。何应钦从七七就亲自出马,重弹他那被全中国全世界所一致反对的皖南事变的老调,以后更变本加厉,捏造了一串"十八集团军越轨行动"的奇谈交中央社广播,企图使国民党落入与全部八路军新四军对立的陷阱,这样来煽动全面的内战和斩断国共关系好转的前途,在国内和国际孤立国民党,使联合英美苏反对日德意的国策成为不可能。

当然何应钦辈的法宝决不止于"散布合理流言"。

何应钦现在正在准备对皖东北和苏北的新四军作新的进攻,同时命令他的部下加紧"扩大自首运动"和迫害各地的爱国青年,甚至对青年记者学会和工业合作社这类非政治的职业组织,也尽情加以摧毁;而另一方面,对于人民反对贪污、平抑物价、改革兵役等等迫切要求,却能够怡然泰然,充耳不闻!

很明显的,中国是一面世界的镜子,世界政治关系的每一次新的变化,在中国都找到了它的反映。国际反法西斯阵线的形成,固然在中国受到了国共两党和全国人民的拥护。同样,德意法西斯的猖獗和日本法西斯的蠢动,也不但带给了汪精卫辈并且带给了何应钦辈以新的叫嚣跳踉的刺激。而何应钦辈亲日亲德分子因为至今仍寄生在抗战营垒之内,其淆乱中外视听,妨害团结抗战,就如未出走以前的汪逆一样,就比任何公开的敌寇汉奸更为危险。我们共产党人在汪逆未出走以前,就曾以国家民族利益为重,不顾个人情面,不顾本身危险,大声疾呼地做了反汪的先锋,事变的发展证明了我们的预见完全是正确的。不幸历史还需要我们作第二次的预见,因为汪逆虽早已出走,暗藏的汪逆党羽却还留下了很多,而何应钦便是这批新的汪精卫的代表。正由于何应钦辈的继续作祟,以致汪逆走后,抗战营垒依然未见澄清,抗战事业依然未见发展,而国共间的纠纷却在愈演愈烈。廿八年底廿九年初发生了边区华北各地的摩擦,廿九年底卅年初又发生了新四军的问题摩擦,终于在何应钦一手主持之下爆发了震惊世界的皖南事变,至今犹悬而未决,言之令人心痛。现在国内外的一切条件,正要求我们内和国共,外抗日德,正确地掌握国际形势,为中华民族的久远利益奠定坚强不拔的根基,而何应钦辈却怙恶不悛,还在加紧施展种种鬼蜮伎俩,务使我们的同胞和子孙永无自由之日。我们面前现在只有两条路。一条是共产党中央和蒋介石先生所指出的,全中国人民所拥护,全世界反法西斯人士所赞助、而独为何应钦辈所坚决反对的路,这就是联合英美苏联,加强国内团结,改良政治,积极反攻,以求彻底驱逐日本帝国主义,建设三民主义新中国的路;另一条是何应钦等亲日亲德分子所希望而为国共两党、全国人民和全世界反法西斯人士所坚决反对的路,这就是全国分裂,反共反蒋、反苏反英美,投降日寇和国际法西斯阵线,使中华民族亡国灭种的路。选择第一条路就是保存全中国而牺牲何应钦,选择第二条路就是保存何应钦而牺牲全中国。二者究竟孰吉孰凶,何去何从呢?

毫无疑问的,全世界都将看见中国选择第一条路,看见何应钦辈凄凉地把尾巴夹在腿里嗅着汪精卫走过的路逃跑。何应钦们将来永远不可能在新疆和希特勒的任何一个走卒"再会":幸运之神最多只能延长他几天的寿命,让他在东京的什么角落里望到国际反法西斯阵线的胜利,苏联的胜利和中国的胜利。

闻　　捷

（一九四一年八月十四日《解放日报》社论）

中共中央在今年七七的宣言中，曾号召全国积极反攻敌人，制止敌人的南进、西进或北进，蒋委员长也曾同时向国内外郑重表示，敌人如果南进或北进，中国必然反攻。现在敌人已经占领越南，威胁泰国、缅甸和整个南洋，威胁中国的西南边境和滇缅交通，而英美又已开始改变姑息政策，准备武力抵抗敌人的南进。这是反攻的时候了！

正在这个时候，在敌后艰苦抗战的八路军新四军，都得到了很多的胜利。举较大的说，晋察冀克复了温塘，冀南克复了邱县，苏北克复了阜宁、东沟、益林、建阳、土冈、黄桥、古溪，进迫盐城、兴化、泰兴、靖江，泰兴并已一度攻克。这是极有意义的。我们庆祝这些胜利，并且希望这些胜利能够促成全国的反攻，尤其是促成反攻胜利的各种必要前提的实现。

在这些胜利中间，新四军在苏北的胜利最大，也最有意义。新四军自从去年底奉命北移，突遭暗算，叶军长负伤被俘，项副军长生死不明以后，不但沉冤未雪，而且被宣布为叛军，在湖北，在安徽，在江苏，受敌伪军和中央军的夹击，迄无虚日。这次敌人利用汪逆指挥下的韩德勤旧部李长江杨仲华等进袭盐城、阜宁，号称江苏省政府主席的韩德勤竟至与敌寇叛逆互通声气，合攻敌后坚持抗战的孤军，尤为骇人听闻。但是忠勇卓绝的新四军将士们，无论在何种为常人所不能堪的环境之中，他们的血始终为国家民族而流。他们不顾一切牺牲，光荣地响应了中共中央和蒋委员长的号召。试问在今日口称国家至上民族至上、口称准备反攻收复失地的人们中间，有多少人曾像新四军这支"违背军令军纪"的"叛军""奸军""匪军"一样认真地杀了敌人而且杀退了敌人？试问那些坐拥皋比，手握虎符，对敌一无所能，而唯以"进剿"新四军、辱骂新四军为能事的先生们，看了新四军的战报怎不害羞？

　　此时此日，中国所需要的本不是算账，而是保卫西南，保卫南洋的国际大团结和反攻日寇汉奸的国内大团结。但是要讲团结，要想反攻，又对于作战最多最力最好的八路军新四军继续压迫摧残，造谣污蔑，丝毫不谋所以缓和之道，这毕竟是太不可思议了。叶军长仍旧在上饶的监狱里关着。华中的反共战争仍旧进行着。八路军仍旧不给发一颗子弹和一文军饷。这是一幅什么图画？这成一个什么体统？内部这样的倾轧，如何说得上保卫西南，更如何说得上反攻，说得上与英美并肩作战？一定要如此说，恐怕不独中国人相信不了，外国人也相信不了；不独敌人相信不了，自己也相信不了。

　　全国的反攻不是一件小事。过去中国未尝没有人很轻易地说过，结果只是无结果地说说而已。我们共产党人对于抗战一向是严肃的。我们对于现在的相持阶段尚且认为不够稳固，何况最后决定国家民族命运的反攻。我们今天主张反攻，这是由于中英美苏趋于联合的国际条件允许我们提出这个口号。但是我们永不允许对一个口号不负责任，因此中共中央在七七宣言中才提出十项主张作为胜利地实现这个口号的保证。要反攻，单是八路军新四军自然是不够的，但是说句实话，反攻却与八路军新四军有不可分离的联系。第一，反攻必须迅速解决八路军尤其新四军的悬案，不解决这个根本的问题，反攻只能成为讽刺。第二，反攻必须加强八路军新四军的装备。政府现在之不愿八路军新四军有充分的武装，这是宋子文先生在皖南事变时也承认过的，不抛弃这个政策，要八路军新四军发挥其更大的战斗力，获得更大的战果是不可能的。第三，为使反攻不至于流产，还需要全国友军参考八路军新四军的战略战术、征兵动员、部队政治工作、群众工作和敌伪军工作的经验，作各种必要的改进。如果这些军事上的前提能够实现，如果中共中央的十项主张能够实现，那么来日的胜利，超过于今日八路军新四军之所得者必将不止千百倍。为了达到这个光明灿烂的前途，我们恳切地希望中国的一切有心人和我们一齐努力！

最近的国际事件与中国

（一九四一年八月二十六日《解放日报》社论）

关于罗丘会谈和准备中的莫斯科会议的重要性，中共中央已在八月十九日的声明中加以阐述。从这两个事件和最近其他国际事件中，中国应该得到什么教训？

最近的国际事件指明，今天的世界乃是民族独立自由的世界，乃是一切民族解放斗争迅速发展和胜利的世界。英美与苏联能切实站在一条战线上，以联合的实际行动制止侵略者，这是全世界人类和全中国人民所久已盼望的，现在这个盼望已经在基本上实现了。还在罗丘会谈以前，欧洲沦亡国家的独立斗争已在蓬勃开展，今后几个月中，随着苏联抵抗力的增长和德国困难的加多，随着英美反德斗争的日趋积极，西方的民族运动必将更加春花怒发。我们中国的民族抗战，现在已经进入了第五个年头，遥望欧洲反抗的烽火，不禁加倍地充满了同仇敌忾的豪情和伟大胜利的信心！反攻的一天来了，收复失地的号声响了，我们应该最后地撇开一切悲观怀疑自暴自弃的观念，收拾一切守株待兔，一心以为鸿鹄将至的幻想，大踏步地加紧我们的勇猛的战斗！我们不能再徘徊不前。我们要分享苏联的光辉，不能让她专美，更不能眼看欧洲的小国比我们更早地得到胜利。要知道真正的民族自由，唯有依靠自己的流血才能取得。现在正如中共中央声明中所说，是一个千载难逢的时机，只要全国立下反攻的决心，我们的内部外部一切难题，在现时最有利的国际条件下都可以迎刃而解，反之如果继续苟且因循，我们的国际发言权就不仅不会提高，而且还会降低，在整个的世界上我们就要成为落伍者了！

　　最近的国际事件还指明另一件事，就是今天的世界乃是民主的世界，无论国际局势的演变如何波谲云诡，未来的胜利者必属于民主的势力，必属于民众，而反对民主反对民众的势力必归于败亡，则断然不容疑惑。苏联由于实现高度的民主，自内激发了人类史上空前的爱国主义的热情，自外获得了普及六大洲的同情，而英美两国，也都以民主阵线相号召，在这次罗丘会谈中也郑重提出这个问题，证明唯有提倡民主实行民主才能博得内外的欢迎赞助，而希特勒辈与此背道而驰者则必遭受天厌人怒，内则分崩离析，外则人人喊打，做统一之梦，得分裂之果，唱爱国之名，行祸国之实。我们中国以孙中山先生的民主思想立国，现在又与苏联英美站在一条战线上，但须奋斗，必获胜利，于此又得了一种证据。所可虑者，国内有一部分人虽雅好自附于中山信徒与民主阵线，但是他们在民主的帽子下面，却长着一个反对民主的头脑，因此关心我们的抗战前途的中国人甚至外国人，常常感觉放心不下，近来国际民主反民主两大阵线对立的呼声愈高，这种忧疑也就格外沉重起来。我们相信，当权的国民党既然是拥护民主阵线的三民主义的政党，是没有任何反对民主的理由的。我们希望国内外的这种忧虑能够很快地消除，希望中国至少不要是民主世界的最弱一环！

　　罗丘的谈话和他们写给斯大林的信，又像警钟一样地提醒中国人必须更好地团结起来。谁都知道，罗斯福丘吉尔是曾经积极反对苏联，积极反对共产党的，但是在一个严重的敌人面前，继续过去的政策就只是愚蠢。今天的世界，显然不是反苏反共的世界，因此希特勒们和贝当们的反苏反共，就只能是地球上的裸体跳舞。毋庸讳言的，中国也曾经有一部分人对于苏联和共产党怀抱成见，但是今天却是抛弃这种成见的时候了。今天整个反侵略的世界既不在希望日本的北进以减弱苏联对德国的抵抗，也不在希望中国某些人的"北进"以减弱中国共产党对日本的抵抗。完全相反，英美和苏联既然要首先用一切努力来扑灭希特勒，他们就特别希望中国在这个时候不要放松了日本，就特别希望中国内部团结得更好，以便跟日本打得更好，以便更快地"解除一切侵略国的武装"。我们共产党是历来坚持团结，坚持国共合作的，在今天我们认为消灭内部摩擦，增强反攻实力，尤其有严重的意义。我们已经再三表示我们的这种光明正大的态度，可惜所得到的还只是不发饷弹，不释放叶军长，还只是华中与赣闽各地的血案，还只是各种想入非非的造谣诬蔑，这种局势如不加以澄清，那么不但不必说什么反攻和民主，而日本帝国主义对于中国的新进攻还将成为现实的危险。因此虽然国际条件发生了多少积极的变化，中国直到今天却还是停在十字路口，还是站在胜利的门外！

　　识时务者为俊杰：我们希望全国人民尤其是我们的友党友军能够把握时机，把握潮流，迅速纠正一部分人的错误认识和错误行动,使中国能够在民主和团结的基础上实现反攻,使中国和世界的进步合拍,使中国的胜利能够确实和世界的胜利同时实现!

打碎旧的一套

（一九四一年九月十一日《解放日报》社论）

　　清朝末年以来的所谓新教育的失败，曾在中国知识界中引起很多的议论。一个不断被提出来的问题就是所谓循环教育的问题——先生用什么东西去教学生，学生拿了这点东西又去做先生，这一场无观众无锦标的接力赛跑，究竟是为着什么呢？自然还不能说这种教育跟社会是完全隔绝了，比方眼前重庆大学就曾受到"社会"的解散，而"社会"所需要的工程师会计师也都是从学校里训练出来的。但是，且不管这个"社会"究竟代表着百分之几的人民，如果学校一般地只能消极地被社会所影响，或是供给社会一些纯粹技术的服务人才，在这种情况下面的教育对于社会还有多少意义呢？

　　我们的抗战虽然曾经又一次地提出了这个问题，可惜现在这个问题在大后方不但没有解决，而且比没有解决还要坏些。危害教育，危害师道，危害学风，危害青年的恶劣活动嚣张到这种地步，以致我们宁愿拥护旧日的教育空气，因为平心而论，那种空气虽然不容易替社会造就多少好人，至少还不至于造就多少坏人。这种痛心的经验证明一个真理：没有民主的政治，民主的教育，从根本上说，是不可能的。

　　但是民主的教育固然需要民主的政治，民主的政治也同样需要民主的教育，这就是说，在民主政治已经实现的时候，我们就需要一种与人民相联系的教育。所谓与人民相联系，不但是说人民可以普遍地享受教育，而且是说人民的实际生活应该成为教育的中心内容，并从教育得到一种迅速进步的基础。用这种观点来审查整个抗日民主地区的教育，我们就将发现我们的工作还是远落于这个需要之后。诚然我们在极艰难的条件下面，在战争紧张和经济文化落后的区域中间建立了许多学校，从小学校到高级的干部学校。我们的学校不但根本没有什么特务作风，并且不受阶级的限制，人人可进，师生合作，毕业即就业，这都是我们的成就。但是难道这些就能够使我们满足了吗？老实说：这一切都不过是我们的起点，而决非我们的目的。谁要是以"达到"起点为满足，那就让他去尽量地满足吧。但是我们共产主义者却是永不知道自己满足的人，对于我们，看到自己的弱点比听到人家的称赞是更重要些，也更有趣些。我们有了起点，还要看方向，有了形式，还要看实际的内容和结果。

　　我们现在要问的是，在我们的学校里面，循环教育的喜剧已经终结了吗？我们的学校，不管它被涂着什么色彩，已经不再是大小书呆子的养成所，不再是避世出世的修道院了吗？从学校到社会已经有了一条很自然的大路，从国民教育已经培养出了在战争和农村的政治经济文化生活各方面有准备的青年劳动者和公民，从干部教育已经培养出了善于了解情况和掌握政策的行家吗？我们的事业的质量已经因为教育而有了应有的提高吗？

　　对于这些问题,我们所能得到的考卷虽非一言可尽,但是决不是甲等。我们还没有战胜精神劳动与肉体劳动分离的传统影响,这就是说,还没有战胜形式主义和主观主义的影响。许多学校显然还没有成为今天中国的战争与革命的堡垒,它们除了传授一些战争与革命的名词学和目录学以外,对于实际的战争与实际的革命,几乎麻木到还没有感觉应该负何种严重的责任。许多教员对于学生的内心甚至外表都是不熟悉的,对于他们曾从何处来将向何处去是冷淡不关心的,因为他们自己的存在已经在中国人民的实际的劳动和斗争的激流中不发生意义,他们就只热衷于把更年轻的一代也造成自己的一般模样。在某些干部学校中,这种理论与实际的分离更在组织形式上表现出来。由于教育脱离了政治,政治也就脱离了教育,于是政治工作、干部工作和党校中党的工作就成为柳暗花明又一村。于是学习成为镀金,成为学习前后的生活中的"癌",在若干极端的情形下甚至不但没有加强了反而减弱了学习者对于实际工作的斗志,不但没有丰富了反而贫乏了学习者对于实际情况的知识,因为教育在他们中间注入了对于人民和政治的离心力。……

　　这是健全的民主的教育吗? 这是健全的马克思列宁主义教育的表现吗?

　　马克思主义关于教育的见解是怎样的呢?

　　"工厂监督专员在审问学校教师时,发觉了工厂儿童与正式日校学生比较,虽只受一半时间的教育,但所得的学业是一样多,且往往更多,'……他们虽只半日到校,但他们时时觉得新鲜,且时时准备受教。他们以一半时间从事筋肉劳动以一半时间受教育的制度,使工作于教育成为交互的休息和安慰。从而,使工作与教育都更与儿童适合。……'……西尼耳……的演说也……曾说明,上中阶级儿童的单调的不生产的长时间的受业,徒然增加教师的劳动,同时教师又不仅无益并且有害地浪费儿童的时间,健康与精力。正如欧文所详细说明的,未来教育的种子萌芽于工厂制度中,这种教育把生产劳动和智育体育结合起来,使每一已达一定年龄的儿童皆可享受,这不仅是增加社会生产的方法,而且是生产健全人类的唯一方法。"(《资本论》第一卷第十三章,中译本三九四——三九五页)

马克思为了在社会主义社会的国民教育中求得理论与实际的一致,曾提出有名的"综合技术教育"的主张,这个主张经过列宁的手在苏联实现了。"列宁于一九二○年,认为综合技术教学应供给儿童以综合技术教育的主要内容,即:(一)关于电的基本知识,(二)电在机械工业中的应用,(三)电在化学工业中的应用,(四)关于苏联电工化计划的基本知识,(五)对于苏维埃经济,并对于电力厂与工厂中工作的认识,(六)农艺学的原则的知识。他着重说明'在新起的一代青年人中,生产工作若不与教育相结合',未来社会的理想即将无达到之可能;'教育而无生产劳动,或者生产劳动而无与之相辅而行的教育,即不能满足现代技术的水准上和科学知识的范围中的要求。'"(品克维支:《苏联的科学与教育》)

当然我们不应该把马克思列宁的这些具体主张搬到今天中国的国民教育尤其干部教育中来。但是把它们翻译成真正中国的言语,那么岂不是只有把我们今天的教育与我们今天的战争与革命相结合，才是生产健全公民与健全干部的唯一方法吗？教育而不与今天的实际情况、实际需要和实际动向相结合，岂不是不仅无益并且有害地浪费学生的时间健康与精力，岂不是不能满足现在国际国内斗争形势的要求，而抗战胜利和新民主主义的理想即将无达到之可能吗？正是列宁本人，在俄国革命前所办的党校里用俄国土地问题，俄国社会民主工党史，工人立法，社会主义的理论和实际作为主要课程，并在这样的教育方针之下培养出了许多党的中央委员和其他高级干部，而在革命后再三地警戒青年，"没有工作，没有斗争，只有一点从共产主义小册子和书籍里所得的关于共产主义的呆板知识，是一文钱也不值的。""如果一个共产主义者没有经过认真艰苦的工作，也不了解那些必须批判地考察的事实，只学得了一些现成的共产主义结论，便把他的共产主义拿来夸耀，那他就是一个可悲的共产主义者。""只有把他们研究、训练与教育的每一步骤，都与无产阶级和劳苦大众正在进行的反对旧的剥削社会的继续不断的斗争联系起来，他们才能学习共产主义。"（均见列宁：《论青年的学习问题》）这些语句里所洋溢着的真正马克思列宁主义的教育精神，究竟与我们今天的教育中的许多现象有何相同之点，难道还不明白吗？

打碎旧的一套，彻底地改进我们的全部教育——学校教育、社会教育和在职教育，需要一个持久的尖锐的斗争。在这个斗争中间，我们必不可免地将要遇到许多过渡期的困难。可是世界上有什么斗争是不经过困难的呢？或者是害怕困难，因而继续容忍那种与抗日民主地区的一切环境都不调和的教育，让它传播形式主义与主观主义；或者就是战胜一切困难,切实转变方向,发展真正与人民与实际相联系的教育,替中国的新教育真正开辟一条康庄大道。我们相信,抗日民主地区的教育工作者——最后全中国的教育工作者——是必然下定决心采取第二条路的。

开展冬学运动

（一九四一年十月二十四日《解放日报》社论）

陕甘宁边区为了准备今年的冬学工作，在四个分区和九个直属县开办了十三处冬学教员训练班，有六百多人在那里受训，各县三科长联席会议上，对于冬学工作，进行了专门讨论，教育厅和各群众团体更成立了全边区的冬学委员会，指示各县布置工作的具体步骤；在华北，为了号召并组织敌后各抗日根据地的冬学运动，中共中央北方局也给各级党委发出了指示信，指出在敌寇残酷扫荡下冬学工作的重大意义，并详细指示关于配合战斗，组织学习，克服教材教具困难以及督察辅导，考核成绩，各项工作的方式与方法；同时关于冬学准备工作的报道，也从敌后各抗日根据地不断传来。我们相信，将有成千成万的青年男女被组织到冬学里去，从西北高原渡过黄河，越过太行，一直到齐鲁海滨，将涌卷起广大人民的学习热潮，在法西斯匪徒凶焰正炽，严重地威胁着人类文化之最高成果——社会主义的苏联，在日本强盗正对我华北一万万同胞进行其灭绝人性的野蛮扫荡的今天，听到这些消息，看到这样严肃的工作准备，实在不能不令我们万分感奋。

日本帝国主义者，毁灭了我们的文化机关，掠劫了我们的图书典籍，它也许以为这就可以灭绝中国的文化，就可以往中国人民脑袋里装塞任何有毒的东西，它不会想到就在它的碉堡周围，就在它的炮口下面展开着抗日反汉奸的民众教育。同时也有些人曾经认为在战争中不可能有任何文化运动，战争来了，文化只有退位，只有逃亡。但是，今天的事实却告诉我们，包拥着广大人民的冬学运动恰恰就展开在战火最炽烈、战斗最残酷的地区。在反侵略战争中，广大人民的觉醒，文化运动的最深厚的源泉，最生动的力量，这些人是预见不到的，手持红缨枪看守识字牌的这一幅刚健的图画是他们梦都不曾梦到的。

直到今天也还有人说，因为人民不识字，文化程度太低，所以不能够实行民主，他们的公式是因为你不会游泳，所以你不要下水，要下水就先要学会游泳。但是今天的事实也告诉我们，恰恰就在文化最落后的地区我们实现了最彻底的民主政治，而就在民主政治的孕育下面，文化运动才蓬勃地开展起来，百分之八十以上的文盲也才被认真地引导向知识的门口，学习使用打开知识之门的钥匙——文字。而冬学，便是进行识字教育的最主要的一种组织方式。

正因为我们的冬学运动，是在抗日战争和民主政治下面生长起来的，没有抗战的坚持，没有民主政治的建设就不会有广大人民的学习热情，也就不会有群众性的冬学运动。所以冬学的任务，总的说来就不能不与抗战、民主的现实任务相适应、相配合，并成为进行抗日战争与民主建设的一个战斗的侧翼。中共北方局指示信里指出"冬学运动不仅是提高广大民众文化水平，而且应注意于长期反'扫荡'战争的动员与配合，使得广大民众经过冬学运动动员起来,积极准备与参加反'扫荡'战争"这是完全正确的。陕甘宁边区虽然处在后方,但是跟敌人仅只是一河之隔,而且自从苏德战事吃紧后,日本强盗在那里正磨拳擦掌跃跃欲试,因此在陕甘宁边区冬学工作里除了强调提出'学习认字好做事'的口号进行关于民主建设的教育以外,同样应该加强学生对于革命与战争的认识。并应把每一所冬学都变做对于当地群众进行时事教育的据点。

因为冬学运动,是以广大群众为对象的教育运动,所以冬学运动的组织和领导就不能不依靠群众自身力量的发动,以地区为单位建立包括党政军民各方代表的各种冬学委员会,通过冬委的统一计划,发动各种组织去建立冬学,动员学生,聘请教员,保证学习秩序,组织学习竞赛,并解决学习中遇到的各种困难问题,这是完全必要的。但是为了要各级冬委真正发挥它应该发挥的作用,首先就必须纠正'认为冬学工作不是政治工作无足重视',或是'冬学工作是捎带工作不是本身任务'等等错误的认识;同时教育行政机关也要抓紧主持,不能说有了冬委自己便可诿卸责任,陕甘宁边区去年冬学期间,有几县的三科长去做了征粮组长,冬委工作无人主持以致冬学工作完全垮台,这是应该引以为戒的。

冬学运动,从时间上讲来是以广大农村失学成青年为对象而进行的短期间的识字教育或补习教育。开学期间顶多不过三个月,所以学习期间过后的继续学习便非常重要,假使仅止三个月期间突击地学习三五百字而不注意日常学习的持续与组织,结果就会一曝十寒前功尽弃。所以我们认为在冬学期间,不仅要给学生教些具体的知识,更应该诱发学生的学习兴趣,指导他的学习方法,养成他的学习习惯。冬学开办期间各项工作固然要做得好,冬学结束后学生继续进修的组织与领导也是同样地应该好好地进行组织与准备(如读报小组或长期的夜校等)。

最后,关于冬学教学中的文字问题,我们愿意提出一点意见。冬学这一个补习教育的方式,推行最早的是陕甘宁边区,但是过去三年中,陕甘宁边区在冬学运动中所收到的效果跟工作中所投下的人力物力比较起来都远不相称,许多冬学学生今年毕业,明年来时依然是个文盲,地广人稀,使用文字机会太少,固然是造成这种"扫不胜扫"的现象的原因之一,但是方块汉字难学难记确是一个最主要的原因。在这同样的地区,对这同样的学生,去年在延安市和延安县改用拉丁化新文字办理冬学的结果,在四十天教学之后,一千五百六十三名毕业学生中却有五百六十一人学会了日常用语的自由读写,若连基本上学会读写,(迟缓,偶有错误)的算在一起则有七百八十人,许多冬学学生做了"新文字报"的通讯员,这样的成绩在短期的汉字教学中无论如何是达不到的。因此,毛泽东同志勉励新文字工作同志说"努力推行,愈广愈好",而在《陕甘宁边区施政纲领》里也正式规定"推广新文字教育"作为边区教育工作中主要项目之一。陕甘宁边区今年的冬学,绝大部分就是要教新文字的。在一般的识字教育中,新文字是一把锋利的武器,在冬学的三月教学里,新文字更是最恰当的工具,在人口稀少,文化基础薄弱的陕甘宁边区能够使得半数的冬学学生学会读写,在条件较好的其他地区推行新文字将会收到更大的效果!

　　冬天,是战斗的季节,也是学习的季节,我们准备着战斗,我们也要准备学习。我们希望今年在所有敌后抗日根据地里都起来准备并布置冬学工作,把扫除文盲、掌握知识作为当前战斗任务之一,我们更希望在各抗日根据地的冬学里都能够试验以新文字来进行教学,把这一个"老百姓翻身的武器"真正地交到广大人民的手上,使广大人民能够更好地用它来加强自己战胜敌人,在战斗中把广大人民这一个无限丰富的文化源泉更好地开发起来!

庆祝边区参议会开幕

（一九四一年十一月六日《解放日报》社论）

让全世界都知道吧，让每一个人知道我们多年来为民主自由而斗争的艰辛，也分担我们现在看到民主胜利的喜悦。我们看到，经过整整一百年的民主运动，中国终于跨上新民主主义的道路。我们看到，全国人民渴望着的民主政治，毕竟在适宜于它生长的土壤上，结出灿烂的果实。我们也看到，中国过去出现过一些所谓民意机关，曾留下多么丑恶的一幅图画，代替它而产生的，应该是真正由广大人民选举的，具有最高权力的人民代表机关。这就是今天开幕的集合了真正民选的各抗日阶层优秀代表的陕甘宁边区第二届参议会。在我们这个没有民主传统国度的历史上，从来没有过这样伟大的创造。在抗战的洪流中，这样的民主榜样，还是埋藏在千万个人心中的热烈希望。

边区的政权是人民的政权，它的力量存在于广大人民中间。它被誉为模范地区，因为它是抗战的堡垒，也是民主的摇篮。民主，曾给我们带来许多辉煌的成绩，也因为民主发扬得不够，我们的工作还存着亟待克服的缺点。对于抗战，我们贡献了自己巨大的力量，但目前的抗战形势，要求我们为着战争的胜利付出更大的代价。在加强团结实行民主坚持抗战的精神下，边区参议会要通过三三制的组织形式，要团结一切生动的抗战力量；要依据统一战线的政策，来建设新民主主义的边区；要加强边区的战斗准备，来适应战争与革命的迫切需要。这就是说，边区参议会的中心工作，是决定怎样拥护军队加强军队，进行战争动员，更加密切军民关系，来支持长期的战争；是决定怎样发展边区经济建设，提高文化教育的质量，改善人民的生活，来巩固战争的物质基础；是决定怎样发扬人民的参政热忱，监督与批评政府，健全各级的民意机关，使得人民的力量经过政权表现出来，成为战胜敌人的武器。简单一句话，边区参议会是打倒日本帝国主义的动员大会，也是中国人民检阅自己的祝捷大会。

胜利一定是我们的，是广大人民的，只要我们加紧努力。我们期待着在这次参议会中，看到一种新的作风与气象，看到政府与人民新的关系。我们期待着由人民选举出来的边区参议员，充分地反映人民的要求与意见，坦白地指摘政府工作的缺点，做到把国事看作自己的事情一样的亲切。我们期待着经过参议会，制出各种成文的单行法规，通过各种建设的具体提案，作为政府今后工作的准绳，与边区人民行动的方向。我们期待着这次选出的行政长官和政府委员，都是忠实于抗战与人民利益的，能够为人民做事，善于掌握政策与了解情况。我们更恳挚地期待着，在这次参议会以后，订立新的工作计划，树立新的工作作风，使得政府工作有一个大的转变，来迎接历史付托给我们的艰巨任务。

让我们怀着骄矜的心情，来庆祝边区参议会的胜利。庆祝它,就要更加巩固边区,巩固人民的政权,因为在边区留下了这块可以自由呼吸的地方,边区的政权保障了人民的民主权利。凭借着边区,我们曾吸引了全国人民看取我们的榜样,同时也将向他们指出光明的道路。

庆祝边区参议会,就要扩大民主运动,呼吁在全国范围内实行民主政治,结束一党专政,承认抗日党派的合法地位,团结一切拥护民主的力量。我们已从民主的实施中,获得了幸福,生长了力量,也还有责任把我们所享受的,带给全国人民。

庆祝边区参议会,就要坚持抗战,援助苏联,加强国际反法西斯统一战线。因为抗战的胜利,苏联的胜利,也就是民主力量的胜利,我们的斗争就是民主力量与反民主力量的斗争。

庆祝边区参议会,就要坚决执行大会的一切决议,响应大会的一切号召,只有实事求是地去干,才是保证边区参议会彻底胜利的条件。

任何好的政府,如果没有人民的监督,它是可能松懈的;同样的,任何好的行政人员,离开了人民的支持,他们的力量是微不足道的。没有谁比我们认识得更清楚,也没有谁比我们执行得更彻底,然而我们还有待于百尺竿头再进一步,我们需要从实际经验中充实民主建设的内容。边区参议会是中国民主政治的大纛,沿着它所指引的方向前进,我们将要攀登民主政治的高峰。

从边区参议会的会场上,正高扬着人民洪亮的声音,这声音既淹没了敌人垂死的嘶叫,也吹起了中华民族战斗的号角。

再论精兵简政

（一九四二年二月二十日《解放日报》社论）

　　精兵简政的口号，提出了已经有三个月，陕甘宁边区政府为了执行这一个口号，曾经组织了编整委员会，进行了边区一级各机关人事上的调整；关于分区、县、区、乡各级政府人员编制，有了统一的规定；边区政府各工作部门，根据这一个原则，拟定了一九四二年的工作计划；高级党政机关负责同志，也都率领考察团分头出发，考察区、乡行政的具体情况，关于怎样把这一方针贯彻到整个工作中间去，一定还会提出更具体的方案。我们愿趁此时机，就日常所见、所感，关于行政工作方面的精兵简政再提出几点粗浅的意见。

　　首先，我们认为在行政工作里，事权分工一定要明确，不必绕的弯子，不必经的手续，一定要免掉。过去，我们在这方面的弱点很多：许多事情，往往事权不统一，责任欠分明，形成了一国三公，莫知谁从的现象。自边区二届参议会开会后，这种现象，已经逐渐克服，但是，在各机关内部，依然有不少分工欠明、责任不专的现象。零星小事往往也必须机关最高首长批准，使领导同志变做了专管柴米油盐的"管家婆"，而没有时间去考虑全面的远大的问题；同时，下级同志也就遇事推脱，不负责任，以致高级政务会议也往往变做了日常琐务的讨论，对于政策之掌握，全盘的领导，反而很少注意。这种现象如果不克服，就是怎样本领高强的人，也不免要掉到事务主义的泥坑里去。因此，确立明确的分工制度，划清政务与事务之职司，使得各有所司，各尽其责，乃是精兵简政里的第一个问题。

其次，边区内任何工作部门，都感到人员不足，在人员使用上，就发生了许多不合理的现象：有的是"大材小用"，也有的是"材不称职"。在使用机关，总以为：只要他能做一点事，就拼命地拉，拉住了就不放，也不管给他做的事是不是他的所长。一般地说，大家对于"用人唯才"的道理还把握不住。以致使许多人感觉到英雄无用武之地；另一方面，在一般工作人员中，也逐渐地养成了这样一种观念：以为横竖都是革命工作，何必多所选择，因此，轻视业务专长的学习，不肯在本身工作上求进步。本来的精兵，放错了岗位；普通的士兵，失却了求精的兴趣，这不但是人才使用上的浪费，而且是我们工作上的莫大损失。所以说：如何在使用干部上，做到人尽其才，才尽其用，就现有的干部，加以合理的调整，乃是实行精兵简政第二个应该注意的问题。

第三，就是不急之务如何少办，不需之财如何节省，不需之人如何少用的问题，今天，人才有限，物力维艰，而抗战救国，又经纬万端，我们如果样样都做，"百废俱举"，结果就会落个"一事无成"，因此，怎样善用我们的人力物力，把必要办、非办不可的事情，先办起来，把不必办，不能办的事，先放置一边，不办或缓办，这就应该是我们今天办事用人的原则。办养老院，是好事情，但是，为了养活两位老人，开支二十个人的预算,就太浪费了;把每个青年、每个妇女、每个工人都组织到青救、妇救、工会里来是应该的。但是,在没有工人或工人极少的县区,设立工会;一个千余人的乡,而群众团体林立,似乎亦太浪费。调查研究当然是好事,可是,如延安与绥德二县经常招待七八个考察团,实在是车水马龙,应接不暇;诸如此类值得重新考虑的问题,还有很多,我们希望政府和民众团体在设立一个机关、办理一件事情、增添一个人员的时候,都首先考虑一下"在此时此地它有无绝对的必要"的这一个根本问题。要而不紧的事,宁可不办。

头重脚轻,上级命令不能下达,县以下不能建立经常的正规的工作制度,这已经是边区行政工作苦恼了几年,而始终没有圆满解决的问题。下决心抽调强干有力的干部,到情况不同的三五个县政府里边做工作,详细考察并研究如何建立正规工作制度的问题,实验出一个具体的方案,给全边区做榜样。我们以为这是实行精兵简政当中第四个应该解决的问题。

最后,一般地说来,我们的工作效率太低了。今天是飞机和无线电的时代,而我们却是老牛的步调在这里蹒跚着。对于时间,我们不知道爱惜,在工作中,我们缺乏计算的习惯。同在延安的两个机关,公文转递,可以迟到一个礼拜以上;同样的传递信件,边区通讯站总要比邮局迟几天;一个人,一天完成几件工作,没有算计和检查,一天之内,跑多少冤枉路,枉费多少时间,也不在乎。在和平环境中,养成这样的习惯虽然情有可原,但是,拿这种步调来应付今天的时代,却一定要落后;无形中人力、时间上的浪费,实在达到吓人的程度。

　　精兵简政,这一口号之所以提出,从某方面讲,全部意义也就是一个:实事求是,提高工作效率的问题。所以,我们愿意把"注意效率""爱惜时间""养成计算习惯"三个口号来做本文的结语,并提请同志们注意。

教条和裤子

（一九四二年三月九日《解放日报》社论）

把科学变做教条——这可以有几个方法。

一个方法是：把适用于一种条件的真理，硬邦邦地搬到另一种条件下面来，比方把资本主义前期的真理搬到帝国主义时代来，把帝国主义国家的真理搬到殖民地半殖民地来，而不加以改变。这样的教条主义没有把理论当作行动的指南，而是把它当作了行动的公式。这样的教条主义者口头上拥护科学，实质上是毁灭了它，因为，他们把不应做的事做了，就使科学变成了荒谬。

另一个方法是：把适用于一般条件的真理，原封不动地放到特殊条件下面来，比方把全世界性的真理在一国一省里照说一遍，把全党性的真理在一个机关一支军队里照说一遍，而不加以具体化。这样的教条主义没有把理论当作行动的指南，而是把它当作了空话的指南。这样的教条主义者口头上拥护科学，实质上也是毁灭了它，因为，他们把应做的事不做，就使科学化成了虚无。

第一种教条主义造成的结果可能更危险些，但是它的危险是显著的，因此也容易引起反抗，而且也容易反抗些。第二种教条主义的主要品质是暧昧,因此它的存在就更为普遍,要反抗它,就需要更敏锐的感官和更长期的奋斗。我们党目前需要反对前一种急性的祸害,但是更需要反对后一种慢性的祸害。

这后一种教条主义者里面,又有不同的情形。一种人是因为不能,所以不做。对于这种人的药方,就是调查研究,使其了解本国本省本机关本军队的具体情况,以便养成把一般真理应用于特殊环境的能力。还有一种人却是干脆的不做。这种人也许是学了黄老之术,也许是害了懒惰病,睡觉没有睡醒吧,但是凭良心说,在共产党的队伍里,这样的废物究竟是不多的。多的是别样的人,他们之所以安于做留声机(当然啦,还是坏透了的留声机,因为他们决没有把所见所闻背得一字不差的本领),而拒绝实行他们所唱的调子,乃是因为这样就不但要触到自己的部门,而且先要触到自己本身,而他们却正是害怕改造自己和自己的工作,害怕承认自己的病症的原故。他们高叫道,大家要洗澡啊,大家要学习游泳啊,但是有些什么问题发生在他们的贵体下了,他们总是不肯下水,总是不肯脱掉裤子。于是他们叫得愈多愈响,就愈成为讽刺。任是什么漂亮的金子,一触到他们的指头,就都变为顽石了。

裤子上面出教条——这就是教条和裤子的有机联系。谁要是诚心诚意地想反对教条主义,那么他第一着就得有脱裤子的决心和勇气。今天的关键,正在这里。

举一个例。毛泽东同志在他二月一日的讲演里,曾经说今天党的领导路线是正确的,但是在一部分党员中间,还有三风不正的问题,于是你也来呀,我也来呀,大家把主观主义宗派主义党八股的尾巴割下来呀，大叫一通，尾巴完事，那么我们的党岂不就十全十美了吗？可惜尾巴是叫不下来的。大家怕脱裤子，正因为里面躲着一条尾巴，必须脱掉裤子才看得见，又必须用刀割，还必须出血。尾巴的粗细不等，刀的大小不等，血的多少不等，但总之未必是很舒服的事，这是显而易见的。为免得词广而意宽，我们就来数一数延安的家珍吧。延安的某些干部与名流，难道不是主观主义教条主义的大师吗？他们现在真的是已经觉悟，已经转变，查有实据了吗？延安有许多机关不能实事求是、有的放矢的作风，已经开始消灭了吗？延安的党内与党外的关系，军队与民众、军队与地方党政的关系，各种干部各种部门之间的关系，个人对组织、上级对下级、下级对上级的关系，这些关系里的缺点已经开始认真地纠正了吗？延安的文艺界、科学界、医药界历来存在着不少不应有的内部纠纷，这些纠纷难道是正确地解决了吗？党八股式的文章，难道是已经绝迹，充实生动的作品难道是已经取而代之了吗？如果这些问题不曾实际解决或着手实际解决，那么毛泽东同志再报告它十天十夜，解放日报再继续写它一百篇社论，各个支部小组再开它一千次会来传达讨论，还不都是白费？还不都成了教条？

　　有些好心的同志说，裤子是要脱，但是只能秘密地脱，在群众面前脱不但有伤大雅，而且敌人和反共分子还会在旁边拍手。但是群众难道不是共产党的天然的和法定的监督者和审查者吗？共产党之所以区别于其他非群众的党派，所以得到胜利的发展，难道不是群众的这种监督审查的结果吗？那么共产党在爱护自己的人们面前严肃地表露自己，是则是，非则非，为什么不是有百利而无一弊的呢？自然，敌人的宣传机关如同盟社和各种汉奸报纸之流，一定会借此制造更多的谣言。但是他们是以造谣为生的，他们说是黑，群众就知道一定是白，所以他们的断章取义是毫不足惧的。至于国内如果也有人拾同盟社的牙慧，说共产党原来如此，真乃一钱不值云云，那么就请他们也来试试脱一回裤子看吧。我们自动地主张脱裤子，因为我们有充分的自信，知道自己是基本上健全的，只有局部的个别的缺点，而且这些缺点是会很快清除的，有些人们却没有这种自信，因而他们与抢着要代他们脱裤子的群众老是闹别扭。况且我们清除了残存在我们裤子里的这些缺点，理直气壮地把他们投到一切排泄物所应当去的去处，居然有人偏把他们当作山珍海味似地加以供奉，加以吸收——这只好怪天之生人，各有所好，我们除了抱歉，还能有什么办法？

为什么在职干部教育
摆在第一位？

（一九四二年三月十六日《解放日报》社论）

《中共中央关于在职干部教育的决定》里，开头就告诉我们：“在目前条件下，干部教育工作，在全部教育工作中的比重，应该是第一位的。而在职干部教育工作，在全部干部教育中的比重，又应该是第一位的。”

为什么要把在职干部教育摆在第一位？

这首先是因为我们对中华民族、对全国人民，今天肩头上的责任空前地重大了。我们现有的各部门的干部如果不能够站定自己岗位，力求进步，我们就没有办法把这副千斤重担胜任愉快地担负起来。

如果说，有了正确的政策之后，就是“干部决定一切”的话，那么在今天民族敌人深入国土，全国人民正与敌人拼死搏斗的局面之下，在毛泽东同志领导下党已经有了正确的政策之后，干部的品质，所关就已经不是一事之成败、一地之得失，而乃是整个民族生死存亡的关键了。我们的党已经是一个有几十万党员的群众性的大党，它的一举一动不仅要向自己的阶级负责，而且它不能不向整个中华民族负责了。

我们今天正处在战争时代,我们必须培植大量的干部,我们尤其不能不首先加强今天就站在各种不同战斗岗位上的干部。

其次,我们之所以特别强调在职干部教育,就因为我们要做的事情是太多了。在战争中建立一个新的国家,决不是一件容易事,事事样样都需要人做,而且所需要的是能够把他的学识、经验灵活地运用于当时当地的具体情况的人。

我们的党,在过去也曾经有了一些专家,培植了不少的人材,但是把这些专家和人材来和抗战建国的重大任务相比,实在是太不够了。我们有多少真正懂得中国国情、真正能够灵活地、百发百中地掌握党的政策的政治家呢?我们有多少精通现代战争理论、掌握现代战争技术的军事家呢?我们的行政工作还只是粗具规模,我们的经济建设还刚在萌芽,我们的教育事业还正在摸索道路;在思想文化上我们虽然有了不少的成就,但是一般人民大众许多的还生活在与文化"绝缘"的状态中,我们的一般党员、干部甚至普通常识还都非常贫乏,在区乡干部中还有大量的文盲。

我们该学习的东西是太多了,我们不能不虚心地向群众学习,向敌人学习,向朋友学习,我们不能不虔诚而严肃地研究中华民族近百年来的苦难史,研究中国党二十年来的奋斗经验,我们更不能不虚心地检讨我们自己在每一场合之下的得失成败,作为我们坚持战斗、争取胜利的基础和资本。首先使我们各部门的工作,使我们各方面的进步和革命规模的开展逐渐地配称起来。

第三,就因为今天是一个动乱变化空前激剧的时代,如果站在工作岗位上的干部不能够不断地从学习中提高自己,如果不能改造自己的经验,充实并提高我们的学识和能力,我们就会迷失方向、站不稳脚跟、以至腐化、堕落,甚至为时代、为革命、为人民所抛弃。

最后,我们今天之特别强调在职干部学习,不仅因为我们决无可能把所有在职干部从工作抽调出来进入学校学习,而且因为学校的教育,无论如何,也只是训练和培植人材的第一步,实际工作中的锻炼和学习才是锻炼人材的最好学校。"学贵致用",与"为用而学"是学习的最有效办法。要在紧张和复杂的环境中,在克服困难和阻碍的过程中,能够独立地观察问题、处理问题,深刻地领会马列主义的精髓,掌握党的政策和路线,则非仰赖于不断地在工作中的学习不可。在中国近年来学校教育中的学用脱节的状况,在我们的干部学校中也有着他的影响。常常我们学校中的毕业生成了教条的贩卖者,而不能分析任何实际问题。欲彻底纠正这种现象,一方面,固有待于我们学校教育的改善,另方面亦只有强调在职干部教育才能实现学与用的一致,理论和实践的一致。

整顿三风必须正确进行

（一九四二年四月五日《解放日报》社论）

主观主义宗派主义党八股三股阴风，在我们党内作怪了多年，它给与我们党和中国人民以无可比拟的重大损失。现在在我们党内虽然已经只是一种残余，一种偏风，但是他仍然障碍着我们某些部门的工作的应用、开展和改进。毛泽东同志指斥了它，号召全党为整顿三风而斗争。在这个号召之下，整顿三风的斗争已经开展起来了，这是我全党和全国人民应当庆幸的大事情。

一切斗争，要勇敢地进行才能成功，一切斗争，尤其需要正确地进行才能成功。勇敢而不正确，不但不会成功，相反地，会遭到严重的失败！勇敢与正确，哪个更重要些？正确是更重要些！

整顿三风可以用两种方法，一种是正确的方法，一种是不正确的方法，即主观主义宗派主义的方法。用正确的方法来整顿三风，三风必正。用不正确的方法，即主观主义宗派主义的方法来整顿三风，不仅不能整顿三风，相反的，会做三股阴风的俘虏。

我们党过去有过主观主义宗派主义的错误，也进行过正确的斗争。主观主义宗派主义的斗争方法是怎样一回事，它与正确的斗争方法有何区别？为了达到三风必正的目的，需要将两种斗争的方法作一个说明。

正确的与不正确的斗争方法，其第一个分别，就在对事的态度，正确的斗争方法，主张实事求是、有的放矢。因此，就必须清楚了解，应射的是什么的，必须了解什么叫做三风，这就要细心研究一下毛泽东同志的报告，和了解一些党史。再则，必须了解某件事情是否属于三风不正之列，是否为应射之的。为此，必须对于那件事情，加以全面的和历史的研究，研究它的前因后果，研究它的内情和环境。经过这种研究之后，应射的则勇敢地射它，不应射的则不乱放一箭。这就是对于事情的实事求是有的放矢的态度，没有这种态度，没有调查研究，就没有资格说话，没有资格放箭。不正确的斗争方法，与此不同，它或者根本不知三风不正是怎么一回事，或者并不去了解某件事情是否真正属于三风不正之列，以主观的好恶来决定行动。凡是自己认为对的，都当作正风看待；自己认为不对的，却乱加以三风不正的帽子，或则有的不射，或则无的放矢。说得好一点，这是盲目从事；说得坏一点，这是假公济私，结果必然成为主观主义宗派主义的俘虏。

正确的与不正确的斗争方法，其第二个分别，就在对人的态度。正确的斗争方法，对人也主张实事求是，有的放矢。因之，对于人，也必须作全面的历史的研究。经过这种研究之后，然后才能断定他是否三股阴风的根深蒂固，才能断定他现在正在向哪里走，是在真正改正错误呢，还是在假貌为善坚持错误？对于三股阴风根深蒂固与坚持错误的人要坚决斗争，促其反省和改正。对于只有个别错误(应该说,人人都不免有个别错误)而真正改正错误的人,应该鼓励他百尺竿头更进一步,而不是对他吹毛求疵,弄得他左右为难,不好做人。不正确的斗争方法,与此相反,它只凭感情,不凭理智,只凭成见,不去仔细研究是非;它或者有的不射,或者"狗咬吕洞宾",或者把正在改进的人当作坚持错误的人,或者把假貌为善的当作已经改正错误的人。结果一定成为成见所囿,为感情所激,甚至被坏人利用。

正确的与不正确的斗争方法,其第三个分别,就在对自己的态度。正确的斗争方法,不但要与别人的错误作斗争,而且还要深刻地检讨自己,看看自己有没有三风不正的地方,怎样来求得纠正自己而有利于党,有利于人民。错误是人人有的,人人应有自己反省的勇气。不正确的斗争方法,则完全相反,他只见别人之坏,只见自己之好,替三股阴风准备了藏身的"死角",这个"死角"就在他自己身上。

正确的与不正确的斗争方法,其第四个分别,就在于前者的目的是"治病救人",后者的目的是打击别人,抬高自己。治病救人,是以同志的态度对待同志,是尽力挽救犯错误的同志,只有在他怙恶不悛、无法挽救的时候,才不得不打击这个害群之马。只要稍有一线希望的人,即使犯的错误很大,也希望他回心向善。不正确的斗争方法,就与此相反,他只是乱喊一阵口号,只是乱打一阵别人,甚至采用放暗箭、进行无原则的攻击、诽谤等等。不是与人为善,而是打击损害同志。

正确的斗争方法,在我党历史中辉煌的前例,就是毛泽东同志所领导的反对张国焘机会主义的斗争,这个斗争,巩固了我们的党和军队，老机会主义者张国焘，露了原形，单独一人叛党而去，挽救了许许多多曾被张国焘蒙蔽过的好同志。不正确的斗争方法，即主观主义宗派主义的斗争方法，在我党历史中，有过不少例子，其结果是削弱了党，损害了革命。

在今天整顿三风的时候，我们的老党员必须回顾这些经验，我们的新党员必须学习这些经验！只有以正确的方法来整顿三风，才能达到三风必正的目的！要知道，整顿三风的斗争，比起反对张国焘机会主义的斗争来，要艰难十倍百倍，因为这是我党思想上的革命，这是极细腻的思想斗争，决非轻浮草率所能了事。但正如毛泽东同志在解放日报改版座谈会上所指出，在这个斗争中，已经发现了绝对平均观念与冷嘲暗箭等不正确的办法，从不正确的立场来说话，这种错误的观念，错误的办法，不但对于整顿三风毫无补益，而且是有害的。我们强调整顿三风必须正确进行，其道理就在这里。

自我批评从何着手

（一九四二年四月六日《解放日报》社论）

自我批评对于整个共产党或每个共产党员的重要，这是人人都知道的常识。但是尽管常识人人都有，我们的自我批评却还是很少。这是怪事，这是必须赶快消灭的怪事。

党中央去年七八月关于增强党性和调查研究的决定，毛泽东同志最近关于整顿三风的演说，乃是全党范围的自我批评。我们党的工作中虽然有各种各式的缺点，但是它们的根源，在这些文件里是已经揭发出来了。要来克服这些缺点，不只在口头上文字上而且在事实上行动上克服这些缺点，就需要在党的每个部分和每个党员中间根据这些文件进行自我批评，并且按照自我批评实行有效的改正。这也是常识水平的道理，无待烦言的事，但是却也有不少同志明察秋毫之末，对于这件事偏偏看得不甚了了。可见怪事虽然可恶，要消灭它却得费些手脚，并不像唱一篇抒情诗那样方便的。

这不是无的放矢。延安看过讨论过党性决定和调查研究决定，听过毛泽东同志报告的人，为数不下三千人，而"脱裤子"的声浪，近来确也甚嚣尘上，但是直到今天，真正严肃地周密地检查了自己的，究竟有几个？说这是雷声大，雨点小，或者是不合于事实吧，因为雨点曾经落，而且还在落，而且已经把有些人落成落汤鸡。但是看，这是些什么样的雨点呢？这些雨点的百分之九十九，都是向着别人的，这虽然也是自我批评之一义，但一面镜子照来照去总是照不见小我，照见的大我又是望文生义，残缺不全，有时还变形为不可与同群的犬豕，难道这种批评，也可以贴上反主观主义、反宗派主义的商标吗？毛泽东同志在他的演说中所提出的"知识分子最无知识"的痛语，在一部分知识分子群中竟然毫无善解的反应，这不又是怪事中的怪事吗？在加强党性，加强调查研究，反对主观主义宗派主义党八股的斗争中间，确是需要大量的"硬骨头"来作先锋队，但这种先锋队，只有在拔掉自己的忽视党性，忽视调查研究的主观主义宗派主义党八股的"硬骨头"以后才能够产生。工欲善其事，必先利其器。既不利其器，又不择其器，则在旁人的袜子还没有摸到的时候，自己的裤子就先有掉落的危险。裤子掉落，虽也是一种揭发，可是这还不能就算解决了问题，因为如同我们不赞成为艺术而艺术一样，我们不是为揭发而揭发呀。

我们在这里丝毫不想降低今天已经发生的各种批评的意义。这些批评，绝大多数都是出于爱护党爱护革命的热诚，它们毕竟是多少暴露了我们工作中的弱点，足以引起我们的注意和纠正。但是无论如何，过去的经验却证明了一个无可置疑的真理，就是真正坚强的自我批评需要方法，需要首先充分懂得中央决定和毛泽东同志演说的实质，需要思想上精神上的郑重的准备。而现在的情形怎样呢？各级的干部，各方面的干部，对于今天我们所要进行的斗争，有了多少深思熟虑呢？我们是要"有的放矢"，但是我们对于"矢"有了多少研究，对于"的"有了多少调查呢？如果设想一个人既无党性的常识，又无唯物论的嗅味，只以交游中的传闻为调查，以窑洞中的感想为政策，不求甚解而自居先觉，以为只要一切安排得合于自己的胃口就可以来巩固党，来整顿三风，来推进抗战和革命的大众，这如何能不重蹈前人的覆辙，碰在现实的墙壁上呢？正因为我们极端需要自我批评，我们不但希望全党成为一个充满自我批评的机器，而且希望能有更多的为原则而战斗的自我批评家出现，我们就不能不要求每一个党员和批评者：更好地充实你自己的武库吧！把中央的文件更多读几遍，更多想几遍吧！只要能虚心学习的人，只有敢于认识自己，清算自己的人，只有有决心用正确的思想方法，正确的人生观武装自己，并善于战胜自己的人，才能在战场上有效地缴敌人的械，并向死不缴械的敌人投出准确的、致命的一击！

贯彻精兵简政

（一九四二年四月九日《解放日报》社论）

自从去年十二月初我党中央发出精兵简政的指示以来，华北各抗日根据地虽已开始执行，并已获得一些初步成绩，但一般地说，这一重要指示还没有引起应有的认识，还没有普遍实行和认真贯彻。在有些地区，上级机关订定精兵简政的计划，并且派员至下级机关督促调整，但是因为下级机关人员未曾了解精兵简政的重要意义，所以不能有效地执行，甚至以客观环境困难等为理由，请求暂缓执行。至于由下级机关自动提出本部门精兵简政的办法的例子，更是非常之少。有些地区根本尚未开始。有些地区还在想扩大部队添设机关学校。

带兵的人，哪一个不希望在打仗的时候有更多的兵力足供调遣？而负责行政的人，又哪一个不感觉工作繁重，实在需人？如果不深刻了解精兵简政的必要，一定会囿于已成之局顾此失彼，一筹莫展。假若下级机关不自觉地推行精兵简政，那么上级所定的一般计划决难真正贯彻。因为只有下级机关的人员才能熟知自己部门的每一角落，哪些可以裁减，哪些可以合并。只有他们踊跃建议，才能使上级机关的计划在各方面具体化和普遍地实施起来，而不致有一纸空文、无补于事的毛病。所以更深入地反复解释精兵的精义,实在是必要的。

四年余以来,我华北军民曾粉碎了敌人无数次的扫荡,建立和巩固了许多抗日根据地。经过四年来的艰苦斗争,华北军民的团结力量和战斗能力是大大地提高了,这样就奠定了将来进行反攻的基础。然而在另一方面,由于战争的不断消耗和敌人残酷的摧残,敌后抗日根据地的民力财富一般地说已经大不如前,尤其是近来敌人对我根据地疯狂扫荡,有组织地实行三光政策,使根据地的经济蒙受极大的损失,而日寇更企图利用这种机会来鼓动根据地人民对于军队和抗日政权的不满。在这种情形之下,普遍地实行精兵简政,节省民力,便成为目前迫不容迟的重要任务。只有爱护民力,节省民力,减少脱离生产的工作人员,从老百姓的肩上拿掉不必要的担负,才能维持和发扬居民的抗日积极性,坚持长期的敌后抗日战争,和粉碎敌寇对各阶层人民施行挑拨离间的阴谋诡计。

在今天敌后,敌我武装优劣悬殊,大城市和主要交通线又在敌人手中,我们的正规军要充分发展威力,完成战斗任务,不是扩大数量所能竣事,因为这只能增加人民的担负,影响人民参战的热忱,正规军如果没有足够的民力财力的支持,则部队数量愈大,困难愈多,不但不能打胜仗,而且动摇持久抗战的基础,有陷入危险境地的可能。因此,只有裁减老弱,缩编部队,充实连队,加紧整训,务求达到提高质量,精干机动的目的,同时大量发展不脱离生产的人民武装。只有如此,才能使军民关系密如胶漆,发展最广泛的游击战争,使敌寇应接不暇,疲于奔命。

军队如此,政府与党的机关和民众团体亦何独不然;在今天,敌后战争既然这样残酷、频繁、持久,政府与党的机关和民众团体的机构自亦必须适合实际情况,缩减脱离生产人员,组织简单化,增加工作效率,以期收精干机动,运用自如,而能与人民打成一片之效。

领导机关不但要从上而下地提倡精兵简政,而且要采取各种具体办法,来使下级机关的人员能够真正明白精兵简政这一方针的正确性。在这一点上,特别可以引用最近反扫荡战争中活泼生动例子和大家自身的经验,来作说明的材料,这样才能启发下级机关的人员的自动性,自下而上地充实精兵简政的方针,并普遍地见诸实行。

精兵简政可以用各种不同的方式。譬如第一,今天不十分必要的机关忍痛取消;第二,同样性质的机关,或者做同样工作的机关可以合并;第三,庞大的机关可以减缩。经过这样的步骤,干部人员必有多余,应当予以调整,妥为安置,或则回到生产岗位,或则调往干部十分缺乏的地方,或则送入学校,为抗战建国的艰巨事业,训练更多的人才。

最后要贯彻精兵简政,决不应畏首畏尾,顾忌在一定时间和一定程度内缩小了工作的范围。中心的问题在于我们的力量源泉是人民,我们坚持敌后抗战的基础亦是人民,要开导这个泉源,要巩固这个基础,其关键就在于精兵简政。暂时的或局部的工作范围的缩小,有的是可以补救的,有的是无法补救的。在权衡轻重和局部服从全体的原则下,亦只得毅然实行,而决不能因此妨碍精兵简政这一基本政策的实施。

反对教育工作中的急性病

（一九四二年四月十七日《解放日报》社论）

　　教育本来是长期事业，但是我们在教育工作中却常常犯着严重的急性病。在课程编排上，本应该依据学生年龄、知识基础，按部就班地循序渐进，我们却往往把我们主观上所要教给学生的东西，往学生脑袋里硬塞；在教学方法上本应该着重在学生自己思想判断能力的启发，我们却往往流于死硬教条的灌输；在学习态度上，本来应该提倡恒心与耐心，我们却往往提倡"学习突击"、组织"学习竞赛"，结果，不仅要学习的东西，因为心里发急，完全不能把握，或是仅仅能够做到一知半解，而且由于样样都学、样样都学不通，样样都是浅尝辄止，样样都尝不出真味道，因而养成懒于进步、漠视学习，或是趾高气扬、自以为是的极端有害的态度。

　　"教育是百年大业"这句话，一点都不夸大，而根据我们现在所需要学习的东西看起来，也没有一件不是不要求我们"活到老，学到老"的东西。

　　从关于思想认识的理论教育来说，它的内容应该是一切不正确观念、认识之克服，是正确的认识论与方法论的把握。这决不是三年五载十年八年所能"学完"的一门功课。一般说来，我们的文化和知识还贫乏得非常可怜，我们活在现代世界上需要知道应该学习的文化知识还是太多。而处在经济落后的中国，要打算获得这些知识也非下长期功夫不为功。至于时事变化随时而异，党的政策因时因地而有所不同；业务知识既须了解历史，又须了解情况，更须掌握当时当地环境下所要求的知识与技术。因此我们对于政治教育与业务教育不能不抱定活一天学一天，做到老学到老的态度。

在职干部教育如此，学校教育也只有从这种观点上着眼才能把他放到一个恰当的位置，给它一个恰当的估计。

有人会说：正因为我们懂得的东西太少，而需要懂得的东西太多，所以我们才着急的。我们说：确立正确学习态度，运用正确学习方法，这便是我们提高学习效率的唯一途径，而一切贪便宜，走斜路，半生不熟不求甚解的结果都只有一个——那就是"欲速则不达"。

正确的学习态度是什么？主要的，就是我们有一个确定的立场——为了中华民族的解放，为了中华人民的解放，为了共产主义在全世界的胜利。在这一个伟大事业的前面，一切私人利欲，一切历史的或个人的成见，一切杜塞耳目、蒙蔽聪明的障碍都将失掉立足的余地……而另一方面则是古今中外的一切合于科学的，有益于大众解放事业的，鼓励人类向上发展的事业、道理、善行与美德，都将为我们所吸取与发扬。站稳立场，不囿成见，随时随地都努力去发见并采集有利于革命事业的财宝，这便是最好的学习态度。

什么是正确的学习方法？那就是从做中学、学着做，那就是懂得实际生活、参加实际生活、并改造实际生活。那就不是把工作与学习分成两橛,而是把两者联成一体;不是把学校与社会隔离,而是使两者互相沟通;不是把革命理论当教条去背诵,而是当做行动的指针去活用。那就不是幻想一个特别便于进行学习的环境,或是一个特别便于自己施展本领的天下,而是随时随地孜孜不倦地去研究问题,脚踏实地地去改进工作。从实际事物的观察去学习,从实际活动的参加去学习,这就是收效最大的学习方法。

确立正确的学习态度,把握正确的学习方法,我们就一定会把贫乏的知识一天天丰富起来,学习就不再是东鳞西爪的零碎知识之搜集,将变而为触类旁通的系统知识之整理,从自然和人类生活的一切现象中我们也将渐次看到条理与规律;这些条理与规律的把握,便是改造世界的张本,也就是我们学习的目的。

而正确态度与正确方法,也是从经常的学习制度与经常的学习习惯中得来的。

最后,让我们提出以下几点希望:

第一,我们希望在小学教育里要老老实实地把孩子当孩子看待,不要往孩子脑袋里灌注些他或她还消化不了的大道理。我们所要求的是孩子身心之正常发展,"少年老成"决不是我们教育的目的。

第二,我们希望在中等学校或相当于中等学校里,要提倡学生求知好问的精神,因为他们所最需要的乃是关于事物的知识,而知识也才是确立对于真理之信仰的可靠基础。

第三,我们希望学生文化程度比较低的学校里,对文化课不要突击,这些学校文化课学习,主要目的似乎应是打好学习基础,养成学习兴趣与习惯,而不应该着重于教给学生多少货色。所以课门无妨少些,使学生有咀嚼消化的余隙。

第四,我们希望在给在职干部编印文化课本时,不要把成人当孩子,也不要把在职干部当在校学生,要注意到他们的心理、经验和目前所从事的业务,以及他们可能用到学习上的时间。

这样,教育工作中的急性病少犯些,教育的效果,收到得可能更大些。

整顿三风中的两条战线斗争

（一九四二年五月九日《解放日报》社论）

两条战线斗争，这口号我们是听得很熟了。共产党是在两条战线斗争中发展起来的。不和错误的偏向作斗争，正确的路线就不能执行，党也就不能发展。侵犯党的正确路线的，是资产阶级和小资产阶级的思想。错误思想的来源只有一个，而表现则有两种形式。一种是"左"的，一种是右的。要保证正确路线的执行，就要反对两方面的偏向。这种两条战线斗争的办法，是从全面的思想方法来的。所谓全面，就是要照顾到两面，不能只看见一面。两条战线斗争的精神就是反主观主义的精神。任何事情，没有两条战线的斗争，都办不好。整顿三风，是全党思想和工作的大改造，更非贯彻两条战线的斗争不可。

我们党二十一年发展的历史，就是两条战线斗争的历史。反对陈独秀主义，反对李立三路线，遵义会议，开除张国焘，就是最重要最特出的例子。经过了这些斗争，我们党思想上政治上组织上的统一，才得提高，党的战斗力，才得加强。但在某些党员中，对于两条战线斗争的认识，还不够深刻，不够普遍，因此，党整顿三风进行之时，对此问题，还有加以说明和提倡的必要。

整顿三风的内容是什么？就是掌握二十二个文件中的正确方针，来检查全党思想的、工作的实践，发扬其正确的，纠正其错误的。这里首先是照顾到这样的两方面，又要掌握理论，又要改造实践。整顿三风，就是革命理论与革命实践活生生的统一。只顾理论，不顾实践（像过去有些地方离开工作讨论文件那样）是不对的。只顾实践，不顾理论（像最近延安个别机关未将方针研究清楚就开始检查工作那样）也是不对的。四月三日中宣部决定的主要精神，就是要将掌握理论与检查工作，正确结合起来。既反对不顾理论，又反对不顾实践，这就是中宣部决定的主要思想脉络，而这是充满着两条战线斗争精神的。

现在是延安各机关学校集中力量研究文件的时候。研究文件的目的，是掌握文件的精神和实质，不仅懂得，而且会用。中宣部决定告诉我们，对于文件，必须精读。有些同志只有粗枝大叶的习惯，却没有精读的习惯。所以要精读就要反对走马观花，"一目十行"的办法。但有些人在精读时，又走过了头。他们把注意力放到字句的钻研和争辩上去了。结果，变成了咬文嚼字，在词句上钻牛角的偏向，这也是不对的。精读不是粗枝大叶，但也不是咬文嚼字。这两种办法都不能掌握文件的精神和实质，所以都是应当反对的。中宣部决定又告诉我们，研究文件要和反省自己联系起来，才能将文件领会贯通。而这里也有两种偏向，一种是就文件研究文件，研究来研究去，还是文件是文件，自己是自己，不发生关系。另一种偏向，则是对自己作了不恰当的估价，弄到失去了信心，这也是不对的。

整顿三风的第一步，是研究文件，第二步是检查工作。在检查时，也要反对两种偏向。不能把眼睛只望着上面，以为整顿三风仅仅是检查领导者，与被领导者没有什么关系。但也不能只检查下面同志，而不检查领导者。检查的范围，是整个机关和学校的工作，同时还有每个同志。检查中还要注意的一个问题，就是不仅纠正缺点，而且要发扬优点。有些同志以为检查就是揭露缺点，优点可以不说。不知专门讲缺点，使人感觉一无是处，只能破坏工作信心，所以必须发扬优点。

要保证研究文件和检查工作进行得好，还需要有两个条件，一是正确实行民主集中制，一是有正确的批评。民主集中制就是既要民主，又要集中。只有下面的民主，没有上面的领导，就要造成无政府状态，什么事情也办不好。反之，只有上面的领导，没有下面的民主，则缺点无从揭发，工作就不能改进。至于民主程度的伸缩，则要看斗争的具体条件，一切以加强团结，提高战斗力为标准。但有一点是不变的：就是在许可讨论的过程中，在问题未决定以前，任何意见，甚至是错误的意见，都可在一定的时机与地点发表，一经决定，则任何人必须无条件服从。这里也是需要两方面注意的。

关于批评的方法，中宣部决定指示我们，一方面要严正，彻底，尖锐，同时又要诚恳坦白，实事求是，与人为善。如果没有前者，则错误不能彻底揭露，会变为无原则的和平共居，结果不能帮助同志，也不能团结同志。如果没有后者，则批评必至过火，必至有损于党，也是不能帮助与团结同志的。在对人和对己问题上，也是一样。专攻别人，避开自己，不对；明哲保身，有话不说，也不对。这里也是要从两面来进行斗争的。

两条战线斗争的方法，不是折中主义的方法。两条战线斗争的方法是对在时间中运动着的事物规定一个适如其分的相对的安定性，它反对过右的与过左的两种说法，因为这两种说法都是与事物的客观实在性质相违的，都是主观主义的。折中主义则是庸俗的封建阶级与资产阶级的调和主义的方法，它调和矛盾的两个侧面，求得和平共居而不解决矛盾，它不能规定事物的性质，而只举出事物互相矛盾的标志。

所以我们党必须实行马克思主义的两条战线斗争的方法，反对不正确思想对于党的正确路线的侵犯，使党能够得到在正确路线基础上的统一。而折中主义则决不能得到这种统一。

因此，两条战线斗争，是不能给人乱戴帽子的。这个斗争的进行，要有最大限度的实事求是的精神，要提倡同志们勇于发现问题，提出问题，勇于怀疑和勇于批评的精神。但决不能捕风捉影，牵强附会，弄得到处都是偏向，到处都要斗争。在两条战线斗争上任何轻率的不负责任的态度，都可打击党员群众活跃的积极的精神，对党都是不利的。

正确的两条战线斗争，是党的生活中一天不可缺少的东西。在整顿三风进行中，必须加以提倡，并且正确实行，以保证我党伟大改造运动的成功。

宣传唯物论

（一九四二年六月十日《解放日报》社论）

中国共产党的"整顿三风"，如果要用一句话来说明他的全部"精神与实质"，那就是宣传唯物论。这虽然首先是对共产党党内而发，但对于全民族也一样有重大的意义。创巨痛深的今天的中华民族，在政治上的出路自然是抗战团结进步，而在思想上，他的第一等任务也就是宣传唯物论。只有一个真正清醒的严肃的民族，才能够使自己完全脱出今天的灾难。

但是正因为唯物论是我们民族的思想上的救星，他在中国就遇到和我们民族同等的灾难。日本帝国主义一方面杀伤了我们的肉体，掠夺了我们的资源，另一方面就用宗教迷信、封建道德、愚民教育来麻醉我们的精神，让我们做了奴隶还心安理得，忘其所以，永世不得翻身。敌人既然对我们进行了这样的精神攻势，我们的思想战线自应给以双倍的回击，指明客观事实是如何的抹煞不得，客观事实是如何的给中国人民以致胜的道路和必胜的信心。但是回顾我们的思想战线的情形怎样？我们的步伐是零乱的，不，简直是混乱的。我们的许多高超的"理论家"不但不宣传唯物论，而且在那里红了眼睛反对唯物论。我们的这些同胞在敌人的刀已经放在我们的颈上的时候，还不愿意承认刀是客观存在的，颈项砍断就要死人的，要活下去就只有把刀抢过来，却在那里高谈电子的生命和太阳系的意志，高谈宇宙的原动力……

近代的中国历史，证明唯物论的遭遇常是政治的准确的寒暑表。在五四运动中间，科学的口号和民主的口号曾是一对双生的兄弟。凡在民主运动蓬勃发展的时候，反科学的神秘主义总要黯然失色。而到了今年，据说五四又成为反动的节日了，于是种种"纷歧错杂"的反唯物论的宣传就又和政治的倒退同样的愈演愈奇。今天中国的反唯物论的宣传，在本质上是反对群众反对人民的，所以它的大部分也就同时在字面上反对共产党和民主主义。这些宣传员们判定唯物论者是只要物质不要精神的，是只要阶级不要民族的，又因为唯物论者承认民主改革是今天中国的实际需要，就说是可见得唯物论者对于社会主义也并不如他们的热心，他们因为反对"在必然性的牢狱里散步"，所以是一次革命论者，现在命已经革得差不多了云。既然这些胡说八道从集中营到大学讲堂四处流扩，既然这些胡说八道直接关系到当前中国抗战的许多根本问题，唯物论的战斗任务，对于全民族就成为格外刻不容缓的了。本来用最通俗的话讲，唯物论就是脚踏实地实事求是的宇宙观人生观，而唯心论（不拘它用什么别致的名字称呼自己）则是醉汉或梦游病者用自己的手，拔着头发，要离开地球的疯狂。但是地心吸力既不因英雄们的壮志或至诚而消失，则虽有把头发通通拔光的伟大，升天还是永远不能成功，因此古往今来任何唯心论者的任何活动，也就无不永远遵循着唯物论的轨道。所以从一种意义来说，唯心论只是吉诃德老爷的一幕喜剧。可是要拿中国今天许多唯心论者来和吉诃德相比，那对他的侮辱却未免太大了。吉诃德虽然荒唐，他总还有一颗在一定历史条件下的耿直良心，而我们的唯心论宣传员们，他们神气活现地数说唯物论者不要精神不要民族，他们自己的精神操守和民族立场却失落到哪个角落去了呢？他们假装痛恨物质利益和阶级利益，但是仅仅为了这些，他们就忘尽了人间还有羞耻事，忘尽了除了他们极少数人，在中华民族的分下还有几万万要生存的民众。幸亏中国还有杀不完的唯物论者，正因为他们是唯物论者，他们才能够区别客观的是非黑白，才能够不作囤积居奇和制造内战的勾当，能够为历史的真理和民族的命运牺牲个人的物质利益和暂时的阶级利益，才能够委曲求全，鞠躬尽瘁，舍生取义，视死如归。要是不然，一个诚恳的道德家和爱国家，生在这样的时代，听了这群伪善者的无穷的鸦鸣雀噪，该要感到多大的——比在坟墓里大过多少倍的——寂寞！

　　那些靠喝社会主义者的人血长肥了的警犬，今天居然也摇头摆尾自封为彻底的"社会主义者"了。他们说唯物论是二次革命论，因为唯物论主张先吃中饭再吃晚饭，而他们的一次革命论的妙处却是"一次"就完成了两种反动，既不许准备吃晚饭，也不许现在吃中饭。他们把压迫屠杀民主主义叫做实行彻底的社会主义，还把这个杰作的发明人谦虚地归之那位伟大的民主思想家孙中山先生；——算起来这个杰作的确也不是他们发明的，而只是偷了希特勒的"民族社会主义"来贴上一张国货的商标，这难道还有什么值得大吹大擂吗？但是瞧我们的褐色买办们的那副嘴脸呀！他们委实是跑在时代的前面太远了,因此不得不特意作出"哲学"上的结论,说是毛泽东的唯物论原来是机械的唯物论。唯物论不能灵活到为特务机关和政治娼院服务,这还不够可恶吗?这还不值得写一篇讨论大纲,出几本厚厚的特辑来讨伐一通吗?而且最精彩的是,这些勇敢的讨伐军竟是没有人能和他们直接交锋的,因为正如一位批评家所说,他们的"擂台问题是一条深而宽的壕沟,壕沟里盛满着粪便,便是游泳家也只好皱眉,叹气"。这样,这些反唯物论的"社会主义者"就凯旋了。

但是唯物论的声音在中国果然会就此沉默了吗?我们民族的思想果然就得受一些醉汉、梦游病者、伪善者和警犬们所指挥了吗?这当然只是幻想。在长期的艰苦奋斗中,中华民族与唯物论的伟大结合将愈加坚固,而每一个觉悟的唯物论者,在这里或是在那里,在无论什么地方和无论什么时候,也是决不会放松自己手里的武器。

只要我们所居住的世界是一个现实的世界,我们改造这世界的工作就只有从认识它的本来面目开始。而它的本来面目所给予我们中国人民的印象,又是如此强烈,如此深刻,我们就是闭起眼睛,也是没法说一句谎话来安慰自己。而我们,我们这些一无所有的人,又为什么要靠说谎话来求安慰呢?相反的,我们只有说实话,只有大喊大叫地去宣传实话,在那里面才存在着和生长着我们的全部希望、全部力量。中国共产党今天所进行的整风运动就正是教导我们修理我们的武器,充实我们的力量。

把我们的报纸办得更好些

（一九四二年七月十八日《解放日报》社论）

我们的报纸是大家的报纸，因此把它办得更好些，这也是大家的事情。

我们在四月一日《致读者》的社论中，曾指出我们的报纸在党性、群众性、战斗性、组织性各方面的缺点，而中共中央宣传部为改造党报的通知中也具体指出今后方针，是要把党的政策、党的工作、抗日战争、各地群众运动和群众生活，经常在党报上反映。在这三四个月中间，我们的工作在这些方面是有了进步，但是检查一下我们对于战争、党与群众究竟反映了些什么，究竟是怎样反映了，那就可以发现，我们的反映在大多数的情形下面还很不灵活，很不具体，很不生动。比方说，关于敌后的空前残酷的斗争，我们还很少真切地叙述；关于陕甘宁边区的自卫军和农业劳动的消息，很多是有骨无肉，千篇一律；关于伟大的整风运动怎样改变了我们的许多同志的面貌，我们也缺少可注意的记录。

还是让我们请教一下列宁吧。列宁在一九一八年《论我们报纸的性质》一文中批评当时苏维埃的报纸道："对于旧题目的政治鼓动——对政治的空谈，占据的篇幅太多了。对于新生活的建设,对于这个建设的各种事实,则占据的篇幅太少了。"许多群众已经熟悉的政治问题上的新的事实,"是应当记载的,但是用不着写论文,用不着重复议论",只要"用电讯方式""写上几行"就得了,而广大的篇幅却应该用来解决下面的问题:"在事实上,在新经济的建设中,大工厂、农业公社、贫农委员会、国民经济地方委员会有没有进步呢? 这种进步究竟在什么地方呢? 它们能否证明呢? 这里有没有大话,夸张,知识分子的诺言('调整','拟就计划','运用力量',以及'我们'这样的老手所爱吹的其他等等大言不惭的'计划')呢? 这些进步是怎样达到的? 如何可使这些进步更加广泛起来?"对于那些应该上黑牌的,十分落后的工厂和十分落后的工人,"我们猎获了他们中间的几个? 揭穿了多少? 惩戒示众的又有多少?""对于战争也是一样。我们是否查办过懦怯的司令官与军人? 我们是否向俄国全国痛责过一无用处的部队? 那些无用、怠工、迟到等等而应从军队里赶走,使全国知晓的大批坏蛋,我们是否猎获过?"列宁结论说:"少登载些政治的空谈。少登载些知识分子的议论。多接近些生活。多多注意工农群众在事实上在其日常工作中怎样在建设新的东西。多多检查这种新东西有多少是共产主义的。"

当然啦,这时的中国不是那时的俄国,我们有我们自己的另外的题目。但是这能有多少联系呢? 难道我们不曾把许多本该用电讯方式写下几行的事实拉成一大篇吗? 难道我们已经充分接近生活,充分反映了生活里和斗争里新的东西吗? 难道关于我们的部队,我们的政权组织和经济组织,我们的党和群众团体,我们的机关学校,报纸"默不作声,即使讲到的话，也是官样文章"的现象，是能够容忍的吗？我们有广大的农村，在这些农村里战斗着、劳动着和学习着的有千百万的农民，我们的报纸应该做他们的红牌和黑牌；而说到工厂，我们虽然很少，但也不是没有呀。

应该承认：我们在各方面的工作都曾做了一些，但是距离我们所应该做的还是远得很。而且对于我们的报纸究竟是一回什么事，我们有一部分同志还有"一大堆糊涂观念"，一大堆旧的观念没有肃清。我们有一部分同志还不知道我们的报纸是建设党，推进抗战和革命事业的伟大机器，却以为我们每天在白纸上排些黑字是看着好玩的。他们还不知道，正确的对待党报的问题，就是正确的对待党，对待阶级，对待革命和抗战的问题。正因为这一点，联共第八次大会才做决议说："没有办得很好的报纸，则健全的坚强的党和国家的建设是不能设想的。"也正因为这一点，毛泽东同志才在改进解放日报的座谈会上郑重提出："利用解放日报，应当是各机关经常的业务之一。"

为要彻底实现列宁的指示，为要彻底实现毛泽东同志和中央宣传部的指示，我们需要一次政治的教育，使大家用新的对报纸的观念来代替那些旧的观念。我们还需要一次技术的教育，使大家学会怎样来供给报纸所需要的稿件。我们的报纸今天最需要什么样的稿件呢？什么东西，是我们的报纸今天最致命的弱点呢？虽然我们也缺少好的论文，但是我们今天最需要努力发展的，却是好的新闻和通讯。报纸既不是书籍也不是杂志，它的生命主要的就寄托在大大小小的新闻和通讯上面。如果在革命以前的真理报只在一年当中就发表了一万一千多件的工人通讯，那么我们的报纸上的通讯，不说质量，单说数量也就是一贫如洗了。这首先自然是由于我们的编辑部缺乏倡导和组织，但是我们的许多记者，通讯员，机关工作人员，还不善于把每天发生着的丰富的和有教育意义的新的东西写成新闻和通讯来供给报纸，也是实情。他们或者是不能够区别一件事实的什么部分才是新鲜的，而什么部分则是陈腐无味的；或者是不敢于相信，像什么样的事实居然可以和应该在报纸上发表，而另外一些事实反倒没有这个必要；至于文字上怎样写得出色，那还是其次的问题了。

进行这两方面的教育，而且不光是教育，同时就照正确的方向动手动脚起来，这首先也自然是党报本身的工作。所有做党报工作的同志，一定要立下决心，继续努力，以求贯彻。但是，党的每一个工作部门的负责人，每一个党员或同情者的读者，请你也记着：把我们的报纸办得更好些，更好些——这也就是你的不容回避的责任呀！你的责任，就是要改变你对于党报的消极态度，你的责任，就是按党报的需要供给稿件和组织群众的稿件，你的责任，就是训练自己和你周围的人成为有力量的通讯员。只有大家来动手动脚，我们的报纸才能够办得更好，从而也才能够使我们这方面的战斗得到更好的发展！

报纸和新的文风

（一九四二年八月四日《解放日报》社论）

建立新的文风，是整顿三风中的一件大事，同时又是报纸、和报纸有关的一切工作者应当首先来倡导的事情。

我们已经知道报纸不仅是报道消息，而且要作为建设国家、建设党、改造工作、改造生活的锐利武器。要把我们这伟大时代中各方面各角落沸腾的生活反映到报纸上来。好的大家赞美，大家学习。坏的大家批评，大家引以为戒。但这是一个极其复杂的任务。过去一般人们对于报纸的认识并不是这样的。旧的传统是：报纸只谈上层人物的活动，或者登载仅供消遣的社会新闻，至于深入广大群众的生活中去，则是少有的。因此，报纸只是报馆工作人员的工作，读者对它的帮助是很少的。现在已经到了彻底改变这种旧传统旧观念的时候了。要使报纸成为我们改进工作的工具，就要使报纸的工作带着浓厚的群众性；每个机关、每个乡村、每个部队、每个学校、每个工厂，都有报纸的通讯员、撰述员、热心关切报纸的人。报纸上的消息、通讯、论文要靠各方面工作的同志，大家来供给，然后报纸的内容才能充实得起来。

不仅要积极地热心地来写，而且要写得好，写得生动活泼,能够吸引读者。如何从事这样写作,如何来建立新鲜活泼生动有趣的文风,这是报纸的每个工作者、每个通讯员、每个投稿者都要注意研究的问题。

在文字风格方面,报纸今天所碰到的困难是什么呢?

报馆每天收到不少的稿件,但这些稿件中许多是不能用的。就是登出的,也不一定全好。我们有流血的战争,我们有各种富于生命力的建设。大地的面貌在改变着,人的面貌也在改变着。写作的材料是无穷的。但另一方面,好的稿件却是很少。千篇一律刻板生硬的稿子是太多了。写锄草一定是从下雨开始。写三三制一定是党员退出,党外人士补遗。写学习,一定是情绪高涨,但有缺点。写敌后战争,一定是扫荡、反扫荡、经验教训。写什么都有什么一套。有人开玩笑说:如果印好现成文章,寄到各处把人名地名填上去,岂不更省事吗? 这虽是挖苦话,但从此也可看见我们的文字,急需改革到什么程度了。

有人要问:那么,究竟什么风格才算好呢? 应当学习什么样的文体呢?

新的文风,应当打破一切固定的格式。凡是动笔之先,脑中先有了一个格式,那一定要写成"八股"。生动有趣的材料被格式束缚住了。新鲜活泼的思想,被格式窒息死了。自己在地上画了圈子,让它限制了自己,跳不出它的圈外。所以打破固定的格式,是第一要事。别人的好文章,必须读,必须研究它的结构,但任何好的结构都不能硬拿来自己用。自己的结构,应看每次是说什么话,对谁说话而有所不同。最好的裁缝师,不是用衣的样式硬套在人的身上,而是根据人的身材,决定衣的样式。写文章也一样。不公式化，就可少点"八股"气。这是使文章写得新鲜活泼的一个重要条件。

无论什么文章最要紧的莫过于内容，而内容要有新的东西。几十字的消息，或几千字的通讯或论文，都是一样。既然提笔写作，那么必然是有什么话非告诉别人不可。如无此种必需，那又何必写作呢？写文应如给朋友写信一样。每次有每次不同的问题，每次有每次不同的意思，不同的语调。给朋友写信，不能按着别人的信照抄，写文章也不能抄袭别人的意思或词句。已经讲过的再来重复，就有类于鹦鹉学话，别人是不高兴听的。好在我们生活中新的事情多得很，只要能钻进生活内部来观察，来寻找，那么，新材料是写不完的。

新的材料是重要的，同时又要写得具体细致。我们常喜用抽象的名词来说明事情。但这些笼统的空洞的话常使人摸不着头脑。譬如只说某人在学习中有了进步，就不如说他以前做工作是怎样，现在做工作是怎样，以前看问题是如何，现在看问题是如何。用抽象的话来说，就好像雾中看人，若见若不见。用具体的事情来说，就好像看见人的面貌，听见人的声音，使人觉得真切实在。但要写得具体真切，先要自己懂得具体真切。只有不停留在表面的轮廓的、漫画般的观察，而对于自己所要写的事情，有仔细的研究，有周密的考察，才能办到。

要写得具体深刻，还须要把题目范围定得小些。我们常有一种坏习惯，喜欢定大题目。题目大了，侧面也就多了，内容也就复杂了。假如自己对于问题没有真知灼见，自然就要拿别人的旧话来凑数。这样不就成了万金油八卦丹之类百病皆医而又一无所医的东西吗？这样又怎能使文字写得不枯燥、不呆板、不奄奄无生气呢？如果把题目范围定得小一些，则自己要说明的问题，既容易使之突出，同时自己的研究，也容易深刻精到。这又是建立新的文风所要注意的。

说话的对象是谁，这也是提笔以前首先要弄清楚的。对一种人，有一种话。上什么山，唱什么歌。我们要知道听话的是什么人，他们的生活如何，需要的是什么，想着什么事情，喜欢什么，讨厌什么，然后我们才能用他们的语言，去打动他的心弦。报纸的读者一般是固定的。但每篇作品，也还应有其比较特殊的对象。写作的时候，应当设想好，像自己是在面对着自己的读者说话，那样，我们的话说出来，就会亲切有味，而不会隔靴搔痒、枯燥无味了。

总结一句：要充实报纸的内容，要把文字写好，就要解决两个问题，一是写什么材料，一是用什么语言来写。我们还不会从丰富的群众生活中去掘发材料。我们还没有认真去接近群众生活。我们还不善于用调查研究的方法，去发现群众生活中的新的事情。我们还不善于搜集片断的谈话、零星的事实，加以组织、酝酿，变成自己写作的题材。因此，写作的材料，是应当而且只有从群众的生活中去求得的。至于语言，当然不是说堆集使人头昏的形容词之类。问题在于我们的语言，常常太单调、太枯涩、难以恰当而有力地表达我们的思想和情感。而语言的技巧，对于宣传是有极重要的作用的。要使言语丰富，必须学习民众语言，必须多读好的文艺作品。这是作文字活动的人必须致力学习、致力锻炼的。

建立新的文风，不是一朝一夕所能办到的。这是长期学习和工作的过程。有些人草率从事，写作之前，既无仔细研究,写作之后,又不慎重修改,稿纸写完,万事大吉。这是不对的。另外有些人因为新文风尚未建立,就搁笔不写,这也是不应当的。须知利用报纸,为报纸写稿,是每个党员和党外朋友不可推卸的责任。而废除党八股,建立新文风,只有在不断的刻苦的努力中才能达到。

精兵简政——
当前工作的中心环节

（一九四二年八月二十三日《解放日报》社论）

自从党中央提出精兵简政以来，在时间上说，已经是相当长久了，如果我们把各抗日根据地对于这一政策的执行程度检查一下，那我们可以看到：有的地区是在认真地执行，且已有显著的收获，事实证明了党中央这一政策是切合于各根据地的实际、能够做到的。但同时我们也看到：还有某些地区或工作部门，对于这一政策的执行，是很勉强的，被动的，因而也就不能贯彻。甚至还有很少数的地方不管中央如何决定，仍然是"原封不动"，"我行我素"，把自己的地区或工作部门看成是"例外"。产生这种不能贯彻执行精兵简政和把自己看成"例外"的原因，我们认为是一个认识问题，是由于对党中央所提出的精兵简政的意义认识不够。因此，为着彻底执行精兵简政，有重新阐明其重大意义之必要。

党中央为什么提出精兵简政呢？

第一，五年来敌后抗战的结果，使我各抗日根据地与敌占区域犬牙交错地存在着，敌寇依据着铁道、公路、据点包围着我们，我则依靠广大的农村包围着敌人；形成彼此包围的相峙局面,进行着拉锯式的反复战争,抗战初期那种游击战争向敌后进军的蓬勃发展形势,已经是过去了。今后的问题,在于保持自己的力量,克服困难,熬过最后的艰难。谁能熬过这种严重的难关,胜利就是谁的! 在目前敌寇正进行着残酷扫荡与逐步的蚕食,根据地的缩小,人力财力的减退,是不免的。因此,我们必须紧缩自己,使自己能够适应于这种情况的变化,只有这样才能坚持下去。这种必要的紧缩,在目前是为着保持自己的力量,渡过难关,同时也是准备将来的反攻。目前的紧缩正是为着将来的更大发展。

第二,敌后战争频繁,战线不固定,部队机关的流动性都很大,不仅庞大的机关为情况所不许,就是在军队中间如果非战斗人员多了,行动笨重也为战争环境所不容,所以必须紧缩以适应战争的需要。必须了解:我们机关和部队的组织,是为着执行一定的任务而规定的,不是为机关而机关,为部队而部队。如果在发展时一般是注意数量"搭子"以便开展工作,那么,在紧缩时,就应该注重质量,贵精干而不贵繁多,如果情况变了,而我们仍然墨守成规,不愿有所改变,那就是道地的教条主义者!

第三,由于根据地在残酷战争中地区上的缩小,人力物力的困难增加,而经济发展落后的农村,人民的财富又比较有限,所以在每个根据地内脱离生产的人数,只能有一定的比例,即使超过也不能过大,否则将会发生"塘小鱼大"的矛盾。敌寇对我基本根据地所采取的"三光政策",其目的就在于摧毁我"生存条件",是企图"竭泽而渔"的办法。紧缩正是针对着敌人这一毒辣政策而来的。

　　由于对上述三个主要方面的认识出发,党中央很早以前就提出了根据地全部脱离生产人员不能超过当地居民百分之三的决定,在提出精兵简政之后,又曾具体规定主力军应停止发展,而将今后军事建设的重心放在强化地方军与发展不脱离生产的民兵上面。这是一贯的方针,是切合敌后需要的方针,各根据地一定要彻底执行。

　　对着上述精兵简政的意义与党中央对于这一政策一贯的主张,直到今天还不是各根据地的同志们都了解了的,因此,产生了对精兵简政执行不彻底的事实,同时在少数同志中还存在着一些不正确的意见,片面的了解,也有碍于精兵简政的实行,必须加以解释:

　　有人说:虽然我的部队或机关有些"头重脚轻",上层庞大下层不充实的现象。但是你应该看到将来呀! 将来它是要发展的!

　　这种意见,我们认为是不对的。将来是将来的事,而我们确应该着重在解决今天的问题呵! 今天的困难,如果不想法去克服,渡过这个难关,也就说不上将来。只知昂头天外,幻想着将来如何如何,而对于现在的具体情形熟视无睹,看不见摆在自己眼前的现实,这种"远视眼"的想法,是任何现实问题也不能解决的!

　　有人说:中央提出的精兵精政问题很对,但我这里情况还不如你们所估计的那样严重,还可以过去。照旧维持吧,环境严重时再说,何必着急呢?

　　这种意见,也是不对的! 因为近两年来敌后形势发展的趋势,已明白告诉我们,严重环境是一定要到来的,而且有的地区已经到来了。今天来说敌后的变化,已经不是什么一般估计问题,而早已是活生生的事实了!如果我们不警惕这种形势的变化,主动地采取适当的办法,那么事到临头,将措手不及!这种预见将来,定出对策,使自己时常处于主动,使革命力量少受损失,正是布尔什维克的领导艺术。如果不加以主观的努力,听其自流,这种政治上的"近视眼"的看法,也是不对的。

有人认为:在敌后抗战中,我们应该是如"韩信将兵,多多益善"才好,哪能实行"精兵"呢!固然,在一定的时候兵是要多,兵多将广,才可以制服敌人,但所谓多,总是有一定限度的,不能无限制的多。问题的关键是在于能否养活,物力财力是否足以维持!如果不注意这一生存的起码问题,盲目地要多,那么兵少、兵不够自然不足以保卫根据地,但兵太多了,"坐吃山空",其结果将使根据地的人力财力物力频于涸竭,难于保卫!所以我们今天应该是"精兵论",而不是"多兵论","多兵论"是我们要反对的。

有人认为:根据地工作纷繁,要机关大,干部多,才能把事情办好,我们现在不是处处都觉得干部不够吗,怎么好再说要"简政"呢!是的,在某些地区或某些工作部门,确实是还缺少应有的干部,这是需要加强的。但另一方面,不是一般地还存在着机关林立,系统纷繁,"人浮于事"的现象吗?所以简政的中心问题,是在于调整组织,调整干部,裁并机关,缩减冗员,以提高工作效能,增进解决问题的速度。所以我们今天应该是"简政论",而不是"繁政论","繁政论"是我们应当反对的!

上述这些看法,都带有片面性的老病,如果只是执其一端,不作全盘考虑,何尝也不可以言之成理,娓娓动听?然而如果仔细去作一番全面的考虑，则很显然地，这些说法都就不妥当了。

只有精兵简政，才是根据全面考虑得出来的一个切合于敌后今天的实际状况，而又照顾到将来发展的政策，我们是马列主义者，一切必须从现实出发去解决问题，对于任何问题片面的看法都将不免会犯主观主义的错误，因此，对于精兵简政政策的执行，首先，就要求我们有清楚透彻的认识，足够的了解其意义。也只有真正了解了，才能认真地、主动地、愉快地去彻底执行，才能真正执行得好。

精兵简政实为目前各根据地整个工作的中心一环，必须把这一任务的实现，贯彻到各方面的工作中去。举凡政权工作、军事工作、财政经济工作等等的进行，都应当在这一政策之下，加以新的考虑，贯彻这一政策。同时精兵简政的实行又必须与爱惜民力、培养民力、发展生产、自力更生、厉行节约反对浪费等具体工作联系起来。

敌后是一种残酷的战争环境，形势的变化是很快的，常常是带有突然性的，如果领导机关和领导干部，不能预见到发展的趋势，"当机立断"，主动地变化我们的政策，那么，一旦恶劣的形势到来，就会发生"措手不及"，甚至遭受到意外的损失！

最后，必须再重复地指出：精兵简政这一政策，是为着克服目前困难，争取将来更大发展的正确政策，是既照顾到现在又照顾到将来的政策，是积极的政策而不是消极的政策！要打垮日本帝国主义是定了的，将来的发展也是定了的，在由现在到反攻这一段艰苦路程中，把我们的队伍整顿得整齐些，锻炼得更精干些，则胜利与发展就会更有保证！

列宁活着呢

（一九四三年一月二十一日《解放日报》社论）

列宁是一九二四年一月二十一日死的。那时中国国民党正开着第一次代表大会。孙中山先生听说了，立刻向大会提议去一个电报哀悼。他还特地作了一段讲演，收在孙先生的全集里。在这个讲演里，他说列宁"由革命观察点看起来，是一个革命之大成功者，是一个革命中之圣人，是一个革命中最好的模范"。他又说列宁虽然死了，决不会使苏联和国际的革命事业因此受到什么挫折，"因为列宁先生之思想魄力奋斗精神一生的工夫，全结晶在党中，他的身体虽不在，他的精神却仍在。"孙先生的话是很对的。列宁死后俄罗斯民间流行一个故事，照这个故事说，列宁就连身体也还活着呢，他装着死去，只为看看没有了他，事情会办得怎么样。后来他几夜偷跑到各处去看了，看到工作都在进步着，也就很安心地到玻璃棺材里休息着了。现在大概已经快醒了。这个好故事的意思，有一点也和孙先生的一样：人们照着列宁的道理办事，就等于列宁的精神继续存在，继续发展了。

假使那个故事是真的，列宁今天醒来，看到他所手创的国家，手创的党和军队英勇地打垮了希特勒的侵略梦想，创造了旷古未闻的奇功伟绩,在全人类的万目睽睽之下,最雄辩地证明了列宁主义的不可战胜,该是多么高兴啊!列宁还遗下了世界革命的事业,他关心着全人类的解放,而就中特别值得我们记忆的,就是他还非常注意东方被压迫民族和中国人民的解放。中国革命的根本思想,中国共产党的根本路线,是列宁所规定的,孙中山先生那样热诚地推崇他,也正是这个缘故。如果列宁今天来看看中国呢? 在列宁死后的将近二十年中,中国的政治变化,有许多当然是令人感慨的,但是中国今天的团结抗战,一定也是他所高兴的。中国共产党实行了列宁的路线,所以今天能够成为支持抗战的大力量,所以能够在敌后熬过极艰苦的五年多时间,而且有信心一直熬到最后的胜利。不过我们也应该承认,我们有许多事情还办得不太好,中国人民和中国共产党还需要努力来克服自己的许多缺点。我们应该多多去请教那位革命中的"圣人"列宁。列宁活着呢——但是应该到哪里去找他?

那个躺在玻璃棺材里的列宁是永远死了,永远不死的是列宁的主义,是列宁和他的前驱马克思留给我们的方向和方法。要把我们的事情办得更好些,就得更好地去学习马克思列宁主义,这就是去请教永远活着的列宁。

要办中国今天的事情,却去请教外国的死人,而要去请教他们,要能掌握他们的方向和方法,就少不了要读他们的书——这不是迷信吗? 这不是教条主义吗? 完全不是的。我们在这里不打算去答复那些马克思列宁主义的怀疑者(这不可能在一篇短文里说清楚的,虽然这是很重要的工作),但是有一部分相信马克思列宁主义的同志,由于反对教条主义而发生的一些误解，却有扫除的必要。这些同志以为：既然过去曾有人读了马列的书而不用，而乱用，而被称为教条主义者，那么最好的避免传染教条主义瘟疫的办法，就莫过于从此根本不读这些"教条"了。既然过去曾有人只限于介绍马列原著而被误称为理论家，那么最好的成为真正理论家的办法，就莫过于从此根本停止和拒绝翻译、传布、解释、通俗化这些原著的工作了。既然过去曾有人缺少实际的社会政治经验，或者缺少必要的文化程度，而不相称的以硬啃自己所不会理解的理论为光荣，因而这些理论落到他们的手里也只能成为莫名其妙的东西，那么最好的改过自新的办法，就莫过于从此根本不要理论只要实际了。既然没有调查没有发言权，既然实际是一切理论的最初的出发点，只有有了丰富的"感性知识"才能成为完全的知识分子，那么每一个亲身参加过多年的生产斗争和阶级斗争的人，不怕没有其他条件，就都有十足的发言权，就都是十足的理论家或知识分子了。但是所有这些想法都是不对的。共产党的整风文件从来没有这样说过，毛泽东同志从来没有这样说过，可见这完全不是马克思列宁主义。是的，我们是鄙视、嘲笑教条主义的，我们跟教条主义的斗争还没有完结，而且也不会很容易地完结。但是到底什么是教条主义呢？教条主义并不是马列主义的附属物，而恰好是他的反对物。教条主义是一种对待马列主义的无的放矢或生吞活剥的错误态度，这种态度曾使得马列主义变成一种滑稽的丑恶的东西，我们反对教条主义，提倡调查研究，提倡从实际出发，就正是提倡和实行马列主义，就是要恢复马列主义的科学面目和历史信用，就是要大家不再拿它来开玩笑，而要认真地学习它,负责地运用它,也就是说,把它从被侮辱的地位提高到被尊重的地位。试问这样的反对教条主义,有没有把阅读、介绍马列主义著作看作教条主义的丝毫暗示呢? 自然,读随便什么书都要读者有适当的条件和方法,不然就会无益而反有害,读马列主义的书也是这样。但是,这只是要我们不要乱学罢了,决不是要我们不学。大家都知道,介绍马列主义的通俗小册子,曾帮助了中国成千成万没有足够实际经验的知识青年开始确定他们的人生观,而另一方面,列宁和马克思本人都曾向没有足够文化程度的工人群众讲解过剩余价值的秘密。可见马列主义只要学得对,虽然所得的多少不同,方面不同,却是各个人都可以学的。要是根本不学呢? 要是光靠经验吃饭,就以为万事大吉了呢? 那就是经验主义,那就一定不能够万事大吉。实际在理论之先,这是从根本上说的,因此解决中国的问题就必须根据中国的实际,读马列的书,只是要取得他们的方向和方法,并不是要机械地搬用他们书上的字母;但如无限制地滥用这个真理,以为任何人在任何时候任何地方所遇到的任何实际都在任何理论之先,那就是天大的荒唐了。无论什么个人,总不能完全独立地依靠自己的"实际"来创造什么"理论";相反的,他从最小的时候起,就已经不能不凭前人的"理论"来联系自己的"实际"。而马列主义的理论,就正是全部人类历史尤其是世界无产阶级斗争全部经验的精华。因此,马列主义又是个个革命家所必须学的。

　　我们要求大家去请教列宁,并不是要求大家都变成列宁,这就是说,人人都可以都必须学习理论,但是并不能希望人人都成为理论家。世界上需要的旁的人、旁的家,还多得很。但是有一部分人是必需成为一定水平的马列主义理论家的，中国的抗战和革命迫切地需要这一部分人出现，这就是我们的抗战和革命事业中各方面和各级的主要领导者。他们是决定中国命运的人，他们联系着最大的实际，他们如果既懂得实际，又懂得理论，他们就一定能够正确地认识实际，总结实际，指导和改造实际，因而中国就一定能够很快地赶走日本侵略者，中国人民就一定能够很快地得到解放。这样列宁就是在中国活着；列宁要是醒来，也一定和中国人民一样，说我们事情办得很好。

从春节宣传看文艺的新方向

（一九四三年四月二十五日《解放日报》社论）

去年五月党中央召集了文艺座谈会后，文艺界开始向着新的方向转变。毛泽东同志的结论，为这运动提示了明确的方针。十个月来，经过了一些反省、讨论和实践尝试的过程，文艺界在思想上和行动上的步调渐渐归于一致。许多脱离实际、脱离群众的小资产阶级自由主义的倾向逐渐受到清算，而毛泽东同志所指出的为工农大众服务的方向，成为众所归趋的道路。尤其是今年春节前后，关于庆祝废除不平等条约，庆祝红军胜利，拥军、拥政、爱民运动和发展生产运动的宣传活动及创作表现，可以说是新的运动发展成绩的一个检阅式。这一个检阅的结果，证明我们的文艺界已经得了第一步的成功。在文学、音乐、美术、戏剧、舞蹈等各部门，都以新的面目，鼓舞了群众的斗争热情，收到了很大的教育的效果。单就延安来说，鲁艺、西北文工团、青年剧院以及各学校的秧歌舞及街头歌舞短剧、古元的木刻和许多美术工作者的街头画、孔厥的小说《一个女人翻身的故事》、艾青的《吴满有》，都是值得特别提出的一些作品。延安以外如晋西北的战斗剧社和警备区的民众剧社的许多新的活动，也有很多的成绩。就中鲁艺的秧歌舞，因为形式适宜于直接接触群众，在延安市、延安县的群众与干部中，在南泥湾、金盆湾的部队中，尤其受到了空前的欢喜赞叹，那里面的歌曲，至今还在人们的口边流传着。

春节文艺活动前后所表现出来的新方向，有哪些特点呢？

第一是文艺与政治的密切结合。文艺与政治的结合，本来是党所领导的革命文艺运动的光荣传统。从来进步的文艺界和过去红军时代的文艺活动、八路军新四军中的文艺活动，都是革命运动的一个战斗部门。但由于文艺工作者中很多是小资产阶级知识分子出身，他们的自由主义的思想，他们对于外国的和旧时代的文艺作品的偏爱，他们的强调文艺特殊性的成见，他们的片面的提高技术的错误主张，影响了文艺运动，以至于在抗战以来，特别是在延安这样后方地区，在许多文艺工作者中发生了脱离实际政治斗争的偏向。许多文艺工作者用主要的精力去学习外国的、旧时代的作品的技巧，音乐台上舞台上原封不动地搬上外国音乐、外国戏和中国的旧戏。至于怎样使我们的文艺工作充满着革命斗争的内容，怎样根据现实的政治任务来创造新的文艺作品，怎样在作品里把我们的抗战、生产、教育的具体运动反映出来，在这些问题上来注意的人却不算多。很多的文学作品是用来表现小资产阶级个人主义的思想和情调。对于政治的这种麻木态度甚至为托派王实味以及其他反共特务分子所利用，使他们能够戴着文艺工作者的假面具来在我们中间散布危害革命的思想毒素。春节前后的宣传活动和创作活动表明这种脱离实际政治斗争的偏向是在开始被克服着。我们的文艺工作者开始抛弃了那些小资产阶级的艺术趣味，努力使自己的工作中表现出革命的战斗的内容，把抗战、生产、教育的问题作为创作的主题了。

其次是文艺工作者的面向群众。文艺走向工农大众，本来也是党所领导的文艺运动的传统。红军、八路军、新四军的部队文艺工作，陕甘宁边区的民众剧团以及其他各根据地的地方文艺工作团体的活动，是这个传统的具体表现。抗战前的大众文艺问题的讨论，也反映着这样的要求。但我们有许多文艺工作者，他们本身既是属于小资产阶级知识分子的阶层，他们的作品也表现着同一阶层的思想和感情，并且也在同一阶层中找到自己的读者。他们在理论上可以抽象地承认文艺要和大众结合，而在创作的实际行动上却是脱离群众的；他们幻想着万世不朽的伟大艺术，而不肯用力来创作能为老百姓所喜闻乐见的作品；他们空谈要为工农兵服务，而对于当前的工农兵的需要却漠不关心。春节前后的创作表现，表明这种错误的思想开始被纠正，文艺工作开始从知识分子的小圈子走向工农群众，街头上和群众中的文艺活动成为这时期的重要工作方式，在内容上力求反映群众的生活和要求，在形式上力求能为群众所接受；许多文艺工作者开始下乡参加工作，访问和开会欢迎劳动英雄。文艺工作者已经在实际行动上开始表现他们的群众观点，他们认识到文艺工作的正确道路是要为群众服务并向群众学习。

再次，文艺的普及和提高的问题，在春节前后的创作表现里，也看出了解决的方向。毛泽东同志在文艺座谈会上的指示是："在普及基础上的提高，在提高指导下的普及。"这个指示的正确性在这次是得到了新的证明。春节中的文艺活动虽然在提高与普及两方面一般都远没有达到应有的程度，但是它却打破了那种把两者完全对立的错误观点，显示了提高与普及的正确途径。就提高方面说，春节文艺活动在艺术上所以获得许多可以满意的成绩，产生了许多新鲜活泼，有生命力，有感召力的作品，不但不是什么关门提高的结果，而且正是开始与群众结合的结果。它们的成功，首先是因为反映了群众的现实生活、实际斗争，反映了群众的思想感情；其次是因为它们的表现形式符合于群众的实际，语汇语法是群众的语汇语法，容貌服饰是群众的容貌服饰，腔调姿势是群众的腔调姿势，离开了这些，则内容的真实性就无法表达；第三是适当地采取了并提炼了群众旧有的某些艺术传统，譬如歌谣、年画、戏装、秧歌舞、秦腔、郿鄠等等，利用了其中可以利用的东西，而舍弃了其中应该舍弃的东西。前两个条件，是真正"提高"（产生真正高级的优秀的艺术品）的必要条件，后一个条件，则是艺术与广大群众直接结合所需要的补充条件。春节的文艺活动证明，离开了群众生活的内容与形式，任何高级艺术品的产生都是不可能的；套用非群众的，旧时代的与外国的内容与形式，嵌入群众的口号，现代的人物与中国的姓名，不但在群众中要失败，在艺术上也是失败的、恶俗的、低级的。春节的文艺活动又证明，适当的采取群众的艺术习惯，并不会因此降低了艺术品的身份，相反的，真正伟大的作家，一样可以从秧歌剧产生伟大的作品（古希腊的"拟曲"和"牧歌"，就是一个最相近的榜样）。我们现在的秧歌剧虽然还不能说是伟大，但是有些也确已达到了一定水平的艺术性。因为这种形式在今天中国的农村环境中还大有发展的余地，因为广大的农民群众还很需要这种融合音乐、诗歌、戏剧、跳舞和装饰美术于一炉，富有伸缩性且不受舞台限制的综合艺术，文艺工作者在这个方向上作更大的努力是必要的。再就普及方面说，春节文艺活动也证明了，艺术的普及不但迫切需要，而且充分可能。边区的工农兵群众不但热烈欢迎我们的文艺工作者的活动，而且只要他们的作品真正正确反映了群众的思想感情，群众也是能接受的。鲁艺的秧歌虽然题材与旧秧歌完全两样，在形式上也有了不少的加工和改造，但是群众却更加"喜闻乐见"。艾青的《吴满有》从艺术体裁上说完全是新的，既不同于历史上的诗赋词曲，也不同于今天民间的唱本小调，但是因为它写了群众的生活，用了群众的语言，吴满有和其他劳动群众就都能够加以理解和欣赏。可见那种以为群众不能接受艺术，或不能接受新的高级的艺术，以为群众的艺术必然要迁就落后等等偏见，都是没有真实根据的。在这个方向的诱导之下，我们不但看到了"在提高指导下的普及"的可能前途，也开始看到了群众自己中间的实际尝试。延安机关学校杂务人员和鲁艺附近（桥儿沟，川口等）老百姓所表演的秧歌舞，就显然是传播了鲁艺等处秧歌舞的影响。

以上三点，表明我们的文艺工作者已开始走上毛泽东同志所指出的正确的道路。但同时还应该说，我们的方向仅只是开始。我们只是开始努力使文艺从知识分子的小圈子里走向工农兵群众；就整个文艺界来说，正如凯丰同志在党的文艺工作者会议上所指出的，文艺与实际的结合、文艺与工农兵相结合的问题，还没有得到真正的解决，因此我们的文艺工作中还有着许多缺点，而最主要的是：第一，我们的文艺工作者对于群众的语言，生活，以及民间艺术等等，还是不熟悉的，对于他们的思想意识还是不够理解的,因此在工作上就受到很多限制,许多作品,特别是有些戏剧,还不能正确地反映真正群众的面目和群众的感情;第二,我们的新的作品,都还只是初级的,还有大大提高的余地。例如鲁艺秧歌舞中的《兄妹开荒》,是很好的新型歌舞短剧,但同时也是比较简单的作品,表现还不够深刻,不从各方面加以发展,是不可能表现更丰富、更真实的生活内容的;第三,特别需要指出的是,我们的文艺活动本身,还很狭小很肤浅,还是主要限于延安附近的活动,还是少数知识分子文艺工作者的活动,我们还需要把运动扩大、深化,使它普及到全边区,使它成为在工农兵群众自己内部生根和繁荣起来的东西。

　　为着解决这些问题,首先就需要我们的文艺工作者下更大的决心,深入到实际工作中和工农兵群众中去,去熟悉他们的生活、情感和语言,去帮助他们中间的艺术活动的普遍发展,并在这个基础上去进一步提高自己的创作质量。为着达到这样的目的,文艺界同志们的下乡工作,是有重大意义的。三月十日党中央文委为着下乡问题所召开的党的文艺工作者会议上,凯丰同志指出下乡的任务就是为着要解决文艺与实际结合、文艺与工农兵结合的问题,这就是使文艺运动照着毛泽东同志的方向更进一步发展的必要步骤。我们相信,文艺工作者在这个方针的指导之下,一定能够在不久的将来,得到比这一次春节宣传更为美满的成就。

中国思想界现在的中心任务

（一九四三年五月五日《解放日报》社论）

中国思想界现在的中心任务，就是从思想上彻底打垮和消灭法西斯主义。中国思想界所以要提出这个任务来，并把它作为中心任务，其重要的理由之一，就是为了战胜侵略我国的日本法西斯强盗，使神圣的民族解放战争贯彻到底，取得最后胜利，而要想达到这个目的，必须在思想上分清敌我，不容丝毫含糊，不容在我们的抗战阵营之内还有人宣传法西斯主义或其亚种。不但这样，中国思想界所以要提出这个任务来，并把它作为中心任务，其另一重要理由，就是为了将来的建国，建立三民主义的新中国，而不是法西斯的中国，或类似法西斯的中国，而要想达到这个目的，必须在思想上反对一种误国害民的思想毒素，这种毒素就是法西斯主义或其亚种，要与这种"误国害民的思想分清界限，不容丝毫含糊。只有在思想界肃清了这种毒素，才能够达到"抗战必胜，建国必成"的目的。因此，这个任务，是中国目前思想界的中心任务。

法西斯主义是全人类的公敌，是全中国人民的公敌，同盟各国现在正与法西斯进行历史上空前伟大的战斗，中国是进行这个战斗的最早一国。六年来的斗争，证明法西斯主义是中国人民不共戴天的仇敌，中国人民是一定要彻底消灭这个敌人的。

为了彻底消灭这个敌人，不但需要武装斗争，而且需要思想的斗争，这就是对一切法西斯欺骗宣传的斗争。

一切法西斯欺骗宣传的核心，就是假装的民族主义。希特勒、墨索里尼、日本军阀，都向他们国内的人民宣传他们的所谓民族主义，但是这与真正的革命的民族主义，是毫无相同之点的。

法西斯主义者并不爱他们的民族。

希特勒毁灭了德国，墨索里尼毁灭了意大利，日本军阀毁灭了日本——难道这就叫做爱民族吗？

希特勒、墨索里尼、日本军阀使最大多数的德国人、意大利人、日本人陷于贫穷、破产、饥饿；剥夺他们的一切幸福和自由，最后又把他们抛入反动的战争的深渊——难道这就叫做爱民族吗？

希特勒、墨索里尼、日本军阀在他们的人民中间宣传复古、倒退、迷信、盲从、堕落、野蛮、无理性、神秘主义，破坏了德国、意大利、日本原有的进步和文明——难道这就叫做爱民族吗？

法西斯的所谓民族主义，就是摧残民族、掠夺民族、强奸民族的主义。

法西斯主义者就是这样的一伙强盗，他们强奸了自己的民族，挖掉了她的眼睛和舌头，并且继续压在她的身上吸她的血，但是这伙强盗说，他们是最爱这个民族，他们是为这个民族的利益而奋斗。如果这个被蹂躏的民族起来要求自己的生路，他们就说她是"叛逆"，说她是"分裂"了国家的"统一"。

法西斯主义者所代表的，乃是最少数的大金融资本家。他们公开垄断了全民族的经济和政治，这种垄断比十八九世纪欧美的自由资本主义和资产阶级民主主义坏百倍。但是他们却假仁假义地攻击自由资本主义和资产阶级的民主主义。他们不要脸地宣布他们所代表的乃是"全体"，他们的经济和政治乃是"全民族"的经济和政治。

一百个人里面，九十九个人的利益不代表全体的利益，一个人的利益反而代表全体的利益，这就是法西斯的数学。一百个人里面，九十九个人向一个人要求生存的权利，叫做"煽动阶级斗争"，一个人剥削迫害九十九个人，反而叫做"阶级合作"，这就是法西斯的逻辑。

法西斯最后只有不要逻辑，用极端的唯心论和唯心史观来维系自己的统治。墨索里尼说："法西斯主义是宗教的概念，人们把握它不是用内在的知觉的报告的观点，而是依据至高无上的信条的观点，用客观意志的观点。它引导个人的提高，使他自觉自己是精神界的一员。"

法西斯主义者对自己的民族尚且如此，对旁的民族的蹂躏就更不用说了。日本法西斯在中国所宣扬的"王道"，我们中国人永远也不会忘记。

但是法西斯主义的末日已经来了。我们全中国人民和全世界人类现在所进行的战争，就是灭绝法西斯的战争。我们叫做民主阵线，因为我们不但现在反对法西斯、将来更反对法西斯，我们流了这么多的血，就是为要实现民主的中国，民主的世界。将来的中国和将来的世界，一定不允许有无论什么形式的法西斯的流毒丝毫存在。

这个思想,在大西洋宪章里已经有了确定的表现。大西洋宪章第六条规定"待纳粹的专制宣告最后的毁灭后,希望可以重建使各国俱能在其疆土以内安居乐业,并使全世界所有人类悉有自由生活,无所恐惧,亦不虞缺乏的保证。"以后罗斯福和丘吉尔又都再三发挥了这个论点。

我们中国不但在拥护大西洋宪章的华盛顿公约上签了字,而且还有孙中山先生全部反对法西斯的遗教。

法西斯主义是否认民族平等的。希特勒在《我的奋斗》中公开宣传非雅利安民族是劣等民族,并且公开侮辱了中国:"真是出人意外,有人以为一个黑人或中国人因为学过德文,预备终身用德语说话,及为某个德国政党投票,就可以变做德国人。这就使我们的种族开始不纯正。"但是孙中山先生却再三说他的民族主义就是要打破民族间的不平等,就是要做到中国"同现在列强处在平等地位",做到"中国境内民族一律平等"。

法西斯主义是冒民族之名来压迫剥削本国人民的。墨索里尼说:"法西斯革命(?)创造力的根源就是组合的国家,即经济力量完全划一于议和(?)的国家,自由主义与社会主义在其中是根绝了的。"但是孙中山先生的民族主义,却与民权主义民生主义密切结合而不可分离,所以孙中山先生批评辛亥革命的根本失败,"就是由于当日同志仅仅知道注重民族主义,忽略了民权主义和民生主义的过错。"

法西斯主义既然要"根绝"自由主义和社会主义,当然也就是要"根绝"民权主义和民生主义。法西斯主义认为民权主义的时代已经过去了，认为人民不应该有什么自由和权利。希特勒说："大多数人不得决定，只有少数人可以决定"，但是孙中山先生却主张少数人不得决定，只有大多数可以决定，主张"以人民为主人，以官吏为奴隶"，主张"共和与自由，全为人民全体而讲，至于官吏，则不过国民公仆，受人民供应，又安能自由！"孙先生不但坚持现在是"民权时代"，并且预言民权主义"以后的时期很长远，天天应该要发达"，中国只应该比法美更进步，造成俄国式的"最新式的共和国"。在经济上希特勒党的政策大纲明白规定着"国家统治一切社会化的企业，如托拉斯等"，而希特勒、戈林、墨索里尼、齐亚诺等也就在这样地"统制""划一"之下成了最大的财阀。但是孙中山先生的民生主义，却是要"四万万人都可以享福"，要"大家有平米吃"，要"耕者有其田"。

　　孙中山先生不但在理论上反对法西斯，而且在行动上反对法西斯。中国这样的民族，本是只应该团结起来反对法西斯的，但是还在民国十三年，居然就有个买办资本家陈廉伯，为了破坏孙先生在广东的革命根据地，阴谋要求广州成立什么"法西斯蒂的政府"，孙先生不顾某些外国人的压力，毅然决然地反对了陈廉伯，这就是有名的商团事件。孙先生如果活到现在，一定比以前格外痛恨法西斯，一定是全中国和全世界反法西斯的急先锋之一。

　　为了反对法西斯，为了贯彻反法西斯战争的目的，中国一切革命的民族主义者和民主主义者应该联合起来，应该广泛宣传孙中山先生的反法西斯思想，来加强抗日战争的力量，加强民族团结的力量，加强全国人民为光明的将来而斗争的信心和热情。

在这个反对法西斯的大联合中，三民主义者、共产主义者、自由主义者应该是亲密的战友，因为无论三民主义、共产主义或自由主义，都是与法西斯主义不能并存的。

"五四"和"五五"是中国民主思想的二十四周年纪念日，是马克思诞生的一百二十五周年纪念日，是孙中山先生在广州革命根据地就任非常大总统的二十二周纪念日。这三个纪念日这样巧妙地联合在一起，应该是思想界反对法西斯大联合的一个象征吧。

中国抗日战争和全世界反法西斯战争的胜利万岁！

中国思想界反对法西斯的大联合及其胜利万岁！

请重庆看罗马

（一九四三年八月二十一日《解放日报》社论）

七月二十五日意大利的事变，对于意大利和全世界都是一个历史的事变，对于中国国民党也是一个历史的事变。按国民党的世界观，本来"二十世纪"的世界各国都得学墨索里尼的样——不管国内存在着多少不同的阶级，都只允许"一个党，一个主义，一个领袖"。但是意大利还没有来得及投降，"一个领袖"就"辞职"而不知所终了，"一个主义"就由唯一合法变为唯一非法了，"一个党"就被解散、被愤怒的人民所捣毁，甚至还在被解散的前两天，其地位就被要求自由的人民、被共产党、社会党、基督教民主党、自由建设党、民族党、行动党等等"异党"所代替了。这些"异党"并没有丝毫"军权政权"，而墨索里尼的"硬干快干实干"，意大利人民的"服从领袖"与"力行哲学"，反自由主义、反共产主义的"全民政治""全民经济"，个人绝对服从所谓国家，阶级绝对服从所谓民族，成年皆有加入法西斯党之义务，青年皆有加入法西斯青年团之义务，没有了法西斯蒂就没有了意大利的宣传之深入人心，与夫"处理异党"的特务政策之二十一年如一日的野蛮惨酷，又在被其中国的徒子徒孙所奉为典范，称道不衰——但是意大利竟没有复兴或复活,直到推翻了法西斯以后人们才高呼意大利复活了,意大利的天下也没有定于一,却是乱于一,而且几乎亡于一了,"一个党,一个主义,一个领袖"被证明为一个梦、一个笑话、一个罪恶。国民党,法西斯主义的中国追随者,看了这场惊心动魄的悲喜剧,应该何等地深思猛省!全中国的人民,又在何等热望着国民党的深思猛省!

但是直到七月二十五日还在高呼墨索里尼伟大的国民党宣传机关,接到这天晚上的欧洲电讯,忽然不做声了。简直就像世界上根本不曾有过意大利这只皮靴,墨索里尼这个胖子,法西斯"一个党,一个主义,一个领袖"垮台这条新闻一样。迟迟复迟迟,中央社自己也觉得难为情了,才出来代表官方讲了几句话,而且还恶毒地把共产国际的解散牵在一起。各国共产党的国际联合的解散,理论上和实际上都没有影响任何一个国家的共产党的存在,但是意大利法西斯党(世界上历史最早最久的法西斯党)的解散,理论上和实际上却都影响了一切国家的法西斯党的存在。国民党显然也是受了严重的影响,因此,不管中央社在它的论文里夹了那样一条阴谋的尾巴,不管它还讲了一堆胡话,说什么"法西斯的人民","法西斯主义者爱自己的国家,这是合理的"等等,想把推翻法西斯的爱国人民诬蔑为不是人民、不是爱国者,不管这些,它总算还是表现了一个可欢迎的进步。这个进步就是:它居然鼓了勇气,变了腔调,打破国民党宣传十六年来的纪录,第一次说出了一个最简单的真理:"法西斯主义……以其独裁领袖优秀于其全国的人民,并以他们的民族优秀于世界各国,……法西斯党徒可以在国内无法无天,……法西斯的头子不将其国民当人,……

所以实在是一种非人的学说。很多年来，法西斯主义的势焰熏天，世人颇有为其迷惑者，今天法西斯主义的创造者倒了，……对于世道人心，也是极有裨益的。……那摩拳擦掌的黑衫盗魁，如今不知下落，可见历史先生是严明的；而由此推论，纳粹和日寇的末日，也都不远了。一切不合理的都不能逃避历史的判断。"

说得妙！完全正确！只是可惜进了一步，退了两步。中央社完全没有自我批评，它对于法西斯的批评完全不曾联系自己的实际，所以就成了完全教条主义形式主义或完全不正确的东西。中央社的批评，也和蒋介石先生在《中国之命运》里所谓"足见在我们中国，不讲民族主义，而讲纳粹法西斯主义或世界主义（这个尾巴又夹得完全无的放矢），便有亡国灭种之忧"一样，漂亮的词句只是为掩盖肮脏的事实，掩盖自己正是法西斯主义的宣传家和实行家的这个事实。但是"历史先生是最严明的"，"一切不合理的都不能逃避历史的判断"，这就是说，历史的账，无论什么会混账的也混不过去。既然国民党当局不愿坦白地审查自己的行为，以为迷途知返之计，而且，故作镇静，好像自己历来就是反法西斯的先知先觉，那么，我们就依中央社的话，请最严明的历史先生出来判断一番，你们说合理不合理呢？

我们不去远说蒋介石先生所主演的一九二六年三月二十日尤其是一九二七年四月十二日的政变，性质上已经是法西斯的政变；也不去说其后蒋介石先生和陈果夫陈立夫兄弟所领导成立的CC，已经不是什么"忠实革命同志会"，而是进行特务工作，消灭异己势力，造成蒋先生个人独裁的法西斯反革命同志会;这些老账我们姑且放在一边。我们只问:一九三二年以后,在全中国闹得明目张胆、"势焰熏天"的法西斯运动,你们究竟作何解释呢? 既然墨索里尼、希特勒、日本军阀乃是"盗魁",法西斯主义是"非人的学说",足以使中国"亡国灭种",你们为什么又要拼命去歌颂他们;歌颂之不足,又要派大批的"忠实革命同志",连蒋先生自己的公子在内,到他们那里当学徒;学徒之不足,又要从他们那里请来德国国防军领袖塞克特,柏林警察总监布隆保,以及其他大批的顾问、教官、师傅,来亲自传授呢? 你们这不是甘心做"盗魁"的喽摞,嗜好"非人的学说",唯恐中国不能"亡国灭种",倒还是什么呢? 为了宣传"盗魁"们"亡国灭种"的"非人学说",你们开过多少训练班,出过多少书报,毒害过多少青年,屠杀过多少不投降"盗魁"、不愿"亡国灭种"、不信"非人学说"的同胞? 这些人证物证俱在的账,你们如何混得过呢? 一九三二年三月成立的另一个法西斯组织复兴社,自述它是"因为于此内忧外患存亡危急之秋,如欲设法谋国家的统一,以奏安内攘外的实效,则政治上独裁的要求,乃较之任何国家更为迫切,因此在领袖伟大的决心之下,于是有本团体的创立"。蒋介石先生在《中国之命运》里曾痛骂"以'专制''独裁'种种污辱与侮蔑,加于国家统一之大业,而企图使之毁灭"的反动派。看吧,这个反动派究竟是谁呢? 下这个"政治上独裁"的"伟大的决心"的、像皇帝一样头上留了空白的"领袖",岂不就是你蒋介石先生自己么? 复兴社因为不满意 CC,就认为国民党已经"腐化散漫","破碎无余","必须从新来一番革命,因此也就一定要个新兴的革命组织",认为"中国第一次革命,已经失败了,现在的时期,比较第一次革命前的时期还要严重,自然是须要再来一次比较第一次革命更伟大的扫荡秽垢的铁血革命——旧制度的破坏,新制度的建设"(这一段原文旁边都加了密圈),也就是说,"借法西斯蒂之魂,还国民党之尸"。《法西斯蒂与中国革命》一书说得更直接了当:"国民党……在组织和行动方面,都到了不合理的地步。要校正这不合理的现象,对症良药,便是采取法西斯蒂的技术,表扬法西斯蒂的精神,灌输充分的法西斯蒂的新血液!"而 CC 丁默村的《社会新闻》,则从正面立论:"只有国民党才可以负起这伟大的历史使命——法西斯蒂运动的使命! 无论从国民党的立场上或它的历史上,我们都找不出一点与法西斯蒂冲突的地方,恰恰相反,无论是三民主义或国民党的历史,到处充满了法西斯蒂的精神。"CC 和复兴在行动上的冲突当然更多,据复兴社自称,"我们团体成立后,在领袖领导下的其他的组织,因为嫉妒的关系,也不惜与我们以摧残,如像他们要想把持特务工作,而阻止我们特务工作的发展,他们要想包办童子军运动,而想赶走我们做童子军工作的同志……"但是冲突尽管冲突,他们不是都一致承认国民党的法西斯化,承认蒋介石先生是中国的墨索里尼么? 陈立夫、叶楚伧主编的《墨索里尼传》说:"我们确需要一个和墨索里尼同样的人物来领导一切。实际上,我们中国的政治舞台上也早已出现了像墨索里尼那样的人物了。"这个所谓"像墨索里尼那样的人物",不是蒋介石先生又是谁呢? 邓文仪的《领袖言行》比这更进一步:"或曰领袖与墨索里尼希特勒相埒,同为世界之伟大人物,然希氏统治下的德国……自然易于统治,墨氏统治下的意大利,亦和德国相似,……我领袖……丰功伟烈,实非希墨二氏所可比拟者。"这就是说,蒋先生"不将其国民当人"的"丰功伟烈",比希墨二氏还要厉害了。蒋先生自己如果不是法西斯主义者而是所谓三民主义的革命家,为什么你的最"正统"的信徒也要"污辱与侮蔑"你,硬要拿你和世界著名的反革命"盗魁"并列呢?这些账也都是人证物证俱在,又如何混得过呢?

你们或者说:中国国民党的法西斯化,是抗战以前的事了,法西斯运动的领导者CC团复兴社,自一九三八年四月三十日蒋介石先生下令解散后就已经取消了,所以现在的国民党,与法西斯主义已经"离异"了。但是这些鬼话,究竟有谁相信呢?谁不知道,蒋先生解散CC与复兴的成绩,和去年的限价一样,只是使CC复兴的派别更加纷歧错杂呢?谁不知道,国民党的"一个党、一个主义、一个领袖"的法西斯宣传,在抗战以后比抗战以前的规模更大了呢?谁不知道,在对德意宣战以后,还把希特勒、墨索里尼与罗、丘、斯、蒋尊为六大领袖的,正是国民党中央的机关报中央周报呢?谁不知道,今年三月蒋介石先生自著的《中国之命运》的出版,正是中国法西斯主义比抗战以前更为合法化的铁证呢?究竟什么是法西斯主义?按照季米特洛夫的定义,这就是最反动的财政资本家的公开的恐怖的专政。今天的国民党统治,不是最反动的财政资本家的公开的恐怖的专政又是什么呢?你们不承认季米特洛夫的定义,好吧,找你们自己的定义看吧。一九三四年十一月四日,康泽的别动队有一位从意大利受训回来的总队附,曾大讲其法西斯主义:"法西斯蒂……作为口号的是如下几个原则:一、我们只有国家,没有其他。一、我们只有实行,没有议论。一、我们只有义务,没有权利。一、我们的精神是祖国,本分,纪律。……至于法西斯蒂主义的内容,分析言之,约有下列几种特性:1.极端的国家主义。2.反对共产主义。3.对于政治的主张,否定自由主义与民主主义,主张个人对于国家之绝对的从属,趋向于寡头专制的政治,不承认自然的权利。4.对于经济的主张,否定社会主义,确认私有资本与私营主义。5.对于文化的主张,倾向于复古的,排外的。6.对于社会的主张,否认阶级斗争,承认各阶级合作。"这位总队附确是把握了法西斯主义的要义,可见墨索里尼在中国确是有了他的别动队。但是试问蒋著《中国之命运》与这里所举的法西斯主义的原则特性,又有哪一条哪一点不相符呢?如果《中国之命运》因为作者的地位,对于专政独裁还有些吞吞吐吐、装腔作势的话,那么,中央周刊最近所特别推荐的中央政治学校教授萨孟武的一篇《古今中外立法制度的比较》,就痛快得多了。这篇文章在详细介绍意大利、奥地利的法西斯制度和秦汉的皇帝制度之后,公开提出:"(一)赶快加强一党专政。……现在中国虽已由国民党专政,但'专'的成分不够,应该加强它的'专政'力量。(二)绝对的领袖制度。近代政治由法治又趋于人治,实非偶然,事实摆在我们的面前,……必须全国敬奉一个绝对的领袖。(三)一党专政的学会制度。……"又如《民族文化》上的《三民主义政治制度》,其提倡独裁专政,更是不要脸了,甚至说什么"其实'独裁'并不是法西斯所有物","国民党之不必开放政权,至为明显"!"开放政权,颇类开门揖盗,自取灭亡"!天哪!这大约不是"反动派"为企图"毁灭""国家统一大业"而加上的"污辱与侮蔑"了吧!天哪!这一切不是"法西斯所有物"又是什么呢？中国的法西斯化正在一步一步深刻，抗战团结都陷于危机，人民已经喘不过气来。这一切人证物证俱在的账，都是混不过的，你们还想企图抵赖吗？

你们或者又说，你们只是"参考"了法西斯主义的"优点"，并没有丧失你们自己的特殊性，你们还是信仰三民主义的。是的，复兴社在《团体的主义、组织与领袖》里，确是说过："同样的法西斯主义，在意表现为民族的法西斯主义，在德表现为种族的法西斯主义，在日本则表现为军事的法西斯主义"，所以不可因为"采用法西斯主义的观念"就"忽视中国固有的环境"。有一个法西斯主义的刊物《政治评论》，补足了这一段话："中国的独裁政治，并不是意大利式的法西主义，也不是德意志式的法西主义，乃是根据中国历史的特性而成立的武力和知识分子相结合的法西主义。"中国的知识分子，确有在手枪和活埋面前而与法西斯主义"相结合"的，但是中国法西斯主义的"特性"却不在这里，而在其"表现为"买办的封建的法西斯主义，这与意大利、德国、日本确是不相同的。但是这与孙中山的三民主义又有什么相同之点呢？法西斯理论家因此又提出一个公式："中国革命不能离开三民主义，更不能放弃党的组织，而是要以更敏捷更有毅力的党的组织来执行三民主义。今后的中国革命便是要：三民主义＋（加）法西斯蒂。"原来如此！诚如蒋介石先生所说："中国国民党改组时期，国父的指示虽在研求方法，实践力行，然而我们要知道：方法是在因时制宜而不是一成不变的。……由此可知：革命的行动要依照革命的方法，革命的行动亦可以改进革命的方法。所以说：三民主义是不变的，而实行主义的方法不是不可变的。"

蒋先生把一句话说了三遍，无非是说，三民主义是"以万变应不变"的，孙中山有孙中山的方法，汪精卫有汪精卫的方法，蒋介石有蒋介石的方法……"然而我们要知道"，"三民主义是不变的"。那么，我们现在就不谈"方法"，只谈那个"不变"的主义吧。孙先生在民权主义第一讲里说："现在世界的潮流到了民权时代，我们应该要赶快去研究，不可因为前人所发表的民权的言论稍有不合理，像卢梭的民约论一样，便连民权的好意也要反对。……就种种方面来观察，世界一天进步一天，我们便知道现在的潮流，已经到了民权时代，将来无论是怎么样挫折怎么样失败，民权在世界上总是可以维持长久的。所以在三十年前，我们革命同志便下了决心，主张要中国强盛，实行革命，便非要民权不可。……如果反抗潮流，……倒行逆施，无论力量怎么大，纵然一时侥幸成功，将来一定是要失败，并且永远不能再图恢复。……惜乎尚有冥顽不化之人，此亦实无可如何。……我现在讲民权主义，便要大家明白民权究竟是什么意思，如果不明白这个意思，……一来同志就要打同志，二来本国人更要打本国人，全国长年相争相打，人民的祸害，便没有止境。"孙先生的极端沉痛的话，今天看来，句句都像是指着蒋先生说的。但是蒋先生怎样回敬呢？"自不平等条约订立以后，中国的学术思想失去了自信心，只知道附和盲从外国的学说。于是有一些人士，援引欧洲十八九世纪的学说，来破坏我们国民的法治观念。他们看了卢梭'天赋人权'的言论，便主张中国的革命，和欧洲十八九世纪的革命一样，要争'自由'。……世界上最放纵恣肆的人，要算'吉蒲赛'人了。大家知道'吉蒲赛'人的自由，不过是放荡，不过是流浪。……我们怎样可以自比于'吉蒲赛'人?"为了便于"参考",试引墨索里尼的一段标本的"非人的学说":"如果十九世纪是社会主义、民主主义、自由主义的世纪,则二十世纪是威权的世纪,法西斯主义的世纪。"蒋先生墨先生都一致反对十八九世纪,但是孙中山先生所称为有"政治上千古的大功劳"的卢梭,孙中山先生三民主义之所本的提倡"民有民治民享"的林肯,岂不正是十八九世纪民主主义的代表者吗? 蒋先生的话,不是句句背叛了和辱骂了卢梭、林肯的拥护者孙中山,句句跟着墨索里尼的屁股跑吗?"然而我们要知道":蒋先生却是孙先生的"唯一继承者","唯一忠实信徒"。既然如此,中国的法西斯主义者乃至南京的汉奸,却自称为"信仰三民主义",还有什么奇怪呢? 我们所奇怪的,就是蒋先生在一九二六年孙中山逝世一周年,还没有成为"唯一继承者"的时候,写过一篇反对右派反共反民主分子曲解孙中山主义的文章,说他们"若以此等态度纪念总理,总理地下有知,当作九原十日哭",说他们"尊总理适以侮总理,则总理之不肖徒也,吾侪当鸣鼓而攻之",今天的蒋先生,为什么不怕"总理地下有知,当作九原十日哭"呢?

　　国民党当局诸君啊! 历史的账,愈算只有愈令人心痛罢了。我们在"不得不忍痛的一述"之余,不免又想起中央社的话来。中央社承认墨索里尼是"无法无天"的"盗魁",他的"一个党、一个主义、一个领袖"的理论是"非人的学说",蒋介石先生承认:实行这个学说"便有亡国灭种之忧",再说一遍,我们对于你们的这个进步,还是很欢迎的。时至今日,你们还忍心使蒋介石先生做"像墨索里尼那样的人物"吗? 你们还忍心使

三民主义成为"非人的学说"的笔名吗？你们还忍为使国民党
负"亡国灭种"的大罪、终于"不能逃避历史的判断"吗？意大
利的事变还不满一个月，它的发展还远没有完结。无论如何，
墨索里尼、希特勒、东条这一群"盗魁"，迟早是"不能逃避"意
大利、德国、日本的爱国人民和全世界反法西斯人类的裁判，
这是一定的。中国法西斯主义者，虽然他们的祸国殃民的罪
恶也已经受到国内外的严重不满，但是他们现在还来得及改
弦易辙。他们在国内还有共产党和其他民主党派可以做朋友
（要是他们愿意的话），在国际还有英美苏做盟友，虽然他们极
端对不起这些盟友，但是只要盟友的关系存在一天，这些盟友
就还可以帮助他们改弦易辙。中央社说："不合理者不存在"，
在反法西斯的营垒里面，中国的法西斯主义是最不合理的，当
然最不应该存在。我们共产党人的希望，就是国民党当局能
够懔于意大利的覆车之戒，从此得出教训，自动解散一切法西
斯的组织，解散CC、复兴各派反共、反人民、反民族、反革命的
法西斯特务机关，解散一切特务的训练班、劳动营和各种公开
的秘密的政治监狱，查禁一切崇拜墨索里尼、希特勒，鼓吹法
西斯独裁，反对自由主义和共产主义的反动书报，取缔"一个
党、一个主义、一个领袖"和所谓"取消边区""解散共产党"的
反动宣传，收回《中国之命运》，恢复孙中山先生的三大政策的
三民主义。现在比过去任何时候都更明白了，只有这样，才能
够从新团结全国，准备反攻，迎接世界反法西斯战争和中国抗
日战争的最后胜利；除此之外，一切都是幻想，都是幻灭！

根据地普通教育的改革问题

（一九四四年四月七日《解放日报》社论）

我们抗日根据地的教育，从一九四一年五月毛泽东同志《改造我们的学习》讲演，同年八月党中央《关于调查研究决定》，十二月党中央《关于延安干部学校的决定》，次年二月毛泽东同志《整顿学风党风文风》《反对党八股》的讲演，党中央关于《在职干部教育的决定》等文件相继发表后，已经**开了改革的端绪**；一九四二年四月以来的整风学习，更使这个改革成为一个巨大的群众运动，得到伟大的成绩。但是这个改革主要是从党内教育政治教育方面发动的，它的收获也以这方面为最大；在普通教育文化教育方面，毛泽东同志和党中央已经规定了根本的原则，在这两三年中，也在整风运动中得到了许多进步，不过由于各根据地的党与政府的宣传教育部门在这上面的觉悟还不足，旧的一套，至今还没有普遍打破，新的一套，至今还没有建立好。陕甘宁边区自从去年的中等教育会议以后，已经开始对于过去脱离实际脱离群众的教育工作进行彻底的检讨，各地的中级初级学校也在酝酿着一个全盘的改革，而多数中学师范内地方干部训练班的成立，绥德延安等地小学教育的改造，淳耀安塞等地识字组读报组的活动，尤其值得注意。如何使这个运动继续向前发展,使普及于所有根据地,使新的制度有系统地建立起来,这是全党和全根据地的政府机关所应当致力的。

要在普通教育中进行这个**带根本性质的改革**,有两个大困难。第一是中国现行的所谓新教育,虽然也只是从清末才开始,但是有国际背景,又有了几十年的历史,在制度课程办法上都有了完整的一套,它涉及人类知识和社会生活的各个领域,因此尽管受过多少批评攻击,要拿出另外一套来代替它却不是一朝一夕之事。第二,旧式的教育是脱离人民的,因此代表人民利益的党和政府对之也就不发生多大兴趣,虽然我们还在内战时期对于教育工作就有过许多创造,抗战以后,各根据地又做了许多艰苦的工作,比旧式的教育是有了不少原则上的区别,**特别是在内战时期,这种原则性的改革是更多的**,但是因为对旧的一套还没有**作全面的批判**,也就还没有完全负责地有目的地注意使用和研究这个武器,这样,要把新的一套完整地建立起来当然更加费力。但是无论怎样困难,这个改革却是必须行、也能够行的。现在的所谓新教育,其强点在有国际背景,其弱点也在这里。我们现在且不论其是否合于外国和外国人民的需要,但是第一,它是资本主义高度发展国家的产物,不合于中国的需要;第二,它是资产阶级统治者的产物,不合于中国民主根据地的需要;第三,它是和平时期的产物,不合于抗日战争的需要;第四,它是大城市的产物,不合于农村的需要(更不必说像陕甘宁、晋西北这样地广人稀的农村);这些却是无可争辩的。我们是在中国,在民主根据地,在战时,在农村,抄袭这套制度课程办法,就毫无出路。譬如我们的小学和中学,究竟是为了训练什么一种人呢? 只能训练四种人:一种是毕了业回家劳动的,所谓国民教育本该是为了这个目的的,但是现在的教育却是为了升学,因此再回家、在小学毕业生已经不合算,中学毕业生更不合算,回了家也是闹别扭,不能做模范的劳动者,简直不如不上学了;一种是做"公家人",做党政军民的各种工作,但是现在的教育也不是为了这,学与用脱了节,而且这个需要也有限制,超过一定的数量就要减少必要的劳动人口而增加不必要的财政负担;第三是升学的,但是小学升中学本来是少数,就算都升了学,中学毕了业还再升到哪里去呢? 根据地办旧式的大学是不要也不可能的,而现有的高级干部学校又是与中学不相衔接的;此外还有什么出路呢? 剩下的出路,就是做游民,做二流子,这不是笑话,而是事实。由此可见,从普通教育上**来一个大改革**是必需的。这个改革也是可能的。中国教育的改革运动,几十年没有成功,其决定的原因就是没有一个全国范围的民主政治,教育当局不能尊重人民群众的需要,但我们这个问题是解决了的,我们过去没有做好的地方,不是政治问题,而是思想问题。只要我们从教条主义的思想方法彻底解放出来,从旧的一套制度课程办法彻底解放出来,而从人民群众的实际出发,就一定能够达到我们的目的。

旧教育制度(**废科举与学校以后的教育制度**)因为要学外国,留学就成为它的灵魂,国内的一切几乎都是留学的预备性质,处处以外国为模型,所以它的基础不是立在脚上,而是立在头上的。留学制度在中国有过它的进步作用,我们不应一般地否定它,像那些伪善的爱国主义者那样,他们是愈讲复古就愈离不了外国的。但是我们一定要使教育的基础生根在最广大人民群众的需要中间。最广大人民群众需要一种最广大的群众的教育，和一种为了群众的干部的教育，我们目前的这两种教育，与旧制度有一个本质上的区别，就是都不是预备性附属性，都不是为了升学，都有其独立的明确的实际生活实际工作上的目标。这种群众教育和干部教育，应该有其现在和将来，其将来是每个劳动者都要懂得高等的数学、物理学和化学，其现在却是群众要懂得如何参加游击战争和组织劳动力，如何取得最必要的文化知识，干部则要懂得如何加以指导。因为现在而忘记将来是不对的，因为将来而忘记现在尤其是不对的。**在现在与那辽远的将来之间，当然有几个中间阶段，那时将发生升学问题，但在目前根据地情况之下，则不发生这个问题**。目前根据地的普通教育系统，就应该按照现在的群众教育和干部教育的这种需要，而进行全部的重新调整。既然根据地群众的生活基础是家庭和农村，我们的群众教育，无论是对儿童，对成人，对妇女，就应该时时刻刻照顾到家庭和农村，家庭生活农村生活中所实际需要的知识，就应该成为教育的主要内容或全部内容；适合家庭生活农村生活情况的学习形式如村学、识字组以至传习生产技术的学徒制等，就应该部分地或全部地代替现有的小学的地位。既然根据地干部的中心任务是战争和生产，我们的干部教育，无论名目过去是叫做中学、师范、大学、学院或训练班，就应该把指导战争和生产所实际需要的知识来列为课程，来部分地或全部地代替那些为升学考试而存在、为所谓正规化而遗留的课程；就应该吸收那些具有战争和生产经验，担任战争和生产工作的干部来做教员、做学生,来部分地或全部地代替那些对于战争生产既无知识又无兴趣的人们。这样,我们也许失去了旧式的小学中学的形式,但是我们将有群众所欢迎的群众教育,将有干部所欢迎的干部教育,只有这种教育才能供给群众和干部以切实的知识,帮助根据地争取战争和生产的胜利。

要解决改造普通教育过程中的各种具体问题,要纠正因此而发生的各种误解和偏向,不是本文的篇幅所能允许的,本文只是提出了一个方针。以后我们将分别来讨论根据地群众教育和干部教育中的制度问题,课程问题,办法问题。

论普通教育中的学制与课程

（一九四四年五月二十七日《解放日报》社论）

在四月七日的本报社论《根据地普通教育的改革问题》中，我们曾提出改革根据地教育的一般原则，现在试就学制与课程的问题，再说一说我们的意见。

在各个时代各个社会的教育系统中，都有各自不同的学制与课程。这些学制与课程是由什么东西来决定的呢？决定的因素是两个：一个是统治者或教育者的阶级要求，一个是当时生产技术和社会分工的发展程度。资本主义高度发展的国家里，为什么需要从小学到大学的一二十年的学习时间，各个等级和各个年级互相严格地衔接，几十种公共必修科，几十种分析和几百种专门的课程呢？这种情形，中国古时固然没有，欧洲古时也是没有，这是资本主义机械化生产的反映。在社会主义社会里，同样有这些需要，但是由于阶级要求和生产方法的不同，它的学制（譬如入学的条件）和课程（譬如社会科学的课程）也就和资本主义社会的不同。中国的大后方，工业化的程度远不如欧美日本，却一般地抄袭了它们的学制和课程，这是半殖民地性的反映；但大后方的统治人士同时互不满足于这种教育，贬之为"亡国灭种的教育"，主张"以训练补教育之穷"，而其所谓训练却离开民族与人民的需要更远，这则是半封建性一面的反映。根据地是抗日的，是民主的，这是它的政治性质区别于资本主义的欧美日本，区别于半封建半殖民地，也区别于社会主义的地方。根据地今天又是生产技术落后、社会分工不发展（紧张的抗日战争更使分工缺少固定性）的农村，这是它区别于社会主义国家、资本主义国家乃至中国若干大城市的另一方面。规定今天根据地的学制与课程，离开了这两个根本点，就不能不犯错误。

但是我们正是因此而犯过错误的。由于忽视第一个特点，我们的学校在决定教育者和受教育者的成分时，曾经脱离抗战与民主的原则，使在抗战和生产中负责任的人们在学校中反而没有地位，他们的活动和需要在学校的课程中也几乎没有表现。由于忽视第二个特点，我们就也跟着一般地抄袭了从欧美日本输入的学制和课程（当然是打了很大的折扣），而不知道，所谓学制问题，不过是反映了社会分工的纵断面，所谓课程问题，不过是反映了社会分工的横断面，我们在目前时期所已经达到、能够达到的社会分工有多深，有多宽，我们的学习年限就应该有多久，我们的课程名目就应该有多繁；要光靠教育来促进工业化，根据地和大后方的经验同样证明，这只是把车子放在马前面的空想罢了。

那么，根据地目前的学制和课程应该是怎样的呢？

先说学制。由于根据地的具体情况，我们的学制应该有以下几个特点：

第一，干部教育应该重于群众教育。这不但因为干部是群众的先锋，他们更需要培养和提高，他们的培养和提高的目的也是为着群众的，而且因为农村环境中群众教育的内容究竟有限，普通高小以上的教育就入于干部教育的范围（就是说，我们现在不能希望一般的儿童或成人都受高小的"国民教育"，高小以上学校的毕业生应该尽可能都分配一定的工作，这些学校的教育也应该适合工作的目的）。因此政府的教育部门就不能不将更大的注意力放在干部教育方面，而群众教育则须大量发动群众自办，政府只居于指导协助地位。

第二，在干部教育中，现任干部的提高又应重于未来干部的培养。过去普通教育系统中，高小以上的学校照例只收低一级学校的毕业生，这些学生在正确地联系实际的教育方针下，当然可以学习担任各种适当的工作，但是究竟缺乏经验；而另一方面，对于许多已有经验的干部，却忽略了加以教育，不把他们看作高小以上学校中的主要学生成分，至多也只由党的系统、军事系统或政府中非教育部门给以简单的训练。这是一种急需纠正的本末倒置的现象。应该确定高小以上的各级学校，都要吸收现任的干部学习，普通学生和他们在一起固然可以互相学习，即学校教职员也可以和他们互相学习，帮助学校教育更切合于实际的要求。

第三，在群众教育中，成人教育也应该重于儿童教育。农村中的成人，是目前紧张的战争与生产任务的首要担负者，他们的教育虽不免有种种困难，但他们提高一步，战争与生产即可提高一步，正如立竿见影，不像儿童受了教育，其应用尚有若干限制。过去根据地教育部门把儿童教育看作首要职责，一面是抄袭了没有成年文盲大量存在、且又天下承平的欧美办法，或则竟还抄袭了对成人教育不负责任、以儿童教育为对群众钓饵的中国封建办法，一面也是避难就易，避实际而务虚文（这不是说儿童教育本身是虚文），总之也是本末颠倒，急需纠正的。

第四，无论干部教育群众教育，战争与生产所直接需要的知识与技能的教育应该重于其他的所谓一般文化教育。本来一切的文化知识都是应用的，所谓纯粹科学与应用科学之分，艺术文与应用文之分，都是勉强的说法，但其因阶级而异取舍，因时势而异缓急，应用起来或较直接，或较间接，则是不可争的事实。根据地的教育是为人民的，为人民的战争与生产的，所以战争与生产所直接需要的知识和技能，不但在政治课和政治学校中，而且在文化课和文化学校中，都应该首先被着重。我们是提倡文化教育的，对于工农干部尤其着重提倡，但完全无关或很少有关于人民的战争生产需要的所谓文化教育，则不是我们所提倡的，在过去的实践中也已被证明为无效的和不受欢迎的。人民及其干部能够多知道一些声光化电，古今中外，自然是好事，但在今天的情况下不能不大致规定一个较为必需的范围。这个范围甚至就在识字也是需要的，某些工农同志和部队的战士干部因为要学文化，一直学到康熙字典去，正是那种无原则地学文化的结果。另一方面，许多教育工作者曾长期地把教育限制为课堂教育、画面教育，把很多重要技能的传授推广放在教育工作的界线以外，不去研究指导，这种错误，也是过去只强调单纯的一般的文化教育的结果。

第五，从上所述，就可以知道，我们的学制中的各种等级、入学资格、在学年限及其相互衔接，是不能像旧制那样去设想和处理的。我们大致也有个三级制,即群众教育(村镇乡市范围的成人教育和儿童教育)、初级干部教育(县或分区范围,县科员及区乡级干部的提高和培养)和中级干部教育(军区或边区范围,边区科员、县区干部及从事农工商医艺术文化事业干部的提高和培养),至于高级干部的教育,因已超出目前各根据地普通教育系统的能力,姑置不论。这三级的学校,有时也许还可以应用——属中学大学的名目,但实质却显然不同。各级学校的年限,随环境的不同,都可以少则不满一年,多则三年四年;旧六年制小学的高级两年,则可斟酌情况并入初级干部学校,作为普通中学的预备班次,或作为独立的训练班。群众学校原则上既由群众自办,学生是否缴费当然由群众自定,但是我们应该说服和帮助群众,让贫苦的儿童得到入学的机会。政府办的干部学校,在政府规定的名额以内,一般应该是免费的,但同时也应该允许名额外的学生自费入学。无论如何,在这样的学校中,程度不齐是不可免的,因而各级学校的严格衔接也是近于不可能的,但是这完全用不着忧虑。在和平的时代,这种情形并不是我们的理想(虽然这种情形就在那时也不能完全避免),但在战争时期,这就是合乎规律,也就是合乎理想的——如果我们的学校还只能把一群六岁的儿童按部就班地关到二十来岁,不密切接触和他们"程度不齐"的人民中间的种种人物(所谓程度不齐是两方面的:他们的一般文化知识或者比人民高些,但关于战争和生产的知识就比人民低得多),则与其说他们是被教育了,还不如说是被荒废了,被"教育"成为大时代的废物了。

　　第六,从上所述,又可以知道,这些学校教育与战争与生产的各种实际活动不可分,因此学校组织的形态也很多变化,与在业教育在职教育中间是并无不可超越的鸿沟的。群众教育要普及,就须采取冬学、半日学校、夜校、星期学校、巡回学校、短期训练班、识字组、小先生制、艺徒制种种形式。同样,干部教育也可采取冬学、半日学校、夜校、星期学校、轮训制、工作团制、实习制、工作协助(学校协助工作机关研究某一问题或参预某一工作)制种种办法。在我们的一切学校尤其干部学校中,又应该竭力提倡和指导学生的自学,使学生能够取得方法,养成习惯,这也是使我们的学校教育与在业在职教育密切联系的因素。

这些学校中应该有些什么课程呢?这要看各根据地的情况、学生的成分、学校的性质和形势来决定,刻板的课目表是无益的。一般地说,我们应该减少一些课程,改变一些课程,增加一些课程。应该减少一些什么课呢?群众的学校,一般的目的是要能识字、写字、算账,因此我们的小学就应该以识字和算术(首先是珠算)为主要课目,以达加强学习效率,缩短学习时间,扩大学习人数的目的;对于这些目的的要求愈切,则课目应该愈少愈集中,就是只有一种课程也是好的。繁杂的小学课目,反映资本主义国家儿童(也不是所有的儿童)因为要参加城市的工业生活,故需要的常识多,因为不要参加农业社会的家庭劳动,故学习的时间多,这是中国目前的根据地农村所无法"媲美"的。干部的学校,即旧制的中学大学之类,过去曾有大堆的中看不中吃的课程,这些课程即在大后方也是学用脱节与毕业失业的主要原因或局部原因,在根据地更应决然取消,尚有部分用处的东西则改为少数人选读。另有许多课程本是很有用的，但过去内容编制太坏，应当从新确定其内容。譬如国文、算学，历来是被看作主要课目的，但是过去的中学生往往学了五六年，不能胜任一个壁报的记者或一个合作社的会计，这是因为过去教育的方针是要训练小文学家或小数学家，而不是训练一个明白事理，能在实际生活中宣传或计算的工作者。过去根据地学校中的社会科学课目，成绩比这更坏。这些都是要改造的。还要添设一些课目。一切干部学校，首先要学根据地概况或根据地建设一类的课程，并且应该使它成为全部课程表和全部学习过程的灵魂。工作中的各种具体任务，凡有比较复杂的技术，需要单独讲授的，都应该列为被重视的课程，甚至开设专门的训练班或学校，以彻底打破学生不愿做技术工作的反常心理。就在群众学校中，一般地除识字算术外，只要必要和可能，也应该教些关于战争或生产的技术课。在特殊情形下，也可以设立专门的训练班或学校，譬如民兵自卫军的训练班，妇女的纺织缝纫学校等等。

　　总之，对于新的教育原则，新的学制，旧的课程表之不适用，新的课程表之需要，这是无可怀疑的。但是一定的课程表既然代表着一定的知识范围，在这个问题上的深思熟虑，就也是决不可少的了。我们在这个问题上过去的主要错误虽属于教条主义性质，这并不是说我们今天就可以赞助经验主义，而这个倾向今天是已经开始发生或发展了。譬如有一种意见，只重视实际活动，而不重视必要的书本知识；又有一种意见，满足于片段的杂乱无章的讲演报告，而不强调把经验及其结论系统化理论化使成为课程与教材；又有一种意见，以为我们着重现在就可以完全不顾及将来，以为每一根据地都可以完全不知道全国的情况和经验，甚至每一分区每一县都应该有彼此完全不同的整套课程表与教材，或者每一年每一季都应该加以更换。这些意见表示了另一种危险，而是我们所须拒绝的了。任何真理都不能加以片面的强调，两条战线的斗争是我们进行一切工作的规律，在教育问题上也是如此。

祝美国国庆日——
自由民主的伟大斗争节日

（一九四四年七月四日《解放日报》社论）

今天是美国国庆日。一七七六年七月四日，美国人民在华盛顿、杰斐逊等民主主义伟大先驱的领导下，宣布了民族的独立。美国的独立是处于这样的历史条件：它不但代表美国的民族利益，而且代表美国的民主利益，代表美国要求自由的多数人民而与美国当时的保皇党——大地主、大商人、职业宗教家的集团相对立，这样，领导独立战争的华盛顿就不但完成了民族任务，同时还完成了政治上经济上的民主任务，而被选举为人类历史上破天荒第一次的民主共和国的第一个大总统了。同样，杰斐逊总统，不但是独立宣言的起草者，同时也是消灭大地主法案、思想自由法案、全民教育法案、禁止输入奴隶和限制奴隶法案的起草者。这个事实，就说明了美国独立运动的丰富历史内容，也就说明了美国为什么成为资本主义世界最典型的民主国，而且直到今天，也与社会主义的苏联成为民主世界的双璧。

马克思、恩格斯、列宁、斯大林，这些社会主义的伟大思想家和行动家，对于美国的战斗民主主义及其在世界史上的进步作用，从来都是给予高度的评价的。美国的战斗民主主义有其光荣的历史传统，美国的独立不是唾手而得，是在八年的对外战争与更长时期的对内斗争中完成的。列宁说，这是历史上"最伟大的，真正解放和真正革命的战争"之一；正因为如此，美国的民主派领袖杰斐逊和杰克逊，美国民主党的这两个创造者，在他们的斗争中甚至被他们的政敌指为"共产主义者"和"赤化分子"。美国穷木工的儿子林肯，他所领导的黑奴解放战争被马克思称为"开始了劳动阶级兴起的新时期"，而在实际上，他与马克思所领导的美国共产主义者和欧洲共产主义者也是合作的，他曾委任美国的共产主义者担任他的军官，这样，他就更有理由被当时的反动派指为"共产主义者"和"赤化分子"了，以至最后这些顽固分子竟然暗杀了他。

美国的战斗民主主义不但在十八、十九世纪的独立战争和黑奴解放战争中产生了它的伟大代表人物，在二十世纪的反法西斯战争中也产生了；毫无疑问的，今天美国以罗斯福总统、华莱士副总统为首的进步政治家和将领，就是这样的代表人物。尽人皆知，罗斯福总统和华莱士副总统，在国际关系上是竭力主张迅速开辟第二战场，坚决打击希特勒和日本军阀，联合苏联，援助中国，要求中国团结民主、把大西洋宪章的自由民主原则推行于全世界的；在国内关系上是竭力主张改善工人生活，保障工人与士兵权利，反对大资本家的垄断的。因此，和他们的先驱者一样，他们也受国内的反动派、孤立派、顽固派及其国际应声虫所攻击。但是也因此，他们却得到了美国从开明资产阶级直到广大劳动人民的拥护，得到了共产主义者的合作，得到了全世界的同情。

当然，今天的时代异于华盛顿、林肯的时代，但是恰是这一点，格外加重了美国民主主义的意义和使命。如果华盛顿、杰斐逊、林肯等的主要事业是在确立民主的美国，他们的活动范围主要是在国内，那么，今天的美国虽然在国内仍然需要进行极严重的斗争，这些斗争却是和国际的斗争不可须臾离的——美国已经成了世界的美国。在这一次全人类的英勇战斗中，美国在作为民主世界的兵工厂上，在作为第二战场的主要担负者和太平洋战争的最大担负者上，已经建立了不朽的伟绩；而在战后，为了确保世界的和平与民主化，美国显然也将居于举足轻重的地位。

罗斯福总统、华莱士副总统的外交主张，是美英苏中的战时团结和战后团结，是大西洋宪章和莫斯科、开罗、德黑兰会议的政策，这个外交路线是符合于美国利益，也符合于全人类利益的。我们中国不但在战时要求国际反法西斯的团结，以求得民族的独立，而且在战后也要求国际的和平合作，以推进国家的建设，所以，我们在庆祝美国国庆日的今天，深望罗斯福总统和华莱士副总统的这个外交路线，能够成为美国长期的领导路线。

今天中国为民族独立、政治民主和经济民主的斗争，正和一七七六年的美国一样，中国的战斗民主派的已故领袖，就是美国人民所熟悉的孙中山先生，他的著名的口号就是林肯的口号：民有、民治、民享。但是非常可惜的，是国民党今天的一部分统治人士竟十分厌恶这个口号。如同他们在抗日战争的事业上怠工一样，他们直到美国民主共和国出现的一百六十八年以后，还拒绝实行民主制度，并且学着希特勒的腔调，指斥这是已经落伍了的"十八九世纪的学说"。他们的民族理论也是希特勒式的,他们否认中国各民族的存在,按照他们的术语,美国不但是英国的一个"宗族",简直也可以是德国的一个"宗族"。这些都使中国各阶层各民族的团结受到严重的妨害。这种情况,使中国的"独立战争"遇到远过于美国的困难。美国的独立战争在第八年上胜利了,而今天的中国,虽然得到了美国的宝贵的援助,却由于国民党当局的反对民主,在抗战第八年的前夜还失去几乎整个河南和大半个湖南,并且更大的危机还在前面。但是我们决不悲观。民主的美国已经有了它的同伴,孙中山的事业已经有了它的继承者,这就是中国共产党和其他民主的势力。我们共产党人现在所进行的工作乃是华盛顿、杰斐逊、林肯等早已在美国进行过了的工作,它一定会得到而且已经得到民主的美国的同情。美国正在用大力援助中国的抗日战争与民主运动,这是我们所感激的。在庆祝美国国庆日的今天,我们相信,与华盛顿、杰斐逊、林肯等过去的工作一样,与罗斯福、华莱士等现在的工作一样,我们的奋斗只能得到一个结果——胜利。我们一定能团结中国一切抗日与民主的力量,配合同盟国,驱逐日本帝国主义出中国。

七月四日万岁! 民主的美国万岁!

中国的独立战争和民主运动万岁!

打倒日本帝国主义!

边区政府准备热烈庆祝国庆节

（一九四四年十月四日《解放日报》新闻）

中华民国国庆节的三十三周年，边区政府决定热烈纪念。是日各机关学校工厂均放假一天；**并在各处举行群众的纪念大会。**

据国庆纪念节筹备人谈称：今年纪念国庆节，其意义至为重大。今年国庆节正当中国命运的转变关头，中国人民正与各盟邦空前亲密地团结合作，奋力以求抗日战争的最后胜利。此于中外舆论方向的一致，盟邦重要人士的相继来华与来延，盟国空军与敌后我军交相辉映的胜利出击，可以看到。但伟大的胜利虽已在望，目前前进的道路上却横阻着一个严重的绊脚石，此绊脚石以前虽亦存在，但今天则尤为瞩目，此即国民党寡头专制的腐败无能的军事政治机构。国民党的这个寡头军事政治机构今天**做了些什么事务呢？它所做的有下列三项：**第一，自己打败仗而又不许旁人打胜仗（要把抗击敌伪六分之五的八路军新四军**及人民游击队**五分之四，并以其余五分之一"集中"于损人利己和失败主义的"统一指挥"之下），其意义即为皖南事变的扩大五十倍，并使河南、湖南与广西的灾难扩大到全中国去；第二，自己实行法西斯专制，抛弃并反对三民主义，而又不许旁人实行民主，实行三民主义（把九千万人民所产生与决死拥护的民主政权一律解散，实际上移交于日本，其意义超过曹锟下令将孙中山的广州政府移交于陈炯明之一百倍，但嘴里还说要还政于民与地方自治）；第三，经过打败仗的方法，将中国的土地与军队，连同向人民勒索的血汗，向盟国骗取的物资，**一起送给**日本人，使中国与盟国在中国大陆上的对日反攻成为不可能，**以此种种，故立即废止国民党的寡头专政，立即**召集各抗日党派，各抗日部队，各地方政府，各民众团体的紧急国事会议，**改组国民政府与统帅部**，建立联合政府**与联合统帅部**，实行革命的三民主义，实为当务之急。唯有经过此项改革，中国始能全面地阻止敌人的进攻，并于最短期间配合盟国反攻日本人，而名副其实的中华民国，始能在历史上第一次出现。三十三年前的辛亥革命，也是甲午中日战争后民族大危机的结果。当时清朝的顽固统治者始则拒绝民主改革，继则伪装准备立宪，但仍强调专制的统一，用以压迫与欺骗两种手段扑灭轰轰烈烈的革命运动，而孙中山先生等革命党人则坚持革命路线，终于达到推翻帝制之目的。所**可惜的是那时豪绅、买办出身的国民党人**中途与袁世凯妥协，**致使革命失败**，民国空有其名，以迄于今。今天的民族危机视甲午以后远甚，民主运动的高涨也远甚，故纪念辛亥革命，必须继承辛亥先烈的遗志，真正建立中华民国，驱逐日本侵略者，在全国实现孙中山先生的三民主义。这样的事业要求全国人民，各党各派爱国志士（包括国民党爱国志士在内），共同奋斗，方能达到目的。

今天和辛亥

（一九四四年十月十日《解放日报》社论）

鲁迅先生劝要读古书的人读史，因为可以"知道我们现在的情形，和那时的有何神似，而现在的昏妄举动，糊涂思想，那时也早已有过，并且都闹糟了"。辛亥是一九一一，离一九四四不过三十三年，算不得古，但有许多人却似乎已经忘记了，或者装作忘记了，因此，拿来和今天比一比，使人们记起今天国民党当局的许多昏妄举动，糊涂思想，和那时的何其神似，或者比那时的犹有过之，是有益的。这个比较对全国人民固然有益，对于国民党人尤其有益，因为这可以清醒一下他们的头脑，并使他们正视自己的责任。

清朝末年的中国人民究竟为什么对当时的统治者那样恨得要死，至于不惜"予及汝偕亡"呢？这有几个原因，而对于人民最直接的原因，是他们压迫人民太凶。最早和最激烈反对清朝的孙中山先生在一九〇四年写过一篇文章，叫做《中国问题的真解决》，那里面列举了清政府的十条罪状：

一、那满洲人的政府，一切举动，只顾他们自己的利益，不顾被治的人的利益。

二、他们阻碍我们在知识和物质上的发展。

三、他们看我们是一个下等的民族，不许我们享同等的权利。

四、他们剥夺我们的天赋人权、自由和财产。

五、他们常常施行官场的贿赂行为和纵容受贿的人。

六、他们禁止言论自由。

七、他们不征求我们的许可，便征收很繁重和不法的捐税。

八、他们于审讯一个可以申辩的罪犯时，常常施以各种很野蛮的暴刑，逼取口供。

九、他们往往不经过法律的手续，就来剥夺我们的权利。

十、他们对于保护人民的生命财产失职的时候，可以不受法律的惩戒。

但是，这些罪状，国民党统治者哪一条没有犯过，而且哪一条没有加十倍地犯过呢？譬如清朝末年的农民负担，约合收获量百分之七八，今天的国民党统治下的农民，就必须负担收获量百分之五十至一百。至于官吏的贪污，人权的蹂躏，清朝和今天比起来更是平淡得很！国民党也许占一个便宜，就是不是满洲人，和汉人没有民族的仇恨。但是且不说国民党的大汉族主义对国内少数民族同样引起民族仇恨，单是国民党的统治集团在人民心目中早就是一个异民族，而且这个异民族比当时的满洲人利害得多：第一是势力更大，第二是方法更辣。满洲人手里没有拿着这样多的枪，没有这样严密的经济垄断，没有这样普遍的保甲、党部和特务组织。因此，应该完全公平地承认，今天人民所受的痛苦比辛亥时更悲惨。

不过在清朝末年的一切志士仁人看来，更重要的，乃是清朝统治者对于国家的危害。清朝从一八四〇年以后，不断地丧权辱国，丧师失地，使中国有亡国的危险。在日本投海的烈士陈天华的通俗作品《猛回头》里有一段话生动地代表了这种思想：

痛只痛甲午年打下败阵；痛只痛庚子岁惨遭杀伤；

痛只痛割去地万古不返；痛只痛所赔款永世难偿；……

怕只怕做印度广土不保；怕只怕做安南中兴无望；

怕只怕做波兰飘零异域；怕只怕做犹太没有家乡；……

左一思右一想真正危险，说起来不由人胆战心惶。

俺同胞除非是死中求活，再无有好妙计堪做保障。

清政府的投降主义、失败主义，当然是应该用"死中求活"的决心来坚决反对的，但是拿来和今天比较，也不免有小巫大巫之别。从一八四〇到一九一一的七十年间，清朝丧失了中国四百万方里的土地，而国民党统治的十七年间，却丧失了三倍多，现在还在继续丧失。在清朝的时候，日本灭亡中国还只是一种可能，而国民党的统治却使两万万以上的中国人民实际遭受亡国奴的境遇。国民党当局在抗战的八年中除了第一年比较有所贡献外，其余六年多实际上做的都是破坏抗战的工作，以致直到今天还不能团结全国的力量阻止敌人的进攻。此外，国民党还直接分出了一个汪精卫党，并派遣了大量的军队去担任伪军。因此国民党当局危害国家的责任也比清政府更严重，这也是应该公平地指明的。

清朝末年的中国爱国人民，为什么不采取改良的方法而采取革命的方法呢？这是因为清政府不愿自己改良，而宁愿人民革命。清政府的顽固派拒绝任何认真的改革，一八九八年的戊戌变法是一个最显著的例证。一九〇一年以后，慈禧和载沣也相继做了一些改良的姿态，关于这些，孙中山先生在上面引用过的一篇文章里说："在庚子事变后，有人相信满清政府也许在这个时候把它的国家改良一下。起初他们也偶然发出改良的文告。但这不过是他们拿来做缓和民众激烈运动的具文吧了。改良国家这件事，在他们手里是绝对不可能的。为什么呢？因为改良是和他们有害的，改良以后，他们便失去现在享的许多权利和特殊的利益。"正是如此！一九〇一年一月，慈禧下了一道诏书，说是"世有万祀不易之常经，无一成不变之治法。……盖不易者三纲五常，昭然如日星之照世，而可变者令甲令乙，不妨如琴瑟之改弦。"一九〇六年，考察外国政治的五大臣回国奏请仿行宪政，也说是"时处今日，唯有及时详晰甄核，仿行宪政，大权统于朝廷，庶政公诸舆论，以立国家万年有道之基"。这以后就预备立宪呀，颁布宪法大纲呀，九年后立宪呀，五年后立宪呀，中央成立资政院，各省成立谘议局呀，责任内阁呀，表面上很是热闹了一番。但是有一点是以不变应万变的，就是"万祀不易"的君君臣臣，就是"大权统于朝廷"的军令政令统一。正因为清政府在这一点上的顽固到底，它和人民的矛盾就不能以改良的方法来解决。但是今天的国民党当局不也是一样地预备立宪，颁布五五宪草吗？不也在"决定民国二十三年十月十日为宪政开始日期"，"民国二十四年四月开国民大会，开始宪政"，"民国二十五年十一月十二日开国民大会"，"限于民国二十九年召集国民大会"，"抗战结束后一年实行宪政"云云吗？不也在一样地中央成立参政会，各省成立参议会吗？国民党的立宪诺言，比慈禧载沣给得更多，而国民党的参政会参议会的产生方法与实际权力，竟至今还不如清朝的资政院谘议局。因此，说国民党当局比清政府更顽固，不也是够公平的吗？

因此，人民应该知道，今天的国民党当局和辛亥时的清政府，在其压迫人民、危害国家和顽固不化的程度上，即不说是超过，至少也是"何其神似"。国民党当局和全体国民党人也应该知道这些，从而觉悟到今天中国人民对待国民党当局并没有采取辛亥的手段，而只要求它结束一党专政，成立联合政府和联合统帅部，这又是何其仁至义尽，委曲求全。

自然，国民党当局今天虽然实行着有叛卖性的失败主义，总算还在与国内人民和国外盟邦共同抗日，虽然实行着有法西斯性的专制主义，总算没有与中国共产党和其他抗日党派最后破裂，这或者是国民党当局唯一可以自解的地方。但是从另一方面说，国民党当局既然与清政府处于如此极不相同的国际国内环境——政治上是全世界的反法西斯的民主怒潮，中国也有如此强大的民主势力，军事上是全太平洋的抗日战争的胜利反攻，中国也有如此强大的抗日友军（**中国解放区、八路军、新四军及其他还有抗日积极性的中国军队**），则国民党当局仍然继续压迫人民，继续危害国家，继续顽固不化，也就比清政府愈加不可原谅了；国民党当局既然自居为抗日民主阵线的一分子，却又从中作梗，阻碍抗日的胜利和民主的实现，也就愈加不可容忍了。清政府的一套办法，终于没有能挽救自己二百七十年的统治，没有能阻止辛亥革命的爆发。今天国民党当局既然许多事情办得更坏，则如何学习辛亥的这个教训，而不装作若无其事，就在于国民党人的好自为之了。

此次文教大会的意义何在？

（一九四四年十一月二十三日《解放日报》社论）

陕甘宁边区今年十月至十一月的文化教育工作大会，表示了中国新民主主义文化的一个长足的进展，将来修中国文化史的人对此不可不大书一笔。

中国新民主主义的文化运动，发端于一九一九年的五四运动。五四时期，新文化运动不但在性质上比以前有了变化，在数量上比以前也是一个大发展——成为一种群众运动。但是这个群众运动要拿全体人口比起来，那规模就还是很小很小，这是因为没有人民的政权，没有民主的政治经济作为基础和保障的缘故。一九二四年，国民党改组，新的政权第一次在广州出现，以后又在北伐的战争中得到大的发展。这中间，新文化运动在群众里面也更普及了，但因为政治斗争发展得太迅速了，文化方面还没有来得及作多少彻底的改革和从容的建树。人民群众建立自己的文化生活，既及于人口的大多数，又及于文化的各方面者，实际是开始于土地革命时期，这时革命政权下的广大群众才把文化教育的权利拿在自己的手中，造成中国文化的新天地。这是一个新天地，因为第一，它区别于以前统治着群众的旧封建文化，旧文化如果不是全盘被推翻（这不是一个早上的事而是几十年的事），也是在要害的地方被推翻了，人民群众关于国家社会和自己生活地位的旧观念是被新观念所代替了。第二，它也区别于以前意图向群众散布影响的旧民主文化，例如旧式的所谓平民教育、通俗文艺和通俗报纸，慈善机关的卫生事业等等，它们之间的根本差异就是，新民主文化是由人民群众自己自觉地做主人翁，服务于人民自己的利益的，而旧式的所谓通俗文化，却是纯粹站在资产阶级的立场上，想要以资产阶级一个阶级的社会理想去"普及"于全民的。第三，它也区别于主要是少数先进分子的思想宣传之新民主文化的最初阶段，这个区别之所以发生，就如前面所说，决定于新民主政权之有无。

关于土地革命时期中国文化的新天地，毛泽东同志曾在《长冈乡调查》和《才溪乡调查》中文化教育项下，作了生动的记录（《长冈乡调查》除文化教育外，还有一项卫生运动）。在一九三四年一月的一篇总结性的讲演中，他说："革命政府用一切方法来提高工农的文化水平，为了这个目的，给予群众政治上物资条件上的一切可能的帮助。因此，现在的革命区域，虽然是处在残酷的国内战争环境，并且大都是过去文化很落后的地方，但是已经在加速度地进行着革命文化建设了。根据江西、福建、粤赣三省的统计，在二千九百三十二个乡中，有小学三千零五十二所，学生八万九千七百一十人；有补习夜校六千四百六十二所，学生九万四千五百十七人；有识字组（福建未计）三万二千三百八十八组，组员十五万五千三百七十一人；有俱乐部一千六百五十六个，工作人员四万九千六百六十八人。这是一部分的统计。许多地方，学龄儿童的大多数是进了小学校,例如兴国学龄儿童总数二万零九百六十九人,进入小学的一万二千八百零六人,而在国民党时代入学儿童不到百分之十。……妇女群众要求教育的热烈,实为从来所没有。兴国夜校学生女子占百分之六十九,识字组女子占百分之六十。……妇女不但自己受教育,而且在主持教育,许多妇女是在作小学与夜校的校长,作教育委员会与识字委员会的委员了。……群众识字的人数是迅速增加。识字的办法有夜校、识字组与识字牌。……这是扫除文盲的极大规模的群众运动。……群众文化运动的迅速发展,我们看报纸的发行也可以知道。中央苏区已有大小报纸三十四种,其中如《红色中华》从三千份增加到四五万份以上,《青年实话》发行二万八千份,《斗争》只在江西每期至少要销二万七千一百份,《红星》一万七千三百份。……群众的革命的艺术亦在开始创造中,工农剧社与工农歌舞团的运动,农村俱乐部的运动,是在广泛地开展着。群众的体育运动,也是迅速发展的,现虽偏僻的乡村中,也有了田径赛,而运动场则在许多地方设备了。"凡是知道中国过去几千年在文化生活上的悲惨状况,并对中国人民抱有起码同情心的人,都不能不承认这实在是一个翻天覆地的大变化。

但是在土地革命时期,各个根据地大体相同,究竟因为紧张的战争条件,不可能把文化工作充分开展。一九三七年以后,陕甘宁边区转入后方环境,又从各地来了大批知识分子,因而边区的文化运动在规模上有了大的进步,但是即使这样,边区的真正大规模的群众文化运动,还是直到这次大会才真正进入成熟的境地。从消极方面来说,这一方面是由于边区的旧基础比土地革命时的江西还更落后，人民首先需要在经济上休养生息和向前发展，而这个生产运动直到去年才收到了显著的成效；另一方面，是由于边区文教工作中的教条主义倾向，在抗战以后，曾经大大地跋扈，大大地减弱群众对于文化工作的支持，而克服教条主义的整风运动，也是直到去年才告一段落。从积极方面说，边区目前的文教运动，一方面是已经取得了各种规模的工厂和作坊，各种式样的合作社和变工队，丰衣足食的人民、战士和机关学校人员作为物质基础；另一方面则是已经取得了总结新文化运动历史经验的《新民主主义论》和《文艺座谈会讲话》作为精神基础。这样，今年的边区文教大会才达到了它应有的成就。

边区文教大会的基本成就是什么呢？它的基本成就，就是总结了自生产运动与整风运动以来群众文教工作的各种经验，提出了新的任务，并在各个阵地上表扬了群众中成功的典型，指出这些典型的方向是完成新任务的保证。如果用传统的文化贵族的眼光来看，这一切也许都平淡得很。也许所谓经验，不过是如何更有效地达到动员一群落后的农民去服务战争、加强生产和创造新生活这一功利主义目的而已；所谓任务，不过是扫除他们中间早该扫除的那些可笑的愚昧、不卫生和各种封建迷信的习惯而已；所谓典型事物，不过是暗室里的微光，离开现代科学和现代艺术的高度太远了，以至于使得那些自命高尚的贵族，或者准贵族们，不免要长叹几声，表示他们对于这些东西，完全不屑一顾，才能显出他们的愈加高贵。但是谁要是用中国人民的心来感觉世界，那么他的想法就会完全不同。他就会觉得世界实在又发生了一次动人的事变。

在中国这样落后的国家和陕甘宁边区这样落后的地方，人民群众的队伍自己给自己提出这样的问题：要在五年到十年里消灭百分之九十五的文盲，消灭大量的疾病死亡，拔掉保留于大多数人民中几千年来那些封建迷信的老根子！要在五年到十年里使全部能活动的人口都亲自参加这个改造和建设的巨大工程，从旧到新，从无到有：建设起各个村的学校和识字读报通信组，各个乡的医药卫生组织，各种形式的成千的新的艺术组织和报纸！如果说这些工作以前也曾做过，那么像文教大会所表现的，这一次的做法就比以前有更大的合目的性，对运动的规律有更大的自觉性，更能够集中群众的意志和才能，因此可以说，人民群众现在不但懂得了怎样广泛地获得文化的权利，而且开始懂得怎样巧妙地使用文化的武器了。同在战争和生产中涌出无数英雄一样，"老百姓"里面涌出了充满自我牺牲精神和学习创造精神的医生，每天追求新方法的教员，用文字和艺术来教育自己和别人的通讯组和秧歌队，组织群众的舆论、推动群众不断向上的黑板报，以及完全不害传染病、男女老少完全参加学习，并因而完全团结成为一个大家庭的村庄。可惜篇幅不能允许在这里举具体的例子，这些在报纸上已经介绍得很多了。简括地说，这些创造性的特点是：第一，它们正确地反映了同时指导了边区人民的民主生活。我们在卫生、教育、报纸、文艺各方面的组织和活动，都以能实现群众需要和吸引群众自愿参加为原则，而事实证明，凡是这些组织和活动得到成功的地方，群众的政治、经济生活也就比以前更活跃、更丰富，群众的民主团结也就更坚实，这在学校和报纸的作用上尤其明显。第二，它们灵活地适应了边区分散落后的农村环境，同时给以提高。不了解如何适应分散落后的农村环境，是边区过去文教工作失败的重要原因之一，现在这个问题是大体上解决了。农村里的一切文教工作，都从照顾农村的现状出发，纠正了从城市来的教条主义和脱离群众的急性病，但是工作的目的，仍是加速农村的前进和农民的觉悟，不因此而走到迁就封建迷信的路上去。第三，它们大胆采取了人民传统中一切确实可用的部分，并因注入新的内容而使之获得新的生命，同时也同样大胆地采取和创造了为人民传统所没有而又为人民所需用的各种新形式。经过选择的中药、新村学和新秧歌属于前者，而西医西药、话剧电影、读报识字组和黑板报，则属于后者。这样，边区人民在文化发展上就得到一个极为广阔自由的园地，既不受东方的也不受西方的教条主义所限制，而只受人民的利益所限制——如果也叫做限制的话。一切这些成就，主要地都是边区人民和他们中间的先进分子的作品。这些先进分子都没有任何升官发财损人利己的动机，他们唯一的动机就是为人民的解放和幸福服务，他们唯一的报酬和安慰就是人民的感谢，而且他们的绝大多数在工作中都不曾能够得到现代高等教育甚至中等教育的帮助，譬如受特等个人奖者的过半数，就只是一些略识文字的贫农罢了。因此，我们说这次文教大会表示了一个破天荒的成功，表示了边区人民在中国文化史上完成了比孔子所做的更伟大得多的事业，难道我们是说错了吗？

　　但是，与其来夸述这次大会做了伟大的文章，不如说是出了伟大的题目。毛泽东同志说得好，这是比打倒一个日本帝国主义更难的题目。我们所继承的遗产太痛苦了，人民对于新文化的要求毕竟还不如对新政治新经济那样热心（他们对旧文化也没有对旧政治旧经济那样的仇恨，相反地，还留得有千丝万缕的联系），而我们的经验也还不足，因此这不但是一场艰难的而且简直说得上一场"微妙"的战争。但是我们必须进行这个战争。就是在其他解放区，虽然他们首先要直接负起打倒日本帝国主义的责任，暂时不能用与陕甘宁边区同样的规模，但是也必须在情况所需要和许可的范围内来进行这个工作。并且应该指出，为着战争，必须就在战争中普及与提高人民的文化，正如为着战争，必须进行大规模的生产运动一样。这也就是共产党中央为什么指出战争、生产、教育三者为各解放区所必须执行的中心任务的缘故。关于提高的事情我们在这里不能多说，但是可以指出一点，就是：当新文化因为缺少新政权，还不能及于全人口而暂时集中于少数先进分子的时候，提高的工作倒是有一种"方便"，而在新政权之下，新文化完全成为广大人民日常生活中的节目了，指导普及的提高工作，也就不仅是少数人写字台上的问题，也就增加了一种"麻烦的负担"（好在每个真诚的革命家都热望更快地更多地增加这种"负担"！），因此虽然在某些时候和某些方面这个工作会反而进行得慢些，它的任务却是更重大了。总之，无论在后方和前线，无论是普及和提高，我们的总目标都是要驱逐日本帝国主义出中国，在全中国发展新民主主义的文化，在全中国造成人民文化的新时代。沿着边区文教大会的基本方向前进，我们是一定能达到这个目的的。

纪念孙中山　批判蒋介石

（一九四五年三月十二日《解放日报》社论）

　　孙中山先生逝世，到今天恰满了二十年。孙先生生前的革命事业，给了我们什么教训？孙先生死后的政局变化，又给了我们什么教训？根据这些教训，中国人民应该怎样继续奋斗，使中国革命的目的完全实现？

　　关于孙先生的四十年革命生活，他自己曾经作过很好的分析。他把他的一生分为两个时期，而以民国十三年（一九二四年）的国民党第一次代表大会及其宣言为分界："此次改组，就是从今天起，重新做过。古人有言，以前种种譬如昨日死，以后种种譬如今日生。"为什么改组以前的国民党总是失败，"譬如昨日死"呢？据孙先生检讨，这一方面是由于反革命的冒充革命，一方面是由于革命的投降反革命。他说："忆武昌起义时，我从海外遄返上海，当时长江南北莫不赞成革命，即如上海一隅，虽至腐败之老官僚，亦出面为革命奔走。……一般官僚，在未革命之前为满清出力，以残杀革命党人为能事，在革命军兴之时，又出面口头赞成革命。""此辈反革命派即旧官僚，一方参加革命党，一方反破坏革命党，故把革命事业弄坏，实因我们方法不善。若有办法有团体来防范之，用对待满清之方法对待之，则反革命派当无所施其伎俩。""现在本党召集此次代表大会，发表此项宣言，就是表示以后革命与从前不同。前几次革命，均因半路上与军阀官僚相妥协，相调和，以致革命成功以后，仍不免于失败。……我们有此宣言，决不能又蹈从前之覆辙，做到中间，又来妥协。以后应当把妥协调和的手段一概打消，并且要知道妥协是我们做彻底革命的大错，所以今天通过宣言之后，必须大家努力前进，有始有终，来做彻底成功的革命。"中国革命从一八四〇年鸦片战争算起，到一九二四年即民国十三年已是八十四年，从孙中山开始"致力国民革命"起也已三十九年，但是这以前的八十四年和三十九年都失败了，而在孙先生逝世前仅仅一年之间，不但孙先生个人和国民党全党的政治生命突然由暗淡一变而为光明，由"昨日死"一变而为"今日生"，就是整个中国革命也展开了前所未有的蓬勃局面，可见孙先生所说的这个变化，即是决定历史的大变化。这个大变化为什么早不发生迟不发生，恰恰发生在民国十三年呢？这自然是因为仅仅在民国十三年，孙先生和国民党才正式确定与中国共产党合作，从而与中国广大人民群众开始结合的缘故。与共产党和人民相结合，就能够"把妥协调和的手段一概打消"，就能够"有办法有团体"来防范对付反革命，而使中国革命一新面目，这确是孙先生一生中和全部近代中国革命历史上最重大最宝贵的教训。

　　一九二五年孙先生逝世以后，这个教训继续证明是不可动摇的真理。虽然国民党与共产党的合作在孙先生逝世后，仅仅保持了两年，这两年中国革命的发展却是突飞猛进，一日千里，超过前此中国国民党和中国革命全部历史的总和。但是两年以后,蒋介石背叛了中国革命和孙中山的遗嘱,国民党重演了反革命冒充革命和革命投降反革命的悲剧,于是中国就回到比"昨日死"还更黑暗的状态,日本帝国主义就乘虚而入,造成中国罕有的大危机。幸而中国觉醒了的人民和孙中山的真正信徒,这时继续团结在中国共产党的周围,坚持真理十年如一日,终因西安事变的和平解决,获得了团结抗战的前提;又因抗战期间,在华北华中华南敌后战场八年血战,抗击了大部敌伪军,解放了近一万万的人民,从而奠定了在全国实现反攻和民主的基础。中国人民和中国共产党这十八年中的奋斗,其环境当然是万分险恶,与十八年前北伐时期即民国十三年至十五年,完全不可同日而语,但如果前此的顺利成功碰到一场风雨,就受到严重摧残,那么,后来的惨淡经营,就锻炼出了一支不可战胜的力量,足为三民主义普遍实现和中国革命最后胜利的坚强保证。这是可以告慰于孙先生和中国近百年来一切为革命牺牲的志士仁人的在天之灵的。

　　相反地,革命的叛徒既然反对人民和共产党,就无论怎样极尽独裁专制的淫威,终于一天比一天孤立,以至自己也不能相信自己的谎言。蒋介石不得不再三承认自己的罪恶,承认他和国民党当局在民国十六年以后就一直违反了孙先生的主义。民国二十七年孙中山逝世纪念的时候,他在总理纪念周上说:"我们总理逝世已经十三年,这十三年时间不为不久,但是到了今天,国家受耻辱,人民受牺牲,并且总理的陵寝不能保护,凡是做党员的,以及政府工作人员,军事工作人员,心理上都应该是惭愧。……在我个人是感觉到我们什么都不行,如果有一点行,我们的国就不会如此。我们不行的地方,第一是道德不好，……第二是学问不行，……第三是精神也是不够，……无论语言行动，随时都发生错误。……今天我们的国家受到空前的耻辱，当然是我们的罪恶，我应当要负责。但是光我一个人坏，决不至坏到如此。"在第二年四月的国民党党政训练班上，蒋介石又说："我们自认为三民主义的信徒，而不能实行三民主义，甚至从前所说的和所作的，实际上违反了三民主义，而无以自解于主义的罪人和先烈的罪人。""我们作了革命党员，有了主义而不能见诸实行，……这就是不知礼义廉耻；不知礼义廉耻，则一个人究竟与禽兽有什么区别呢？"

由此可见，孙中山先生晚年的革命方向，乃是中国人民和中华民族的唯一方向，遵循这一方向的人必然胜利，背叛这一方向的人必然败亡。但是这两条路线的斗争是长期的和残酷的。诚如蒋介石自己所说，他"第一是道德不好"，"不知礼义廉耻"，所以他的一切痛哭流涕的忏悔不过是猫哭老鼠的假慈悲；到了两年以前，同样是为了"纪念总理"，一本《中国之命运》就出来了。同样的蒋介石，对他的少数心腹承认自己"无论语言行动，随时都发生错误"，"所说的和所作的，实际上违反了三民主义"，甚至谦虚到弄不清自己"究竟与禽兽有什么区别"，而当他向全中国和全世界讲话的时候，居然又是一表衣冠，敢于自封为孙中山的唯一信徒，中国的唯一救主，宣称"没有中国国民党，那就是没有了中国"；敢于痛骂"欧洲十八九世纪的学说"，说要求民主自由的就是"自比于吉卜赛人"，就是"根本上忘记了他是一个中国人"；敢于恐吓共产党，如果不在"这二年之中"把人民的抗日武装和民主政权"自动的放弃和撤销"，那么"军政时期亦就一日不能终结，不惟宪政无法开始,就是训政亦无从推行",这就是说,非打内战不可！蒋介石在这本书里对中国人民下了一个最后通牒。

蒋介石的限于"这二年之中"的这个最后通牒,今天已经满期了,但是蒋介石与中国人民的斗争却还远没有满期。把戏还多着呢！还是同一个蒋介石,今天又不谈他那个最后通牒的军务了,他现在装着若无其事的样子,大谈其民主,"根本上忘记了他是一个中国人",特别是根本上忘记了他是一个著作《中国之命运》的中国人。他说他历来是主张"扶植民权"和对于共产党"竭诚宽容"的,虽然在短短的两年前他还在威胁地说:"军政时期不能结束",就是说,武力消灭共产党,但是现在却决定择于吉日"实行宪政"。于是他的许多代言人都忙着赞美他是"不断进步"了,这些代言人企图以"大公无私"的面貌帮助蒋介石在国内外造成一种印象,似乎他确实在准备变为一个民主派,以前和现在的种种反动措施,不过是他周围的一些次要角色的责任。但是今天是纪念孙中山的日子,让我们回忆一下孙中山的话吧:"一般官僚,在未革命之前为满清出力,以残杀革命党人为能事,在革命军兴之时,又出面口头赞成革命。"这难道不就是蒋介石及其代言人的写照吗？蒋介石及其代言人仅仅在几天以前还在公开为中国的法西斯主义出力,以著作《中国之命运》,进行反共战争、残杀民主主义者为能事,在被中国人民、外国人民、美国政府和克里米亚会议压得无处可躲之时,又出面口头赞成民主。所谓口头赞成民主,就是说,在行动上摧残民主。就是说,召集猪仔国民大会,使蒋介石独夫统治"合法"化,并准备内战的旗帜。事实正是如此。蒋介石虽然在外国人面前把《中国之命运》隐藏起来,不许翻译,虽然在外国人面前宣布保障人身自由和放宽新闻尺度,虽然在外国人面前装出撤销何应钦、陈立夫、孔祥熙的姿势,虽然在外国人面前装出对民主的决心和对共产党的宽容,但是在实际上,他正在加紧准备内战,蒋介石及他手下的一群,正在积极准备一切,一俟某一同盟国军队将日本侵略者打到某种程度时,他们就要举行内战。目前他们对任何一件压迫人民的举动不但不减轻一丝一毫,而且变本加厉,以及他们在军事上特务工作上的种种秘密布置,都足证明这一点。孙中山先生积三十九年革命之经验,教我们千万必须加意防范这种表面冒充民主,内里积极图谋绞杀革命的极端反革命派,使其无所施其伎俩。如果我们竟然置孙先生的遗训于不顾,那就又有重复一九二七年革命人民被残杀的危险。

孙中山先生在天之灵啊!你请放心,中国人民在你死以前和死以后所流的血,实在太多了,现在立誓不忘记你的教训。现在中国人民向蒋介石提出一个试金石,就是成立联合政府,而我们那个"扶植民权"和"不断进步"的"伟大领袖"蒋介石,却正在出死劲反对这个要求哩!他说他要直接"还政于民",决不还政于联合政府,因此他决心维持他的十八年血腥的法西斯独裁政治直到今年十一月十二日,以便在那一天中国能够产生一个由法西斯独裁者所一手造成的"全国民众代表的国民大会"。从形式上看来,蒋介石和中国人民都在赞成国民大会了,但是同一个题目代表着完全相反的内容。中国人民要求一个真正的国民大会,为了保证国民大会不致为蒋介石所强奸,因此坚持必须立即废除蒋介石的法西斯专政,立即成立联合政府,以便首先由民主的力量从全中国的土地上驱逐日本帝国主义的军队和中国法西斯特务机关的恐怖统治，以便首先解放中国人民手上的枷锁，使他们至少得到投票的自由。蒋介石则相反，他要求保证人民手上的枷锁，保证人民不能自由选出自己的代表和提出自己的主张，以便使自孙中山以来一切中国人民争取民主政治的悲壮神圣斗争化为一场指定、圈定、逼选、贿选的滑稽戏，以便集合一大群法西斯特务和一小群装潢门面的花瓶来更换独夫蒋介石的名义为"总统"，然后向中国人民宣布内战，来一个尸横遍野、血流成河的大惨杀。

但是蒋介石生得太晚了，他的这个把戏，在一九二四年以前，如同袁世凯及北洋军阀那样，还可以骗过孙中山，在一九二七年以前，如同那时蒋介石所主持的"马日"事变，"四一二"事变以前那样，还可以骗过共产党，而从那时起，中国人民和一切孙中山的真正信徒，就已经决定"以后革命与从前不同"，因此蒋介石的把戏无论他自己及其代言人怎样说得有趣，也不能再造成人民的幻想与麻木。相反地，人民的警觉性提高了，他们知道现在正在发生这样一件值得注意的事情：藏着一把杀人刀子在里面的巧笑。

蒋介石说：好！你们不但不承认我是"革命领袖"，竟把我说做军阀官僚，比做清政府北洋政府了！但是这又有什么值得大惊小怪呢？蒋介石自己说："有了主义而不实行，简直就是违反主义，违反革命"。难道"违反革命"不是反革命，倒是革命吗？蒋介石又说："就党外一般人士，尤其是各党各派对我们的观察来说，他们看我们党部就是衙门，看我们党部委员就是官僚，看我们一般党员当作特殊阶级，甚至视作亡清时代的旗下人。""外面的人对于我们党员和公务人员，都看作是贪官污吏，土豪劣绅，看我们党员和机关人员当中几乎没有一个好人，这不仅是哪一党一派是如此嘲弄我们，就是一般国民，也都是如此看法，就是外国人亦是如此看我们。""外国有了枪炮和军队可以保卫国民，我们有了军队和枪炮，却反转来祸国殃民。""尤其是现在有许多高级将领，以为自己作了将领就可以唯我独尊，为所欲为，试问和当年的北洋军阀，又有什么两样呢？"当然蒋介石在这些地方多半是说他的部下，但是谁不知道，蒋介石十八年来就是这批军阀官僚土豪劣绅的"最高领袖"呢？蒋介石很伤心地把自己的政府比做清政府和北洋政府，但是谁不知道，清政府和北洋政府无论怎样罪恶滔天，究竟还没有坏到蒋介石这样的程度，这样的丧师失地，祸国殃民呢？谁不知道，他们究竟还没有像蒋介石的党和政府和军队产生了这样多的降官降将、汉奸敌探呢？是的，中国人民现在并没有像孙中山先生所主张的那样，"把妥协调和的手段一概打消"，"用对待满清之方法对待之"，中国人民仍可以给蒋介石一条痛改前非、将功赎罪的出路。这就是立即废除蒋介石独夫统治，成立联合政府，但是仍允许蒋介石在联合政府内占一个位置，也算仁至义尽，无以复加了。

蒋介石又说：好，你们这又把我看做流亡政府了！但是这又值得什么大惊小怪呢？第一，有各种各样的流亡政府。有些流亡政府与国内解放运动有密切的合作，自己也有确实在抗战、确实能抗战的军队，回国以后又实行各种民主的设施，这样的流亡政府就比蒋介石政府对国家民族有功和有利得多，其在国内国际的地位也比蒋介石政府巩固得多。另外有些与此相反的流亡政府,则因得不到本国人民的支持,岂不是连参加联合政府的资格都没有吗？第二,即使并未流亡,也算是对轴心国宣了战,也算是有"合法地位"的政府,在失去本国人民的支持时,岂不也连参加联合政府的资格都没有吗？因此蒋介石面前的问题,并不是什么流亡政府非流亡政府的问题,更不是在他的独裁政府下设立什么"战时内阁"的问题,而是是否由于他自己的顽梗不化,作恶多端,辗转因循,刚愎自用,有一天难免要被中国人民撤职查办,甚至交到法庭去受审判呢！

中国人民永远是乐于与人为善的;但是再说一遍,接受孙中山先生毕生革命教训,追随孙中山先生晚年革命道路的中国人民,决不受人欺骗,无论这种欺骗是出于什么"伟大领袖"蒋介石,出于什么伪装"中立"的报馆主笔,或者出于其他任何方面,都只能引起中国人民的鄙视和厌恶。中国人民迫切要求真实的民主,迫切要求可靠的团结,迫切要求迅速的反攻,迫切要求结束蒋介石的法西斯主义和失败主义的独裁统治,迫切要求有效地改组蒋介石的军事、政治、经济、文化机构,迫切要求孙中山先生的革命理想在他逝世二十周年后不久就能够在全中国普遍实现,迫切要求中国国家民族在民主世界的地位逐步提高,而为了要达到这一切,就必须不再失去宝贵的时机,立即成立联合政府。中国人民决心为联合政府付出一切代价,并且欢迎来自一切方面的对于中国人民这一努力的同情与援助。

评国民党大会各文件

（一九四五年五月三十一日《解放日报》社论）

关于国民党的第六次全国代表大会，昨天新华社已经做了概括的评价，因为这次大会的政纲政策和各项决议宣言，名目繁多，昨天的批评里不及多说，所以我们在这里再略说几句。这些文件可以大致分为三类：第一类是反动的，第二类是"漂亮"的，第三类是看似"漂亮"，实质却是反动的。

第一类，包括关于所谓国民大会的决议、所谓绝对统一的政纲等等，这些在这次大会的文件中分量虽不多，却是决定性的东西，是国民党统治集团将顽固地加以坚持的，是积极地准备内战，要在今后几年内大规模屠杀中国人民的。这些东西，全国人民必须加以全力反对。关于这些，我们已经多次肯定地指出过，这里暂且不去多说了。

第二类，在这次大会中特别多，这里面固然有许多不着边际的空谈，但也有很多是目前应该做、可以做的，譬如"保障人民言论、出版、集会结社、宗教、信仰及学术研究之自由"，"保障农民权益，改善农民生活"，"改善劳动条件，保护童工与女工"，"切实优待出征军人家属，筹划战后官兵之复业与授业"，"增加学生公粮，每日定量为二十五市两，以资保健"，"举办侨民福利及救济事业,对国内侨胞尤应切实保护救济","献金献粮,限于大户,由党的中央干部及政府要员拥有资财者,率先奉行,以资倡导","凡甘愿经商之官吏,勒令辞职,否则严惩"等等。这虽然反映了人民与多数国民党员对于国民党内代表大地主、大银行家、大买办的官僚军阀统治集团的愤懑反抗,但实际上只能成为这次大会的装饰品,大公报、国民公报、新民报等所指不能兑现的空话,就是说的这一类。这一批纲领、决议、宣言和国民党过去通过的无数同类纲领、决议、宣言一样,国民党统治集团是一定不会实行的,或者是在"实行"中一定加以根本歪曲的。古时有两个寓言,可以从两方面说明国民党大会的这些文件。一个是:一个马夫表示爱护马,天天去刷马的毛,却天天偷减它的食料。马对他说:谢谢你的美意,不要再刷我的毛了吧,只要你不让我饿死就好了!另一个是:老鼠开会商量对付猫的问题。一个聪明的老鼠说:拿一个铃挂在猫的颈上,猫一走近我们就都听见,可以躲开了。做主席的老鼠问:这个提案很好,但是谁去挂呢?现在的问题正是如此。从国民党当局方面说,你们说了这样多这样久这样重复的很好听的话,何如休息一下嘴巴,实实在在做出件把好事,甚至只要少做几件坏事,譬如停止书报检查,释放政治犯,取消特务机关,减轻人民负担之类。从国民党党员方面说,你们要求你们党的领导人员改变政策,甚至要限制他们的资产,没收他们的存金,禁止他们的发财,"勒令辞职,否则严惩",这些提案都很好,但是谁去执行呢?今天的马夫,不还是昨天的马夫吗?今天的猫,不还是昨天的猫吗?哪一天不废止这个反动统治集团的专政,哪一天不成立民主的联合政府,就休想这个马夫不但不偷而且增加人民的食料,就休想这个猫会自动在颈上挂起铃,在嘴上套起罩子来。但是无论如何,国民党既然正式宣布了这一部分有利于人民的东西,全国人民,首先是国民党统治区的人民与要求民主的国民党员,就必须坚决要求国民党当局的兑现,逼迫他们实践自己的诺言。

比较值得研究的是第三类。如果他们仅仅是"漂亮话",那么害处还会少些,无非是不实行而已;但是事实与此相反,就是说,它们实在是些大坏事,因此国民党统治集团是会要做的,或者是企图做的。这一类里的标本就是所谓节制资本、平均地权。国民党这次的政纲里规定了"凡有独占性之企业及为私人之力所不能办者,均当归国营或公营","都市土地一律收归公有,农地除公营者外,应以最迅速有效之方法,实行耕者有其田,凡非自耕之土地,概由国家发行土地债券,逐步征购并分配之","推行集体农场"等项;在土地政策纲领里对于平均地权又作了补充的规定:"一切山林川泽矿产水力等天然富源,应立即宣布完全归公,其规模较大者归中央经营,其规模较次者归地方自治团体经营";"经战争破坏之都市,政府应于收复后立即颁布复兴计划,其中心市街或码头车站公园等附近地带,应归政府全部征收,分别整理,其可租与人民者依地价征收累进地租";"中央应迅速决定在华北(?)及边界地区(?)设置国营农场之处所及范围,并准备移殖战后退役士兵及内地过剩农民从事经营";"各乡镇应普设地方公营农场一所,由地方政府利用可垦荒地或征收适当耕地充之";"凡私有土地应即速规定地价,按价征收累进税,并实行涨价归公";"私有土地得施行照价收买并限制其分割";等等。看来国民党当局真是"激进"得很，他们的纲领甚至比共产党还要"左"些。独占性的企业，山林川泽矿产水力，乃至都市土地的收归国有，这在抽象的原则上确是对的，是孙中山先生的革命主张。但是问题的实质在于：这个"国"是个什么"国"呢？如果国家政权是人民的，那么这个主张就是革命的；如果国家政权属于反对人民的代表少数大地主、大银行家、大买办的官僚军阀集团，那么这个主张就不但没有什么革命，而且是一种反革命，因为它不但不能提高生产，而且适足以阻碍生产。正是孙中山先生本人，还在民国元年就曾经说过一段很透彻的话："虽然，国有之策，满清政府以之亡国，吾之所反对者也。然则向之反对铁道国有者，岂与本政纲抵触者乎？是不然。满清政府者，君主专制之政府，非国民公意之政府也。故满清政府之所谓国有，其害实较少数资本家（按指民间资本家）为尤甚。故本会（指同盟会）政纲之次序，必民权主义实施，而后民生主义才可以进行者，此也。"（民生主义谈）现在的国民党政府，"君主专制之政府，非国民公意之政府也"，它的所谓企业国营，资源国有，只不过是进一步地扩大官僚买办资本，而吞并民间资本，"其害实较少数资本家为尤甚"，这是抗战八年来所特别明白地证明过的。同样，它的所谓都市土地公有，只不过是为了进一步地扩大官僚买办资本，而吞并民间的地产所有者，并且为了更贪婪地压榨都市居民的血汗，和直接操纵他们的生命。它的所谓征购凡非自耕之土地，征收适当耕地普设公营农场，私有土地涨价归公，私有土地得照价收买并限制其分割等等，只不过是为了进一步地扩大官僚买办资本，而吞并农民、中小地主乃至一部分在野的大地主，并且给他们在乡村的爪牙以无数的同样机会（所谓华北的国营农场，还有内战的阴谋在内）。"耕者有其田"，而且"应以最迅速有效之方法"，比之共产党的实行减租减息，并准备"然后寻找适当方法，有步骤地达到耕者有其田"，真是何等彻底！但是可惜狐狸总拖着一条尾巴！国民党官僚买办土豪恶霸党棍流氓们所"公营"者除外。不但除外，而且还可以向"耕者""征收适当耕地"或"照价收买并限制其分割"，使私营变为"公营"。这样七搞八搞，结果不是公营有其田，而耕者无其田了吗？何况还有登记，还有报价，还有地籍整理，还有土地银行，更可以无限制地上下其手，上下其脚呢？因此，国民党大会的"民生主义"，其前途必然是国民党统治集团官僚买办资本的高度大发展，中国资本与土地的高度大集中。但是，试问国民党统治集团除了实行这样的"民生主义"，还有什么样的"民生主义"可以实行呢？

或曰，此言差矣，君不见国民党大会这回还通过了一条"发扬革命精神，实行民生主义，以解除将来国家经济建设之困难，而固国本案"乎？君不见这个"案"的第一项办法便是"举办党的重要干部及政府主席官吏之财产登记，并进而加以限制，使地主资本家无法操纵政权，确保政府超然独立，不属于任何阶层之革命性，以获得三民主义之信徒及一切前进分子之信赖与拥戴"；而蒋介石在大会开会词中，又坚决宣布"必须消灭一切兼并剥削的现象"，并于六届一中全会上，"恭读能知必能行一章"乎？国民党当局决心不做马夫而做马，不做猫而做老鼠，而且能知必能行，这为什么不好呢？但是，一九二七年以来的国民党政府，从来都说是超然独立，从来没有说过是属于地主资本家阶层的,为什么又似乎从来能知不能行,弄得现在大有地主资本家操纵政权的嫌疑,而要在六次大会一个决议案中力求洗刷这种嫌疑呢?五月七日吴铁城的党务报告中,还说是"本党历次决定的财政经济金融政策,都极正确",何以不到十天,大会的政治决议,忽然又说是"溯自北伐完成,本党执政已十七年于兹,而民生主义所诏示之节制资本与平均地权两基本原则,迄未完全实现,并以抗战以来,政府关于财政经济金融贸易之政策,既不能相互配合,更未能贯彻发展国家资本及限制私人资本之主张,将使社会财富日趋于畸形之集中,亟应严切注意,力挽颓风,以扫除民生主义之障碍。其次,在抗战期中,农民出钱出力,贡献最大,而生活最苦,乃自廿三年公布土地法及廿五年公布施行法,迄今以及十年,多未见诸实施,此次总报告亦犹未述及。此国家制定有关民生之大法,诚应迅予切实执行,不容再事延缓"呢?岂非"能知必能行"的道理,虽经恭读,仍不见效吗?不要闹这些玄虚了吧!打开天窗说亮话:国民党政府既已为大地主大资本家所操纵,何不立即结束这一群人的专政呢?说是要登记和限制他们的财产,可见他们的财产确是太多了,太可恶了,何不干脆请他们立即滚蛋,辞职下野出洋都可以,让全国绝大多数财产不多的人来"获得三民主义之信徒及一切前进分子之信赖与拥戴"呢?大地主大资本家财产太多了的人操纵政权不好,这是已经确定了,但现在中国就有十九个解放区的政权是不由大地主大资本家操纵的,那里没有什么"颓风"和"民生主义之障碍",更不像国民党前方省区之充满"贪污渎职,虐民营私"的反动派,那里的近一万万农民也不"生活最苦",因为"有关民生之大法"老早"迅予切实执行"了,为什么恭读"能知必能行"的大地主大资本家反而又要讨伐他们,连与他们成立联合政府都不干呢? 那么,国民党当局发表这一套纲领决议宣言,用心所在,岂非不问就可以知道了吗?

值得特别指出,国民党大会文件中愈是高谈什么"消灭兼并剥削的现象","超然独立的革命性",愈是热衷于所谓反对私有和实行国有,就愈是使我们记起在这几天自杀、被枪毙、被捕或失踪了的人们——希特勒、希姆莱、戈林、墨索里尼等等。这些人不是都讲过这一套,并且讲呀讲的就都成了绝大的大地主大资本家,大工厂大公司大银行的老板的么? 国民党的大会以"民主"的糖衣欺骗着世界舆论、中国人民和多数国民党员,而实际则不但在政治军事党务上进一步加强法西斯的独裁,要求国民党中央委员(将来就是国民党全党)"誓以至诚服从总裁命令,绝对不组织或加入其他政治团体",并以这样的党来定造国民大会、定造宪法、政府及其军队;而且在经济上,也是进一步加强法西斯的独占。中国人民与中华民族,除非废除这个法西斯集团的法西斯专政而成立民主的联合政府,前途是能够设想的吗?

现在在中国人民面前,同时开了两个大会,同时发表了两套文件,这对于中国人民是一种幸运,因为便于比较选择。每一个客观地比较过的人,都会很快发现:共产党大会的文件,其内容是一贯的,它从事实与逻辑的分析出发,它不说中国人民在现在条件下不能做、不必做以及不准备做的事,它所提出的任务坦白,确定,而且有切实可靠的行动基础。相反地,国民党大会的文件,其内容是矛盾的,反动的和表面"漂亮"实质反动的东西支配着并取消着"漂亮"的东西；它没有事实与逻辑的分析；因而它所规定的工作，如果不是不应做的，就是不能做的，或者虽然应做能做，但是不准许有实行的前提；因而它的措辞也就既武断，又暧昧。它是武断的，因为它不可能诉之于事实与逻辑；它又是暧昧的，因为它不敢坦白、确定地诉之于群众，而只能乞灵于两面三刀的官样文章与阴谋词令。人民是善于判断的，历史是善于判决的，法西斯必须在全世界消灭，而民主必须在全世界胜利。国民党当局如果始终坚持它的反动政策，不管他们自恃有什么"奥援"而冲昏头脑，他们就只能在人民的伟大奋斗中找到自己的失败。

蒋介石元旦演说与政治协商会议

（一九四六年一月七日《解放日报》社论）

被国民党方面再三延宕的政治协商会议，据说要在本月十日开会了。虽然政治协商会议还在去年十月就已由国民党政府同意召集，但是直至三个月以后的今天，据说国民党方面对它还没有什么"准备"，也没有作过什么带建设性的表示。重庆社会早已传出：国民党对于这个为中外各方一致重视的会议，完全抱一种敷衍的态度，简直不打算在这个会议上解决任何问题。这个态度，在今年元旦国民政府主席与国民党总裁蒋介石氏的广播演说中，已被完全证实了。

全中国和全世界为什么重视政治协商会议呢？一言以蔽之，希望这个会议能为中国今天险恶的政治形势求得一种解决，即能够停止内战，并对造成内战根源的独裁制度加以决定的改革。国民政府的一党专政、军事专政与个人专政，早已应该废止了。还在前年秋季，中国和外国（首先是美国）的舆论界就已提出成立联合政府与联合统帅部的主张，接着中国共产党就根据这个主张向国民党当局提出正式的书面建议，这个建议并曾获得罗斯福总统的赞助。在这以后，虽然如同罗斯福总统所说，"现在一切似乎已经无望了，因为国民党对延安的修正案提出了一些全然荒谬的反对"(见斯诺:《苏维埃政权的模型》第八章),但是中国一切民主党派不但没有放弃过这个主张,并且进一步要求首先召集各党派与无党派民主分子的代表会议,以求联合政府与联合统帅部得以经过这一会议而具体实现。去年八月底,毛泽东同志应蒋介石氏的邀请到重庆商讨国家大计时,又一次提出召集这一会议的问题,虽因自高自大的国民党当局坚持不愿接受党派会议或政治会议的名称,而力求团结的共产党代表也不愿与国民党在名称上争执不休,所以会谈纪要便写做政治协商会议,但它的任务还是规定为"结束训政,实施宪政","协商国是,讨论和平建国方案及召开国民大会各项问题"。这里所谓协商国是与讨论国民大会,是什么意思呢? 很明显的,今天国是的根本问题,除了停止内战以外,当然就是要结束一党专政、军事专政与个人专政的所谓"训政",而国民党当局的所谓"国民大会",却是国民党"训政"当局一手伪造的一个反对民主的加强独裁的破坏团结的扩大分裂的东西,是一个企图把一党专政合法化并延长到无限期的东西,所以要结束国民党的一党专政,就必须同时结束这个一党包办的国民大会,就必须成立联合政府与联合统帅部,并由联合政府来筹备与召集真正的国民大会,和实施民主宪政。中国国是中的这个根本关键,在去年十二月十五日美国杜鲁门总统的声明中是明确地表现出来了。杜鲁门总统要求"国民政府与中国共产党及中国其他意见不同的武装部队之间应协商停止敌对行动",并"召开全国主要政治分子代表会议,以谋早日解决目前的内争,以促成中国之统一"。而为了解决内争,促成统一,这个代表会议就必须有权结束一党专政，改组国民政府。杜鲁门总统说："美国深知目前中国国民政府是一党政府，并相信如果此政府的基础加以扩大容纳国内其他政治党派的话，即将推进中国的和平、团结与民主的改革。因此，美国竭力主张中国国内各主要政治分子的代表举行全国会议，从而商定办法，使他们在中国国民政府内得享有公平和有效的代表权。美国政府认为此举需要修改中华民国国父孙逸仙博士所建立作为国家向民主进展之临时办法的一党训政制度。"杜鲁门总统肯定政治民主化应该是军队国家化的前提，他说："广泛代议制政府一经设立，……自治性军队及中国一切武装部队应有效地合成一中国的国军。"十二月二十七日，三国外长莫斯科会议公报重申改组国民政府使之民主化的必要，并用了更明确的词句："必须广泛地吸收国内一切民主分子到国民政府的一切（或译各级）机构中。"十二月三十日，美国国务卿贝纳斯的广播也复述同一的论点，并明白指出只有和平民主才能达到统一："要保证在国民政府下的一个统一和平与民主的中国，必须停止内战并让民主分子广泛地参加整个国民政府"。现在事情是明明白白的了：政治协商会议的任务，必须是实现无条件停止内战，结束一党专政，改组国民政府，成立民主联合政府，使一切民主分子在整个民主联合的国民政府之一切机构中都有广泛、公平和有效的代表权。这个民主联合政府既然要无条件地和有效地结束一党训政制度，当然要无条件地和有效地结束一党训政制度的私生子———一党国民大会，当然不能允许在这个"有效的"民主联合政府甚至还没有来得及成立的时候（这是完全可能的），就如国民党当局所布置的在五月五日"移交权力"给那个莫名其妙的没有一个民主分子承认的私生子,使中国更加走上独裁与分裂,而又把这种"移交"美其名曰"宪政",以欺骗国人。全中国与全世界所希望与重视的政治协商会议,就是这样一种全权的无条件停止内战与无条件结束一党专政的会议,在这一点上,什么歪曲躲避的余地也不能有。

对于杜鲁门总统的声明与三国外长会议的公报,国民党当局都宣称完全同意,蒋介石氏更说是"杜鲁门总统之声明与我之声明完全一样,杜之意见亦即我之意见",因此人们对于蒋氏在宣布政治协商会议开会日期同时所发表的广播,不能不抱有很高的希望。人们都希望从他的演说中,听到他对于将在十天以后开幕并将决定中国今后历史方向的这个会议的意见。非常可惜,蒋氏的长达五千字的演说,虽然涂着很厚的和平民主词令的脂粉,却故意一字不提政治协商会议,一字不提杜鲁门总统与三国外长的声明。而尤其可惜的是,他在实际上是严厉地拒绝了他们关于中国的建议,严厉地拒绝了赋予政治协商会议以任何权力——甚至讨论召开国民大会这样的权力也被剥夺了,因为国民党当局未经任何协商即于去年十一月宣布今年五月五日召开国民大会,而蒋氏的演说竟也再三地肯定了这一点,虽然他还说这是尊重各党派的意见。蒋氏在他的演说中强烈地但是不指名地责难并污蔑共产党,企图把内战与内战所造成的各种破坏都归罪于共产党,但是这些我们却不愿意多加辩解,因为国民党(尤其是国民党军委会政治部的和平日报)几个月以来就一直宣传"反内战者即是共产党",而国民党是"反反内战"的,即此一端,就足以说明一切了。我们所关心的,乃是蒋氏对于中国政治出路的见解,这是与四万万五千万人民的命运有直接关系的。蒋氏坚称："解决目前纷争不安的唯一先决条件"不是和平民主，而是他的"军令政令必须统一"，不管这些军令政令是否违背国家民族的利益，是否违背人民的基本权利与普遍意志。他也说内战是可以停止的（他文雅地称之为"收束军事"，因为虽然全世界都已在谈论中国的内战，中国的军事委员长却是至今不承认中国有什么内战的），但不是无条件停战，而是"必须首先恢复交通"，就是说必须首先恢复他扩大内战的便利条件；国民政府是可以扩大的，但不是先扩大政府后统一军队，而是相反，在政府民主化以前，必须首先把八路军新四军交给国民党亦即交给他个人，就是说必须首先保证他扩大独裁的便利条件；民主是可以实现的，但不是由联合政府来实现，而是必须首先在四个月以后召开一党包办的所谓国民大会或独裁大会，这是"根本大法不容变更"，也就是独裁大法不容变更。蒋氏的这些见解，显然是与中国一切民主分子以及杜鲁门总统和三强外长的观点不相容的，如果依照蒋氏的见解，那么政治协商会议就没有召开的任何必要。因此，在政治协商会议开幕以前，人们就不得不首先正视、审查与解决这个根本的分歧：在一方面，是中国一切民主党派、民主人士与中国全体人民的要求，是美国、苏联、英国三国人民与政府经过杜鲁门总统与三国外长所声明的愿望，这就是经过政治协商会议来无条件地停止内战，结束独裁，成立民主的联合政府，由此而实现中国的统一；在另一方面，则是蒋介石氏与国民党内的少数军阀党阀财阀的企图，这就是不让政治协商会议解决任何问题，继续保持独裁，并以继续内战为继续独裁的后盾。前一种意见是得到全中国与全世界的支持的，直至蒋氏的演说发表以前，也是得到国民党当局的口头支持的，但是现在蒋氏已经起而攻击这种见解了，分歧是已经表面化了。许久以来，本报对国民党各报与国民党中央社各种卑鄙的造谣漫骂，一直没有理会过，但是对于蒋氏演说所造成的这个关系国家民族前途的分歧，我们却不能不在政治协商会议前夜，说一说我们的意见。解决这个分歧将是一个严重复杂的斗争过程，但是，这个过程将大大地教育中国人民，使人民有充分的机会来识别究竟谁是谁非，识别每一个党派、每一个报纸、每一个人物的政治面貌，看他们究竟是站在哪一边——究竟是拥护人民的，或是反对人民的。

　　纽约前锋论坛报在批评蒋氏的演说时问道："中国之和平岂仅赖重弹老调所能获得者乎？"蒋氏演说中的论点，虽然确是一些久遭全国人民拒绝的老调之无味的重复，并显然与全中国民主分子和全世界民主国家的见解相对立，我们现在为了审慎起见，仍然不妨作一番耐心的客观的考察，看看他的论点中是否也包含若干片面的真理。蒋氏的根本论点，与近日国民党报纸所不断宣传的一样，是说只要把中国的一切事情交给蒋氏和他周围的一小群人去独裁，只要人民放弃一切基本民主权利，对于这个独裁集团的一切军令政令都无条件服从，那么中国就可以统一，而中国在这个独裁集团统一以后，自然就可以赏赐人民以和平建设，民主政治，民生改善等等；而如果不接受他的独裁计划，则中国就永远不能统一，中国就永远要内战，要独裁，要穷困，要被侵略等等。因此，现在我们就要根据事实来答复两个问题：第一，经过这种独裁的统一，中国究竟能否达到民主呢？第二，经过这种独裁的方法，中国究竟能否达到统一呢？

第一个问题的答覆是否定的。在外国，希特勒、墨索里尼和日本天皇都实行过这种独裁的统一，但是在他们的统一之下，并没有达到过什么和平、民主、繁荣等等，他们说是巩固了国防，但结果却是毁灭了自己的国家。至于在中国，中国人民对于这种统一的经验尤其丰富。中国有几千年统一的历史，这些统一都经过了专制的方法或"训政"的方法（蒋氏曾经无数次赞美中国专制时代的"民主"，并责备当时人民的"自由太多"），但是"训"了几千年究竟还是不曾"训"出过一个民主来。民国以来，每一个实行军事专政、个人专政的军阀都宣称：在他们的统一之下将有和平民主等等，但是三十五年中也没有一个人兑现过。蒋介石与他的前辈军阀们有什么不同吗？有的。首先，他比他们多一个全国范围的盖世太保的一党专政，过去的军阀从来没有梦见过这种恐怖的工具。其次，他的军事专政比他们强得多，因为他有空前庞大的私人化和特务化的军队，其规模也是过去的军阀所没有梦见过的。最后，他的个人集权的程度也远超过过去的任何军阀，他无论在他的党中、军队中或政府中，都是绝对地独断专行，他个人的《手令》可以改变任何政府机关与军事机关的决定，因此除了人民的反抗就没有任何权力可以约束他的任何活动。蒋氏比这些军阀更多一些"民主"的"理想"吗？决不。蒋氏说他现在不能实行民主，是因为没有统一，这个逻辑是不能成立的。他至少已经"统一"了中国的大部分地区，其时间已经有十八年之久，但是他曾经在哪一天哪一处小地方实行过哪一点民主，改善过哪一点民生吗？十八年来在蒋氏的统治区"统一"是一年比一年多，但民主是一年比一年少，因为他的特务机关与特务化的军队，是一年比一年发展了；人民的穷困与国家经济的危机是一年比一年加深，因为他的官僚资本集团与贪污恶霸集团的统治，是一年比一年发展了。他的军队与政府的军事预算虽然一年比一年膨胀，但是九一八以来特别是七七以来的事实证明，蒋氏军队的国防力量却是惊人地下降，因为他的军队是只为打内战，也只会打内战，这种从精神上物质上破坏国防力量的内战是他十八年中几乎没有停止过的。所谓"内战内行，外战外行"，确是人民赠给他的军事领导的确当的评语。凡是这一切他都想用不统一来辩护，但是事实岂不恰恰相反，这一切岂不都正是他实行独裁"统一"的结果吗？退一步说，他诚然没有"统一"全国，但是共产党与他比较起来，格外是没有"统一"全国；蒋氏有中央政权和大部分中国，而共产党只对于小部分中国的地方政权能够发生领导的影响。可是看吧：为什么共产党在它发生领导影响的地区，不论省、县、区、乡，都能实行人民的选举，都能减租减息，发展生产呢？共产党所领导的军队装备和给养都不好，但是却能够八年坚持在最前线抗击大部分敌军与几乎全部伪军，这个事实难道也是由于共产党"统一"了全国，而蒋氏没有"统一"之故吗？蒋氏说：共产党所领导的军队是"国家莫大的耻辱和损失"，但是难道抗击敌伪就叫做莫大的耻辱和损失，而一触即溃，一退千里，观战避战，曲线救国，制造了一百万伪军，而且至今仍与敌伪和平共居，共同反共，反而叫做莫大的光荣和收获吗？蒋氏的演说责备共产党妨碍建设，妨碍人民的安居乐业等等，但是蒋氏何不让人民自由地往来比较，看看人民能够安居乐业与从事建设的地方，究竟是延安还是重庆，究竟是北平还是张家口呢？共产党在和平的区域努力恢复交通，而蒋氏则不但用内战来逼迫共产党破坏交战区域的军事交通，而且用封锁解放区来破坏非交战区域的和平交通，用运兵来破坏蒋氏统治区的和平交通，用轰炸来破坏解放区的和平交通。那么破坏交通者究竟是谁呢？这一切岂不说明，蒋氏以不"统一"来辩护自己的罪恶，是完全不足置信吗？不但如此，凡是共产党所曾解放而后来被国民党当局所侵占的地区，对于蒋氏来说也就是由不"统一"而"统一"的地区，其原有的政治经济军事改革亦莫不立即在蒋氏的军令政令与其执行者贪官污吏特务恶霸的"统一"之下归于残酷的毁灭，这个情形也是举世所共知的。这岂不说明，凡蒋氏"统一"所及之处，凡奉行蒋氏军令政令的忠实同志足迹所到之处，恰恰是一切政治经济军事改革所不能存在之处吗？平心而论，蒋氏所"统一"的地区，不但绝对不能与共产党所领导建立的民主自治地区相比较，就是比之他所指的军阀也有逊色。蒋氏说龙云是军阀，用武力把他逐出云南，以实现蒋氏军令政令在云南的"统一"。但是看吧，龙云之在云南，与杜聿明之在云南如何？不是蒋氏也不得不明令撤杜的职以谢罪于天下吗？杜去而关麟征来，关之在云南又如何？不是蒋氏又不得不明令撤关的职以谢罪于天下吗？但是虽然如此，龙云依然不能复职，而杜聿明离开云南，马上就又向辽宁热河"统一"军令政令去了，关麟征因为闹出了民国以来未有过的军警开入学校杀人的大血案，暂时不免要避一避风头，但是不但没有依法惩治，而且赏了"忠勤勋章"。蒋氏军令政令在所谓收复区"统一"的结果,尤其使得中国人民得了一个寒心的教训,就是蒋氏的"统一"在若干方面竟与敌伪的"统一"不相上下,人民的生活比以前甚至还更痛苦,急得以拥护蒋氏"统一"著名的大公报也不能不大声疾呼"莫失尽人心"。这岂不说明,依蒋氏现在的做法,则必然是愈"统一"而民主民生愈悲惨吗?这是蒋氏"统一"过去与现在的情形。将来又如何呢?就依蒋氏自己在这次演说中所宣布的,将来的结局,也不过是召开一个一党国民大会即独裁大会而已。这个国民大会的"代表"无一不出于逼选贿选代选与指定,是世界与民国历史上最丑恶的国会,这个国民大会所准备通过的"五五宪章",规定总统有一切权力,而人民权利可以被无限制地剥夺,是世界与民国历史上最独裁的宪法。经过这个独裁大会,通过这个独裁宪法,蒋氏允许我们一个为世界法西斯主义者所标榜、为中国法西斯主义经典《中国之命运》所抄袭,反自由主义反共产主义的"全民政治"。这就是蒋氏"统一"完成后的蒋氏"民主"。请问:中国人民能够接受这种"统一",能够接受这种"民主"吗?中国人民与一切外国人民一样,当然是要国家统一的,但是中国人民所要的统一,是一个足以保护国家与人民的统一,是一个民主的统一,这个统一与蒋氏口中的"统一",能够同日而语吗?

　　第二个问题,经过这种独裁的方法,能否统一中国的问题,其答案也是否定的。无论在外国,在中国,的确都有过一个历史时期,曾经能够实现这种"统一",但是这个历史时期是已经一去而不复返了。在中国,如果不说一百年,至少也已有五十年是不能实现这种"统一"了。五十年来,中国的人民为了求自由独立,安定繁荣,始终希望中国的统一———在民主基础上的巩固的统一。但是中国的独裁者们世袭地拒绝这种统一,他们因为坚持自己的独裁始终与人民相分裂,虽然他们反而责备人民破坏"统一"。自从清朝末年的皇帝责备孙中山先生组织"自主的军队"破坏了他们的"军令政令统一",企图以武力维持自己的"统一"以来,这种分裂的局面就不曾有过根本的改变。蒋介石氏演说中要求人民不要"坐视国家重蹈民国初年的覆辙,陷于分崩离析的绝境"。但是民国初年,应负国家分崩离析之责者究竟是谁呢? 蒋氏自己也说,这是因为"袁氏窃国,民国颠危,国民不能真正表达自由意志和力量,而造成军阀的割据,于是有民国二年以来的革命。"换句话说,造成国家分崩离析的不是别人,而正是得到世界各国承认,坐在中央天天高唱"军令政令统一"的窃国军阀袁世凯。袁世凯当然不说自己是军阀割据,而说当时的孙中山先生与国民党各都督是军阀割据,对付所谓民国二年的革命,袁世凯的唯一法宝就是"统一"。他说:"今日并非调和南北问题,乃系地方不服从中央,中央宜如何统一之问题,……于行政之系统上,中央不能不求统一之法。"但是今天盖棺论定,孙先生(以及孙先生部下一分子的蒋氏自己)虽然组织"自主的军队",虽然被责为破坏军令政令统一以至破坏交通等等,还是叫做反军阀,叫做革命,叫做民主,叫做求统一。孙先生晚年北上与另一窃国军阀段祺瑞谈判和平统一,希望段氏实行民主,这就是蒋氏演说中所引用的"和平奋斗救中国"口号的由来。醉心独裁的段祺瑞拒绝了孙先生的谈判,迫使中国爆发了大革命。中国本来有希望在这个大革命中达到统一,不意又发生蒋氏窃国,民国颠危,国民不能真正表达自由意志和力量,而造成军阀的割据,于是有民国十六年以来共产党与全国革命人民对于蒋氏极端白色恐怖的武装自卫与民主运动。在蒋氏独裁与内战政策之下,九一八变起,共产党不念旧恶,本"和平奋斗救中国"的精神,呼吁停止内战,团结抗日。这个呼吁,直到民国二十五年西安事变和平解决以后才得以开始实现,但是有功于这个和平解决的张学良杨虎城两将军却至今还没有得到自由,而蒋氏对于共产党从民国二十八年以来也没有一天停止过武装攻击。抗战结束以后,共产党仍本"和平奋斗救中国"的精神,呼吁停止内战,团结建国,但自去年十月,国共会谈纪要发表以来,蒋氏反而变本加厉,密令全国"剿匪",在"复员"声中把抗战时期被调到老远后方的二百万大兵统统动员出来开到东北华北华中华南去打空前大规模的内战,把全中国投入纷争不安之中。五十年来,中国的历史上就是这样地充满这种独裁者所制造的内战的。可是看吧:中国究竟是在这些独裁者的手下"统一"了呢,还是分裂了呢? 一切这些分裂,难道不都是独裁者们所谓"统一"政策的结果吗? 独裁的"统一"就只能产生分裂,唯有与民主力量团结一致,才能够真正达到统一。如果段祺瑞接受了孙中山先生的要求,如果蒋介石氏接受了共产党及其他民主派和全国人民的要求,那么中国的统一早就实现了。蒋氏及其一派说解放区的地方自治妨碍统一,但是人民自己选举政府,这不是全世界一切民主国家的根本规律吗? 蒋氏自己也说要还政于民,为什么对于已经还政于民的地方又要实行夺政于民呢? 在地方范围内人民自己决定自己的政令,这有什么政令不统一之可言呢? 难道四万万五千万人除了一个人以外都不能自由活动,才叫做政令统一吗? 由于不承认人民有选举地方政府与决定地方法令的普通权利,蒋氏及其一派就造成了中国今天的政治分裂。他们幻想用武力统一来解决这个政治分裂,结果不但没有找到什么武力统一,而且找到了一个武力分裂。为什么是一个武力分裂呢? 因为五十年来,政治上的独裁与民主之争,常常引导到军事上的独裁与民主之争,政治上的独裁者总是依靠私人化独裁化的军队去消灭民主分子,迫使政治上的民主派不得不创造真正国家化即人民化的军队,这个真正国家化即人民化的军队因为合于历史与人民的需要,不但不能被独裁者所消灭,而且愈来愈强大了,其主体在今天就是八路军新四军。中国人民并不利用这个军队来寻求分裂,相反地是利用它来寻求民主的统一,所以抗战爆发,这个军队就成为统一的国民革命军的一部分。可是坚持军队私人化独裁化的蒋介石氏,不愿意利用这个军队的榜样来使自己的军队国家化人民化,反而在事实上与法律上拒绝承认八路军新四军,污之为“奸军”“匪军”,用一切力量来加以“围剿”,这样就造成了今天的武力分裂。既然蒋氏用自己的行动证明自己是抱着这种分裂的方针,证明自己的军队是完全党派化私人化独裁化,而不让任何国家化人民化的军队存在,那么,为了保证中国军队的国家化人民化,作为中国军事改革核心的八路军新四军,如果没有一个民主的联合政府与联合统帅部,当然决不应该送给独裁者去消灭;如果那样做了,就不但是冒险,而且是犯罪——对于中国军事改革的犯罪,因而也就是对于中国民主统一的犯罪。中国的人民既然为民主统一坚决奋斗了五十年,既然不曾接受清朝的独裁统一，也不曾接受袁世凯段祺瑞的独裁统一，也不曾接受十八年来蒋介石氏的独裁统一，那么，如果蒋氏今天不抛弃他的独裁方针，纵然他用继续内战来威胁，也必然吓不出什么"统一"来。因此，不但在政治上，而且在军事上，五十年来的历史都证明了中国的统一只能走民主团结的道路，而绝对不能走独裁的道路。

如上所述，蒋氏的论点是不能经受任何事实的考验的，是并不包含任何真理的。蒋氏的"统一"，既不能使中国得到民主，也不能使中国得到统一。相反地，只有按照中国民主党派与世界民主强国的要求，经过全权的政治协商会议，无条件停止内战，结束蒋氏的一党专政，军事专政与个人专政，改组国民政府为一切民主分子享有广泛、公平和有效的代表权之民主联合政府，中国就既能得到民主，也能得到统一。民主是因，统一是果，停止内战是因，恢复交通是果，政治民主化是因，军队国家化是果，成立民主联合政府是因，产生真正的国民大会是果。对于这一切简单的因果关系，蒋氏难道是不明白吗？当然他明白，他之所以故意倒果为因，只是为了寻找借口来保存他的独裁罢了。其实中国人民和世界民主强国一样，从西安事变和平解决以来就承认国民政府是实现民主统一的便当的机构，就从未打算推翻这个政府而另起炉灶，因此蒋氏在改组后的国民政府中仍然将保持他的一定的地位，虽然决不能再是独裁的地位。蒋氏说他对于"革命的责任不能放弃"，我们认为，蒋氏如果牺牲个人而服从人民，牺牲独裁而服从民主，将是他对于革命所尽的最伟大的责任。蒋氏在抗战结束以后，仍然坚持独裁与内战政策的结果，如他自己所说,确已"使我们八年余流血牺牲所获得的国家地位与民族光荣,顿时为之降低",并遭遇"任令中国成为国际上唾弃的落伍者"的危险,所以贝纳斯十二月三十日的广播,就已经公开声明:"为内战分裂之中国,将不能在盟国中占有其应有之地位,及确当地履行其国际义务"。不幸蒋氏的元旦演说,依然重复了自己过去的错误。不过历史的趋势是已经确定了,无论蒋氏及其一派如何抵抗,中国的和平民主,在中国人民的坚决奋斗与民主友邦的同情声援之下,终将获得决定的胜利。我们是希望团结统一的,因此我们仍然希望蒋氏及其一派能够善审时机,放弃成见,与中国一切民主分子通力合作,使政治协商会议得到圆满的收获,从而使中国迅速走上和平建设的光明大道,并恢复其应有的国际地位。

努力发动解放区群众

（一九四六年一月九日《解放日报》社论）

去年秋冬以来，各解放区发动群众的工作，已有相当收获。这表现在华北、华中广大的新解放区，群众对汉奸、特务的控诉清算运动已先后展开，成千成万的群众参加了这个运动；若干罪大恶极的大汉奸、伪军头子，经过群众的公审，由民主政府明正典刑；许多胁从分子，在群众的压力与教育之下，承认了错误，吐出了从人民身上掠夺来的不义之财。在控诉清算的运动中，群众不仅得到部分的经济利益（如收回被汉奸伪人员霸占的土地财产，索回被掠夺诈讹贪污的款项等），而且摧毁了伪政权，建立了民主政权，组织了自己的群众团体——农会、工会、妇女会、商会等。广大人民不仅从敌伪的奴役下解放出来，而且享受了他们从来没有经历过的民主自由的生活。有些新解放区已由控诉清算运动，转入减租减息运动。在老解放区的查租工作，亦有部分地区开始进行。关于生产运动，许多新老解放区正在开展冬季生产，并布置今年的生产运动。综观全局，整个解放区群众运动，正在走上大规模发展的道路。

但是我们决不能满足于这些成绩。近四五个月以来，解放区的群众运动,无论从规模或深度来看,都还落后于客观形势的需要与群众的要求。以新解放区而论,在有些地区里面,只进行了一些零星的反汉奸斗争,没有形成广大群众性的控诉清算运动。有些地区停留在对大汉奸的控诉与公审上,没有把运动及时地深入到广大群众中去。有些地区形式上建立了一些群众组织,但是没有认真地发动群众,以致这些组织还没有在群众中生根,成为群众自己的组织。还有些地区,控诉清算运动虽然做的比较圆满,但是时间拖得太长,没有及时地进一步开展减租减息运动。在上述这些情况之下,群众的迫切要求未能得到及时的解决,群众的情绪也就暂时地冷了下来。特别是减租减息运动,无论在新解放区或老解放区,都还没有大规模地发动起来。

为什么解放区发动群众的工作,还有以上这些缺点呢?根据各地报道的材料,主要的是因为若干群众工作者对于放手发动群众的方针认识不足,掌握不紧,因而在实际工作中,没有根据目前形势的需要与群众的要求,大胆放手地解决群众的问题,迅速地将群众发动与组织起来。

今天中国的形势是:抗战虽然胜利了,但是中国人民解放事业还未完成。中国反动派力图把中国推入内战、独裁、分裂的黑暗深渊中去,而中国人民则要走上和平、民主、团结、统一的光明道路。反动派为了达到自己的目的,正在一刻不放松地动员自己的一切力量;中国人民为要打破反动派的内战独裁计划,实现自己的和平民主愿望,唯有抓紧时间,十倍百倍地壮大人民自己的力量,特别是已经获得民主自由的解放区人民的力量。解放区发动群众的工作,愈做得迅速有力,愈做得充分彻底，那么解放区一切工作，就愈有坚实的群众基础，就愈有力量保卫和建设解放区，就愈有力量支持全国同胞争取和平民主的运动。反之，如果对解放区发动群众的工作，稍有忽视或松懈，那就实际上损害了解放区人民的利益，妨害了全中国人民的解放事业。因此解放区发动群众的工作，不仅仅是解放区人民本身的问题，而且是有关中国人民命运的重大问题。同时我们要了解：广大新解放区千百万群众，过去长期处于敌伪统治压榨之下，遭受了难以想象的痛苦。他们迫切地要求申冤，要求改善生活。只有放手地采取各种各样有效的方法，去满足群众的迫切要求，才能把群众发动与组织起来，才能使他们翻过身来，成为新解放区的支柱。在老解放区，群众工作虽然有基础，但是为了要把各项工作做得更好，更充分地发挥群众力量，进一步开展群众工作（特别是查租和生产），仍是当前刻不容缓的中心任务。

正由于对放手发动群众的方针认识不足，有些同志在国民党军队大举进犯解放区的情况下，有意无意地放松了发动群众的工作，而不了解放手发动群众正是保卫解放区的必要步骤。

也正由于对这一方针认识不足，有些同志未能根据新的环境，创造新的发动广大群众的工作方式，而仍然缩手缩脚地慢慢地作，因而未能满足新解放区广大群众的迫切要求，使运动自流下去，或停滞不前。

也正由于对这一方针认识不足，有些新解放区未能及时地把控诉清算运动引导到减租减息，使群众彻底翻身；而某些老解放区则对查减工作重视不够。

以上这些就是去冬发动群众工作没有获得更大成绩的主要原因。

现在冬季快要过去了。时间是十分紧迫的。我们特再一次着重指出：放手发动群众依然是目前解放区工作中最中心的环节。我们号召各解放区同志们，抓紧时间，把群众（特别是新解放区群众）普遍发动起来。我们并根据各地报道的材料与过去的经验，提出下列几项意见，以供同志们参考：

首先，必须在干部中进行关于放手发动群众这一方针的思想动员。对于这一方针，仅仅有泛泛的了解，那是完全不够的。过去有些同志虽然在口头上赞成"放手发动群众"，但是由于并未真正地了解这一方针，以致在实际工作中不能掌握运用。因此必须使我们干部深刻地具体地了解放手发动群众的方针。在进行思想动员之时，要研究干部中的思想动向，看究竟有些什么想法障碍了对放手发动群众这一方针的明确了解，然后针对这些想法，根据当前的局势和当地群众运动的经验，进行具体生动的教育，使干部们真正了解放手发动群众的方针，并能具体运用到实际工作中去。

第二，要深刻认识大规模有领导的减租运动，是发动群众最重要的关键，是农民群众翻身的必经之途，是开展生产运动的必要前提。

在新解放区，凡是控诉清算运动没有开展和开展不足的地区，还应当放手开展这一运动，以发扬群众的积极性，为下一步的减租减息运动扫除一些障碍，并应及早预作准备，使控诉清算运动不致拖延太长，而能及时地转入减租减息运动。在控诉运动已有成绩的地区，应当进行总结，根据群众切身经验教育群众，并以清理控诉运动中提出来的土地与租息问题为起点，迅速发动减租减息运动。我们绝不要机械地认为一定要在控诉运动结束之后，再来发动减租，在许多情形下，这两个运动是可以同时进行的。

在老解放区，主要是查减。有些干部认为经过几年减租，问题已经彻底解决，不必要再麻烦一次了。这种看法是不对的。事实上贯彻减租是一种艰巨的工作，不少地区减租还未贯彻。例如临县六百余村庄，还有二百余村子减租不彻底；太岳老区七个县，群众发动不充分的村庄占百分之四十三。因此必须用这些具体事实教育干部，打破麻痹思想，认识查租的重要性，发动群众贯彻减租。此外，无论新老解放区，除减租减息外，还必须注意雇农的适当增资。

第三，在解放区的城市里，除了控诉清算运动之外，发动群众的主要内容是救济、增资与减息。过去在敌伪统治时，工商业遭受严重的摧残，许多工人与市民失了业，在业的工人与店员，也是食不饱衣不暖。而许多一贫如洗的市民，则受重利盘剥的迫害。因此我们必须设法解除城市平民的痛苦，救济失业，适当地增加工资，实行减息，把工人、贫民、知识分子等广大群众组织起来，进行城市各项建设。

第四，为了贯彻放手发动群众的方针，自流主义的慢性病是万万要不得的，因为它无视于当前的客观环境和群众的迫切要求，畏首畏尾，无法领导群众前进一步。但放手发动群众的方针，又和命令主义的急性病完全不同；后者不顾群众中间存在着的各种疑虑和困难，急于求功，一味发号施令，包办代替，结果不是引起群众的不满，就是助长了群众依赖恩赐的观点。要真正放手发动群众，唯有脚踏实地，从群众的当前最迫切的要求出发，耐心地克服群众中的各种疑虑，启发群众的斗争情绪，提高群众的觉悟程度，帮助群众对政策的了解，培养群众积极分子，经过民主方式成立和巩固群众自己的组织，用群众力量来解决群众自己的问题，有计划有步骤地开展运动。群众是否发动起来的标准，不单看群众得到多少经济利益，而主要地要看群众在争取这些利益的过程中，是否已经产生了主人翁的自觉，是否相信自己组织起来的力量，是否产生了大批的积极分子和群众自己的领袖。

最后，在减租减息运动中，应当切实准备今年的大生产运动。老解放区生产已有基础，查减工作必须和组织生产联系起来。新解放区在减租运动中，也要在群众中进行生产教育与各种生产准备，以便及时开展一九四六年的大生产运动。

和　平　实　现

（一九四六年一月十二日《解放日报》社论）

　　国共两党停战命令的颁布，受到全中国人民普遍热烈的庆祝。全中国人民为此而掀起的狂欢，不亚于日本投降时所引起的狂欢。中国在民国以来的三十五年间，每年不是内战，就是外战，或是内外战同时并作。人民长时期渴望国内和平，但是即使在日本投降以后，还经过了整整五个月的时间，才第一次看到国共停战命令所带来的和平。国共停战协定，不但是结束了过去五个月的军事冲突，而且是开始了整个中国现代历史中前所未有的和平发展的新阶段——和平改革与和平建设的新阶段。认识了这一点，才能了解中国人民何以如此不惜以一切努力来坚持反对内战与争取和平，才能了解中国人民在今天何以如此狂欢。

　　中国人民过去所遭受与进行的战争不是偶然的，今天所赢得的和平也不是偶然的。今天中国和平的实现，根本上是由三个历史因素所决定的：第一，中国人民在长期奋斗中已经锻炼成了一支坚强的民主力量，这就是中国的解放区。解放区的军民坚持要求和平制止内战，任何政治与军事的压力都不能摧毁或压服他们，这一点在抗战八年中固然已经得到了证明,在抗战结束后的五个月中尤其得到了有力的证明。第二,与争取和平的解放区军民站在一起的,有全国范围的广大群众。全国人民,全国各个民主党派与民主阶层,无不一致拥护停止内战的要求。这个要求的威力表现于高树勋将军等的起义,表现于昆明各校师生的运动以及各民主党派和团体的英勇斗争,也表现于国民党内一部分有远见与有力量的政治领袖和军事领袖,鉴于大势所趋与大难未已,起而拥护和平团结。第三,要求中国和平的不仅有中国人民,而且有世界的领导强国的人民与政府,首先是苏联与美国的民主派,后者在最近时期认识了中国形势的严重性而克服了助长中国内战的赫尔利政策。美国杜鲁门总统与莫斯科三强外长会议的声明,以及美国马歇尔特使在这两个声明的方针下,对于国共停战谈判的有力参与,无可否认地乃是这次停战协定得以如此迅速成功的直接原因。

由于这三种历史因素的有利影响,中国人民已经不仅赢得了胜利,而且赢得了和平。和平已经开始了,但是和平还不巩固:因为不论在国内和国际范围内破坏和平的势力,还是强大地存在着,他们还在企图以各种阴谋的方法破坏中国的和平。中国国内和平的巩固,直接地依靠国共双方绝对忠实地遵行协定的义务。过去中国曾经有过太多的令人痛心的经验,证明任何协定都可能被单方面的不顾信义的突然动作所撕毁,这个情形不能不要求中国人民以重大的警惕来监督这一协定的严格实现,同时也不能不要求美国方面(最高的三人委员会与北平执行部及其执行组之一个方面)继续以马歇尔特使在谈判阶段内所表现的公正态度来帮助协定的确切执

行。但是比这些更重要的，则是有效的民主改革。政治上的
不民主反民主，是中国过去一切内战的总根源，所以民主改革
愈彻底，和平就愈有保障，争取民主改革，巩固国内和平，这将
成为今后中国人民的中心任务。在长时期的内战外战过程
中，中国人民曾被迫以武装自卫为自己的主要奋斗形式，现在
一个新的历史时期开始了，在这个时期中，人民需要以巨大的
努力来学习和平的政治斗争，因为以和平的方法争取政治经
济民主化的斗争，将成为今后主要的奋斗形式。今天的世界
是一个民主势力占优势的世界，今天的中国是一有强大民主
势力的中国，中国人民在赢得胜利赢得和平以后，也必然在国
共两党与其他民主党派的通力合作之下，继续前进以赢得民
主。和平的道路今后还可能有若干波折，民主的道路今后将
必然有更多波折，但是通过中国的民主党派与全国人民之坚
决而谨慎之努力，中国的民主事业终将得到成功，中国之巩固
与持久的和平也终将在这一基础上得到保障，这是可以预
言的。

评"扩大政府组织之意见"

（一九四六年一月十九日《解放日报》社论）

　　本月十四日，政治协商会议讨论结束一党训政改组国民政府问题，会上政府代表团提出所谓扩大政府组织之意见一案，并由王世杰氏加以说明。根据原案及王氏的说明，国民党对这个问题的主张可以概括如下：（一）增加国民政府委员十二名；（二）"国府委员得由主席提请党外人士充任之"，就是要"由国府主席提请国民党中央执行委员会通过"才能任命；（三）国府委员会，"抽象的"是政治最高指导机关，实在权力是讨论和决定立法原则、施政方针、军政大计、财政计划及预算以及主席交议和三分之一以上委员建议事项，但无任何用人之权；（四）主席有相对否决权及紧急处置权；（五）行政院设政务委员若干人，得兼各部会长官；（六）国民党不但要占多数，而且要占"特定程度的多数"。这些便是国民党当局对全国人民与国际舆论所坚持要求的实行彻底的民主改革的回答。应该明白率直地指出，这个回答对于全国人民的要求与盟邦的期望是不相符合的。

　　全国人民和盟邦所要求于国民党的，是废止国民党一党专政，组织民主的联合政府，在这一联合政府中，一切民主分子应参加政府的一切与各级机构,享有公平有效的代表权;而国民党在这一提案中所表示的,却只是以设置几个党外人士充任的国民政府委员及国务员的"代价",来获致国民党继续一党专政的合法化。因为在提案与其说明中,国民党代表坚持所谓"法律的系统",坚持将国家的最高权力依然放在国民党的中执会手中,连国府委员的任命也仍需要经过国民党中执会的通过。而国民党一党的中执会君临于一切国家机关之上,乃是一党专政在国家组织体制上的最触目表现。一切今天所谓的法律系统乃是国民党一党专政的法律系统,连国民党当局自己也不得不承认在这个法律系统中的许多法令必须"分别予以废止和修正"。所以任何扩大政府的提议,如果不打破所谓法律系统,不彻底取消国民党党部对国家政权的任何法律地位,则无论其形式变化之如何繁多,实质上仍然是涂脂抹粉的一党专政。中国一切的真正民主分子是显然不愿意充任这种脂粉的。

其次,国民党代表的这一提案,不是贯彻民主主义,取消个人独裁的提案,而是虽有迂回曲折而归根结底依然是保障个人独裁的提案。保持国民党中执会为国家最高权力机关,实际上,就是保持个人独裁制度,因为根据国民党的组织系统,中执委不过是总裁的服从者,六全大会以后,国民党的中执委是必须宣誓"服从总裁命令",才能就职的。国民党的总裁同时又是国民政府的主席,主席不仅实质上指定全部国民政府委员,而且在政府提案中又特别规定他对国府委员会有提交复决权及紧急处置权。后者在事实与法理上都是欠通的。国府主席理应向政治最高指导机关之国民政府委员会负责,执行其决议,不应形成两个"最高"指导机关,实质上也就是形成一个比"最高"更高的指导机关,因为在国府委员由国民党占"特定程度的多数"的情况下,提交复决权实际上就是主席一人的否决权,也就是主席的独裁权。至于紧急处置权尤无存在之必要,因为照拟议中的国府委员会仅四十八人,在任何紧急情况下都来得及集会、讨论、决定,因之,保持紧急处置权并无任何理由,也只是为了保持主席可不经国府委员会的个人独裁制。

这个提案不是在党派平等合法的基础上,组织一切主要政治分子有公平和有效代表权的民主联合政府,这个事实也是显然的。提案中一切非国民党人士要参加政府必须经国民党中执会之通过,就完全破坏了党派平等的原则,把其他党派变成国民党的下属;政府代表要求国民党的名额不仅要比"任何他党的名额多",而且要"具特定的多数",就完全破坏了"一切政治分子的代表在国民政府内有公平和有效的代表权"的原则。国民党一党要占"特定程度的多数"(译成明白易晓的语言就是"压倒的大多数"),这在全国政治力量的对比上既不公平,又使任何其他党派或无党派人士之参加政府成为完全无效力的。三分之一以上的委员的签署才能提出议案的规定,使党外人士几乎无法提出任何议案,而国民党则可以依恃其特定的多数否决任何国民党外人士的议案及主张。

不但如此,而且这个提案所拟议的国府委员会,依王世杰氏的说法,"抽象的"虽是政治之最高指导机关,而实际上,尽管国民党占绝大多数,尽管主席有指定权、否决权与紧急处置权,这一委员会却依然是一个连有限权力也极微弱的清谈场所。因为，第一，它的主要任务只是讨论"原则"、"方针"、"大计"；第二，它没有用人权。没有用人权，这就是说，没有使用一切民主分子到政府一切机关中去之权；这就是说，没有使各党派享有公平有效代表权之权。一个"最高指导机关"尚且无权保障民主而只能保障独裁，那么，在独裁制度的办事机关之行政院中增加几个政务委员，当然更加无能为力了。

最后，这个提案为扩大国府组织仅限于增加国府委员十二名及行政院设置若干政务委员得兼各部会长官，而没有一个字涉及地方政府，这也是完全与"广泛地吸收一切民主分子到国民政府的各级机构中"的原则违背的。任何改革政府的主张，如仅限于在中央机构中作无关重要的改变，而将地方政权机关仍然置于原封不动的一党独裁之下，对民主改革的事业是毫无裨益的，真正的民主改革必须使一党专政制度从上而下自国民政府直到乡镇保甲加以全部的改变。

把这个提案和国民党代表所坚持须于五月五日召开的那个十年前由国民党一党包办贿选、逼选、指定、圈定的国民大会联结在一起看，则更可以看清国民党的意图。国民党的意图就是把现在已经动摇的一党专政，经过三个多月的临时的"扩大"的一党专政，最后过渡到完全合法的"宪政"式的一党专政。总之，变来变去还是一个一党专政。

总上所述，国民党代表所提出的所谓扩大国府之具体办法，完全是拒绝民主改革，坚持一党独裁的办法。这种办法非但对解决目前国内严重的政治局面无所裨益，而且更会保持和培植今后更大的国内纷争再起的根源。因为谁都知道，今天中国的险恶的形势及内战的基本根源，是在国民党的一党专政制度，是在国家制度毫无民主气息，人民毫无自由权利。不废止这个一党专政，就不可能实行迫切的民主改革；不废止这个一党专政，就不可能消弭内战的祸胎；不废止这个一党专政，中国就不可能走上和平民主团结统一的道路。所以，为了巩固国内和平，实现民主改革，促进经济建设，就必须废止国民党的一党专政，实现民主的联合政府。这就必须：（一）彻底的、从上到下的、从中央到区乡的，取消国民党对国家形式的与实质的干涉，尤其是国民党一党君临于国家机构之上的丑恶形态，必须完全废除；（二）必须贯彻党派平等合法，在政府内有公平和有效代表权的原则，任何政党在政府内不得超过三分之一，以实现真正的联合政府，避免任何一党之专政；（三）一切行政机关必须贯彻民主主义的精神，主席必须服从委员会的决议，以纠正个人独裁与手令制度的积弊；（四）政治之最高指导机关必须具有完满的权力，一切行政主管人员之任用必须经最高指导机关之通过；（五）中央机构之改革必须与省县区乡各级行政机构之民主化同时并进，才能使中央的联合政府有地方的民主政权为基础；（六）临时的民主联合政府应该在广泛的民主基础上迅速地实行无拘束的普选，召开国民大会，制定宪法，成立更广泛的正式的中央联合政府。

我们在原则上赞同扩大国民政府，使成为临时的民主联合政府，但是国民党代表所提的扩大国府的意见，是完全不适合于这个目的及其所应具的上述最起码的条件的，因此是完全不适用的。为了国家民族的整个利益，我们希望政府代表团，依照蒋主席在政治协商会议开幕中所说的："有时候撤销我们的提案，比之坚持我们的主张，更有伟大的价值"，因而实行撤销这个提案，以便与会中各民主派别的代表获得圆满的协议，使此次会议有确实的成就。

军队国家化的根本原则
与根本方案

（一九四六年一月二十三日《解放日报》社论）

军队国家化的问题已提到政治协商会议上。中国共产党代表、民主同盟代表、青年党代表都提出了自己的建议。

中华民国的主权属于人民，所以军队国家化的根本意义，是要把专制独裁制度的军队化为民主制度的军队，而不是要把民主制度的军队化为专制独裁制度的军队；是要把党阀制度和军阀制度的军队化为人民的军队，而不是要把人民的军队化为党阀制度和军阀制度的军队。要达到这种结果，就必先使中华民国名副其实，即中华民国成为真正民有、民治、民享的国家。这就是说，必须先把专制的国家变为民主的国家；必须先把国民党一党专政和个人独裁政治的国家变为一切民主分子在一切政府机构内享有公平而有效的代表权的国家。

没有什么抽象的国家，也没有什么抽象的国家化。或者是民主的国家，而军队就化于这民主的国家之中。这是一种军队国家化；拥护这种军队国家化的，就要把军阀的军队化为人民的军队，而这就是孙中山先生所主张"第一步使武力与国民结合，第二步使武力为国民之武力"。或者是专制的国家，而军队变化于这专制的国家之中。这又是另一种"军队国家化";拥护这种"军队国家化"的,要把人民的军队化为军阀的军队,而这就是孙中山所反对的"与民众为敌"的军阀之武力。二者必居其一,中间绝对没有什么可以掩饰、没有什么可以诡辩的余地。

中国原来是一个专制的国家,这个专制国家的军队,就是"与民众为敌"的军阀主义的军队。一切专制人物、官僚、党棍、特务之所以能够作威作福、以人民为鱼肉,便是依靠这种军队,而遇到外国侵略,便即弃甲曳兵而走的,也即是这种军阀主义的军队。

什么是军阀主义?孙中山先生所说的"与民众为敌"一语,已足以尽之。"与民众为敌"的军队就是军阀主义的军队。这种军阀主义的军队既然是"与民众为敌",当然军民关系是极端恶劣的,而军队内部的官兵关系也是极端恶劣的。这种军阀主义的军队既然不能保护人民,当然也不能有效地保卫祖国,而内战便成为这种军队的终身职业。这种军阀主义的军队是中国专制制度和新专制制度的中心支柱,是中国半殖民地半封建制度的基本政治构成,是中国长期内战的主要祸根。这种军阀主义的军队可以是北洋式的,又可以是国民党式的。

军阀主义的军队,由中国人民说来,由民主国家说来,这是真正私有的军队,是军阀的私兵。这种军阀主义的军队不是保护人民的利益,不是保护民主,不是保护自由,而是相反的,只是保护最少数人反人民的利益,只是保护寡头专政,只是蹂躏自由。但是清廷却称呼这种军阀主义的军队为"国家军队"，袁世凯、段祺瑞、曹锟、吴佩孚亦称呼之为"国家军队"，而孙中山先生所领导的民主武力，却被称为"土匪"，被称为"分裂国家之统一"。民国十六年国民党清党之后，孙中山先生的教训遭受唾弃，原来国共合作的民主主义军队，于是一方面为国民党一党私有的军队，作为国民党一党专政和独裁政治的工具，军队中塞满了国民党的秘密特务组织，军民合作与官兵合作的民主传统竟不幸一变而与"民众为敌"，以致引出长期的内战与空前的外患。军阀制度加上党阀制度，这是清党之后国民党党军的特色。但是反人民的人物又依然只许这种军阀制度加上党阀制度的国民党党军叫做"国家军队"，而为民主主义和保护祖国而奋斗的人民军队又依然被称为"土匪"，被称为"分裂国家之统一"。

事实上，孙中山先生所谓"与民众为敌"的军阀主义的军队，如果要说是"国家军队"，那就只是专制国家的军队，而并不是民主国家的军队。孙中山先生代表人民意志而规定的国号叫做"中华民国"，毫无疑义，我们这一个国家最重要的就是这一个"民"字。要称为中华民国的国家军队，就必须是"民"的代表，是与"民"相结合，而不是少数人的代表，而不是与民为敌。我们所谓"军队国家化"，毫无疑义，就绝对必须按照孙中山先生所规定的这个天经地义来作衡量。这就是：保护人民利益而与人民相结合的军队，便是中华民国国家化的军队；反对人民利益而"与民众为敌"的军队，便不能够算是中华民国国家化的军队。这是最合理的看法，离开这种合理的看法，便一定是颠倒的看法。

因此，正如毛泽东同志在重庆答路透社记者问题时所说的：“我们完全赞成军队国家化与废止私人拥有军队，这两件事的共同前提就是国家民主化。”在中华民国内，要解决军队国家化，必须先行解决国家民主化。所谓国家民主化是什么意思呢？这就是国民党一党专政和个人独裁政治的真正废止，而人民真正成为国家的主人翁。在这样的国家民主化之下，就必须废止军队的党阀制度与军阀制度，必须使国民党原来在军队内的秘密特务制度永远绝迹。在这样的国家民主化之下，军队就只能保护祖国和保护人民的利益，军队不能视为一党或个人所垄断的私产，军队不能用作一党或个人“与民众为敌”的内战工具。

问题是很清楚的：军队国家化既须以国家民主化为前提，而实际说来，军队国家化又就是军队民主化。这种军队民主化，不但在军队与人民之间的关系是民主的，而且在军官与士兵之间的关系也是民主的。没有国家民主化与军队民主化，所谓“军队国家化”，不过是军队军阀化、军队党阀化而已。

国家民主化和军队民主化乃是军队国家化互相关联的两大原则。

问题是很清楚的：国民党当局在军队中的党阀制度与军阀制度，乃是国家民主化的主要障碍，又是军队国家化的主要障碍。不废除国民党当局这种党阀制度与军阀制度，则军队国家化乃是不可能的，而根本地说来，要达到真正国家民主化，当然也必定是不可能的。

问题是很清楚的：要整编全国军队，使得全国军队国家化，这就首先必须整编国民党的极端庞大的党军，化国民党一党及其少数人的私兵为全国人民的公兵，使这种军队不是为国民党一党及其少数人服务，而是为全国人民服务。这个改变不但是中国军队国家化军队民主化的根本关键，而且也是中国国家民主化的根本关键。这个改变显然不能用什么军队中撤销党部之类的表面文章来敷衍了事，而必须彻底改变整个军事领导机关与各种军事制度，使全国军队由民主分子来领导，用民主制度来组织和管理。这是一个关系国家民族前途的大问题，是一切民主分子所必须据理力争，不能丝毫动摇的。

以八路军新四军为标记的各解放区军队，是为人民服务的军队，其任务是保护祖国和保护人民利益，其制度是军民合作与官兵合作。诚然，这种军队是中国人民以自愿为原则，在中国共产党领导下组织起来的，但是这种军队除了民族与人民的公益外，没有党派的私益。这是没有党阀制度和军阀制度的人民的民主军队。按照孙中山先生的定义来说，这是中华民国真正国家化的军队。这种人民军队既为民主主义而奋斗，当然属于中国民主化的政府，属于中国民主的国家。毛泽东同志在《论联合政府》上早已指出："什么时候中国有一个新民主主义的联合政府与联合统帅部出现了，中国解放区的军队将立即交给它。但是一切国民党的军队也必须同时交给它。"这就是说：解放区军队当交给民主的联合政府和民主的联合统帅部，而国民党军队也当同时交给这民主的联合政府和民主的联合统帅部。

这个程序，在杜鲁门总统对中国问题的声明中也得到了明白的支持，杜鲁门总统声明全中国的一切军队应当在一个"广泛代议制政府"成立以后，亦即在一切民主分子在政府一切与各级机构中获有公平有效的代表权以后，合成为一个统一的国家军队。对于人民的军队的任务，则当在贯彻其保卫祖国和为人民服务的精神，发扬其军民合作与官兵合作的民主制度，而绝对不是相反。

军队国家化的两大根本原则是国家民主化与军队民主化，而解决军队国家化的根本方案是国民党军队与解放区军队同时交给民主联合政府。

是否已有什么别的原则、别的方案，能够使军队国家化呢？

我们认为是没有了。

问题是要合理，要平等。就是说，要真民主，要否定任何一党的特权。按照合理和平等，按照真民主，一切的问题都能够得到解决，军队国家化的问题同样。

如果国民党军队得自由保持其一党的党阀制度和军阀制度，而继续独霸中国军队、独占中国、君临在人民的头上，这当然是不合理的，不平等的。

如果解放区军队不是交给民主联合政府，而是"交给"国民党一党专政的政府，让它去被国民党一党所吞并、所消灭，或让它由人民民主的公兵去化为国民党一党党阀的私兵，这当然是不合理的，不平等的。

如果企图按照这种不合理、不平等（也即违反民主的原则、维持国民党一党的特权）的方法来解决"军队国家化"的问题，那就不能得到"军队国家化"。这不过是走回头路，回到国民党一党专政，回到国民党一党把军队党阀化、私有化，回到军队中的党阀制度与军阀制度。但是这种回头路是走不通的路,是中国的绝路。如果这样做,中国就将没有和平,也没有民主,没有团结,没有统一;中国必将仍然被引到那内战、专制、分裂、残杀种种循环不绝的灾难中去。民国三十四年来历史的经验,国民党当权十八年来历史的经验,对于全国人民,对于我们,教训是很够痛苦的了。中国人民必须深刻不忘记这种流血的无限痛苦的教训。

应该指出:在国民党统治人物中间,有人还是企图按照国民党享有特权和吞并异己这种不合理、不平等的方法来解决他们的所谓"军队国家化"。他们要人民向他"交出"军队,却拒绝向人民交出他的军队。这显然是极错误而含有极大危险性的企图。但是,问题是很明显的:绝路不能再走,错误的历史不可再重复。

国民党统治人物对共产党说,而且对别人也说,"你交出军队,我就给你们民主"。对于这一个问题,毛泽东同志的《论联合政府》已作了透彻的分析。事实上,这正是取消民主的一种策略。但是,在人民觉悟的前面,这种策略早已失掉了作用。人们都晓得:有了八路军新四军,中国就不但有了人民的抗日战争,有了模范的军民关系、官兵关系,而且也就有了人民选举出来的廉洁勤劳的地方政府,有了土地制度,其他经济制度社会制度的改革,有了免于军阀党阀贪污土劣特务恶霸压迫的自由,有了免于恐怖免于贫困的自由。反之,如果没有八路军新四军,就是说,如果没有解放区的人民军队,今天就不但没有解放区的一切改革,而且在全国也谈不上什么民主,谈不上什么自由,而国民党当局也决不会稍稍放下唯我独尊的架子,与人谈什么党派平等和政治协商,相反,专制制度与政治腐化只会更加无顾忌，今天中国就会只是一片黑暗。这是真理。甚至怀有偏见的人，都不能不承认这最现实的真理。今天中国民主的曙光，有成为民主国家的希望，基本上是靠这支伟大的人民军队作支柱的。向国民党一党专政和个人独裁政治交出人民军队，就等于交出民主。

解放区人民军队是中国人民在为民族民主事业中付出无数流血代价所产生的儿子，是全国人民共有的军队。这支人民军队在"军队国家化"中所处的地位如何，便足以占卜国家民主化的程度如何，并足以占卜全国人民生死的命运。因此，一些对人民深怀恶意的人就对于这支人民军队采取了歧视的态度，附和国民党当局的意旨，很想把它"化"到国民党的党军里面去，以便于继续把人民践踏在足底下。当然，也有些对民主斗争缺乏经验的人，陷在矛盾里面：一方面承认解放区人民军队是推动国家进步与民主的动力，另一方面又对于国民党方面所谓"共产党交出军队、我给你们民主"的虚伪宣传，抱了绝对错误的幻想。我们诚恳地希望抱有这种幻想的人为了国家民主化与军队国家化的事业，抛弃这种绝对错误的幻想，因为这只是使中国人民（连抱有这种幻想的人自己在内）被黑暗吞没。

我们也诚恳地希望国民党当局为了国家民主化与军队国家化的事业，抛弃一切不合理不平等的企图，采取合理平等的方针，来与全国民主分子共同组织民主的国家与民主的军事领导机关，共同整编全国的军队，改造不民主的军事制度而发扬民主的军事制度，使全国的一切军队都变为民主的军队，变为民主国家的军队。

坚持和平，保护和平

（一九四六年一月二十七日《解放日报》社论）

一月十日公布的停战令，是中国人民长期奋斗、国共两党迭次谈判与三大盟邦共同努力的结果。这个命令对于中国人民是极可宝贵的，是必须坚持贯彻实施而不允许加以破坏的。

但是，不幸这种破坏是发生过而且还在继续发生着。在停战令公布后的最初几天，冲突不是减少了而是一时的增多了。现在虽然冲突的范围已经逐渐缩小，许多地方已经实现停战，并有国民党方面的某些军队从某些占领的城镇撤退，但是在山西、湖北和广东，冲突还在继续，河北、山东等地的伪军，也还在每天出扰。反对和平的力量也还在阴谋随时制造与扩大事端，以便把中国人民与国共两党重新投入长期的内战苦难中去。这种反对和平的力量首先就是日本侵略者及其忠实走狗伪军，譬如绥远的伪蒙军，山西的日军与伪军改编的省防军，唐山、天津、石家庄、元氏、永年、安阳、新乡、封邱、即墨、兖州、枣庄等地的伪华北治安军与庞炳勋、孙殿英、赵保元、吴化文等部伪军，陇海路东段与南逃的日军，都在停战令以后积极进攻，企图继续分裂中国和保存日本帝国主义在中国的势力。与这些敌伪军一致行动的，还有国民党内若干亲日分子与主战派，他们也公然违反今天中国最高的国家利益与最神圣的军令政令——停止内战，而在许多地方发动攻击。因此，国共两党与全国军民必须认识目前的危机，团结起来，坚持和平，保护和平，反对破坏和平的势力，警惕和制止他们一切重新挑动内战的阴谋。

为了坚持和平，保护和平，中国人民应该坚决拒绝一切内战挑拨者的挑衅，决不要落入他们的圈套，决不要因为他们的挑拨而失去镇静和远见，而动摇坚持贯彻和平的决心，而怀疑和平的现实性甚至可能性。由国民党、共产党与美国三方代表所组织的北平执行部已经开始进行停止冲突的工作了，它将给中国和平以重大贡献。解放区军民应该遵行执行部的命令，对于一切冲突力求在保持或恢复一月十三日下午十二时位置的原则下经过执行部及其执行组和平解决，对于执行组应该竭诚帮助他们的工作，接受他们一切公正合理的建议。国民党军队中的大多数官兵都是不愿意继续内战，愿意与解放区军民共同维护和平的，解放区的军队与民众应该经过一切直接间接的方法竭诚向他们呼吁停止冲突，努力与他们求得联络和谅解，召开联欢会，以至成立区域协定。某些地方双方军队相约在互相同意的缓冲地带彼此不驻兵并拆除一切工事的办法，是值得在每个冲突地区推行的。当然，坚持和平决不是实行不抵抗主义，决不是纵容内战挑拨者破坏和平的横行，解放区军民应该随时准备击退任何背信弃义的袭击，但是这种抵抗必须不给予内战挑拨者以任何借口，就是说，必须严格限制在防御与自卫的范围之内，决不越出自己阵地一步。

如上所述，既然大量存在的敌伪军正在到处破坏停战，向解放区进行各种挑衅的进攻，那么，为了迅速终止一切冲突，我们不能不建议三人委员会与北平执行部迅速确定国共两党共同解除敌伪军全部武装的办法，付诸实施。这一步骤的实行，当大有助于国内和平。此外，既然巩固的和平不能由好战分子来实现，而只能由民主政府与民主统帅部来实现，我们更希望国民政府及其军事委员会能够迅速改组，实现各党派在政府中的合作，以便一切民主分子在一切政治机构与军事机构中都能享有公平而有效的代表权。只有这样，中国的和平才能得到真实的保障。

恢 复 交 通

（一九四六年一月三十日《解放日报》社论）

国共双方颁发的停战命令第三项有这样的规定："破坏与阻碍一切交通线之行动必须停止，所有阻碍该项交通线之障碍物应立即撤除。"全国各地当军事冲突停止、和平秩序有了保证之时，实现这一恢复交通的规定，就成为当前的急务了。

我们解放区人民对于恢复交通，抱着很大的热忱。仅就晋察冀边区来说，在边区境内，不仅铁路早已通车，而且五千余里的公路在路工群众协力抢修之下，都已畅通无阻；察省长途电话亦已大都通话。边区交通机关并在积极筹备全线通车，以便连接北平和大同等地的通车。这便是解放区人民努力恢复交通的一个最显著的例证。但是我们不能满足于这一点。我们希望全国范围内的交通都能够在短期内畅行无阻。

今天中国人民的总任务，就是巩固和平、争取民主改革。恢复交通的工作自然和这个总任务有密切的联系。因此，恢复交通，就必须消除关于交通方面一切不利于和平民主的现象，就必须保证交通事业真正为和平建设服务而永不被用作进行内战的工具，就必须保证交通事业真正为人民利益服务而不被少数人所垄断。只有如此，才能使全国交通事业迅速恢复和繁荣起来。也只有如此，才能使交通事业的恢复，成为推动全国和平建设的有力因素。根据这个原则，我们特提出关于恢复交通的几点主张如下：

（一）由双方负责迅速撤除一切障碍交通线的障碍物。双方布雷区应由双方扫除，碉堡与其他封锁线上的工事既是国内交通线的障碍物，又是便利内战的东西，按照停战命令的规定，应当完全拆除，现在还有继续修筑的，更应该立即停止和平毁。

（二）应该保证铁路交通不用于军事，并不受军事的影响。为此应组织完全中立的铁路局与铁路警察，由国民政府和解放区双方人员组成，以前敌伪统治下的伪警应该解散。华北华中各铁路的路警与路局的各级领导机关，如正副局长、各处正副总管、正副段长、正副站长等职，都应有解放区的人员参加。双方谁正谁副，可以按各地情况分别决定。这些措施是完全必要的，因为，目前国家交通机关都在国民党一党的控制之下，必须吸收一切民主分子参加这类国家机构，首先是使与这些铁路利害攸关（这些铁路大都通过或靠近解放区）的解放区人民代表，在交通机关内获得公平和有效的代表权，才能保证这些铁路为和平建设服务而不被用来作进行内战的工具，才能促进交通事业的民主改革。

（三）在恢复交通的工作中，应该严格遵守爱护民力的原则。应该不用军工，以免可能的骚扰或其他纠纷。修路工人必须一律给予工资，不得无代价地动员任何地区人民的修路。国民党统治区域所惯用的强拉民夫、侵犯人权的办法，在恢复交通的工作中，应当禁止。在八年战争中，人民支付了重大的牺牲,饱受了家破人亡、流离失所的痛苦。恢复交通是为了解除人民的痛苦、而决不是为了增加人民的痛苦,因此,在恢复交通的工作中,决不容许有扰民害民的措施。

(四)以上说的限于战区或交通线,但是交通应当恢复的范围还远不止此,举例来说,西南各省正拥挤着巨量的流亡人民,政府应该采取有力措施,迅速清除长江航运的一切障碍与弊端,使人民能够早日还乡。在西北的陕甘宁边区周围,北起宁夏,东迄黄河,碉堡林立,岗哨重重,无论是进边区的或出边区的,都往往不免被拘禁或被没收东西的危险,至少也要经过种种检查留难。不但在陕甘宁边区与其他解放区周围,而且在一切特务机关足迹所到之处,人民都没有走路的自由、住旅馆的自由。邮电检查机关,不但可以任意检查,而且可以任意扣留,任意焚毁。所有这一切的怪现象,都严重地妨害着中国的交通,都应该彻底消灭。我们希望国民政府、三人委员会和北平执行部,各就职权所及,针对着上述各项,分别采取有效步骤,使全中国的全部交通都能够迅速恢复。

再论放手发动群众

（一九四六年二月二十日《解放日报》社论）

一月九日本报社论《努力发动解放区群众》，号召各解放区适应客观形势的需要与广大群众的要求，放手发动千百万群众。时间过去了一个多月，各地群众运动都有了一些新的开展，控诉清算运动有些地区已告结束，减租减息正向普遍深入的方向发展。特别值得称道的，山东在这方面作了很大努力，大众日报一月之内连续发表三篇社论，指导运动的进行；华东局各救总会在一月中旬抽调五百干部，加以短期训练，分赴各地进行发动群众的工作。但从全局来观，各解放区群众发动的程度——无论规模与深度，都还不够，放手发动群众的方针，还需要进一步的努力贯彻。根据我们所收到的不完全的材料，我们认为在这一时期的群众运动，因为有些问题还没有及时地解决，因而影响了运动的开展。

那些问题是什么呢？举其要者，有以下几个方面：

第一，在领导方法上一般号召与具体指导的结合。不可否认的，各地领导同志对目前放手发动群众的重要性是大都认识了的，但如何去进一步组织领导，争取时间完成这一任务，却存在着一些缺点。譬如：有的地方虽然口头上高喊放手发动群众如何重要,时间如何紧迫,但没有根据当地情况具体布置,配备足够的力量,集中精力从事这一工作。有的领导者,把发动群众这件大事,仅委之于群众团体,而不亲自负责指导。有的地方平时对下级干部帮助与对运动的掌握都不够,一旦发现工作中有些错误,就急躁起来,过份批评,增加下级不少顾虑,使他们不敢大胆工作。所有这些,都是只有一般号召,缺乏具体指导,这样就不能贯彻放手发动群众的方针,也无法达到发动群众的目的。放手发动群众的主要条件之一,就是领导者亲自动手,从思想上和组织上有计划地和有步骤地布置和推动工作。对于下级干部,必须亲切地了解他们,具体地及时地加以指导。我们要信任我们绝大多数下级干部都是好的,他们忠心耿耿为人民奔走服务。他们在执行政策过程中,发生某些偏差是不可避免的。领导者对他们不应当是无情的斥责和泼冷水,而应当是具体的帮助,耐心的教育,在鼓励他们情绪与保持热情的原则下,使他们"吃一堑,长一智",真正认识错误的来源,找出改正的方法,并在实际工作中帮助纠正。

第二,政府与军队配合群众运动。要贯彻放手发动群众的方针,不仅要依靠党委与群众工作者的努力,而且要依靠在政府与军队工作的同志的努力。在实际工作中存在着这样的现象:有些地方,当党委与群众团体努力发动群众的时候,政府和军队不太关心,甚至还不自觉地给一些阻挠。在新解放区某些地方政府人员单纯地和片面地强调维持秩序和宽大政策,使群众运动受到阻碍。我们要深刻认识:解放区的政府与军队都是人民的。扶助劳苦人民翻身,是政府与军队的职责。

对发动群众工作，政府和军队应当积极地关心和帮助。在新解放区里面我们所需要的秩序，是民主自由的新秩序。只有把广大劳苦群众发动起来，彻底肃清敌伪奴役人民的旧秩序，把人民大众提高到主人翁的地位，才有真正的秩序可言，而这种秩序才是符合人民利益的秩序。新民主政府的法令，是根据人民的利益规定的。它是帮助人民大众翻身和保障自己已得利益的武器。新民主政府的法令，是为了发扬人民积极性和创造性，而决不是为了束缚和限制他们。关于宽大政策，它是对那些已在人民面前承认错误、决心改悔的伪人员的宽大，而不是无原则的慈悲；对那些不诚心悔改的败类，群众要求控诉，政府依法惩办是完全应该的。我们必须使这些为人民服务的思想，深深贯注于政府工作同志的头脑中，纠正各种脱离群众的观点，才能使政府工作对于群众运动起支持和帮助的作用，才能使政府和人民的关系更加密切起来。在军队中也是一样，必须更加加强所有指战员以及事务人员为人民服务的思想教育，纠正某些同志的"军队只管打仗、不管群众工作"的错误观点，具体规定办法，配合当地群众工作。尤其在新解放区，广大群众对于我们军队的期望特别殷切，因之，应把帮助基本群众翻身，当作拥政爱民的最中心的任务。

第三，上次社论中，曾经谈到束手束脚不敢放手发动群众的偏向，这种偏向在好些地方现在依然存在着。有的同志不根据当地情况与群众要求，搬运不适合新区的某些旧经验，机械地规定一套不合实际的阶段与规律，束缚了自己的手足。当广大群众要求行动时，干部还在慢吞吞地个别教育，零星解决问题；或把控诉清算运动和减租运动机械地划分开来，而不了解有许多问题是成千成万群众的共同问题,可以组织大规模的运动,控诉清算与减租减息有时是分不开的,可以同时进行(生产运动也可以和发动群众工作联系起来进行或准备,一方面可以改善群众生活,提高群众建设热情,另一方面也可以调整解放区内部的干群关系)。有的同志把思想教育与群众行动截然分开,工作中不是以积极分子影响落后分子(因为群众觉悟不是整齐划一的),不是在运动中提高群众(群众觉悟是根据切身经验),而是要等完全解决了群众思想以后,才领导斗争。更严重的,是不相信群众,强调新区环境复杂,害怕群众起来。这些做法都不符合群众运动的客观规律;实际上妨害了群众翻身的事业。

以上这些偏向,虽不是普遍的现象,但各地或多或少地存在着。这告诉我们,目前发动群众的阻碍,主要的还不是什么超过群众觉悟程度的急性病,而是落后于群众要求的慢性病。当然在用主要的力量去克服后一种偏向时,也要适当地防止前一种倾向的发生。

我们之所以再一次提出放手发动群众的问题,乃是因为:一方面一个多月以来群众运动中发现上述一些问题需要解决;另一方面和平时期已经到来,某些同志可能产生不需要再发动群众,或发动群众的工作已经不占重要地位的思想。应当特别指出,和平时期不仅丝毫没有减轻发动群众的重要性,相反地,群众工作的比重更增加了。很显然的,和平时期一切政治、经济、文化的建设的基础是群众工作。只有充分发动一万万以上有组织有觉悟的解放区人民,才能进一步巩固解放区,建设解放区,使解放区成为政治民主、经济繁荣、文化进步的全国模范。也只有这样，才能和全国人民一起，保证巩固和平与争取全国民主改革的实现。

我们再一次号召全解放区同志，无论党务、群运、政权、军事各方面工作者，认清新的形势，掌握广大群众的要求，加强干部的思想教育，毫不动摇地坚持放手发动群众的方针，克服阻碍运动发展的偏向，用大力促进群众运动。

重庆事件与东北问题

（一九四六年二月二十五日《解放日报》社论）

随着东北内战的发展，重庆若干报纸在最近几天内针对东北问题连续发表很多言论和消息，其重点有二：第一，苏联在东北的撤兵发生延缓，同时传闻苏联对于东北经济提出某些要求；第二，由此他们更把东北人民的爱国武装与民主要求也牵入外交范围，说这些也是应由国际解决的国际问题，不在政治协商军事调处的范围以内，因而中共中央发言人根据停战命令与政治协商会议决议所提出的关于东北的和平建议，便是妨碍国际问题的国际解决。特务分子们唯恐天下不乱，要求"政府应加强武力接收"，"撤换东北行营主任熊式辉"等，并发动了一次几百人的反苏游行。在反苏分子的继续鼓动之下，二十二日，重庆的学生约七千余人又举行了一次反苏反共的示威，据中央社电讯，游行的口号有"苏军必须立即撤出东北"，"反对苏联一切新要求"，"打倒新帝国主义"，"我们不能再蒙受第二次九一八的耻辱"，"铲除一切非法地方政权"，"铲除一切傀儡组织"，"所谓民主联军不容存在"等。又据合众社电讯，游行者向美英苏政府抗议雅尔塔协定，向斯大林要求"停止在中国境内制造非法政权"，并举着五花八门的旗帜，其中包括给斯大林的新中国名字"死在林"和画着一个垂毙的斯大林的像片,还用数学式写"苏联等于德国加日本""斯大林大于希特勒加裕仁天皇"。特务分子又利用这个机会,冒充学生捣毁新华日报和民主报,打伤新华日报与民主报工作人员九人。

重庆的此种游行,不能孤立地看,虽然游行的大多数参加者是这样看的,在他们的主观上,也许只是为了爱国,他们只是为了关切东北的前途与中国领土主权的独立完整,这种动机是值得同情的。但是只要加以全面地冷静地观察,那么,我们就不难看到,他们是因为没有弄清事实的真相而上了不真实宣传的当。这些不真实的宣传,乃是停战命令与政治协商会议以来国内法西斯分子所布置的一系列反攻的一个重要部分。停战命令的发布与政治协商会议的成功,使中国开始获得和平民主,中国的国际地位即因此而大大提高,凡我爱国同胞与国共两党及各党派无党派的和平民主人士,无不因此而为国家的光明前途欢欣鼓舞。因为他们知道,半封建的落后的独裁的中国是不会有任何真实的国际地位和光明前途的,只有和平、民主、团结、统一的中国,才能使国家独立强盛,才能受到国际间的充分尊重,才能提高国际地位。但是不可否认的,停战命令与政协决议是打击了国内法西斯分子,因为他们的反动内战计划是与中国的和平民主不相容的,是与国家利益人民利益不相容的。这些分子本来要阻止停战谈判与政协会议的成功,仅因国内外巨大的压力,加上马歇尔将军的努力,才使他们的计划归于失败。但是他们的势力仍然存在,他们当然不愿意就此放弃他们的反动阴谋。他们决定千方百计地阻碍国内和平的贯彻与国家民主化、军队国家化的实施,他们公开地在许多地方继续发动新的内战,甚至宣称:停战命令对于广东、东北等地是除外的,公开地反对政治协商会议及其决议,宣称政治协商会议是非法的,其决议是没有约束力的(虽然各党派都对于政协决议一致通过,蒋主席并且一再宣布政协决议必须在全国各地坚决忠实地执行),宣称停战命令与政协会议是所谓"国民党的失败",并集中力量来反对国民党内主张和平民主的领袖人物,反对民主同盟,反对共产党。他们由此制造了一系列事件,如二月十日重庆较场口事件和二月二十日北平执行部事件,但是这些都没有达到他们预期的结果。固然他们的**这一切活动都显然是破坏中国的统一与中国国际地位的提高,但是他们**仍然要用希特勒党徒的故技,决定把他们主要的冒险计划放在排外主义的招牌下面,仿佛他们是在力求国家统一与提高国家地位似的。因此他们选择东北这个题目作为实现他们危险计划的借口,在对外的口号之下来转移人民重视国内问题的视线,在对外的伪装下来掩盖他们对内坚持内战、独裁、企图推翻停战命令与政协决议的阴谋。只有彻底明了这一政治背景之后,我们才能认识重庆反苏反共游行与捣毁新华日报、民主报事件的实际意义。

我们与重庆学生一样关切中苏谈判与东北的现状和前途,我们确认,只有确保中国(包括东北)领土主权的独立完整,确保中苏两国在中苏友好同盟条约基础上的友谊关系之巩固和发展,才是中国与远东之福,否则便是中国与远东之祸。但是为了保障东北的领土主权与中苏的国际友谊,我们必须首先认识事实的真相。东北问题的真相迄今还很少为国内外所了解；东北与国内的民主人士曾提议由各党派无党派人士组织考察团，考察东北真相，马歇尔氏曾提议派执行小组去东北执行停战，至今尚未为政府所接受。我们现在仍然坚持要求政府让人民有了解东北真相的自由，因为只有认识真相，才能判断是非，才不至于以主观上纯洁爱国的动机，因为没有弄清事实，上了法西斯分子的当，结果得了害国之实。在事实上，东北今天存在着外交问题与内政问题，这两者首先必须加以严格区别，在外交问题方面，非常可惜，政府负责当局至今并未正式宣布中苏谈判的内容，只是听任并在事实上鼓励各种非正式消息和无稽谣言到处散布，致使我们人民一直无从确知两国关系的发展究竟如何。从蒋介石先生十三日在上海的谈话看来，似乎两国关系决不严重，决无不可乐观之处。从逻辑着想，苏联并未表示不撤兵，而且苏军过去既曾两次因国民政府的要求而延缓撤兵（这一点政府方面从未否认过），则这次撤兵的迟缓也应该不会有什么特殊。我们相信苏联必然愿意迅速克服困难，把驻军撤出东北。中苏的经济谈判，蒋介石氏说现在只在非正式地进行中，我们相信以信守条约义务著称的苏联政府，也决不会违犯中苏友好同盟条约的原则。值得注意的是，这些问题在国民党中央机关报中央日报（也是现在国民政府的唯一机关报）的言论中并没有占什么地位。中央日报所要国际解决的国际问题，实际上并没有什么旁的内容，它的主要内容不过是内政问题，不过是东北人民的和平要求与民主要求，不过是中共中央发言人十三日谈话中根据停战命令与政协决议所提出的一些解决东北内政问题的合理合法的温和而富于建设性的建议罢了。

　　首先，在军事上，东北人民要求停止内战。这究竟是什么应予国际解决的国际问题呢？重庆游行大会要求"中共应彻底实行停战协定中对东北之协议"，这个要求正是中共的要求。中共始终不反对政府派军队去接收东北，至于中共发言人提议限制开入东北的政府军的数量，这也还是复述了"停战协定中对东北之协议"之一，并没有增加任何新的东西，但是顾名思义，彻底实行停战协定首先要彻底实行停战。停战协定第一条写道："停止国内各地一切军事冲突"。停战命令第一条写道："一切战斗行动立即停止"。和平建国纲领总则第四条："用政治方法解决政治纠纷，以保持国家之和平发展"。中共要求三人委员会停止东北的内战，要求在东北实行停战协定与停战命令之无例外的第一条规定，实行和平建国纲领的总则，这一切有什么错？有什么"非法"？难道东北不是中国的一部分，不适用这些今天的国家根本大法吗？中共要求整编由东北义勇军、八路军与其他地方武装组成的东北民主联军，这只是在东北实行停战命令的当然逻辑结论，并完全符合政协会的决议。国民党军事当局对于东北伪军，尽量收编，甚至把伪军姜鹏飞部**开入长春"接收主权"，为什么对于东北人民的爱国武装**必加以消灭然后甘心呢？东北的这些人民爱国武装或从"九一八"以来的不抵抗主义声中，或从"七七"以来只要求"恢复七七以前状态"声中，或从日本投降以来的收编伪军声中，先后在东北为保持与恢复中国的领土主权而英勇牺牲，艰苦奋斗，消灭敌伪，解除敌伪的武装而武装自己，以他们的血泪换来了国家民族最大的骄傲，他们何负于国家民族？他们有什么罪应该在国防最前线受到从西南大后方射来的污蔑,受到远隔重洋运来的火箭炮的屠杀,受到比汉奸伪军还不如的待遇? 难道消灭了义勇军和其他抗日英雄,而收编了伪军,东北的国防才算巩固,中国的领土主权才算独立完整吗?

其次,在政治上,东北人民要求改组政府接收东北的机构,承认东北人民民选**省县政府,或加以重选**,这又是什么应予国际解决的国际问题呢? 政治协商会议政府组织决议案第三项第二条:"中央及地方行政机关之用人,应本惟才惟贤之义,不得有党派之歧视。"和平建国纲领第三项(政治)第六条这样说:"积极推行地方自治,实行由上而下之普选,迅速普遍成立省县(市)参议会,并实行县长民选。"纲领附记第一条:"凡收复区有争执之地方政府,暂维现状,俟国民政府改组后,依纲领政治一项第六、第七、第八三之条规定解决之。"中共发言人谈话所提出的建议,有哪一点超出了或违反了这些条文的规定呢? 现在国民政府委员会尚且要改组,容纳各党派无党派人士参加,为什么东北的接收机构反而必须由一党包办才算合法? 为什么东北各级地方政府必须由一党包办的机构去委派才叫合法,而人民实行一下选举权就叫非法? 难道东北不是中国的一部分,不适用这些今天的国家根本大法政协会的决议吗? **东北人民何负于国家?** 为什么他们在独裁政治下尝了十四年的亡国痛苦,以后还该永远做独裁政治下的奴隶呢? 难道在东北继续实行一党专政,才叫做领土主权独立完整,人民才不叫做"傀儡",而在东北实行了民主政治,东北人民就反而变为"傀儡",连带领土主权都不算独立不算完整吗?

　　由此可见，把东北人民的合理合法的正当要求当做所谓应由国际解决的国际问题，这种说法不过是一种无理取闹，在理论上与法律上完全不能成立。围绕东北问题的真正中心争论，就是和平解决或武力解决之争，就是东北人民应否享受和平生活与民主权利之争。国内法西斯反动分子所以故意那样提出问题，不过是想在国际问题的幌子下面，在东北找一个打破停战命令与政协决议的缺口，藉以把东北以至全中国推入内战独裁的深渊，使中国永无复兴之望，使中国在国际间的地位永无提高之望。但是，这些反动分子既然提出了国际问题，他们也就不仅使国家在国内问题上冒险，而且同时使国家在国际问题上冒险。他们在东北问题上，不仅企图找一个打破停战命令与政协决议的缺口，而且企图找一个打破美苏团结及中苏友好同盟条约的缺口。他们为了少数个人的利益，完全不顾世界大势与远东大势，不惜破坏中苏两大民族的友谊，故意造成中苏间的紧张局势，甚至企图挑拨美苏两大国之间的友谊关系，他们妄言美苏两国将于七年或五年甚至更短的期间爆发世界第三次大战，而他们将在第三次世界大战中得到"翻身"。他们妄图新的大战愈快爆发愈好，中苏美苏关系愈紧张愈好。在他们这种反动的又是完全狂妄的计划之下，国家民族并没有得到旁的东西，唯一的结果就是中国的外交地位愈加困难，愈加险恶。而国家民族的真正安危祸福，对于这些法西斯赌博者当然是**不放在意下的。人们只要注视到这样一点，就可一眼看穿中国法西斯分子们的阴谋之所在：从中国法西斯分子的一切言论行动中，他们总是小心保护着日本帝国主义分子和汉奸伪军，不愿丝毫触犯他们。至于对真正**

援助中国独立解放的盟邦苏联，却称之为"新帝国主义"，放在必须"打倒"之列。同样，他们对日寇汉奸略无仇恨，对于中共则恨入骨髓，必欲消灭之而后快。总之，在第二次世界大战结束以后，中国法西斯分子，和国外法西斯分子一样，将一切仇恨集中于苏联与共产党及一切真正民主人士，企图把人民的胜利加以推翻。

但是爱国的人民决不允许法西斯分子拿了国家民族去孤注一掷。一切爱国的人民终将认识法西斯分子破坏国内和平民主、破坏国内各党派团结、破坏中苏友谊、挑拨美苏关系的阴谋。重庆反苏反共游行的绝大多数参加者，将有一天从事实真相的认识中觉悟到自己是上了法西斯阴谋家的当，他们将会了解真正爱国救国的道路，不是国际反苏国内反共，而是国际和苏国内和共，正如孙中山先生经过毕生奋斗所达到的结论一样。爱国的人民将要警惕起来，而且奇怪今天的某些政府当局为什么会对于停战谈判和政协会议成功以来国内法西斯分子的猖獗，采取如此放任甚至在事实上鼓励的政策。真的，国民党内主张国内和平民主国际中苏友好的领袖们虽然在法律上得到了胜利，今天却正处于受攻击的地位，今天在事实上在许多方面得势的暂时还是那些反对国内和平民主反对国际中苏友好的人们。事情已经严重到极点了，政府当局今天必须表示明确的态度，蒋介石先生今天必须采取明确的方针。对于国内反动派破坏停战命令，破坏政协决议，到处制造恐怖事件，捣毁新华日报与民主报，鼓吹并实行东北问题武力解决，造成中苏间紧张局势的阴谋活动，继续沉默暧昧，就只有使国家民族陷入绝路。危机笼罩着中国，现在是我们看政府紧急行动的时候了,现在是全国爱好和平民主的人民紧急动员起来,维护中国和平民主,维护中国国际地位,维护中国国家民族利益,而与国内法西斯反动阴谋实行严重奋斗的时候了。

中国法西斯派的纲领

（一九四六年二月二十八日《解放日报》社论）

国民党内的法西斯派最近所策划的反苏反共的法西斯运动，不但早在组织上积极准备，而且早在中央社和中央日报等宣传机关进行了有系统的煽惑。法西斯派在较场口的暴行，遭受全国人民的唾骂，十二日中央日报的社论，并经过中央社广播的《党的新生之机》，对于这种人民的唾骂即表示"愤慨"，并主张"转化愤慨为意志"。不讲道理，而只讲"意志"，完全是法西斯一派的口吻。该社论表示他们"必须重新为民族主义与民主主义而奋斗"，"有消弭反民族反民主企图的责任"。这些好战的中国法西斯派，把反苏和反国际和平叫做"民族主义"，把反共和反一切民主派叫做"民主主义"。这是他们法西斯运动的总纲领。当然，中国法西斯派这两个纲领，并不是新奇的，也不是本店自造的，而是从他们的祖宗希特勒、墨索里尼、日本法西斯那里抄来的。如大众所周知，原来希特勒、墨索里尼、日本法西斯都自称是"为民族主义而奋斗"，而且他们还自称是"民主"的第一号。现任国民党中央监察委员刘文岛，于民国二十三年十月十三日，在国民党"中政会议席上"这么题过："现在的意大利，乃全民合作的国家，非反对民主主义的国家,故其大词典中,有曰:意大利现制,为有威权的民主制,为有组织的民主制,为中央集权的民主制耳。"(《法西斯意大利政治制度》)国民党内法西斯派的所谓"民主主义",注脚即是法西斯主义,有经有典,明明白白。

可注意的是中国法西斯派所提出的"必须重新奋斗"这几个字。为什么他们说"必须重新奋斗"呢？原因就是:希特勒、墨索里尼、日本法西斯都倒了,世界有了和平的局面;中国法西斯派在市场上也不景气了,中国国内有了停战的局面与政治协商会议的协议。但是,中国法西斯派在国民党内还有力量,他们在军队中、政府中、国民党党部中,还保存着极端庞大的特务组织,并且他们在中国许多地区内还保存着相当大量的日本法西斯武装力量。中国法西斯派和一切法西斯一样,他们是以战争和吃人为职业的,他们不甘心世界和中国有和平与民主的局面,更不甘心他们的德意日法西斯祖宗——特别是日本法西斯的倒台,他们对于日本法西斯在东北受苏联红军的致命打击表现了极大的伤心,他们仇恨东北人民实行民主政治,因为民主的东北,就使日本法西斯永远失掉这个侵华反苏的根据地。因此,中国法西斯派就叫嚣"重新奋斗"了。他们借口东北问题作为他们的"新生之机",一方面要在反苏口号下,挑拨第三次世界大战,一方面要在反共反一切民主派的口号下,掀起第二次绵延不绝的国内战争。

东北——原来是中国法西斯派赠送日本法西斯的礼物。他们在九一八时,把东北赠送给日本法西斯,作为准备远东——太平洋战争的根据地。自九一八以后,这些中国法西斯派,不知有多少次数,用铁血的方法,镇压全国人民和青年们不屈不挠的抗日收复东北的爱国运动。他们早把东北看成中国的"化外"。抗战以后,中国法西斯派的口号乃是"恢复卢沟桥事变以前的状态"。就是说,东北并不在度内。事实上,十四年中,只有中国共产党及东北民主人民在东北坚持抗日的旗帜,为祖国这一块伟大的土地而浴血奋斗。但是,现在中国法西斯派却拿出一切勇气来了,他们把消灭东北日寇的苏联红军叫做"新帝国主义",并大喊"打倒",对于收复东北最有功的中国共产党人及东北人民叫做"汉奸",并大喊"铲除"。九一八以后中国共产党员聂耳、冼星海及其他中国共产党员等伟大爱国音乐家所作的《义勇军进行曲》、《牺牲已到最后关头》、《打回东北去》等歌曲,原来是被中国法西斯派所禁唱的,是唱者有罪的,而当日本法西斯在东北消灭之后,在真正爱国的军民已经"打回东北去"以后,这些最无耻的中国法西斯派,忽然下命令,要唱起这些歌曲,要向已经"打回东北去"的爱国同胞开火!他们要"铁血保卫东北"了。这就是中央日报的所谓"有消弭反民族与反民主企图的责任"。

总之,中国法西斯派的"责任",就是要实践他们在中央日报所反映出来的两个战争纲领:一个是以反苏为口号,挑拨第三次世界战争,叫做"民族主义";又一个是以反共反一切民主派为口号,制造第二次国内长期战争,叫做"民主主义"。他们企图用这样的方法以保存中国法西斯,并因此救活日本法西斯和德意法西斯。他们认为中国亡国的机会就是他们"翻身"的机会。为中央日报和中央社所鼓舞欢呼的二月二十二日反苏反共的可耻示威,就是中国法西斯派借口东北问题,企图把这两个纲领变为实际的重大煽惑、重大手段,并且还只是其行动的开端。

世人皆知：日本法西斯主义叫做"大东亚主义"原来在日本、在中国的许多法西斯团体和傀儡团体，很多都冠上"大东亚"名称。中国法西斯派的纲领，除了在中央日报用或公开或掩蔽的形式反映出来之外，同时，在二十二日反苏反共的可耻示威期间内，他们所散发的传单，即署名为"大东亚急进青年协会"（合众社电报称为"大东亚青年党"）。这正完全说明了日本法西斯的纲领便是中国法西斯的纲领。而中国法西斯的组织，实际上不过是日本法西斯的支店。他们是一条血脉。

事实告诉我们：如果我们中国人民不坚决肃清日本法西斯，不坚决和中国法西斯斗争，那么，日本法西斯便一定会卷土重来，而使八年抗战的胜利事业化为乌有。我们希望全国人民要提起充分的警惕，切不要盲目乐观，以为万事大吉。不，决不是这样。中国法西斯派正在重新组织起来，并正在进行全国规模的动员向中国人民进行攻击，他们的反民族反民主的反动纲领已经在旧货新装下提起出来了。中国人民如果不能在斗争中克服法西斯的进攻，则中国人民的民族主义事业就将失败。

欢迎马歇尔将军

（一九四六年三月四日《解放日报》社论）

今天马歇尔将军与张治中先生偕周恩来同志莅临延安，我们代表延安各界和解放区人民谨表热烈的欢迎。张先生是第三次到临延安，对于我们已是熟朋友了。他在去年陪同毛主席往返渝延，参加国共谈判与双十会谈纪要的签订，最近又参加了整编全国军队基本方案的商讨与签订，并赴各地考察停战状况，张先生为国共团结与中国和平民主事业奔走风尘不辞劳瘁的精神，是使我们非常钦佩的。马歇尔将军的来延是第一次。他自去年十二月十九日到达中国以后，即与中国各党派进行了广泛的接触，参加了国共两党间的谈判。由于他的帮助和努力，在短短的两个多月工夫，中国的局面已有了新的开展。最近停战协定的签订、政治协商会议的成功、整编全国军队方案的完成，这几件有历史意义的大事，一方面固然是中国人民本身长期奋斗的结果，同时又都是和马歇尔将军的努力分不开的。

马歇尔将军的努力之所以获得光辉的成就，中国人民之所以热忱欢迎马歇尔将军，热忱和他亲密合作，一个最重要的原因，就是由于他的努力方向符合于中国人民的基本利益，符合于美国人民和世界和平的基本利益。中国人民渴望和平、民主、团结与统一，因为只有和平、民主、团结与统一，才能建立独立、自由和富强的新中国，而相反地内战频仍和专制独裁的中国，不但将使中国人民的生活陷入苦痛的深渊，使中国的国际地位一落千丈，而且将使中国对于世界和平尤其远东和平成为破坏性的因素。美国人民也渴望中国的和平、民主、团结与统一，因为只有和平、民主、团结与统一的中国，只有独立、自由和富强的中国，才能成为确保太平洋和世界和平的有力因素，而相反地内战频仍与专制独裁的中国，将不仅是中国人民的灾难，而且也将是对于远东和平、世界和平与美国人民的安全利益的一个严重威胁。在马歇尔将军来华之前，赫尔利及其一派，在中国曾采取支持中国内战的错误政策，这个政策终于遭受中美两国人民的一致反对而失败了。以后杜鲁门总统的声明，申述促进中国和平、团结、民主的方针，三国外长会议关于中国的声明更使这个方针具体化。马歇尔将军来华以后，就一秉这个方针进行工作，赞助和支持了中国民主人士立即停止内战、以和平民主的协商方式解决国内争端的主张。马歇尔将军在这个方面的努力符合于中国人民的意愿，也符合于美国人民的意愿。因此他的优异的努力得在很短的时间内获得了伟大的成就。

但是在中国和平民主事业的道路上不是没有困难的。马歇尔将军、国民党内主张和平民主的领袖人物以及中国一切民主人士的努力，如马歇尔将军所说，是遇到了少数顽固分子的阻挠。马歇尔将军在签订整军方案时说："此少数顽固分子自私自利，即摧毁中国大多数人民所渴望之和平及繁荣生活的权利,亦所不顾。"我们相信,这少数顽固分子的活动将不但受到全中国人民的反对,受到国民党内和平民主人士的反对,也将受到一切援助中国和平民主事业的友邦人士的反对。中国人民将更加团结起来,为巩固和发扬我们所已得的成果,巩固中国国内和平,贯彻民主改革,实现整军方案,增进与太平洋上各民主国家的团结,肃清日本帝国主义残余,保障远东的和平而奋斗。中国人民在这些斗争中,需要美国人民的继续援助,特别是马歇尔将军的继续帮助。我们完全同意马歇尔将军关于中国前途的见解:"我相信它(中国之希望)将不为少数顽固分子所污损。"马歇尔将军所说的希望,不仅是中国人民的希望,也是美国人民和世界一切和平民主人士的希望。

马歇尔将军来到延安,的确是值得全中国人民欢迎的喜讯。他与中国共产党和解放区人民的更密切的接触,将使他和美国政府与人民有可能更深刻地了解中国人民的需要和愿望,这对于他和他的后继者今后的努力,是会有很大帮助的。我们希望他在与中国人民合作实现和平民主事业的工作中将会克服各种困难障碍而得到更辉煌的成就,希望他的成就将使中美两国人民建立起更深厚的友谊。

国民党改革问题的两个道路

——纪念孙中山先生逝世二十一年

（一九四六年三月十二日《解放日报》社论）

　　国民党的情况早已到了必须变的时候。国民党二中全会上的"党务检讨报告"有一句自白的话，叫做"和民众脱节"。孙中山先生积四十年之经验，深知要达到救中国之目的的基本方法，是必须唤起民众，但十八年来，国民党却走出了这个轨道，"和民众脱节"。这就是国民党一切问题的症结。人民对于国民党的统治是失望极了，国内外舆论批评国民党的东西是多极了，问题归根到底，就在这里。

　　人民要求国民党改革，国民党内拥护中山先生民主传统的党员亦要求国民党改革，我们从来即希望国民党有真正的改革。但是按照怎样的方向进行改革呢？

　　中山先生是三民主义与国民党的创造者，当然，国民党要改革，只能按照中山先生积四十年之经验所规定的方向，进行改革。中山先生一生革命的精华，集中于民国十三年国民党改组的"第一次代表大会宣言"和他所规定的三大政策。民国十三年国民党改组后，革命事业的猛进，国民党在民众中得到的空前声望，证明了中山先生这个方向的绝对正确。但是，在革命中途，中山先生这个方向，忽然被抛弃了。法西斯派篡夺国民党内的大权，结果成为民族和国民党的大灾难。事实已千万次地证明了孙中山先生晚年的革命遗规是万万抛弃不得的。很久以来，衷心拥护中山先生民主主义传统的国民党员，即希望改革国民党，使国民党重新回到中山先生所规定的革命轨道，救中国，又救国民党自身。他们并为着这个希望而从事奋斗。最近人民的民主运动，无疑地更加速了国民党党员中这种自觉的潮流。在政治协商会上，各党派代表（包括国民党代表在内）和无党无派人士的代表一致通过恢复和实行孙中山先生遗教。因此和各党派合作，认真执行政协会的决议，乃是国民党进行改革的唯一的正确道路。

但另一方面，法西斯派作了相反的运动，以对抗国民党内民主自觉的潮流。本来是他们剥蚀了国民党的革命生命，本来是他们残暴地压迫了民众，本来是他们担负民族灾难和民生疾苦的一切责任。为什么呢？因为正是他们及其特务组织剥夺了人民的一切自由呼吸，同时也剥夺了国民党内的一切自由呼吸；因为正是他们及其特务组织在事实上是一切腐败制度的保护人，是官僚制度军阀制度的基本组成者。可是当人民的民主潮流正在澎湃汹涌、为冲破一切法西斯的藩篱而奋斗的时候，当政治协商会议获得结果之后，中国法西斯派一方面在人民中扩大恐怖主义的自由，煽惑一切反苏反共、反一切民主派的活动，另方面又忽然在国民党内大闹"革新运动"了。他们把自己装得好像是"人民的保护者"，他们叫嚣什么"打倒官僚资本"、"肃清官僚主义"了。他们有些口号装得很"急进"，其中有反对投机垄断的口号，甚至于提出反对"资本主义"。大概过去在希特勒、墨索里尼、日本法西斯革新派那里所有"急进"的辞句和口号,现在中国法西斯派都用上了。法西斯派看到人民和国民党内民主派群众反对法西斯及要求改革国民党的情绪,于是倒过来,加以利用,自命为国民党"革新"的先锋,制造一系列的欺骗口号,以求避免自己被革除,而且还反转要起来革除国民党内的所有民主派。

要知道现在国民党内由法西斯派所主持的"革新运动"的实质,就不应该看其形式上的口号,而应该看他们实际上的政策。只要把中山先生的政策和他们的政策作一简单的比较,又把现在国民党内民主派的政策和他们的政策作一简单的比较,就证明他们的所谓"革新运动",乃是彻头彻尾的法西斯运动。

中山先生十三年改组国民党的政策,是联苏、联共、联合工农、联合一切民主派。目前国民党内法西斯派的"革新运动"恰恰相反:是反苏、反共、反工农、反一切民主派,而这些东西恰是全世界一切法西斯运动共有的特点。

国民党内民主派主张实行中山先生"和平奋斗救中国"的方针,实行国内国际的和平,实行各党派民主合作,实行政治协商会议的民主协议。目前国民党内法西斯派的"革新运动"恰恰相反:他们渴望继续内战,挑拨第三次世界大战,主张继续一党独占的"排他"政策,攻击国民党内民主派"和其他党派妥协",企图用直接或间接的方式,推翻政治协商会议的民主协议。

两个方向,两个道路:国民党内民主派在国民党的改革问题上,要把国民党推往前进,使国民党经过自己的民主化,并经过各民主党派合作的政策,逐步地"与民众互相结合"(第一次代表大会宣言),这是中山先生原来规定的革命道路。按照这个道路,就必须抛弃法西斯的一切垃圾,忠实执行政治协商会的一切决议。法西斯派在改革国民党问题上,要把国民党重新推向后退,彻底排斥国民党内外的一切民主派,阴谋推翻政治协商会议的决议,加深国民党与民众的分裂。这是十八年历史经过血腥考验的错误道路。按照这个道路,他们要在新形式下重新进行法西斯运动,要求一个更强化的法西斯机构,准备把法西斯派原来还站在政治后台的人物完全直接站在前台来,以增强法西斯派的政治地位,并准备用煽惑、欺骗、强制、恐怖的方法去进行他们的所谓"民众运动",以便"夺取群众"。

国民党走哪一道路呢？是按照中山先生的革命遗规,改革被法西斯派所糟踏的国民党呢,还是按照法西斯派"革新运动"的道路走去呢？我们是希望国民党按照中山先生的道路改革的,这道路才对于国民党是好的,也才对于民族是好的。法西斯派反对民主的潮流,把真正的民族利益、人民利益,看成是和国民党利益相反的东西,而我们则希望国民党把民族的利益、人民的利益当成国民党的利益,认真地克服法西斯的逆流。

中山先生逝世已经二十一周年了。中山先生逝世前夜关于改组国民党的革命言行,被一切实际的考验,没有因为时间而失去光彩,相反,时间越久,就越显得更加光彩。为中山先生所创造的国民党,再回到中山先生晚年规定的革命轨道上吧！在这中山先生逝世二十一周年的纪念日子,我们就拿出这点意见来送给国民党，我们认为国民党内拥护中山先生民主主义传统的党员会欢迎我们这种好意、是会欢迎人民这种好意。

评国民党二中全会

（一九四六年三月十九日《解放日报》社论）

三月一日开幕的国民党二中全会，已于十六日闭幕了。二中全会的整个过程和整个结果，表明了国民党内法西斯派的活动在二中全会中得到了优势，而国民党内民主派则居于被攻击的地位。法西斯派的企图是经过二中全会来坚持自己独裁方针与分裂方针而推翻政治协商会议的民主方针与团结方针，是加强自己在国民党内的地位而推翻国民党内非法西斯分子的地位。这是政协会议以来法西斯分子反动阴谋的一个集中表现。

在法西斯分子的操纵之下，国民党二中全会的最突出的结果是通过了准备推翻政协会议关于宪法原则的决议。政协会议所决定的修改宪草原则，乃是今后中国将继续是一个独裁国家或改革为一个民主国家的根本关键，因此是中国民主派与法西斯派政治斗争的焦点。如果这些原则被推翻，则政协会议的其他决议，政府的改组，国大的召集，乃至停战整军等等协定，都将成为空文，都将为法西斯派在独裁政府中撕得粉碎。法西斯分子在二中全会上正是集中一切力量来达到他们的这个企图的。值得注意的是政协会议主席即国民政府主席国民党总裁蒋介石氏,他虽曾在政协闭幕之日声明对政协决定的各种方案"必然十分尊重,一俟完成规定手续以后,即当分别照案实行",但在国民党二中全会上却不顾自己的政治信誉,转而支持法西斯派的立场,公开地号召该会对于政协所通过的宪法原则"就其荦荦大端,妥筹补救",在这一问题上,二中全会在法西斯派的操纵下通过了以下五项决议:(一)制定宪法应依建国大纲为最基本之依据;(二)国民大会应为有形之组织,用集中开会之方式行使建国大纲所规定之职权,其召集之次数要酌予增加;(三)立法院对行政院不应有同意权及不信任权,行政院亦不应有提请解散立法院之权;(四)监察院不应有同意权;(五)省无须制定省宪。这五项决议的目的,就是推翻政协所决定而为全国人民所一致拥护的国会制、内阁制、省自治制的民主原则,而继续坚持"五五"宪章中的独裁原则。第一项,制定宪法应依建国大纲为最基本之依据,这一规定本身就充满了一党专政的臭味。参加政协会议的各党派从未也永不可能同意国家的宪法应以某一党的某一个什么文件为最基本之依据,即以国民党而论,国民党的总裁蒋介石在国民党二中全会开幕词中也说今天中国不能不"变通总理关于建国程序的遗教"。为什么制定宪法倒不应该"变通总理关于建国程序的遗教"呢? 第二项,国民大会用集中开会之方式行使选举罢免创制复决之权,那么立法院还有什么作用呢?法西斯派知道立法院是常年存在的,是能起国会作用的,而臃肿不灵的国民大会却是"每三年由总统召集一次,会期一月"的独裁装饰品,即使其召集次数酌是增加,也仍然是绝对不足以限制独裁的。中国人民一定不要独裁,一定要有国会,而法西斯派作出这一条决议，就是表明他们一定要有独裁，而一定不要有国会。第三项与第四项是第二项的补充。立法院对行政院不应有同意权及不信任权，监察院也不应有同意权，那么行政院还向谁负责呢？政协的决议是要向国会负责的内阁，但是法西斯派却要行政院仅仅向总统个人负责。总统的下面有一个装饰品的国民大会，又有一个不受任何限制的行政院，这不是独裁制度是什么呢？第五项，省无须制省宪，在这里法西斯派的企图是取消省的地方自治，而使省成为所谓中央的代表机关，以便总统不但在中央机关中实行无限制的集权，而且在全国各省也可以实行同样无限制的集权。因此国民党二中全会关于宪法问题的决议完全是为了坚持一党专政、个人独裁和中央集权，换句话说，就是要把中国造成一个完全独裁制的国家，这一切是显然与政协决议和全国人民的要求绝对违背的。二中全会又决定所说"制宪之权责属于国民大会，无论何人不能限制国大代表之法定职权"。二中全会既然要求国民党同志遵照它的五项决议，却又宣传说国大代表不受约束。参加政协会议的国大代表当然可以不受任何约束，但是国民党与一切其他党派的国大代表却必须受政协决议的约束，这是政协会议中各党派所共同约定的，二中全会的这一决议，目的即在于撕破这个约定。大家知道，国民大会本来是国民党一党包办的，政协对于国大名额虽然作了若干扩充，但是国民党仍占绝对优势，如果国民党破坏政协会议关于宪法问题的约定，那么法西斯分子就必然会利用国民大会把目前的一党专政、个人独裁、中央集权合法化，那么中国就将经过所说国民大会的合法形式成为独裁国家。法西斯派的这个阴谋是致国家民主化事业于死地的，是致中国人民的民主要求于死地的，这是要求民主的中国人民所绝对不能容忍，一定要予以彻底粉碎的。

法西斯派为了坚持独裁，不能不首先反对中国民主力量的中坚中国共产党，因此在他们操纵之下的国民党二中全会，通过了许多向共产党挑战的决议。他们要求共产党"停止一切暴行"，"实行民主"，"容许人民自由"，要求共产党对整军方案"务须切实履行"，"尤其目前停止一切违宪、恢复交通之成议，必须迅确实现"等等。但是，谁都知道，共产党是要坚持实行和平民主，是一贯忠实执行自己的诺言的，谁都知道制造沧白堂事件、较场口惨案、北平执行部事件、重庆成都昆明新华日报馆惨案、捣毁重庆民主报与西安秦风工商日报联合版、制造通辽惨案、通化暴动、李兆麟暗杀案等"一切暴行"的，正是法西斯派自己；谁都知道，甚至马歇尔**将军**也不能不指出，破坏国共之间的协定的正是法西斯分子，"此少数顽固分子自利自私，即摧毁中国大多数人民所期望之和平及繁荣生活权利，亦所不顾"。法西斯派之所以故意向共产党提出这些所谓要求，是埋伏有血腥的阴谋的。他们的阴谋第一是为了制造推翻政协决议与整军方案的借口，二中全会的全部文件（包括所谓军事复员决议）中竟没有一个字说到国民党要执行整军方案，而事实上，至今也没有任何迹象表明国民党将执行这个方案，第二是为了制造重新举行反共战争的借口，（特别是要在召集他们所想象的国民大会上，通过他们所设计的宪法的时候运用这个挑拨战争的借口），这个借口便是共产党障碍了政治民主化和军队国家化。这个恶毒的阴谋是全国人民所不可不严重警惕的。

　　法西斯分子在国民党内部关系上是利用二中全会对于一切非法西斯分子实行了横暴的打击排斥，这也是法西斯分子要求坚持独裁的逻辑结果。中国愈是接近民主化的边缘，国民党内的法西斯分子就愈要求扩张和提高自己的权力，以便从"危机"中继续保持中国的独裁制度，虽然这种独裁在形式上暂时不能不换一个什么"民主"的名目，法西斯分子在国民党二中全会上狂呼所谓"革新运动"，但是什么才是今天国民党所需要的革新呢？国民党所需要的革新就是政治协商会议，就是政协会的一切决议，这些对于国民党是新的，国民党要忠实于它们就必须革新。但是二中全会上的所谓"革新"派却咆哮着要打倒政协会，打倒政协会的民主团结方针，打倒政协会中赞助民主团结方针的国民党代表。那么这所谓"革新"不过是对于政协会实行复辟罢了，不过是要国民党复归于独裁内战之旧罢了。这些对于国民党已经是旧得发臭，毫无新鲜之处了。"革新"派又说是要反对官僚主义官僚资本等等。诚然的，国民党的统治是人民所痛恨的官僚主义官僚资本的统治，但是法西斯分子之所以要装腔作势地反对官僚资本云云，不过是为了用这个借口来排除国民党统治人物中**那些民主分子**与非法西斯分子而已。请问国民党二十年来官僚主义官僚资本统治的根本骨干，难道不就是法西斯派即二中全会的所谓"革新派"自己吗？二中全会攻击"部分接收人员败坏法纪，丧失民心"，但是一切这些接收人员的主角难道不就是所谓"革新派"自己，尤其是"革新派"的军事调查统计局、中央调查统计局中的特工人员吗？由此可见，法西斯分子在二中

全会上所谓"革新"是绝对虚伪的,它的目的只是借此进一步
加强法西斯分子的地位而削弱非法西斯分子和民主分子的地
位,只是借此进一步满足法西斯分子对于官僚主义官僚资本
统治的野心,只是借此进一步便利法西斯分子实现坚持独裁
和准备内战的阴谋而已。

　　但是以上所说究竟只是国民党二中全会中法西斯分子的
主观愿望。这些法西斯分子的确很狂妄,但是这种狂妄并不
表示他们的统治的巩固,而是表示他们的统治已经到了末路,
所以作这些狂妄的挣扎。这些法西斯分子毕竟太热狂了,以
至没有能够真正冷静地考虑下国际国内的实际状况。他们把
全部的赌注放在国际反苏国内反共的冒险计划上,但是与他
们的主观愿望相反,他们的这个冒险计划是必然要失败的。
国际的和平民主力量是太强大了,国内的和平民主的力量是
太强大了,中国的法西斯分子如果坚持挑战,就只能碰破自己
的头。中国人民抱有坚定不拔的决心要粉碎一切法西斯分子
的一切反动阴谋,以维护中国的和平民主,维护政治协商会议
的一切决议,特别是关于宪法原则的决议。中国一定要成为
一个国会制、内阁制和省自治制的民主国家,一定要成为一个
国共和平团结、各党派和平团结的国家,而绝对不能成为独裁
与内战的国家,国民党如果要正确地适应这种国家环境,一定
要由和平民主分子所领导,而绝对不能由法西斯分子所领导。
法西斯分子说政治协商会议是国民党的失败,但是真理恰恰
相反,政协会议乃是国民党的成功,而被法西斯分子所操纵的
国民党二中全会,乃是国民党的失败,孙中山三民主义在国民
党内的失败。历史纵然可能因法西斯分子的暂时的猖獗而引

起严重的曲折，但是在人民的团结奋斗之下，历史在不久的将来就会判决法西斯分子的不幸命运，证明国民党二中全会无论从国民党的历史说或从中国的历史说都将是一个真正的可耻的失败。

驳 蒋 介 石

（一九四六年四月七日《解放日报》社论）

四月一日，国民政府主席蒋介石在国民党内法西斯反动派所包办的、为中共所拒绝出席的国民参政会上做了一个长篇的政治报告，四月三四两日中央社发表了这个报告的长约六千字的"要点"。根据中央社发表的材料，蒋介石报告的真正"要点"是两个：一是撕毁东北停战协定，重新向全国宣布大规模的内战；一是撕毁政治协商会议决议，重新向全国宣布独裁，并企图经过国民大会使这个独裁得以宪法的形式加以确定。

关于第一点，即东北停战问题，蒋介石说："东北九省在主权的接收没有完成以前，没有什么内政问题可言。"又说："军事冲突的调处，只在不影响政府接收主权，行使国家行政权力的前提之下进行。"蒋介石在这里一连撕毁了两项诺言：第一，蒋介石军在东北联合敌伪，进攻东北民主联军，屠杀东北人民，这不叫军事冲突，而叫"接收主权，行使国家行政权力"，这样他就撕毁了东北停战协议中关于执行组"应前往冲突地点或政府军与中共军密接地点，使其停止冲突并作必要及公平之调处"的诺言；第二，蒋介石党用武力推翻东北人民的地方自治政府，推行法西斯恐怖统治，这叫做"没有内政问题可言"，这样他就撕毁了东北停战协议中"关于政治问题则另行商谈，迅求解决"的诺言。蒋介石在这里完全显出他的一副嗜杀成性的狰狞面目，而使他所说的"顾念地方的疾苦，希望军事调处执行部慎选执行小组派赴东北，停止当地的军事冲突"云云，成为令人作呕的伪善。本来全世界都知道：坚持要求军事调处执行部停止东北的军事冲突的是中国共产党。蒋介石及其一群是竭力反对东北停战，并一再声明东北不在军事调处的范围以内的。二月二十日蒋介石的发言人在外记者招待会上曾明白答复外记者的问题："问：北平军事调处执行部任务范围是否包括东北？ 答：否。东北并不包括在内。"这是中央社重庆二月二十日电讯所正式公布，而为任何谎言所不能涂改的。仅仅由于中共根据停战协议中全国一切军事冲突均须一律停止的明文，再三敦促蒋介石承认停战，蒋介石才在三月二十七日完全虚伪地接受了东北停战的协议，而在仅仅五天以后的四月一日讲演中，他就连忙公开撕毁了它。蒋介石对他在东北用外国火箭炮与坦克所进行的残杀同胞的凶恶内战，取名为"接收主权，行使国家行政权力"这当然丝毫也不能博得东北人民的宽恕，因为刽子手任何美妙的口号，都不能帮助东北人民从外国火箭炮与坦克下面免于惨死。何况中国人民特别记得：蒋介石在任何地方的内战中都曾宣称是为了"接收主权"，为了"行使国家行政权力"，蒋介石对于中国人民从日本侵略者手中恢复国家主权而建立的任何地方政府，都曾宣称是"主权的接收没有完成"。在他看来，中华民国的主权并不属于全国人民，而只属于他个人及其一群，因此只有他的独裁政权,才能接收主权,而人民与一切民主党派是绝对不能过问的,一过问就叫做"威胁远东和平与世界安全",好像远东与世界也都是他的私产,远东与世界的友邦也都是他私人的侍从一般。中国人民又特别记得:在日本侵占东北与华北华中华南的大片土地的时候,蒋介石从来不忙于从日本人手中保护国家主权,蒋介石从九一八事变直到日本投降的十四年间的工作,一句话说完,就是从黑龙江退到贵州省。在那些危难的岁月,他所指挥的军队好像指南针一样,总是向南跑的,他跑得这样远,以至直到今天他还在把大量的军队从越南、云南、贵州、广西、广东向东北开,而埋怨坚持东北华北抗战的共产党为什么站在他的前面。蒋介石特别可耻的是他竟如此不顾名誉,捏造了一大篇所谓国民党一贯坚持东北抗战的可笑"历史"。蒋介石假装健忘,好像他并没有在九一八以来一贯坚持不抵抗主义与中日亲善,直到至今还未释放的张学良采取了一个步骤不许他再这样做为止。为了恢复他的记忆力,我们不能不劝他把自己过去的作品全部温习一遍,并且在这里姑且少许作一些味如嚼粪的征引。民国二十二年四月七日,蒋介石在江西的抚州对"进剿军"中路军高级将领讲"最近剿匪战术之研究",他说:"我们革命的敌人,不是倭寇,而是土匪。东三省热河失掉了,自然在号称统一的政府之下失掉,我们应该要负责任,不过我们站在革命的立场说,却没有多大关系。这回日本占领东三省热河,革命党是不能负责的,失掉了是于革命无所损失的。如果在这个时候只是好高骛远,侈言抗日,而不能实事求是,除灭匪患,那就是投机取巧,是失了我们革命军人之本色了。"这段话载在中国国民党中央执行委员会宣传委员会民国二十四年七月编印的《剿匪之理论与实施》一书第七十五页至七十七页。民国二十三年七月，蒋介石在庐山军官训练团讲演"抵御外侮与复兴民族"，他说："我们有什么方法来抵抗敌人复兴民族呢？是否现在这时候竭全力来准备国防，拼命的来制造飞机大炮，就可以和他来作战呢？各位将领一定也知道，不仅是我们现在临时添置武器，整顿国防，已来不及，不能和他抵抗，就是从现在起，大家同心一致专在这一方面努力三十年还是不够。如此我们有什么方法可以来整顿国防？可以来和他真正作战？没有这个时候！没有这个可能！我们不要梦想！现在我们整个国家的生命，民族的生命，可以说都在日本人的掌握之中，没有方法可以自由活动一点！"这段讲演有单行本，民国二十七年曾遍载全国各国民党报纸，并收入委员长侍从室编《蒋委员长训词选辑》，见于该书第一册四三一至四三二页。民国二十四年九月，蒋介石在日本的杂志《经济往来》上发表一篇《中日关系的转回》，他说："中日两国，无论自哪一方面看，都应该提携协力，以图亚细亚的繁荣。今日虽在严重的困难之中，我们应念中日关系在过去的悠久历史，确信今日所发生的纠纷，结局必能依两国国民的诚意与努力而获解决，实现我们所不断理想的中日间的真正提携亲善。"这段话载在上海国泰书局出版的《蒋委员长全集》第三编第六十九至七十页。在抗战以后，民国二十八年十一月十八日蒋介石又在国民党五届六中全会第六次会议讲演"中国抗战与国际形势"，他说："所谓抗战到底，究竟是怎么讲呢？我在五中全会说明抗战到底，要恢复七七事变以前的原状，是根据以中国为基准的说法。"这段话，载在委员长侍从室编《蒋委员长训词选辑》第五册第十六页。仅仅这些零碎的材料，就已经足够证明蒋介石及其党羽丧失东北有罪、收复东北无功的铁案。当然，蒋介石将来对于他自己的这类杰作不免有焚毁窜改之一日，以便使全国幼稚园的儿童都能相信他在今年四月一日讲演中的童话，都能相信他在九一八以后并没有下过不抵抗与中日亲善的命令，并没有签订过淞沪协定、塘沽协定、中满通车通邮协定、何梅协定等等，在抗战后并没有进行过出卖东北以求投降妥协的外交活动，在日本投降后也没有委派东北的伪军并勾结日本法西斯残余去"接收东北主权"，但是不幸今天他还没有来得及做到这一切。蒋介石造谣说日本投降以前东北没有中共的军队，这只能证明蒋介石之毫无国家民族观念，因为任何稍有国家民族观念的中国人就决不忍心抹杀全世界闻名的东北抗日联军十多年的英勇历史，也就决不忍心抹杀全世界闻名的冀热辽边区八年的英勇历史，也就决不忍心抹杀八路军之一部李运昌、吕正操、万毅、张学思等部在日本投降以前的八月十一日就奉命首先进入东北，增援抗日联军与冀热辽边区，协助苏联红军以消灭东北敌伪，解放东北人民，恢复国家主权的英勇历史。蒋介石为了一党一派一人的私心，不惜以国民政府主席资格任意厚颜造谣，实使中国人民为之羞愧无地。

关于蒋介石演说的另一个目的，即维持独裁的目的，蒋介石说："政治协商会议在本质上不是制宪会议，政治协商会议关于政府组织的协议案，在本质上不能够代替约法。……如政治协商会议果真成为这样一个性质的会议，我们政府与全国人民（？）是决不能承认的。"大家知道，政治协商会议的任务,按国共会谈纪要所规定,是为了"结束训政,实施宪政",按杜鲁门声明是"中国国内各主要政治派别的代表举行全国会议,从而商定办法,使他们在中国国民政府内得享有公平和有效的代表权。美国政府认为此举需要修改中华民国国父孙逸仙博士所建立作为国家向民主进展之临时办法的一党训政制度。"试问,如果政治协商会议还不是为了或还不能够结束一党专政的所谓训政以及所谓训政时期约法与国民政府组织法,那么,这个会议还有什么必要,还有什么意义呢? 所谓训政时期约法,乃是民国二十年五月蒋介石的傀儡会议"国民会议"的产物,蒋介石在这个傀儡会议的开幕词中曾经公开鼓吹法西斯主义而反对民主主义。他说:"法西斯蒂之政治理论,本超象主义之精神,依国家机体学说为根据,以工团组织为运用,认定国家为至高无上之实体,国家得要求国民任何之牺牲,为民族生命之绵延,非以目前福利为准则,统治权乃与社会并存而无后先,操之者即系进化阶段中统治最有效能者。……自由民治主义之政治理论,本以个人名义为出发点,附以天赋人权之说,持主权属于全民之论,动以个人自由为重。英美民治,本其长期演进之历史,人民习于民权之运用,虽有时不免生效能迟钝之感,然亦可以进行;若在无此项历史社会背景之国家行之,则意大利在法西斯蒂党当政以前之纷乱情形,可为借鉴。他邦议会政治之弱点,已充分暴露,而予论者以疑难。自由必与责任并存,自由乃有意义,否则发言盈庭,谁执其咎,此事之最可痛心者也。……挽救迫不及待之国家危难,领导素无政治经验之民族,是非藉经过较有效能的统治权之行施不可。况既明定为过渡之阶段,自与法西斯蒂理论有别。"这就是说：中国应该明定法西斯主义为过渡之阶段，其与法西斯主义理论有别者，则因为中国是由法西斯主义的蒋介石训政过渡到一种蒋介石宪政，这种宪政至少不是"迟钝"而"最可痛心"的"英美民治"即"议会政治"。在这种法西斯主义指导下产生的所谓训政时期约法，一方面"依法律"剥夺了人民的一切自由（约法第八、九、十、十二、十三、十四、十五、十六、十八、二十七各条）。另一方面宣布"训政时期由中国国民党全国代表大会代表国民大会行使中央统制权"，"中国国民党全国代表大会闭会时，其职权由中国国民党中央执行委员会行使之"（约法第三十条），赤裸裸地确定了一党专政。根据这个约法制定的国民政府组织法第十五条规定："国民政府五院院长副院长由国民政府主席于国民政府委员中提请中国国民党中央执行委员会选任之。国民政府主席对中国国民党中央执行委员会负责，五院院长对国民政府主席负责。"在这里，国家最高权力机关只是一个国民党的中央执行委员会，而这个委员会的每个委员，按照国民党六届一中全会决定，又必须宣誓"誓以至诚，服从总裁命令，如有违背誓言，愿受本党最严厉之处分"。因此，他的所谓"国家根本大法"就是这样：全国人民都要"依法律"服从国民政府，国民政府要服从主席蒋介石，主席蒋介石要服从国民党中央执行委员会，国民党中央执行委员会的每个委员又都要誓以至诚服从总裁蒋介石。也就是说，全国人民都要做蒋介石个人独裁的第四级奴隶！蒋介石在四月一日讲演中就是要全国人民继续承认他的这个神圣不可侵犯的训政时期约法与国民政府组织法，就是要各民主党派这样来参加他的国民政府，以便经过"最有效能"的法西斯主义训政的"过渡阶段""过渡"到他的法西斯主义宪政,否则他的政府就"决不能承认"政治协商会议,因为在他看来,离开了法西斯主义,"国家就要陷于无政府状态"!蒋介石之所以坚持现在必须维持法西斯独裁,当然不是争五五以前仅仅一个月的什么法统,而是为了在长远的将来一直继续保存这种独裁。这个阴谋,明白表现在他关于宪法问题的论点中。蒋介石及其一群坚持要推翻政治协商会议关于宪草原则的决议,把它描写成为对于在政协会上一致起立通过其决议的蒋介石与国民党都没有丝毫约束力量的"参考"文件。蒋介石及其一群违反政协决议而坚持宪法应以什么建国大纲为"最基本之依据",坚持反对有一个最高权力机关的国会,坚持国会(立法院)对于内阁(行政院)不应有同意权及不信任权,坚持监察院也不应有同意权,坚持省无须如孙中山所主张的制定省宪,但是他却说这就是对于政协决议"竭诚信守努力实践的决心"与"容忍退让委曲求全一贯的苦心"!蒋介石所用的字典,就是这样与众不同的!蒋介石所坚持的国民党二中全会的五条原则,显然都是为了反对"最可痛心"的议会政治,以便他经过行政院的无限集权与国民大会的无聊装饰,不受立法院监察院与各省的任何牵制,永远保持他所谓"操之者即系进化阶段中统治最有效能者"的法西斯独裁,除此以外,再没有别的意义。

　　国民党内法西斯反动派一开始就反对停战协定,反对政治协商会议,反对整军方案,而这些成就也无一不是战胜法西斯反动派的抵抗而获得的,所以法西斯反动派在事后力图推翻这些协定,是丝毫不足为奇的。值得注意的,是蒋介石过去一个时期在表面上曾经表示支持这些协定,而现在却亲自站到法西斯反动派的立场上来攻击和撕毁这些协定了。法西斯反动派觉得这种反动可以得到某种国际的援助,因而在东北则大量增兵,放肆地扩大战争,在全国其他地方,例如冀中、苏北、山西、豫北等地,也正在进行着重大的挑战,不但不恢复交通,而且公然增修碉堡;不但不解散伪军,而且公然继续收编伪军,在山西还继续使用武装的敌军;不但不进行任何复员,而且公然宣称所谓"复员就是动员的开始",宣称几个月以后就要进行全国的内战,完全不把北平执行部和三人委员会放在眼里。在政治上,则放肆的破坏政治协商会议的一切决议,继续在全国各地实行恐怖,阴谋秘密处死重要的政治犯,公开表扬万恶的特务机关的"丰功伟业",特别是公开要求在国民大会通过独裁的宪法,使中国的局面恢复到今年一月以前的状态。这个局面,不能不唤起全国人民的重大警觉。中国人民不能不在此严重时机警告蒋介石与法西斯反动派:你们过去被迫接受停战协定、政治协商会议决议和整军方案,以为主要的是由于国际的压力,只要这个压力暂时地减轻了,你们就又可以故态复萌。你们这种想法是错了,不但是因为你们没有真正认识国际的大势,而且因为你们没有足够估计人民的力量。中国人民已经决心为反对增兵东北,为制止东北的内战和其他地方的内战,为坚持东北人民与全国人民的民主权利,为坚持结束独裁训政即国民党的一党专政,为坚持政协决议的百分之百实现,为坚持民主的宪法即坚持国会全权制,立法院对行政院的同意权与不信任权,监察院的同意权与省得制定与国宪不相抵触而中央法律不得予以变更的省宪,为坚持国民党军队的彻底缩编与彻底国家化,而准备作不屈不挠的奋斗。凡此一切都是中国人民根本利益所关,人民绝对不能让步。中国的和平与民主根本上是中国人民奋斗得来的,不是也不能是任何中国人或任何外国人所恩赐的,而奋斗得来的东西,只有经过也一定能够经过继续的奋斗来加以保持和巩固。如果法西斯反动派非要反动到底决不甘心,那么中国人民已经知道应该怎样正确应付的了。

再评破产的政治理论

（一九四六年四月十日《解放日报》社论）

　　三月二十二日本报社论曾驳斥过国民党当局所谓"权能分职、五权分立"的破产政治理论。最近蒋介石在"国民参政会"所发表的演说，又把他们所谓"法统"的旧调，枯燥无味地重弹一次，"国民参政会"应声虫似的写了一条决议，叫做什么"国家法统不容中断"。事实上，国民党内法西斯派所谓"法统"的理论，同样地早已被十八年国民党血腥统治所证明，是完全破产了。

　　蒋介石现在拿出来的"法统"论，是他的所谓"训政时期约法"。蒋介石说："训政时期约法是民国二十年国民会议制定的国家组织法。这一部约法，只有国民大会制定的宪法才能代替。"四月七日本报的社论，已经说到蒋介石所谓"国民会议"和所谓"约法"的来历。蒋介石说："我们国民政府就是根据训政时期约法而成立的"，事实恰恰相反，这所谓训政时期约法就是根据当时蒋介石的独裁国民政府而成立的。如果要说什么"国家法统不容中断"，那么国民政府的法统早就在民国十六年蒋介石背叛当时的国民党中央执行委员会而在南京擅自成立其独裁政府的时候中断了。民国二十年五月五日，由蒋介石所召集的所谓"国民会议"，那仅仅是国民党内蒋介石一派宰割国民的一种会议。那里面不但没有任何国民的代表，而且就在国民党内，除了当时拥护蒋介石独裁统治的一派之外，也没有国民党内的其他派别参加。蒋介石在这个所谓"国民会议"的开幕词中，说明了当时他召开这个傀儡会议的目的：第一，是要按照他所说的"今日举国所要求者为有效能的统治权之行施"，规定一部法西斯独裁的"国家组织法"，也即是所谓"训政时期约法"；第二，是要在这个法西斯独裁的"合法"基础上，继续扩大其屠杀人民和剪除异己的国内战争。蒋介石的所谓"法统"，就是这么制造出来了。这个"法"不是别的，就是法西斯独裁法，就是国民党一党专政法，就是内战法。这个"法统"不是别的，也就是法西斯独裁法统，就是国民党一党专政法统，就是内战法统。在这个"法统"建立之后，国民党统治下即出现了更可怕的法西斯恐怖，所谓"危害民国治罪法"在全国雷厉风行起来，内战的规模更扩大了，而在它建立之后四个月的期间，便出现了更大的"效能"，这就是民国二十年民族大灾难的九一八事变。不抵抗主义是在这个中国法西斯派法统下的大创作。抗战以来，这个中国法西斯派法统，除了继续其法西斯主义的政令之外，又继续创作了一种举世闻名的军令——即民族失败主义的军令。毫无疑问的，这个法统乃是中国一切黑暗和痛苦的象征。

但是中国法西斯派却认为这个法西斯法统是万万破坏不得的。蒋介石说："倘若宪法尚未颁行，即废止约法，则政府竭六个月之力，所得到的结果乃不是和平而是混乱，不是统一而是分裂，不是人人可以共循的合法动机，而是人人可以造乱的非法祸胎，这与我们召开政治协商会议的宗旨，是完全违反的了。"这是完全破产不堪的政治理论。事实证明：蒋介石训政时期约法"所得的结果，乃不是和平而是混乱，不是统一而是分裂"，因此，才有必要召集政治协商会议；因此，政治协商会议才有必要"共商国是，以期结束训政"（见政协通过的"和平建国纲领"）；也因此，才连美国总统杜鲁门也必要发出声明，认为需要修改国民党一党训政制度。难道国民党一党训政必要结束，而国民党一党训政的"约法"倒不应当废止吗？蒋介石的说法完全倒过来了。他把反政治协商会议的宗旨叫做政治协商会议的宗旨。他把他那"约法"所制造的中国混乱叫做和平，而把政治协商会议结束训政及其"约法"因而可以造成的中国和平却叫做混乱。他把他那"约法"所制造的全国分裂叫做统一，而把政治协商会议结束训政及其"约法"因而可以造成的全国统一却叫做分裂。蒋介石及其一派把这种与事实完全颠倒的诡辩来欺骗民众，但民众拥护政治协商会议决议的热烈，恰好证明民众已经不是可以欺骗的。应当着重指出：蒋介石在这里公开提出如果废止法西斯约法即将得到混乱与分裂，这里面还有更严重的意义，这就是说，如果人民和民主党派坚持贯彻蒋介石政府所"决不能承认"的政协决议，那么他就决心把中国重新导入混乱与分裂，决心以内战为维持独裁的后盾。这是一个极端重大的恫吓表示，这与蒋介石集团顽强地拒绝实行裁兵复员、顽强地拒绝向人民交出军队以便实行军队国家化的一连串事实联系起来，其意义更为明显。因此，全中国与全世界不可不在今后密切注视蒋介石的行动。

蒋介石口口"合法"，声声"合法"。试问他合的是什么法呢？难道只有国民党内蒋介石一派所制造的代表少数寡头利益的法，才可以叫做法，而政治协商会议所协商的结果代表四万万五千万人利益的法，反而不可以叫做法吗？难道否定了那种法西斯独裁法、一党专政法、分裂法、内战法的"约法"，倒可以叫做"造乱"、叫做"祸胎"吗？

蒋介石之所以在今日要制定宪法的时候，这样来强调其所谓"约法"的法统，是有其深长的意义的。就是说，他口中的所谓"宪政"，不过是一党训政的继续，而不是一党训政的否定。他要把"宪政"当成是他的训政之一脉相承。大家要把蒋介石这个"法统"的理论，和他及国民党二中全会法西斯派关于推翻政协宪草原则的主张，联系起来考察，便能够容易寻索到其中的秘密。

全国人民和世界民主人士都把政治协商会议是作为结束国民党训政并废止其"约法"的会议，而蒋介石却是相反。蒋介石说："如果政治协商会议果真成为这样一个性质的会议，我们政府和人民是决不能承认的。否则，中国国民党五十年革命努力的结果，对于全国国民应得的政权，没有一个交代，而我全国同胞八年抗战的牺牲，亦没有一点意义了。这不仅是政府所不能接受，也是全国人民所万万不能容许的。"这就是蒋介石企图完全撕碎政协决定的自白。这就是蒋介石企图继续保持法西斯独裁法统、一党专政法统、分裂法统、内战法统，以统治中国人民的自白。蒋介石认为否定这种法统是"我们政府与全国人民是决不能承认的"。当然，你们一党专政、个人独裁的政府是决不能承认的，但是，受了这种法西斯法统所压榨而经历无数灾难的全国人民,据蒋介石说,却也特别喜欢起这种法西斯法统,并且人民八年抗战的牺牲也仅仅是为着这个法西斯法统,你说可怪不可怪呢？蒋介石又从哪里知道这样可怪的事情呢？不！原来蒋介石的所谓"全国人民",不过是指蒋介石及其一派,而蒋介石的所谓"全国国民应得的政权",就是指的蒋介石及其一派应得的政权。蒋介石的所谓"交代",就是要把蒋介石及其一派的训政交代给蒋介石及其一派的"宪政",就是要把训政时期的法西斯独裁法统、一党专政法统、分裂法统、内战法统这老一套都转移到所谓"宪政"中去。这也就是国民党内法西斯派包办的"国民参政会"所谓"国家法统不容中断"的精义。

中国人民怎样办呢？当然,中国人民原来是为什么目标而斗争,今后更要再接再厉为原来的目标而斗争。这个斗争的目标就是立即结束国民党一党专政,立即废止那个祸国殃民的"训政时期约法",实现一个国会全权制、内阁制、省自治制的民主宪政。这就是中国人民的法统。中国人民只能够承认中国人民这样的民主法统,绝对不能够承认法西斯约法的法统。应该把蒋介石的话倒过来说:如果承认法西斯约法的法统,而否认中国人民争取民主宪政的法统,那么,中国人民百年来的流血奋斗,就没有结果,而我全国同胞八年抗战的牺牲,亦没有一点意义了。这不仅是各民主党派所不能接受,也是全国人民所万万不能容许的。

是人民民主的法统战胜法西斯独裁的法统呢？还是法西斯独裁的法统战胜人民民主的法统呢？这是极严重的斗争。但是,历史大势显然早已指出来了:人民民主的法统必将战胜法西斯独裁的法统。中国法西斯派重弹其破产的政治理论，决没有可能挽回法西斯派独裁法统的命运，这已是千真万确的了。

东北应无条件停战

（一九四六年四月十二日《解放日报》社论）

一月十日公布的停战命令，规定全国"一切战斗行动立即停止。"东北是中国的一部分，东北的战斗行动应当无条件立即停止。这有什么疑义吗？这是没有疑义的。

但是东北的国民党军在停战令生效的一月十四日以后，还是继续进攻，使东北的内战一直继续到现在。国民党当局公然宣称东北不在军事调处的范围之内，不在北平执行部权限的范围之内，即是说他们的战斗行动不受制止。这样国民党当局就破坏了停战命令，违背了他们自己的诺言，这有什么疑义吗？这也是没有疑义的。

一月三十一日通过的政治协商会议决议案，规定"中央及地方行政机关之用人，应本惟才惟贤之义，不得有党派之歧视"；规定"积极进行地方自治，实行自下而上之普选，迅速普遍成立省、县（市）参议会，并实行县长民选"；规定"凡收复区有争执之地方政府，暂维现状，俟国民政府改组后，依和平建国纲领政治一项第六、第七、第八三条之规定解决之"（按此处所称第六条即上述执行地方自治，县长民选，第七条第八条规定中央与地方的分权）；规定"用政治方法解决政治纠纷，以保持中国之和平发展"。东北是中国的一部分,政治协商会议的决议应当无条件适用于东北。东北的主权属于中国人民而不属于一党一派,东北主权的接收机构不得有党派之歧视,不得由一党一派包办,而应由各民主党派与东北人民共同参加,东北应积极进行地方自治,实行普选,成立各级参议会,并实行县长民选,凡东北有争执之地方政府,应当暂维现状,使国民政府改组后依和平建国纲领之规定解决之;东北的政治纠纷应当用政治方法解决,以保持中国之和平发展。这一切有什么疑义吗? 这一切都是没有疑义的。

但是国民党当局拒绝改组东北接收机构,硬要以一党一派(他们恰恰就是九一八以来坚持不抵抗主义因而丧失东北的罪人)来代表"国家",包办接收全部东北;禁止东北人民实行地方自治,硬要在实行一党专政以后再实行所谓地方自治,并以武力来推行一党专政而推翻东北人民民选的地方政府。国民党当局说东北问题是接收问题而不是政治问题,殊不知接收问题正是东北当前最大的政治问题。在停战的前提下,一定数量国民党军队的调入东北,虽然是许可的了,接收一些什么地方,怎样与东北人民合作接收而不发生冲突,则都有待于政治的解决。但是国民党当局却公然宣称,这不在政治协商的范围以内,这不能用政治方法解决,**即是说要用武力,用内战方式来解决**。这样国民党当局就破坏了政治协商会议的决议,**违背了他们自己的诺言**。这有什么疑义吗? 这也是没有疑义的。

在中共与全国人民的逼迫之下,三月二十七日重庆三人委员会终于成立了关于东北停战的专门协议,规定派遣执行组，前往冲突地点或政府军与中共军密接地点，使其停止冲突，并作必要及公平之调处，"关于政治问题，则另行商谈，迅求解决"。这是肯定了东北军事冲突必须调处停止，东北政治问题必须商谈解决，直截了当地否定了所谓东北不在军事调处政治协商范围之内的谬论。但是国民党最高当局蒋介石在四月一日参政会演说，却又公然重复这个谬论，说什么"军事冲突的调处，只在不影响政府接收主权，行使国家行政权力的前提之下进行"，说什么"在东北九省在主权的接收没有完成以前，没有什么内政问题可言"，说什么"对于共产党所谓民主联军阻碍接收主权的行动和他们所谓民主政府的非法组织，我们政府和人民是不能承认的"。这无异于宣布：东北者，朕之东北，非各党各派无党无派中国人民所共有之东北，更非东北人民之东北也。试问如果根本不承认东北的民主军队与民主政府，如果把国民党军队对东北人民的进攻都叫做"接收"，既不许执行小组前往冲突地点去"影响"一下，又不许国共代表当作内政问题来"言"一下，那么为什么还要有三月二十七日的协议呢？难道不"影响"冲突就可以停止冲突，不"言"内政问题就可以商谈而且迅求解决内政问题了吗？但是蒋介石既然公开宣布这个政策，于是国民党当局一则扣留东北执行组中共人员于沈阳飞机场；再则限制东北执行组中共人员在沈阳的行动自由；三则互相推诿，无人负责，使执行组不能迅速工作；四则拒绝东北执行组按照东北停战协议前往冲突地点执行停战；五则声明不保障东北中共军撤出联络执行组以便其前往视察的联络员的安全；六则三次声明不保障东北中共军代表林彪将军到沈阳讨论军事问题时的安全；七则在东北停战协议公布和执行组到达东北以后，继续大举猛攻，连占开原、营口、沙河、鞍山、海城、大石桥、法库、昌图等要地，现在仍在扩大进攻中；八则继续增调大军前往东北，准备调往东北**十五个军，较三人会议内所声明与协议者**多至三倍，国民党当局又破坏了东北停战协议，再一次违背了自己的诺言，这有什么疑义吗？显然的，这是完全没有疑义的。

国民党当局现在根本拒绝与中共、其他党派和东北人士商谈东北目前所存在的问题，自然就不可能以政治方法解决东北问题，他们仍坚持武力解决的方法，这在蒋介石的演说和他们在东北的行动中已经表现得很清楚。因此他们就使东北形势陷于严重的僵局，并影响全国形势陷于严重的僵局。今天要解决东北问题，首先要纠正国民党当局这种坚持独裁与内战的政策，而其中心的关键则在于首先实行停止进攻，停止增兵。**解决东北问题应当从这里着手，舍此再无他道。东北应无条件停战，难道这不是全国人民的要求吗**？如果进攻仍然继续，增兵仍然继续，那么关于东北的任何问题都无从谈起，关于东北的任何协议也都不会为国民党当局所执行。我们希望国内外一切关心东北和平与全中国和平的人士深切注意这一点，我们希望国民党内一切主张东北问题和平解决的人士深切注意这一点，我们尤其希望积极参与东北停战活动但又直到现在还在帮助国民党运兵东北的美国方面深切注意这一点。

美国应即停止助长中国内战

（一九四六年六月五日《解放日报》社论）

中美两国人民是有传统的友谊的。在罗斯福总统领导美国与中国携手对日作战的时候，美国军队曾经受到中国广大的人民，包括解放区人民的亲密合作。美国的人民与美国政府中的民主人士，是中国民主运动的良友。正因为如此，破坏中美友谊妨害中国战后和平民主的赫尔利政策，曾经不但受到中国人民而且受到美国各方民主人士的反对。美国总统杜鲁门在去年十二月十五日所发表的对华政策声明结束了赫尔利政策，它要求国民政府与中国共产党及中国其他意见不同的武装部队之间协商停止敌对行动，要求中国各主要党派的代表举行全国会议，结束国民党的一党专政，改组国民政府，使中国各党派享有公平有效的代表权，并声明美国对国民政府的支持，将不扩展至以美国军事干涉去影响中国任何内争的过程。美国所参加的去年十二月莫斯科三国外长会议，关于中国问题所发表的公报中，要求中国停止内战，达到团结与民主，要求广泛吸收一切民主分子到国民政府的一切机构中，申明三国政府都不干涉中国内政，并约许美军将与苏军同样在最短期内撤离中国。中国人民热烈欢迎上述的贤明方针，因此当去年十二月来华的美国特使马歇尔将军，根据上述方针促成中国的停战与政治协商会议的召集时，他的工作也获得中国人民的**信任与热诚合作**。

但是，中国的反动派对莫斯科会议关于中国公报的原则，对杜鲁门声明中要求中国和平民主与保证不实行军事干涉的原则，马歇尔将军停止中国内战的努力，**是反对的**。中国国民党军事当局从一月十日全国停战命令和三月二十七日东北停战命令颁布的第一天起就加以破坏，在全国许多地方尤其是在东北继续**着他们的**进攻**行动**，在全国各地继续调动军队，拒绝拆毁并继续修筑碉堡和其他封锁交通的工事，拒绝解散并收编全部伪军以及许多土匪。国民党特务机关、国民党军和伪军捣乱北平执行部、暗杀北平执行部中共人员，拘捕石家庄和沈阳执行组中共人员，殴伤泊头和枣庄执行组中共代表，并采取其他各种可耻的方法使执行部实际不能执行停战的任务。政治协商会议的决议任何一项也没有实行，一党专政的法西斯恐怖统治反而比政治协商会议以前更为猖獗和野蛮了。按照三国外长莫斯科会议的**约束**，美国应当停止并收回对于国民党政府内战与独裁政策的任何援助，尤其是军事援助，只有这样，人们才能相信，美国是真心希望中国得到和平、民主和团结，真心实践不以军事干涉影响中国内争的诺言，也只有这样，马歇尔将军关于停止中国内战的努力才不致成为一种徒然的装饰。

但是事实却完全相反。当中国的内战和恐怖统治一天比一天严重的时候，美国政府中的反动派对于中国反动派所支配的国民党政府却是成正比地继续加强援助，特别是继续在军事运输与军火供给上加以猛烈的援助。在一月初的停战协议中,国民党政府代表张群曾向中共代表周恩来与美国代表马歇尔声明,运往东北的国民党军队只限于一个不大的数目;以后在二月下旬签订的整军方案,又具体规定东北国民党第一期驻军限于五个军;三月下旬在东北停战协议中,国民党代表张治中和美国代表吉伦又一致声明,运往东北的国民党军不会并不允许超过五个军。可是在四月中,在国民党的五个军已经被美国海军运往东北,并在东北展开空前激烈的内战以后,美国海军仍**不顾中国共产党方面的多次抗议**,继续从华南运送第六十军与第九十三军到东北去。四月下半月马歇尔将军回到中国,他保证美国此后将再不会为国民党运更多的军队。可是到了五月下旬,东北的内战更残酷了,华北的内战也更严重了,美国海军又决定把国民党的五十三军和五十四军运往东北或华北,而华南和长江下游的其他国民党军的北运仍在准备中。**很明白,华北和东北的内战,是由美国代替国民党运送军队和军火之后,才能发生与加剧的,如果没有美国的军事运输,中国反动派要在东北华北进行大规模的内战,就根本没有可能。**

从日本投降以后(就是说在内战中而不是在抗战中)到现在,美国庞大的海军和陆空军驻在中国各地,屡次声明要撤退而屡次延期,现在连美军的家属都运来中国,表示美军已经把中国看做他们的基地了。他们在中国,不但帮助内战的发动者运兵,并帮助他们看守和修理港口、铁路、矿山,训练他们作战和使用美国供给的轰炸机、军舰、坦克、大炮及其他各种杀人利器,直到进行特务工作。美国在中国抗战结束、内战开始以后，给内战发动者装备了四十个美械师（而在抗战期间，只装备了二十个师，这二十个师的绝大部分也是用于内战，并未用于抗战），组织了海军和空军，供给他们大量的飞机、舰船、火箭炮、大炮、坦克、汽油以及其他一切战争物资、直至军官和士兵的日用品。很明白，没有美国这些军火的援助，中国的反动派是不能进行大规模内战的。在上述情况之下，中国人民不得不怀疑到，今天的事实究竟是蒋介石的凶恶内战政策要求美国的猛烈军事干涉，还是美国的狂烈军事干涉要求蒋介石的凶恶内战政策。中国人民不得不注意到，美国的军事干涉是不会没有帝国主义目的的，**说不定哪一天**美国将要向中国索取军事基地和政治经济权利，使中国实际上降为美国的保护国和殖民地，而蒋介石之不惜牺牲国家民族利益和人民生命财产，来换得外国军事干涉，以巩固自己的独裁地位，乃是一种汉奸卖国贼的行为。无论如何，美国政府中反动派的军事干涉是危害着中国的民族安全，危害着中国的和平与民主，危害着中美友谊和世界和平，这种政策显然与莫斯科三国外长会议的约束不相符合，显然与杜鲁门不以军事干涉影响中国任何内争过程的宣言和马歇尔停止中国内战的努力不相符合，与美国人民和美国政府中和平民主人士的愿望不相符合。因此，美国的这种错误政策，在美国国内与在中国同样受到各方面的批评和责难。

早在二月间，马歇尔将军就承认，中国的少数顽固分子自私自利，即摧毁中国大多数人民所渴望的和平与繁荣生活的权利亦所不顾。在五月间，他又重复指出，中国的好战分子，将使中国重陷于全面的战争火焰，并使中国人民遭受不堪的灾难。现在以蒋介石为首的中国反动派，正在辽宁、辽北、吉林、热河、河北、山东、山西、豫东、豫南、湖北、皖东、苏北，到处发动进攻，使内战重行发展为全国的规模。反动派**已宣布**在上海和北平并将在它所统治的其他一切地方，实行法西斯的警管区制和特种户口登记制，实行敌伪的国民身份证制和查问哨制，实行**所谓"非常时期维持治安紧急办法"（即是一九三六年内战时期"危害民国"之复活）**，在北平查封七十七种报纸和期刊，在上海、广州、沈阳和其他地方任意没收和查禁书报，在西安、南通和其他地方实行野蛮的屠杀和逮捕政策，成百成千的教员、学生、新闻记者、工人、妇女和民主分子被捕杀、各地成万的政治犯不但没有释放，而且很多被秘密惨杀，在**四川西部、西康东部**二十万农民被屠杀，在中国南部各省几千万人民在腐败而贪横的统治下被饿死，仅仅湖南一省就饿死了三百二十万人。中国反动派，是依靠着什么人的支持和援助才敢于并可能把这个不堪的灾难加于中国人民的呢？谁也不能否认，中国反动派是仅仅依靠着美国反动分子的军事干涉政策的支持和援助，否则中国早已获得和平与民主了。中国人民在对日战争结束以后，仍然被外国武器所屠杀——这就是美国的武器。中国人民今天的灾难，根本上乃是美国反动分子制造与助长中国内战的政策所赐予。美国的军事干涉，使杜鲁门声明中许多庄严词句，变为不能令人信任，使美国对中国内战的调解地位令人怀疑。中国人民为了自己的生存，为了中国的和平民主，为了中美友谊，国际信义和国际安全，不能不要求美国政府立即停止这种违反莫斯科三国会议约束的不正义不人道的罪恶政策，立即停止帮助蒋介石运兵，停止供给蒋介石武器物资和其他任何援助，立即撤回一切驻华美军和收回已经给予蒋介石的一切军火物资。中国人民相信中美友谊是不能被破坏的，中国人民相信爱好和平民主正义人道的美国人民必能与中国人民团结一致，奋起纠正美国助长中国内战和恐怖的军事干涉政策。

要求美国改变政策

（一九四六年六月二十五日《解放日报》社论）

美国政府当局最近的可疑的对华政策，大大伤害了希望中美友谊正常发展的中国人民的爱国心。在美国国务院、海军部与陆军部最近要求美国国会通过的继续军事援蒋的法案，特别引起每个有民族自尊心的中国人的强烈惊异。毛泽东同志的声明和上海五万群众的大示威便是全中国人民意志的正确表示。中国人民不能不向美国政府的这些当局提出两个问题：第一，美国政府为什么一定要强迫中国战争，不许中国人民享受对内与对外的和平？第二，美国政府为什么一定要强迫中国变为美国的势力范围与保护国，不许中国人民与美国人民发展平等的友谊？

自从日本投降以来，美国当局就与中国的蒋介石政府发展一种暧昧的关系，这种关系的要点就是：中国出卖自己的领土主权，让美国的陆军和海军陆战队在中国的领土上自由驻扎行动，让美国的军舰在中国的领海上自由驻扎行动，让美国的空军在中国的领空上自由飞行，让美国的商船在中国的内河自由行驶，让美国的军火操纵中国的军备，让美国的军事顾问操纵中国的军事训练与行政，让美国的商品和资本垄断中国的市场，消灭中国的一切民族生产，让美国在所谓门户开放的口号下使中国对美国担负过去一切不平等条约，变中国为美国的菲律宾美国的拉丁美洲，让美国的帝国主义分子操纵中国的内政与外交，使中国成为这些帝国主义分子武装反苏武装反共的傀儡……而代价呢，就是美国这些分子用一切军事力量、财政力量、外交力量支持中国实行独裁与内战的政策的蒋介石政府，虽然这个政府不但绝大多数中国人民要求其改组，而且美英苏三个政府乃至这个政府自身都不能不承认其必须改组。美国政府的这种政策，使人联想到日本帝国主义对付汉奸卖国贼汪精卫的政策（日本帝国主义也曾经向汪精卫宣布过"废除不平等条约"！）。毫无疑问，这个政策是显然破坏中美友谊的政策，是违反全体中国人民意志与绝大多数美国人民意志的政策。

中国人民是极其珍贵美国的友谊的，美国的友谊援助，不仅在中国对日战争中有其重大贡献，而且在中国战后的和平建设中也有其重大地位。当美国杜鲁门总统声明支持中国的和平民主，不干涉中国的内政，美国外长签字于莫斯科三国外长会议公告，声明要求中国结束独裁内战，并声明美军与苏军同样于最短期内撤离中国的时候，中国人民对于美国政策曾经表示很大的欢迎和信任。但是几个月来的事变表明美国政府的政策与上述诺言不相符合。他们实际上是在竭力扩大中国的内战，加强中国的独裁，干涉中国的内政，侵犯中国的领土主权。中国人民决不能忍受在一百年反对不平等条约斗争特别是八年反对日本侵略者的流血斗争以后，重新接受另一个帝国主义的侵略，重新接受另一套不平等条约（无论是有形的或无形的,公开的或秘密的),并在这种帝国主义政策的要求之下,继续接受独裁统治,继续自相残杀的内战,或作某种国际战争的牺牲品。当然,中国也有些人,例如蒋介石集团,是愿意如此的,但是他们从来不能代表中国民族的意志。在八年抗日战争中,全世界都知道他们是消极的。在抗战前,他们曾经实行不抵抗主义。在抗战后他们曾经呼吁恢复七七事变以前状态的对日和平,他们的庞大军队投降敌人成为伪军,至今还在和这些伪军合作。他们除了独裁的利益以外,根本不知道国家民族利益为何物。美国某些当局企图以他们的同意来代替中国人民的同意,正如日本帝国主义曾经以汪精卫集团的同意来代替中国人民的同意一样,不过是一种自欺欺人的骗术罢了。

在这种情况之下,全中国人民一致奋起,坚决反对美国政府的所谓军事援华,坚决要求美军撤离中国,是完全可以理解的,如果中国人不这样做,那才是不可思议的了。中国要求和平,要求建设,美国为什么不帮助中国和平民主而帮助中国的独裁内战呢?美国为什么不给中国生产的机器和工程师而给中国枪炮、坦克、轰炸机、军舰和军事顾问呢?美国军队在中国抗日的时候,不在中国登陆,不积极援助全中国的一切抗日力量,为什么在日本投降以后和中国内战爆发以后反而在中国到处登陆,长驻不退,拼命装备和训练国民党反动派的军队呢?在这种情况之下,美国政府还有什么权利要求中国人民相信他们是公正的、中立的、善意的,并给予他们以关于中国内争的最后决定权或"仲裁权",或"公断权"等等呢?中国人民爱好国际和平,如同爱好国内和平一样,既不反苏也不反美，但是美国当局这种帝国主义政策，却是严重危害中美友谊的政策，应该对中国人民今天的正当爱国情绪的爆发负全部责任。为了巩固中美友谊，就必须澄清中美关系，就必须停止和纠正一切支持中国独裁内战、侵害中国领土主权、破坏中国和平民主、危害中国独立安全的措施，就必须停止和收回一切所谓对华军事援助，并撤退一切驻华军队。

一年的教训

（一九四六年八月二十九日《解放日报》社论）

去年八月二十八日，中共中央主席毛泽东等一行飞到重庆与蒋介石谈判和平建国大计，现在整整一年过去了。这一年的谈判，参加的除国民党共产党外，还有民主同盟，社会贤达和美国。这一年的谈判，得过两次全面的结果：一次是大部获得协议的去年十月十日签订、十二日公布的国共会谈纪要，一次是全部获得协议的今年一月十日的停战令和一月三十一日的政治协商会议五项决议。回想谈判之初，我们曾抱着何等的热望！协议公布，我们又何等的欢欣鼓舞！但是谁料到国共会谈纪要公布的第二天，即十月十三日，蒋介石就发出了全国剿共密令，接着便在全国大打了三个月的内战。打了内战，还不许人民反内战，因而在十二月一日便产生了所谓"反反内战"的昆明大惨案。而在政协会闭幕后，二月就发生重庆较场口惨案，北平执行部事件，重庆反苏游行与捣毁新华日报民主报事件，东北热河和广东的蒋军就进行严重的进攻；三月东北战事继续扩大，李兆麟将军被暗杀，南通因禁止欢迎执行组而发生骇人的惨案。国民党二中全会上，反动派在蒋介石唆使之下肆意咆哮，根据蒋介石本人的提议要求修改政协决议；四月一日蒋介石亲身出来宣布推翻刚刚成立的东北停战协议，东北大内战爆发，湖北形势严重化，北平西安相继发生血案；五月，东北内战达到顶点，关内蒋军也攻占河南豫东地区、安徽定远地区、河北安次地区、山西太徐文交地区的大部，其规模打破停战令以来冲突的纪录，同时上海与其他各城市宣布实行法西斯的警管区制，北平查封解放报和其他报刊七十七种；六月二十三天休战中的和平谈判，由于蒋介石悍然要求占领苏北、胶济路、承德与东北大部而完全失败，在和平谈判期间蒋介石又制造了不准请愿和平的下关惨案，发动了对于苏皖解放区和中原解放区的大举进攻；七月，苏皖、中原、胶济、晋南战事扩大，民主同盟中委李公朴、闻一多被暗杀；八月，蒋机轰炸延安，蒋介石继续坚持占领苏北等地的狂妄要求，郑介民宣布将对延安张家口承德采取"自由行动"。蒋介石以其百分之八十五的兵力进攻解放区，重庆劳动协会被封，民主同盟主席张澜被打。总之，不但两次谈判的结果都被破坏了，而且内战和法西斯化却反而达到了空前的规模，今天的情形比去年的末三个月还要坏得多。

回顾这一年的事实，全中国人民无异是上了一年课。蒋介石这个中世纪的塾师首先是不许人民对他存有任何民主化的幻想。在这两次协议中，除了一部分直接是关于国共两党间的问题以外，大部分都是关于人民的权利。譬如国共会谈纪要规定"政府应保证人民享受一切民主国家人民在平时应享受身体、信仰、出版、集会、结社之自由"，"政府应承认国民党、共产党及一切党派的平等合法地位"，"政府应严禁司法和警察以外机关有拘捕、审讯和处罚人民之权"，"除汉奸以外之政治犯，政府应一律释放"，"各地应积极推行地方自治，实行由下而上的普选"。政协决议案对于同类的问题有更详尽的规定。这些本来都是国民党的主义、纲领、诺言，蒋介石只有无条件实行的义务，决无任何可以规避搪塞的借口。蒋介石自己在二十八年四月二十二日的一个讲演中也说过，"我们作了革命党员，有了主义而不能见诸实行，这就是不知礼义廉耻。不知礼义廉耻，则一个人究竟与禽兽有什么区别呢!"可见这是蒋介石的人格问题。蒋介石十九年来一直违背孙中山先生的主义，如果还有一点人性，就应该革面洗心，实行协议。但是事实怎么样？虽然签字了，起立通过了，公布了，蒋介石还是不实行。蒋介石一方面永远不实行这些，一方面却永远在每一次演说中宣称"准备"实行这些。他的这一套把戏，看来是准备演到死的了。他以为他这一套多少总有些欺骗作用，但是，一年来的痛苦教训，难道还不够四万万五千万人的启蒙吗？

　　蒋介石给四万万五千万人民上了一课，给民主同盟和社会贤达上了一课，但是更热心的还是给两百多万共产党员上了一课。蒋介石以自己的行为三番四覆地告诉我们，他决心要消灭他独裁计划的第一大敌共产党，决心要把每一个不屈服的共产党员都用最惨酷的刑法杀死，以便他的法西斯制度在全国通行无阻。在国共会谈纪要的十二个项目中，关于解放区军队政权的第九第十两项争论最多而最无结果，为什么？因为蒋介石知道，只要解放区的军队和政权消灭了，共产党就会随之消灭，民主势力就会随之消灭，其他十项的人民权利也就会一概随之消灭。因此，虽然在这两个问题上共产党都作了巨大的让步，允许从广东、浙江、苏南、皖南、皖中、湖南、湖北、豫南八个地区逐步撤退自己所组织的人民军队,并将人民军队的总数减至二十个师的数目,对于政权问题也曲徇蒋介石的要求作了多种让步,但是依然得不到协议。到了今年,共产党又作了许多新的让步,譬如承认在停战以后蒋介石可以例外地向东北再运送三个军,承认人民军队在整编的十二个月终了减为十八个师,十八个月终了减为十个师,各有若干师与蒋介石的师统编为军,承认蒋介石的军队不但在华中,而且在华北与东北也都有较大的数目等等,但是协议依然被破坏。以后东北民主联军又自动撤出长春,以后,中共在六月的谈判中关于军队驻地、恢复交通和调处工作三项问题又都作了重大的让步。但是,最后依然得不到新的协议。一年来的事实充分证明,蒋介石的要求是无穷的。你让他一寸,他就进一尺。旧的协议可以撕毁,新的协议即使成立,当然还是可以撕毁。他所真正追求的最后"协议"只是共产党的消灭,是独立和平民主运动的消灭。

这一年里中国人民还有一位不能忘记的新教师,就是美国政府。美国政府过去讲给我们听的,是罗斯福的四大自由,是中美平等,美苏合作,肃清日本侵略势力。但是这一年来,这些课程是被旁的课程所代替了。美国政府和蒋介石现在向我们唱着恐怖的双簧,谁要不喜欢听,蒋介石的警管政府就要用"反美"罪或"反美即反祖国"罪加以逮捕,美国政府签字于莫斯科三国外长会议公告而后又违背它,就如同蒋介石签字于国共会谈纪要和政协决议而后又违背它们一样。蒋介石穿着美国的军服,驾驶着美国飞机、坦克和军舰,向中国人民放着美国的炸弹,机关枪弹、炮弹、火箭、无声手枪弹,以至准备施放美国的毒气弹，而同时替蒋介石看守军事要地的美国军队和指导蒋介石使用武器的美国军事顾问，却宣布他们的任务是"保护中国和平"。当中国人民和美国人民一起批评美国政府的政策时，美国反动派就大声叫嚣着中国人民"威胁美国的安全"，并且说中国人民为了表白自己不受"莫斯科的指使"，就必须竭诚歌颂美国政府制造中国内战、屠杀中国人民的伟大美德。

这些就是我们在过去一年中所受主要**的政治**教育。在日本投降一年以后，由于美国政府的政策，日本侵略势力重新抬头了，中国的地位迅速下降了，中国变得更弱、更穷、更乱，蒋介石打的仗比打日本积极一百倍，美国政府援助蒋介石打仗也比援助他打日本积极一百倍。但是这一切教育，对于中国人民十分有益。人民的觉悟性是空前提高，人民的力量也空前加强了。我们今天的要求和一年以前一样，还是要求和平民主。我们相信，无论蒋介石和他的美国爸爸怎样破坏，中国人民的和平民主还是一定要实现的，中国人民已经有力量实现自己的要求，这同时也是美国人民和世界各国人民的要求。如果蒋介石也赞成这些，那么就请他重新实行停战，重新召开政协会议。但是蒋介石的任何无理要求我们一定拒绝；蒋介石任何军事进攻我们一定抵抗；而当美国还把海陆军驻在中国，还帮助蒋介石进行内战的时候，如果美国政府再装着"中立"的笑脸劝告我们再作"少许"片面的让步，说这样就可以得到和平甚至民主的时候，我们一定告诉劝告者：你是骗子，你的任务不过是帮助蒋介石"漂亮"地实现独裁和消灭**中华民族的独立和中国人民的民主**。

争取全面抵抗的胜利

（一九四六年十月十三日《解放日报》社论）

蒋介石及其美国合作者悍然拒绝中共的和平建议，在企图以最后通牒限期威迫中共投降失败以后，实行了全面破裂的步骤——占领张家口。过去九个月中，中共为了保护和挽救和平，曾作无数次坚忍的努力，但是高唱"政治解决"的蒋介石及其高唱"和平调处"的美国合作者却只要中共和中国一切民主力量的投降和消灭。中共不得不严正表示：对于蒋介石的反动独裁和武力统一，中国人民将永远不会屈服；中国人民与背信弃义的蒋介石及其美国爸爸相反，一定要为坚持神圣的停战令和政协决议而奋斗到底。现在全国人民的希望都寄托于中国共产党，他们要求中共宁可在自卫战争中暂时放弃张家口，而绝不要牺牲中国人民大无畏的民族正气。他们对于张家口的撤退丝毫不感惊异，相反地，他们知道蒋介石无论在政治上和军事上都只是吞下了一颗炸弹。

一年多以来，张家口在民主政府管理下成了东方著名的模范城市，全世界由此证实了中共不但善于领导乡村，而且善于领导城市，比充满贪污的蒋介石恶政府高明万倍。张家口的暂时撤退对于人民当然是一个损失，但是就现实的军事观点上说，这对于人民却没有造成困难。现时中国战争的决定关键不在少数城市的暂时得失，而在双方军事实力的消长，这已经成为人民的常识了。如果人民在十年内战（开始时人民没有一个县城）和八年抗战（开始时人民除了陕甘宁边区以外也没有一个县城）中还能依靠歼灭敌军实力而取得胜利，那么今天在一万万四千万人口的解放区中暂时退出一些城镇来换得歼灭敌军的条件，又有什么不好呢？事实上正因为如此，今天解放区自卫战争一开始就是以运动战而非以游击战为主，一开始就能在大兵团作战中大量歼灭敌人，只在过去七月至九月三个月中就歼灭了蒋军主力二十五个旅之多。换句话说，还在和平没有最后绝望，解放区没有正式宣布全面抵抗以前，还在解放区人民开始转入动员，开始涌入正规军、游击队和民兵并开始集中兵力的时候，蒋军愈战愈弱，我军愈战愈强的基本趋势，就已经明明白白了。今后解放区人民解除了和平的幻想，解除了像保护张家口这类城市的负担以后，其军事力量必更见愈战愈强，其兵力使用必更见自由机动。而蒋介石方面的情形却正好相反。蒋介石进攻解放区的兵力已经接近极限，占他全部兵力的百分之八十五，其中约一半要用于守备，其用于进攻的另一半又须继续转用一部分于守备，其余的部分又不断遭受歼灭的打击，因此他的兵力虽能依靠装备暂时占几个城镇，却不能打通铁路线和公路线，更不能在野战中保持优势。蒋介石在占领张家口以后或者甚至还能再占几个城镇，但是他的防线拉得更长了，他的补给线更难维持了，他在作战中的被动性更大，弱点更多，因此被歼灭的机会必然比以前大大增加。蒋军被歼到一定程度，解放区就可以转入胜利的反攻。因此，蒋介石既已悍然占领张家口，我们全解放区的一切军队，一切人民，就一定要团结一致，下最后最大的决心，严肃努力，发愤反抗，一定要在今后超过过去三个月的自卫战绩，歼灭更多的蒋军，一定要彻底粉碎蒋介石的进攻，收复张家口、承德、集宁、菏泽、淮阴以及一切失地，以便恢复国内和平和实现政协的一切决议。

当然，蒋介石还可以进一步卖国来取得美国更多的援助，进一步残民来补充他的兵力，因此战争必然是长期的，对于这一点我们要作充分的准备。但是即令如此，蒋介石的根本困难还是不能解决。蒋介石的战线太广了，可以断定，全面战争的发展一定使战线越来越广。蒋介石的士气太低了，可以断定，不断遭受歼灭和不断用拉夫补充的结果，蒋军的士气以后一定越来越低，战斗力以后一定越来越弱。在过去一年内已有高树勋、郝鹏举、潘朔端、孔从周、曹又参等将军和刘善本等空军人员的起义，可以断定，这种起义以后一定越来越多。蒋管区的人民在四川、湖南、浙江、福建、广东等地现在已经纷纷武装反抗，可以断定，蒋军空虚地区的这种反抗以后一定会变为内战的第二战场。蒋介石的经济基础是太衰败了，他的全副官僚统治机器是太腐烂了，如果在武汉失守后他还可以用与日本人的默契勉强拖过六七年时间，那么，可以断定，他一定不能用更坏的基础更坏的机器来拖过更长久的紧张战争的时间。一切这些困难，蒋介石固然不能解决，他的美国爸爸也不能帮他解决。况且今天的美国也已经不是反法西斯战争中的美国，那时美国在政治上是团结的，今天是分裂的了，那时美国在经济上是向上的，今天是眼看要向下了。美帝国主义本身的经济危机和由此而来的政治危机正在迅速酝酿，他的中国儿子的好梦一定不会很长。无论是在他梦醒以前还是以后，无论如何，血债一定要用血来还，蒋介石今大的一切罪恶一定要自食其果。

要求真正的停战令
恢复一月十三日位置

（一九四六年十月二十三日《解放日报》评论）

今天中国只有一个可能的真正停战令，就是恢复一月十三日位置。我们要求这种真正的停战令。

保持一月十三日位置，从来是国共美三方公认的唯一停战标准。一月十日的停战令本身不必说；一月二十日军调部和字第二号命令规定："指挥官应采取各种步骤，恢复一月十三日晚十二时之情况"；三月二十二日和字第六号命令规定："为彻底停止冲突起见，政府及中共军队必须停驻在三十五年一月十三日下午十二时所在之位置。任何部队有越过上述位置者，应立即退回。各指挥官应严格执行此命令。确保三十五年一月十三日下午十二时之位置，乃各执行小组之责任，并应继续努力。任何指挥官如不遵令撤退至三十五年元月十三日下午十二时正之位置，以违犯停战命令论罪。"直至今年六月的谈判中，国共美三方仍然同意"军调部应立即确定一九四六年一月十三日起，中国内地被政府军所占领之各地，在本协定签字后二十日内，除特另加指示者外，应令各有关部队撤出此等地方。"国美两方虽然每次口头这样说了，实际上国方却是不断犯违犯停战命令之罪,而美方在百分之九十九的情形下也都是予以容忍包庇,所以这个罪简直没有论过。但是现在忽然有人竟想连法律上也推翻这个定案,甚至宣传这是犯罪者的一种"新让步"了。这真是中国的大怪事。难道犯一次罪叫犯罪,犯十次罪就叫无罪,犯一百次罪反叫让步了吗? 蒋介石所"崇拜"的孔子说得好:自古皆有死,民无信不立。这样的根本问题如不根本确立,任何谈判任何协议就都是玩笑,就都是欺骗了。

事实上蒋介石自己也找不出任何理由来拒绝恢复一月十三日的位置。他的发言人只是羞羞答答地说:这是事实问题。他们想出一条妙计,就是在所谓八项条件之下,再一次宣布"停战令",但是不恢复一月十三日的位置即"暂驻现地"。这个计是妙,可惜太晚了,当蒋介石已经大打了几个月的内战,现在还在继续大打,有加无已的时候,人们再不曾相信他是为了什么和平了。在停战令已被蒋介石撕毁以后,中共曾无数次要求他停战,甚至只要他给一个停战的保证,甚至只要他不进攻张家口一处,但是都受到他的冷酷拒绝,现在他抢了解放区这么多、这么重要的地方,他却说:就这样算了吧! 自称为仆人的强盗抢了主人的大部财产以后为了不许主人追还,就说:你实行我八项条件,我们停战吧。主人说,我从来是要停战,现在请把东西还我。强盗说:这却是事实问题。须知我提出八项条件,这还是我的让步呢。

我们能承认这种强盗的所谓"让步"吗? 日本打到贵州,于是说:我们来个八条停战吧。试问这时中国能承认吗? 而且一月停了战,过了九个月可以造成事实问题再来一个所谓

"暂驻现地"，那么再过九个月，再来讲事实问题，不就要全部消灭吗？强盗说：主人你把我比做日本你错了，我们是一家，我的是我的，你的也是我的，我正是应该把你全部消灭，不过这叫做消灭武力割据，在我不为得，在你不为失，而且我以后对你一定像对外国的父母一样孝敬，这是完全为你好，我才为你打算得周到呢！但是中国的土地究竟是人民的呀。蒋介石这个自称的仆人霸占了主人的一切护送外国，而且把主人拼命从外国侵略者手中收回的一点家产都要穷凶极恶地抢光，其凶恶的程度正与日本无异，他还说：不必争，等我抢完了，自然通通奉还。我们能相信这种强盗的逻辑吗？

有些好心的人说：不必太伤和气了，现在是秀才遇见兵，有理说不清，你姑且看事实说话，委屈这一回吧。殊不知恢复一月十三日位置，正是看事实说话。如果当真有理可说，早该把战犯送到法庭去以违犯停战命令论罪了。正是因为看事实说话，我们才要求恢复一月十三日位置，而且非如此要求不可。第一，一月十日的停战令是中国今年所产生的一连串协议当中的第一个，也是最基本最重要的一个，没有停战令，就没有政协决议，就没有其他一切。现在其他一切都破坏了，这道最后防线也早已破坏了，但是如果要恢复和平的阵地，就不能不首先恢复这道最后防线。第二，一月十日的停战令不但约束着国共双方，而且约束着所谓调处的美国，这是国共美三方共同活动的唯一法律基础。如果还希望今后国共美三方能够共同遵守某一种信义，那么只有恢复这个命令的全部尊严。第三，经过八年爱国血战的解放区军民受了蒋介石如此深重残暴不可忍受的侵害，他们的愤怒仇恨绝非南京的客厅中所能想象于万一，即使中共敢于出卖他们的利益，敢于允许蒋介石继续并且合法蹂躏他们的生命财产自由权利，他们的行动亦绝非中共所能约束。第四，最重要的一点，就是只有恢复一月十三日的位置，才足以在事实上和精神上阻止内战的继续发生，因为这可以使蒋介石在一月十三日以后违法调动的一百几十万内战大军从华北东北华中回到南方，可以使今天到处密集的炮火连天的紧张战线顿然松弛和缓下来，可以使狂热煽动内战积极执行内战好战分子被迫相信战争的无益，而开始用和平的凉水清一清自己的头脑。反之，卑躬屈节地承认蒋介石的侵占，这就不是什么新的停战令，而只是过去内战的嘉奖令，而只是将来内战的动员令。试问每一个看事实说话的人，这是不是今天的最明显的事实呢？须知在一月十三日蒋方大军比较远离的时候，在政协还能通过的时候，在美国政府、马歇尔和执行部还多少像个样子的时候，在美国军事援助还在开始的时候，停战令尚且被逐渐破坏。那么，在蒋介石大兵对解放区已经登堂入室，翻箱倒柜，杀人杀得眼都红了的情形下，在政协决议全部撕毁，到处拉丁征粮，捉人杀人，全国充满火药气和法西斯恐怖远甚从前的情形下，在美国政府、马歇尔和执行部美方人员公开偏袒蒋介石，美国军事援助已使蒋介石羽毛丰满的情形下，蒋军如不撤回一月十三日位置，谁还能保证蒋介石愿意和平？谁敢夸这种海口？谁有这种天大的权力和神通？如果蒋介石的发言人在今天当众拍着胸膛说，我有我有，那么他只是表示他是个口蜜腹剑的骗子，他的企图只是使蒋介石不费吹灰之力就合法地巩固他的占领，以便这一步实现他二十年来不能实现的彻底消灭中国民主运动的幻想。

　　但是受骗太多的中国人民决不再受骗了，依靠花言巧语而取得胜利的时代已经过去了。问题十分简单：真和平人民为什么不欢迎呢？假和平人民怎么能接受呢？人民今天只要求一个停战令，这就是恢复一月十三日位置的停战令。这是真和平唯一试金石，除此以外，都是血腥和毒辣的骗局。

两 个 声 明

（一九四六年十一月十一日《解放日报》社论）

蒋介石十一月八日的声明，尽管照例装潢了一些"和平"的字眼，但是注意事实而不注意字眼的人，都知道他是发表了一篇最鲁莽最激烈的宣战书。蒋介石决定把一年来由政协铺成的团结民主的轨道完全割断，把十年前莫名其妙地跑出来的早已**臭名彰著的一批**所谓"国大代表"召集起来开他的所谓"国大"，这样他就不但向中国共产党宣了战，而且向一切第三方面的民主党派和无党派的民主人士宣了战，向全体中国人民宣了战。当然他一手包办的所谓"国大"本身，在今天一点政治重要性也没有，这不过是蒋介石政治魔术箱里的一只用烂了的破草鞋。谁也不会认为它代表什么"民意"。重要的是蒋介石要引用这个破草鞋通过一个所谓"宪法"，把他的独裁"合法"化，把他的内战"合法"化，把他的卖国"合法"化，总之是他要借此篡夺国家，并使他的篡夺得到所谓"宪法"的根据。正是这样，他就埋葬了政治妥协的最后希望。并且替一年来的争论做了简单明了的最后结论：蒋介石一定要长期分裂，一定要长期内战，一定要长期独裁，一定要长期卖国（如同上海的自由主义报纸所说，正在这次声明的前夜蒋介石签订了空前丧权辱国的中美商约，这决不是偶然的）。因此他宁可陷于极端的非法，极端的背信，极端的孤立，却非召集这个所谓"国大"不可。可见今天的所谓"国大"问题，乃是全国人民生死攸关的问题，人民决不能承认这个所谓的"国大"及其伪造的任何所谓"宪法"，而且一定要为反对这个所谓"国大"及其伪造"宪法"而奋斗到底。

蒋介石既然发出了这个宣战书，中共和民主党派不论怎样忍耐地寻求妥协也是不可能了。同样，蒋介石既然发出这个宣战书，他再发表一万个"停战令"也很难引起和平的幻想了。事实已经证明蒋介石每一次的诺言和停战令都是虚伪的，而这一次与他的宣战书同时发出的"停战令"，则是其最虚伪者，好比杀了一个人的头却在那人的颈项上贴一张膏药。**蒋介石已将一月政协会议以来的一线希望都最后杀死了。**

蒋介石现在正是所谓"武装到牙齿"了。他已经把他的统治区变做一个大兵营，差不多每个省主席都是或者换成了军阀，连北平这样的城市都公然拉壮丁，连最饥荒的省份都在勒索军粮，军费支出达全部财政支出百分之八十以上，因此蒋介石要干什么，全国老百姓心里是雪亮的。事实上蒋介石还在各地继续进攻，甚至正在积极准备进攻延安，甚至在他的声明中也不隐讳这一点，不过按照他的术语，这叫做"除为防守现地所必须者外（应该读做：除蒋之进攻计划中所必须者外），停止其他军事行动"，或者是"在军事上必须使任何政党皆不能拥有军队，而任何军队均应为国家之军队（应该读做：在军事上必须消灭任何爱国军队与人民军队，而任何军队均应为卖国政党独裁政党之军队）"。在这种情形下面，一贯要求和平的中国共产党在十一月九日的声明中坦白地揭穿这个欺骗，自然不能不令一切公平的观察家首肯。

两个声明：一个是虚伪的，一个是坦白的，一个是破坏的，一个是建设的。虽然蒋介石以召开所谓"国大"关闭了妥协之门，中共仍然要求蒋介石停开他的所谓"国大"，并撤回他的进攻军队，这显然是今天中国危局的唯一和最后的建设性的出路。中共的声明贯彻着严正的立场，充满着坚定的信念，这表示蒋介石的一切进攻威吓和欺诈，现在是在一个毫不动摇的对手面前无所施其技了。蒋介石这个一毛不拔的大独裁者，既因美帝国主义的武装支持而冲昏头脑，而冒险召开所谓"国大"，那么他大概不会接受中共的最后忠告。但是这样他就犯了绝大的错误。他抛弃政协决议的滑稽理由是"此半年间一般情势已大有变迁"，好像政协和一切协议一切诺言本来都应该朝生暮死。不过这句话也有一面的真理：只在三四个月间，一般情势即已大有变迁，蒋介石不但在政治上已经迅速失尽人心，而且在军事上也已经迅速失掉三十五个旅的兵力。蒋介石现在消耗他的兵力财力人力之紧张与激烈，在他全部统治历史上是空前的，一切迹象都表明这种消耗决不能维持多久。现在他敢于冒险召开所谓"国大"，表示他的力量犹如他的狂妄已经达到顶点。如果他仍然拒绝中共的忠告，那么，一切情势即将继续大有变迁，他不久就必然要尝到所谓"上山容易下山难"的苦味。全世界都看得明白：这是不怪任何别人，这完全是蒋介石自己作孽，自己骑上虎背的结果。

立刻解散非法的"国大"

（一九四六年十一月二十五日《解放日报》社论）

蒋介石曾经希望，他不顾共产党和人民的反对而召开的非法的分裂的"国大"，即使共产党不参加，第三方面还是会参加，即使第三方面也不参加，拉上青年党或民社党的若干人物点缀一下，还是可以蒙混一些中国的舆论界；即使蒙混不了中国的舆论界，还是可以蒙混一些外国舆论界，至少总会有些不明真相者说他是偿了"还政于民"的夙愿之类。他是没有料到这出戏演出来竟至如此难堪，踏破铁鞋无处觅到一个喝彩的看客。在国内，温和的大公报把蒋介石关于"国大"和"制宪"的计划比之为秦始皇的计划，"集权力于一人，集思想于一个脑袋……这种思想专制，在主观上是无比的凶暴，在客观上是迫使国家分裂，天下大乱"。在国外，不但苏联的广播评论员，而且英国的泰晤士报，美国的纽约先驱论坛报，基督教科学箴言报，华盛顿星报，圣路易邮报，以至替蒋介石捧场的纽约时报，都共同宣告蒋介石"国大"的欺骗性、分裂性和失败性。"国大"十天预备会争夺主席团的丑剧闹得愈热，看客就看得愈冷。在这种狼狈情形之下，"国大"中除了十年前就已弄得很不名誉的那批旧"代表"（其中还有不少人谢绝出场）以外，几乎人人都要向社会表明苦衷，或者乞怜于"后世历史家之公断"？以图挽救其公开出卖的政治节操。甚至于与"国大"无直接瓜葛的某些美国人，也要远走避嫌，躲开南京的瘟疫。拒绝参加"国大"与否已被公认为忠奸善恶的分界，"曾琦第二"的头衔已与汉奸一样可耻。世界之大，竟没有一个有常识的人考虑这个"国大"会通过一个什么有效的民主的宪法，会丝毫减少蒋介石的独裁。蒋介石自己落得今天这个下场，当然是种瓜得瓜，自作自受，但是他为了这一时的私欲，不惜拿国家的地位来做孤注一掷的牺牲品，这却使一切爱国者不能不痛愤抗议。

事到于今，还能有什么解救方法没有呢？唯一的解救方法就是美国圣路易邮报的建议：该报说："国民大会企图为持续国民党统治粉饰，怀有此项故弄玄虚企图之人咸信（或至少希望）他国系易于欺瞒者。此项伪装将无济于事，其骗局亦极明显。蒋氏之上策厥为解散国大，继即退而促使中国成立一代表性政府，盖建立此项政府本即渠之革命目标也。"末了一句话表明圣路易邮报何等老实，它还承认建立代表性政府是蒋介石的"革命目标"，而连这样老实的旁观者也起来要求蒋介石解散"国大"，又可见这个"国大"是如何非解散不可。我们没有比圣路易邮报更"激烈"的见解。我们要求蒋介石立即解散这个确定独裁确定分裂贻笑万邦遗臭万年的"国大"，恢复政协决议与一月停战令的效力，这些协定虽然被蒋介石片面撕毁，我们是仍旧坚持为它们的实现而奋斗到底的。

早在去年四月廿四日，中国共产党领袖毛泽东在他向中共第七次全国代表大会做报告的时候，就已经警告蒋介石说：

"不顾广大人民及一切民主党派的要求,一意孤行地召开一个由国民党反人民集团一手包办的所谓'国民大会',在这个会上通过一个实际上维持独裁反对民主的所谓'宪法',使那个仅仅由几十个国民党人私自委任的完全没有民意基础的强安在人民头上的不合法的所谓'国民'政府,披上'合法'外衣,装模作样地'还政于民',实际上依然是'还政'于国民党内的反人民集团。谁要不赞成,就说他是破坏'民主',破坏'统一',就有理由向他宣布讨伐令。还是一个分裂的方针,中国人民是坚决反对这个方针的。

"我们的反人民的英雄们根据这种分裂方针所准备采取的步骤,有把他自己推到绝路上去的危险性。他们准备把一条绳索套在自己的脖子上,并且让他永远也解不开,这条绳索的名称就叫做'国民大会'。他们的原意是想把所谓'国民大会'当作法宝,祭起来一则抵制联合政府,二则维持独裁统治,三则准备内战理由的,可是历史的逻辑将向他们所设想的反面走去:'搬起石头打自己的脚'……"

共产党人从那时起就要求蒋介石不要走这条绝路,因此而有去年日本投降后的重庆谈判,因此而有今年一月的政协决议,因此而有今年六月直至十一月的南京谈判,因此直至所谓"国大"开幕的前夜中共还建议它停开,但是不幸,蒋介石偏要"把一条绳索套在自己的脖子上",偏要"搬起石头打自己的脚"。现在绳索还没有到永远解不开的时候,但是蒋介石有没有这样的聪明和勇气来系铃解铃呢?国民党内有头脑的观察家,国民党外有头脑的观察家,外国中立的观察家,外国亲蒋介石的观察家,都认为实行所谓"国民大会"的分裂方针,对于蒋介石乃是一条死路。大公报二十一日的社评引用《吕氏春秋》上武王伐纣的故事，暗示蒋介石的专制统治已经陷于商纣末日的险境。纽约先驱论坛报十三日的社论说："遵守民主之中国领袖，若能在国大中占优势，则诚为值得庆幸之事，若彼等未有此项力量，则国大所产生之宪法，可能成为反动之张本。"十三日"国大"还没有开，到了十九日，该报就证实了在"国大"开幕时"听蒋主席演说的都是反动分子"，并且预见到蒋介石即使还可以继续从美国获得内战的经济和军事援助，但仍是"一局输棋"。蒋介石的政治棋局已经输光了。他的军事棋局眼看也要输光。但是无论蒋介石本人也好，蒋介石部下的CC集团也好（他们是"国大"的主要组织者），蒋介石部下的军阀集团也好（他们正在继续组织进攻解放区的战争），他们似乎都失去了必要的理智来倾听中共和国内外各方的警告了。据确实的消息说，蒋介石在"国大"开幕时因为看到失败的袭来而十分懊丧，但是虽然如此，他还是决心反动到底。我们共产党人是提倡与人为善的。如果蒋介石现在立即解散所谓"国大"，实行政协的决议，恢复一月十三号的军事位置，那么我们还可以看他做圣经上所说的回头的浪子；如果不然，他既不要人民的原谅，人民也就无法原谅他了。

祝蒙阴大捷

（一九四七年五月十九日新华社社论）

山东人民解放军经过十四日晨到十六日午的激战，在蒙阴东南五十余华里的芦山孟良崮地区，完全歼灭了进犯蒋军七十四师师部及其所属的五十一旅、五十七旅、五十八旅三个旅，和八十三师十九旅的一个团。这是一个伟大的胜利。

蒋介石对于整个解放区的进攻，目前只集中于山东和陕北。陕北的胡宗南军连遭青化砭、瓦窑堡、蟠龙三次惨败，已**陷入进退维谷之境**。山东方面，蒋介石在二月莱芜大败以后，四月又集中了**十三个整编师（其中第五军尚未整编）**，三十四个旅于第一线，再次分路北犯，虽于四月底在泰安被歼七十二师三个旅，五月初在临沂蒙阴公路上的青驼寺地区亦受重大损失，但蒋军依然继续冒进。蒋介石的中央社对于这个冒险行动，曾和历次一样大肆吹嘘，并造了一大堆可笑的谣言，说什么共军在此被歼几何，在彼遗尸若干，甚至说什么将军已经阵亡云云。直至十四日，蒋府新闻局长董显光在答复记者询问时还说："政府对山东之军事发展引为满意，……国军已与共军主力接触而击破之。相信该省大规模战事不久可以结束。"正当这个说谎者在客厅中"引为满意"的时候，蒋介石极少数最精锐部队之一与进攻山东解放区的极少数中坚部队之一的七十四师，却已经被陈毅、粟裕、谭震林三位将军所**统率的威名远震的华东野战军**团团包围在孟良崮的深山之中。中央社徐州十六日电吞吞吐吐地透露了这个消息，说是"蒙阴以东地区之决战……战事之烈前所仅见"，并要求被围的军队"以一当十"。但是，晚了，**这个占淮阴、占涟水、占沭阳、占临沂都充当主力，为师长张灵甫率领（过去王耀武任军长）的美械整编师，业已全军覆灭。**蒋介石对山东的进攻，又受了一次惨重打击，他即使还能够重整旗鼓，再次冒险，但是他的困难更大了，他的将领们将更加缺少信心，他的士兵将更加缺少斗志了。

华东人民解放军和华东解放区的人民，在全中国人民的爱国自卫战争中，担负的任务最严重，得到的成就也最荣耀。从去年七月到现在，华东人民解放军已经歼灭了蒋介石正规军三十个整旅（**旅以下成团成营被歼灭的正规军及全部被歼灭的伪军保安部队交警还乡团等均未计算在内**），即去年七月份的十九旅（这次被歼一个团的，是后来补充的新部队）、九十二旅、一〇五旅、暂十二师、二十六旅，八月份的七十九旅、九十九旅、一八七旅、新七旅，十二月份的四十一旅、六十旅、预三旅，今年一月份的四十四旅、八十旅、一六九旅、一一三旅、一一四旅，二月份的十五师、七十七师、一九三师、新三十六师、一七五旅、一八八旅、新十九旅，四月份的三十四旅、新十三旅、新十五旅，和这次的五十一旅、五十七旅、五十八旅。**蒋介石以近一百个旅使用于华东战场，欲以此决定两军胜负，这个主观幻想，业已接近于最后破灭。**这次蒙阴胜利，在华东人民解放军的历史上更有特殊意义,因为第一,这是打击了蒋介石今天最强大的和几乎唯一的进攻方向;第二,这是打击了蒋介石的最精锐部队(**四五个精锐师之一个**);第三,这个打击是出现于全解放区全面反攻的前夜,和这个胜利同时,东北、豫北、晋南、正太等地强大的反攻正在展开。我们谨向华东人民解放军致热烈的祝贺和致意。我们相信,山东人民解放军将于不久的将来,彻底粉碎蒋介石的进攻,从而使全解放区转入全面反攻。

破车不能再开

——评第四届第三次国民参政会

（一九四七年六月四日新华社社论）

蒋介石一手制造的，反动分子占绝大多数的，共产党人所从未参加的第四届"国民参政会"，在这次开会时，曾经竭力装作附和全国民主派反内战要和平的模样。也有极少数真心希望和平而缺少经验的人，曾经对这次参政会怀抱幻想。**另有一部分君主立宪派，他们不赞成蒋介石的君主专制，但仍希望蒋介石接受他们的君主立宪论，这次还参加了参政会。但是这个参政会，连同蒋介石政府在一起，按照于斌主教在开幕词中所说是辆破车。**反动分子们坐在这辆破车中是这样暴躁，这样慌张，这样昏迷失次，他们并不能按照预定计划把戏演好。和平的假噪子，刚刚拉开，"明令讨伐"呀，"速调大兵"呀，"武力戡乱"呀，一阵太过天真的喧哗却又随之而来，好似一年来内战战场上蒋介石的二百几十个旅，由于"密令讨伐"的关系，只算"文力"和"小兵"，并未"戡乱"，而只在睡觉一般。一个姓姚的说他"站在人民立场上赞成和平，但站在事实方面则反对和谈"。一个姓吴的建议在和谈中"同时把讨伐令带去，问中共放不放下武器，如不放下则予讨伐"。一个姓孔的说：

"我本不主张和平,但现在不能不主张和平",原来他的和平是
"比如治毒疮,必须开刀割去始可确保生命"。一个姓燕的更
诚实些:"欢迎和谈就是欢迎共党",所以他"不忍言和平,亦不
愿和谈,更讨厌和谈"。但是这些只叫做个别发言,精彩节目
还在后面哩。五月三十一日,这个参政会通过了一个对国防
报告的决议,埋怨蒋介石的内战打得不够努力,军队数量不
足,质量不高,情报不确,指挥不好,军费不多,地方武力不强,
因此郑重提出目前"军事重要不减抗战时期",因此,整军应该
就是扩军,应该"就原有部队加以充实,提高其素质,加强其训
练",因此应该"切实增加军费,提高待遇",应该"充实地方武
力,加以训练,并随时补充弹药,俾为国军之助"。同日又通过
了一堆更具体的决议:"共军扰乱,情势日迫,请政府速派大军
分路应援","迅于绥靖区拨发大量械弹,并补助给养,积极建
树绥靖区地方武力,俾配合国军早日完成绥靖工作","速增派
军队加强热河防务","河北匪患最深,应拨巨款充实地方武
力","恢复平晋航空,以利军事","迅速加强鲁省绥靖军事力
量","扩编山东省属团队并拨发械弹","迅速派遣劲旅驰救安
阳围城,以挽救华北军事大局","速派兵清剿河南黄汛区共
匪","尽先清剿皖东北皖中及洪泽湖边境寇匪","豫赣两省治
安堪虑,拟请加强地方兵力","粤省匪患猖獗,迅派大兵清
剿"……其中,大部分都要蒋介石"迅速切实办理"。不要以为
这么多决议的通过是马虎的。参政员们在紧张的工作中仍然
细心地把提案中"禁止官兵占住民房"修正为"禁止后方官兵
占住民房",把"取缔游离部队"修正为"整训地方部队",并把
已被审查保留而仍有异议的"请政府明令停止征兵征实案",

第二次通过保留——也就是否决！

全世界人们请看吧！这就是今天南京所谓国民参政会的真面目。这个参政会是怎样狂热地拥护内战，怎样坚决地反对人民的和平运动，难道还需要更多的说明吗？这个参政会仅仅是一个呼吁战争的机关，人们绝对不能也不应向它呼吁和平，绝对不能也不应相信它的什么和平呼吁，难道还需要更多的说明吗？然而就是这个杀气腾腾的参政会，就是这个反对和谈讨厌和谈，反对停止征兵征粮，要求扩大正规军、扩大地方军，要求切实增加军费，请政府从东北到海南岛全线都要"迅增大军清剿共匪"的参政会，又请政府"再度申明继续贯彻以政治方式解决中共问题之方针"，又请中共参政员"来京出席，共策国是"，又请中共"速派代表来京与政府双方无条件恢复和谈"，又请该会主席团及驻会委员会"本此次大会决议之精神，于最短时期促成和平之实现"！两碗豆腐就是豆腐两碗。参政会本此次大会决议之精神请政府再度申明政治解决，就是本此次大会决议之内容请政府"迅增大军清剿共匪"。因此蒋介石当然可以再度、三度、四度、无数度地申明下去。

老实说，参政会即使发出一万个"清剿共匪"的文件，但除了把自己的尾巴竖做旗杆，使天下人都认出它的血缘以外，还有什么一丝一毫的意义呢？蒋介石完全不需要这些英勇的忠告，凡是能做的，蒋介石早已做过了而且失败了。参政会的和平建议又是如此的矛盾不堪，简直是个烂鼻子美人。那么，这个参政会岂不是一场空？**但又不然**。在三十一日下午通过了那么多血腥气的议案以后，紧接着又通过了一个小小的临时动议："请政府从速展开经济复员工作，并迅向美国政府切实磋商借款,专供建设之用"。好个临时动议! 刚刚"军事重要不减抗战时期",忽然又来了个"经济复员工作"。刚刚从东北清剿到海南岛,到处要拨巨款,拨械弹,拨给养,到处要切实增加军费,忽然又来了个"专供建设之用"。但是在国内外舆论的压迫之下,另外还有什么话好说呢? 就是这样,这次参政会就完成了角色的两位一体的任务:借外债,打内战。**这次参政会一切都是假的,只有借外债、打内战两件是真的。**

人们不能不注意到:中国人民是在迫切要求真正的和平。不过,中国人民的这种运动与反动的参政会毫无共同之点。就在这次参政会开会的**第一天,即五月二十日,南京六千爱国学生结队向参政会请愿表示要饭吃,要和平,却被全城军警,展开巷战,不许请愿,这个参政会的参政员们亦溜之大吉,不愿接受请愿。**这一天以后,全国学生展开了反内战,反饥饿,反暴行的悲壮神圣的伟大斗争,并且引起了教授、记者、工人和市民的普遍同情。学生们被殴打、被逮捕、被屠杀,教授和记者们被逮捕,报纸被捣毁和封闭,法西斯的恐怖笼罩着整个蒋管区,假装谈和平谈宪政谈建设的大多数参政员对此有什么表示呢? 他们什么表示也没有,表示他们什么心肝也没有。**当着他们唱着要和谈的滥调时,**蒋介石正在迅速切实办理他们的打内战的决定,向南京、上海、北平、天津、沈阳、青岛、开封、西安、武汉、长沙、重庆、成都、杭州、南昌、福州、广州、昆明、贵阳等地**以学生为代表的广大人民群众**实行"清剿",**开辟了内战的第二条战线。**历史的试金石是何等真确呀! 拥护卖国独裁内战的人和反对卖国独裁内战的人,一天比一天更需要拿出真面目来斗争。在这次参政会中,一大群参政员就已经暴露了他们是参卖国之政,参独裁之政,参内战之政,而在今后的更紧张的斗争中,一定会有更多人更快更彻底地暴露他们自己。

蒋介石在这次参政会上暴露了什么新的事物呢?他在五月二十八日的演说中,他亲自宣布占全国人口三分之一的解放区是"匪区",虽然据说他还要与这个"匪区"继续和谈。他亲自造谣说学生"规定六月二日为总罢课游行之日期,实因六月二日乃去年延安发动所谓反内战运动之纪念日",还说"政府早已获知此项计划",而去年在延安的人竟至今还未获知此项"纪念日"。但是最重要的,乃是蒋介石亲自承认全国大多数人民已经判明是非。他说:"余以为当前国家最大之隐忧,在于是非观念之混淆与利害认识之不明,以至丧失共同之目标",证据就是"若干社会舆论只以战事责任加之政府,且反对征兵征粮,全不思此种痛苦之原因,系何方所造成,亦未闻为匪区民众水深火热之生活而作呼吁者"。他说是是非观念"混淆"了,正因为人民中曾经存在过的混淆已经澄清了。蒋介石的污水曾经妨碍人民认识事物的真相,但是现在污水下降了,水落则石出,于是什么战事责任呀,征兵征粮呀,"匪区民众水深火热"呀,和平谈判呀,参政会呀,参政员呀,蒋介石呀,一切事物的真相和一切人物的真相就迅速暴露在人民的万目睽睽之前。真面目的斗争一天比一天代替了混淆不明的斗争,这就是蒋介石的最大恐惧,这就是人民胜利的最大保证。

在广大人民普遍觉悟的基础上,蒋介石政府的政治危机、经济危机和军事危机正在猛烈发展。蒋介石的全部进犯军中,已有九十个旅被人民解放军干净歼灭。蒋介石的反动统治正如于斌主教所形容的，不但是一辆破车，并且已经抛锚了。**以西西系复兴系为中心**的一切反动派，在这次参政会上，集合起来，来帮蒋介石推动破车。但是，蒋介石失败的命运，决非他们所能挽救，也决非任何人所能挽救。人民是一定要胜利，人民已经有了决心一往无前地实现这个胜利，而且在不远的将来就会实现这个胜利。

哀号无济于事

（一九四七年六月二十日新华社时评）

　　蒋介石十六日对他的军校学生发了一篇"训词"，要他们拿出二十三年前黄埔军校创办时的革命精神，来挽救"国家之忧患"。他的文告隐瞒了一个主要的关节：他没有提到黄埔的革命精神是怎样来的，又是怎样去的。

　　在国民党实行联苏、联共、联工农三大革命政策的时代，黄埔军校曾经是中国青年的圣地。黄埔学生军在两次东征中留下了不朽的历史。但到民国十五年蒋介石制造三月二十日反革命政变以后，黄埔军校就因驱逐共产党员而受到严重的打击。革命的黄埔军人联合会分子，虽然继续与反动派斗争，终于不能挽救黄埔的没落。在北伐战争中，刘峙、王柏龄和汉奸缪斌等所指挥的黄埔第一军战功最微，而且打了多次败仗。民国十六年蒋介石公开叛变革命，指挥黄埔军在江西和上海屠杀工人和其他革命群众，从此黄埔更由革命的旗帜一变而为反革命的旗帜。所谓黄埔系成为法西斯团体复兴社的大本营，成为人民唾骂的目标。黄埔的革命精神，它是随着国共合作而来，随着人民立场而来，在国共分裂以后，在背叛人民以后，这种精神就必然从蒋介石的队伍中一去不返。好比刻舟不能求剑。蒋介石今天的哀歌,当然也不能替黄埔招魂。

其实黄埔的魂并没有死。他活在林彪、徐向前、陈赓等等黄埔出身的忠诚革命军人的身上,它活在中国人民解放军及其军校的身上,它也活在今天各大城市中为反内战、反饥饿、反暴行而奋斗的青年们身上。**黄埔军人中现在正发展厌战情绪,其中有些人,正在酝酿反蒋反战,投奔人民解放军。这种情况,随着今后蒋军的失败,必定会有可观的发展。中国人民衷心欢迎这一发展。真正的黄埔革命精神,仅仅属于站在人民立场上的革命军方面,这就是事物的根本变化。**

蒋介石的文告因为隐瞒历史上的这个根本变化,所以一切都是颠倒着。他所谓要他的学生革命,就是要他们反革命。但是蒋介石能隐瞒一个变化,却不能隐瞒另一个变化。他声明他的所谓革命现在是已经变得非常危险了;而按照他的理论,他的命应该愈革愈危险,将来自然是更加危险了。他承认人民之困苦已经回复到北洋军阀时代。他并且说:"革命环境之险恶,反革命势力之嚣张,主义之晦冥否塞,人心之涣散徬徨,视当时乃犹过之"。由此他得到结论:"吾人今日之地位,为孤臣孽子"。他的话初看有些难懂,翻译出来倒是好懂的。反革命环境的漆黑一团,革命势力的光芒万丈,反革命宣传的到处碰壁,统治者内部的分裂苦闷,大都超过了第一次大革命时期。蒋介石投希特勒为臣,不幸他短命死矣,丢下个孤臣;投杜鲁门为子,宗族上又不甚合法,只算个孽子。蒋介石这一套悲观腔调,以前也是有的,但都不公开。到了最近,国大也开了,宪法也立了,中共代表也赶了,延安也占了,政府也改组了,学生也捉了杀了,报纸也封了,人民"抗战胜利之成果"被他抢劫完了。正在这时,他看到变化到来了,人民被迫无路可走时,决心死里求生,决心向蒋介石反攻,人民反攻的冲锋声有如排山倒海,逼得蒋介石不得不公开提出"抗战胜利之成果能否保持"的疑问,以及"孤臣孽子"呀,"最后奋斗"呀,等等倒霉话。蒋介石的宣传近来完全乱了,其特点是向各方面乱叫救命。第一是向国民党乱叫救命,三月二十九向青年团叫,五月二十八日向参政会叫,没有几天,就又向军校学生叫。这是蒋介石宣传的第一个特点。第二是向所谓公正人士乱叫救命。以前的所谓公正人士一定是要完全拥护国民党的,否则不为蒋介石所喜欢。现在为了救命,急不暇择,尺度是大大放宽了:同情学生运动,但不赞成罢课,这也就算公正了;说蒋介石不对,但中共也有不是处,这也就算公正了;说蒋介石好比白衣秀士王伦,中共好比豹子头林冲,这也就算公正了。蒋介石的宣传机关听了这些话,非但不觉得犯讳,而且如获至宝,拿来大吹大擂,要求普天下人都能学这些所谓公正人士的样子,出来替他们主持公道。这是蒋介石宣传的第二个特点。第三是向外国乱叫救命。美苏战争太渺茫了,就是借款也来得太慢,于是左一个"韩共"如何如何,右一个什么"社会主义第三局"如何如何;左一个"北塔山事件"如何如何,右一个"察北"如何如何;胡言乱语,整个蒋介石机构一齐变成了造谣公司,目的都是叫给美国人听,请他们出来救命。这是蒋介石宣传的第三个特点。但是一切这些乱叫,到底达不到救命的目的,会有一天终不免大叫三声而亡。**蒋介石宣传方面的这些特点,标志着蒋介石航船快要沉没。总而言之,蒋介石的灭亡局势是确定了,蒋介石正在为此哀号,并且今后一定会有更多**

的哀号文告发表，但是大势已去，不能挽回了。蒋介石的全部本钱是他的正规军八十六个师（军）二百四十八个旅（师）。其中有七十五个师（军）二百十八个旅（师），是进攻我解放区的，三个师（军）、八个旅（师）是进攻我湘鄂及华南游击区的。所有这些进犯军队，在去年七月至现在将近一个年头内，已被人民解放军歼灭九十多个旅（师），今后的任务是坚决彻底干净全部地歼灭一切蒋介石进犯军。只要这批匪军歼灭干净了，中国人民就胜利了，蒋介石一切哀号都是徒然。

总动员与总崩溃

（一九四七年七月十三日新华社社论）

七月四日蒋介石的《戡平共匪叛乱总动员令》，丝毫没有令人惊异。蒋介石早已决心与全国人民为敌到底，背叛政协路线到底，把内战打到底，把任何和平妥协之门关闭到底；所有这些，人们也都早已知道了。所以美联社说："这个命令的实际意义没有象征的意义那样多。"它有什么象征的意义呢？它象征蒋管区的人民将要遭受更大的压迫。蒋介石既然正式宣布共产党和解放区人民为"共匪"，正式宣布任何和平运动为"法外之滋扰"，那么一切要求民主的人，要求和平的人，包括国民党内日见增多的倾向和平的人，就都可以公开地逮捕残杀了。它象征蒋管区的人民将要遭受更重的征兵、征粮、征税、派款、通货膨胀、物价飞涨、破产和饥饿的灾难。蒋介石把这些灾难叫做全国人民的"基本生存权利"，因此说："如果今削弱了国军，就是动摇了全国人民的基本生存权利"。它象征蒋介石将要进一步卖国，以取得美国帝国主义的进一步援助。蒋介石的发言人，已经暗示南京将要接受"与希腊相同的财政、政治和军事的监督"。但是最重要的，它是象征着蒋介石的统治将要总崩溃。事实上，蒋介石的真正总动员老早实行过了。在以前他是只做不讲。现在他已经没有什么可以总动员，只等着一个总崩溃了，他却偏要大讲特讲。他企图用这个象征的总动员来挽救那个实际的总崩溃。但是，让我们看吧，他究竟能不能够达到目的？

　　先看军事。蒋介石的军队，在日本投降以后，在前年双十节国共协议和平以后，就已经开始总动员了。蒋介石十月十三日下了著名的"剿匪"密令，调动一百多个旅（当时叫做师）大举进攻解放区。去年一月停战协定以后，蒋介石一面违约在东北等地继续大打，一面违约继续调动军队，完成了全面进攻解放区的准备。因此蒋介石在六月谈判中就提出五项荒谬要求，故意使谈判破裂，并在六月底七月初开始全国大打。他的正规军二百四十八个旅用于进攻解放区的已经陆续增加到二百二十六个旅，这还不算总动员吗？但是结果如何？蒋介石曾经幻想用这个总动员在四个月内消灭解放军，但是在四个月以后，即在八月占承德，九月占淮阴、菏泽，十月占张家口、安东以后，不但他的幻想没有实现，而且他的攻势反因其兵力大量损失与不敷分配而开始衰落。他为了挽救颓势，改变战略，集中兵力于鲁南陕北两点。今年二月占领临沂，三月占延安，企图由东、西两面首先驱逐解放军于黄河以北以东，以便逐步解决。但是他的目的仍旧达不到；不但在其他战场，而且在这两个战场蒋军也是连遭痛击，进退两难。从此以后，军事的主动就转入解放军之手。解放军五六两月在北线举行了大规模的反攻，七月又在南线开始了同样大规模的反攻。最后惊醒了蒋介石的一场春梦。蒋介石现在还能组织什么新的总动员？从去年七月中旬的泰兴战役到今年七月初旬的费县、郓城、定陶战役,一年之间,解放军已经歼灭蒋介石的正规军整营以上的兵力一百个旅,其中包括五十个整旅。在今后的一年中,解放军一定能够继续歼灭蒋军一百个旅,**并争取超过**。蒋军在过去一年虽然抓了近一百万新兵,这次总动员令后又计划再抓一百万新兵,但是不断征收新兵的结果,不但促成了蒋管区的民变和游击战争,而且使蒋军愈战愈弱,愈易被解放军所大量俘虏,并大量加入解放军。蒋介石还计划再从后方抽调一些正规军和地方军,但是这在实际上也只是便利了蒋管区人民的武装斗争,对于广大的解放区战场,却是无济于事,这样,蒋介石还有什么办法避免总崩溃呢?

再看经济。随着军事的总动员,蒋介石的经济也早已总动员了,这就是总动员保甲长一年四季勒索农民的粮食,总动员印刷机关二十四小时印钞票。大家知道,日本投降时曾经是蒋介石财政的黄金时代,那时他接连得了美国大量的装备、运输、剩余物资、救济物资和信用贷款,得了大量的敌伪物资,大量的新税收,此外,他还积有历年投机所得的大量现金。但是就在那时,蒋介石还是要继续征粮,继续通货膨胀,而且比抗战时期征得更急,膨胀得更快。到了今年,蒋介石的横财大部消耗了,战争却更加激烈,因此,蒋介石的经济危机,就空前地爆发起来。今年二月初旬,上海物价和金价突涨一倍。蒋介石二月十六日颁布经济紧急措施方案,冻结黄金美钞,又在四月一日发行四亿美元债务,企图集中外汇,弥补预算,但是危机却继续严重化。四、五月间,物价又连涨三倍。六月下旬,物价再涨,上海白米突破五十万元,美钞突破五万元,加上水灾旱灾,纷至沓来,人心惶惶,不可终日。正在这时,蒋介石却在一片瓦砾场上宣布新的总动员。就是说，要使米价、一般物价和通货数字，像断线风筝似的飞入云霄，而使高攀不上的饥饿人民跌死在地上。以抗战前夜的物价为标准，日本投降前夜的物价约为一千八百倍，而这次总动员前夜的物价则约为六万倍。蒋介石的法币发行款在抗战前夜是十四亿，日本投降前夜是五千亿，这次总动员前夜据最低估计已在十六万亿以上。那么，所谓总动员，人民固然遭殃，就是对蒋介石说，除了造成蒋币的总崩溃，以及蒋介石的财政总崩溃以外，还能有什么前途呢？

　　再看政治。蒋介石的真正的政治总动员，也是开始于日本投降以后。在前年的重庆谈判中，蒋介石就坚持不承认解放军和解放区，表示了破裂的决心。去年一月，蒋介石勉强伪装承认政协，到了政协会后，反动的阴谋和暴行立即层出不穷，去年三月的国民党二中全会，更使这个反动的形态完备了起来。蒋介石在那个会上团结了反动派的力量，制造了一系列的推翻政协决议的计划，其中心则是伪造所谓国民大会和宪法。所谓多党政府，只是引起了群众的哄笑和厌恶。蒋介石的最后欺骗是所谓政治解决。多年以来，无论内战打得多凶，他总是不放弃宣传他的政治解决。直到一个多月以前的六月二日，蒋介石的参政会尽管通过了无数的"剿匪"决议，还是全体一致"请政府再度申明继续贯彻以政治方式解决中共问题之方针"。但是这个赌博又失败了，而且失败得很彻底。蒋介石对于他自己的参政会竟然不表示任何态度，就在七月四日来了一记响而且脆的大耳光，叫做"戡平共匪叛乱总动员"！显然地，蒋介石的这个所谓总动员，在政治上说来不是别的,乃是蒋介石的总破产,以及那些由政治解决起家而今成为内战舐血者的孙科、张群、青年党、民社党之流的总破产。蒋介石在他的总动员提案中,在他的极端冗长的七月六日演说中,都搜集了一切可能有的坏话来骂共产党,但是却不能说一句话来责备共产党破坏了**一九四六年一月十日的停战协定和同年一月卅一日的政协决议**,也不能说一句话来吹嘘自己遵守了这个停战协定和这个政协决议。他只好根本不提这些事。好像这些东西在世界上根本没有存在过一样。

蒋介石政治上的这个总破产,当然使他在人民中间更加孤立。蒋介石亲自出来总动员,在四海之内,竟动员不出几条汉子来附和。可怜可怜!蒋宋孔陈这些金融寡头在财富上是多么庞大的家族,但在政治上是多么渺小的家族!问题是蒋介石为什么一定要放弃政治解决的最后欺骗,宁可自己孤立自己呢?唯一的解释,就是他的统治已经太软弱了。去年三月国民党二中全会以来反动派的团结和信心,已因军事失败,经济困难、政治孤立而瓦解了,政治解决这样的残脂剩粉一方面已经骗不了几个普通老百姓,另一方面反而妨碍蒋介石在他的孤立而混乱的队伍中"集中意志"了!还在今年三月国民党三中全会上,蒋介石就敲起警钟,说国民党必须一致信任他的领导,来对付该党"生死存亡"的关头。此后他虽然再三重复他的哀号,但是直到七月六日,据他看来,"我们的社会人士"却还是"是非不分,利害不辨","甚至对于自身福祸与永久利害亦茫然无知","正如古语所说,燕雀巢于危幕之下,而不自知其危,实际上覆巢之下,决无完卵"。所以他决心不顾一切而宣布总动员,以求统一内部。一切依赖蒋介石的人们注意呀！蒋介石的巢是悬在危幕之下，随时都会总崩溃，摔成一堆粪土呀！蒋介石巢中的卵，随时都会总崩溃，摔得一个稀烂呀！但是蒋介石把他同幕同巢的燕雀们召集起来以后，究竟怎样保护他们和他们的卵呢？一哄而散吗？自投罗网吗？聚火自焚吗？他却没有答复，也不能够答复。然而蒋介石的总动员其实质正在于此！

　　蒋介石说他是巢于危幕之下，这确是一个不小的发现，虽然发现得太晚。因为他的幕后，是站着帝国主义，所以他向来都把他的危幕当作铁幕，倒行逆施，有所恃而不恐。日本投降以来，蒋介石的每一次重要的反动，都是与美帝国主义的援助息息相关的。前年年底的内战，是跟随着美国的所谓援助受降遣俘。去年上半年的内战，是跟随着军调部美国代表对东北停战的怠工和马歇尔的援华建议。去年下半年的全面内战和召开国大，是跟随着美国国务院的延长对华借款案和继续军事援助法案，以及让售太平洋剩余物资。今年上半年的驱逐中共代表和进占延安，是跟随着马歇尔的撤退执行部，和鼓励南京组织无共产党的所谓联合政府。最近的通缉中共领袖毛泽东主席和下令总动员，是跟随着马歇尔宣布供给一亿三千万发子弹，解禁军火，考虑新的货款和新的援华计划。但是，事实证明，美帝国主义的援助并不足以挽救蒋介石的崩溃。当蒋介石过去有力量实行真正的军事经济政治总动员的时候，美帝国主义曾经给了他四十亿美元的援助，但是蒋介石的进攻仍被击退。今天蒋介石快要总崩溃了，他只能实行象征的总动员了，那么，即使美帝国主义再援助他几十亿美元，又能有什么结果呢？何况美国舆论在反对这种罪恶滔天的和证明无效的援助,而美帝国主义本身,也正面临着巨大的困难!

总而言之,总动员救不了总崩溃,这个公式,连蒋介石集团也无法否认。七月七日,上海的记者们问孙科:"动员令下后,内战是否提前结束?"孙答:"无法估计,除非上帝谁也不晓得。"真的,他们现在是只有依靠上帝了。蒋介石对于他自己捏造的四平"大捷",不也说是"上帝保佑"吗?让这一小群人民公敌快快儿见他们的上帝去吧!与他们相反,人民是完全有信心的。人民的方针始终坚定不移。这个方针,见于共产党中央的"七七"时局口号。这个方针就是**团结一切受压迫的人们成为民族统一战线,壮大人民解放军**,坚决彻底干净全部消灭蒋介石的一切进犯军,恢复政协路线,成立民主的联合政府。民主的联合政府将给穷凶极恶的第一等杀人犯蒋介石以应得的处分,而给人民一个无限光明的独立和平民主的新中国。

祝鲁西大捷

（一九四七年七月三十日新华社评论）

　　我刘伯承、邓小平两将军所部的人民解放军，自六月三十日夜在鲁西渡黄河南下以后，七月八日收复郓城、歼灭敌曹福林部五十五师师部及所属七十四旅、二十九旅；十日收复定陶，歼灭敌林湛部六十三师一五三旅；十二日至十四日在巨野金乡间歼灭敌唐永良部三十二师师部及所属一三九旅、一四一旅，敌陈颐鼎部七十师师部及所属一三九旅（与三十二师之一三九旅同一番号）、一四〇旅（该旅第二次被歼，并缺一个团）；二十二日在金乡以北歼灭敌宋瑞珂部六十六师一九九旅和十三旅一个团；二十八日收复金乡以北羊山集，歼灭敌宋瑞珂部六十六师师部及所属一八五旅和十三旅另一个团。前后二十天中间，连战连捷，除较小战果不计外，歼敌四个师部、九个半旅，俘毙敌据初步统计达五万八千余人。俘房中间包括六十六师师长宋瑞珂，七十师师长陈颐鼎，七十师副师长罗哲东，五十五师副师长理明亚等高级将领。全面爱国战争第二年第一个月中的这个伟大的胜利，足与今年二月华东人民解放军在鲁南战役和莱芜战役中歼敌四个师部十二个整旅的记录及今年五六月东北人民解放军在中长路吉沈路等处歼敌八

万的记录相比美,进一步表明了我军愈战愈强和敌军愈战愈弱的真理,奠定了我军在今后一年中争取超过过去一年战绩的信心。

鲁西大捷,答复了蒋介石的总动员令。蒋介石在七月四日发出了他的总动员令之后,他的军事形势没有任何好转,反而更加恶化了。在整个七月份里除东北、晋察冀、陕甘宁等地的解放军处于战役间歇的休息时间以外,整个南线,从胶济东段、鲁中鲁南、津浦沿线、鲁西、陇海路南的豫皖苏边区、陇海路北的平汉路两侧,直到晋西南的夏县平陆地区,人民解放军都给了蒋军以各种程度的打击,尤以鲁西大捷为最。而蒋介石下了总动员令,没有挽救鲁西的败局;蒋介石于七月十九日亲自到开封去总动员,也没有挽救鲁西的败局;甚至在魏德迈代表团二十二日来华以后,"据说指挥官甚至士兵均因代表团之到来而振奋"(美联社南京二十七日电),还是没有挽救鲁西的败局。在这一切魔术表演过后,蒋介石嫡系陈诚亲信的宋瑞珂部六十六师,还是跟在五十五师、三十二师、七十师等杂牌军后面,遭受了全军覆没的命运。

鲁西大捷,答复了蒋介石的重点进攻。蒋介石在去年十月的攻势顶点以后,特别是在今年二月的莱芜大败以后,**集结了八十多个旅的兵力**于华东战场(包括苏北),企图压迫我军退到黄河以北。但是五月十五日蒙阴孟良崮一战,仍然消灭了蒋介石的精锐七十四师。蒋介石在椎心泣血之余,宣布自己直接指挥鲁中作战,用与进攻陕北大体相同的方法,把二十几个旅堆在一起前进,企图避免被我军歼灭。这个笨拙的战术,丝毫没有替蒋介石造成什么胜利,却使他的兵力与空间的矛盾大大尖锐化了。顾此失彼，惜指失掌，加强一处，减弱十处；正是蒋介石的这个战术，使鲁西大捷和鲁南费县等地的胜利得以顺利实现。蒋介石今后只有两条路可走：或是放弃重点进攻，退而抱残守缺；或是继续重点进攻，使我军在广大战场上自由运动，取得更多的鲁西大捷。无论他走哪一条路，他的失败都是显然不可挽救的。

鲁西大捷，答复了蒋介石的黄河阴谋。蒋介石及其美国合作者，为什么毁信弃义，不顾历史协议与黄河故道下游人民生命财产的损失，于去年年底强令花园口合龙，这个毒计的目的现在是完全明白了。蒋介石的目的就是利用黄河的**滔滔之水**作为他的**所谓**"四十万大军"，阻止晋冀鲁豫区我军收复失地，并将山东我军驱逐于黄河以北，同时，破坏解放区人民的复堤工作，以便造成泛滥，使沿河解放区军民无立足地。现在刘邓大军南渡，蒋介石肃清黄河以南的阴谋是被粉碎了。但是正因为这样，蒋介石就更加紧了他的破坏黄河河堤的卑鄙凶恶计划。**根据密讯，蒋介石正在准备决堤，企图以对付日本人的方法对付中国同胞。**解放区人民和中外一切正义之士必须严重警惕，**采取步骤，击破蒋介石及其合作者之新的毒计。**

鲁西大捷，答复了蒋介石的无耻和造谣。蒋介石的谣言现在主要的有两大类：一类是宣布自己的失败为胜利，一类是宣布对方的胜利为由于"外援"。蒋介石发言人的本领，就在于他们说话可以连一点影子都不要，而且照例不顾下文，尽管每一次都被事实驳倒，他们还是唾面自干，若无其事。因此你尽可以教会一只狗不吃屎，你却休想教会蒋介石的发言人不造谣，谣言已经长在他们的身体发肤中间，就如受之父母的生理元素一般了。七月十八日，中央社宣布说："犯巨野南羊山集之共匪，与北上国军展开激战，十八日下午，终将共匪五十个纵队完全击溃，获空前大捷。由于此次战役，鲁西共匪已开始总崩溃。"该社二十六日电又说："金乡巨野羊山集一带之共匪约一个纵队，已抢渡黄河北遁。"请看呀！这就是中央社、董显光、李维果、陈诚和蒋介石自己的无穷胜利宣传的日常标本。但是用什么来收场呢？在东北尽管沈阳的美国记者们以亲身经验一致揭发了蒋介石所捏造的"苏联援助"的"韩共参战"的山海经，**又将原先准备的四平参观临时变计不许中外记者前往**，但是他的谣言，还可以有一小部分市场，并得到一小部分美国反动派的响应。这是因为第一，蒋介石就像那个铁肺人一样，一呼一吸都得依赖外援的，这种极端的奴性就造成了对于中国民族能力的不信任，就使得有些神志不清的中外人等居然以为解放军所缴获得来的美国武器竟是苏联出品，居然以为长久没有经历过战争的韩国人反比长久生活于战争中的中国人更会打仗。第二，东北离上海、南京很远，而离苏联、朝鲜很近，便利于这种谣言的散布。但是鲁西呢？离上海、南京这样近，离苏联、朝鲜那样远，而此次鲁西胜利，**则与东北五六月间的惊人胜利同样惊人**，请问蒋介石的造谣工人及其美国顾主们，又该作何解释呢？没有解释。蒋介石的策略只有跟历来一样：沉默。

从积极方面来说，鲁西大捷对于今后解放区自卫战争的意义，自然是极其重大的。鲁西的胜利，为攻坚战树立了光荣的模范，并展开了南线反攻的伟大远景。战争还刚在发展；关于这个发展的前途，我们最好是让将来的事变本身来说明它自己。

人民解放军二十周年

（一九四七年七月三十一日新华社社论）

在二十年前的今天，一九二七年的八月一日，我们的国家曾经是怎样的黑暗啊！跟着蒋介石在上海的四月叛变以后，汪精卫、孙科在武汉也举行了七月叛变。一九二五至一九二七年的大革命在全国范围内失败了。以蒋介石为首的帝国主义的走狗们，建立了比北洋军阀更加依赖外国帝国主义，更加残酷地压迫剥削人民的南京反革命政府。大革命的主力共产党人、其他民主分子和工农群众，到处遭受逮捕和残杀。被缩小了的中国共产党就在这个时候，如毛泽东所说："从地下爬起来，揩干净身上的血迹，掩埋好同伴的尸首，他们又继续战斗了。"正是这个小小的共产党代表了我国四万万五千万人民坚强不屈的求生意志和奋斗传统。他们继续战斗的第一声，就是一九二七年八月一日的南昌起义。在朱德、贺龙、叶挺等革命将领的领导下，出现了我国历史上第一支完全属于人民的军队。无数次悲惨的教训，终于使我国人民得到一个觉悟，就是为了保护自己的生存权利，实现自己的革命要求，就必须组织一个完全属于人民的立场坚定、英勇善战、纪律严明的彻底革命化的军队。在一切悲惨事变以后，如果我国的民主分子还以为可以不需要一个这样的军队，还以为可以不重视、不保护、不发展这个军队，那么，他就不是一个准备对自己的理想和宣言负责的人，他就不是一个诚恳郑重的民主主义者，而是一个儿戏的空谈家，他就是准备再把成百万的生命送给吃人的帝国主义者及其走狗去作牺牲。因此，不顾各种各样的艰难困苦、围剿穷追，飞短流长、阴谋诡计，中国共产党和中国人民，在毛泽东的领导之下，决心百折不挠地坚持和发展这个革命的队伍，至于今日。依靠这个队伍，我国人民冲破了大革命失败后的黑暗，在南方各省和陕甘宁边区燃起了土地革命的怒火；依靠这个队伍，我国人民在日本侵略时期建立了抗日民族统一战线，在东北、华北、华中和广东进行了伟大的人民抗日战争；依靠这个队伍，我国人民胜利地抵抗了美国帝国主义所支持的蒋介石的新进攻，并正在努力实现一个独立和平民主的新中国。二十年前的黑暗时代是一去不复返了。我们的国家现在是充满了希望，虽然蒋介石在其日益缩小的统治区中还在征兵征粮、捉人杀人，但是就在那个区域，多数人（包括国民党内外的官商绅董文武官僚）已经知道，那个局面是不会久长的了。饮水思源，究竟是什么力量造成了二十年前后的这个大变化？是人民；是共产党的领导；但是，最直接的力量，却是南昌起义所创始的共产党所领导、人民所自觉组织的人民解放军啊。

人民解放军的二十年历史包含丰富的多方面的经验，要在一篇短文里说完是不可能的。这里只说一个最基本的和最需要反复说明的经验，这就是：一个革命力量只要是真正依靠群众，就永远不会被敌人压倒，因此也永远不应该被敌人吓倒。当一九二七年革命失败的时候，许多不坚定的人们，就是被敌人吓倒了。他们只见一片天昏地暗；他们断定我国的革命是完了，哭丧着脸脱离了革命的战线。但是与他们的预言相反，正在这个"变天思想"的高潮中，人民解放军产生出来了。人民解放军在成立以后，还是要受"变天思想"的继续袭击，因为每当那里出了一股风，吹来一朵乌云，就总有这种不坚定的分子宣布世界的末日作为响应。事实上，政治天空确实常有乌云的，比方说，首先南昌起义就受了挫折，同年的多处秋收起义和广州起义也受了挫折。直到一九二八年红军取得湘赣边的井冈山及其他区域为根据地的时候，人们还在怀疑着"红旗到底能打得多久"。一九三〇年以后，红军开始了大的发展，粉碎了敌人的多次围剿，三四年间，兵力增加到三十万人，但是随着又因为**那时领导机关中**主观上的错误，**加上客观上的困难**，江西红军主力和湘鄂西、川北的红军相继被迫作转向陕北的二万五千里长征。这个人类历史上前所未有的困难，不但使红军缩小为几万人，而且使许多人到抗日战争初期还以为由红军改编的八路军新四军只是一些破烂的游击队，而不相信它们能发展为坚持抗日战争的主力。在这以后，悲观主义的市场是越来越小了。但是例如在一九四二年抗日战争的最艰苦时期，在去年十月蒋介石进攻最猖獗时期，以及在其他许多遭遇暂时严重情况的局部地区，一遇到什么风吹草动，就大惊小怪，甚至丧魂失魄的人们，可惜还不是没有，而在将来的某些曲折中，这些人们也仍然会以各种姓名面貌重复地出现。但是，整个地说来，今天这些不坚定分子的倾向，已经不是表现为害怕革命的失败，而是表现为大踏步前进中的不够勇敢。今天所要求克服的,一般地已经不是防御中的困难,而是前进中的困难。而这种困难一样也会把有些人们吓倒,束缚他们的精神意志,使他们不敢于胜利。至于在蒋介石统治区,甚至还有这种"民主分子",继续以为蒋介石和人民的斗争的结束会是谁也消灭不了谁。总之,这些人们的共同特点,就是不善于冷静地全面地分析情况;就是不善于区别什么要素只是暂时起作用,而什么却是经常起作用的;就是不善于区别什么力量即使暂时似乎还很强大,却已经开始衰亡,而什么力量即使暂时似乎还很弱小,却是正在向前发展的东西。天上的乌云,反动派的优势,革命运动的错误和挫折,这些是暂时起作用的,而太阳的光明,反动派与人民的矛盾和由此而来的反动派的不可解救的危机,人民的觉悟和团结的力量,革命真理的力量,这些是经常起作用的。因此,在一方面,依靠经常起作用的要素而发展的人民解放军,暂时曾经是弱小的,现在也还未十分强大,但是由于它经常依靠群众,它就战胜了各种困难而强大起来,以后还要更加强大;而在另一方面,依靠暂时起作用的因素而存在的蒋介石反动派及其主人外国反动派,暂时曾经是强大的,现在也还相当强大,但是由于它经常执行压迫剥削群众的政策,它就必然日趋于毫无例外地死亡。不懂得这个真理,就使得有些人们经常缺乏信心,经常迷失方向,经常被暂时的片面的和表面的现象所恐吓,经常被自己的错误所欺骗和奴役。人民解放军的二十年历史,证明事实并不是按这些人们的想法发展的。人民解放军二十年历史的最基本经验就是必须把上述的真理经常教育人民,经常教育自己的队伍中的每一个战士和干部,使全军全民经常认识历史的真实动向，对于自己的力量具有充分的信念，以便克服一切可能的困难，争取一切可能的胜利。

二十年前的一九二七年，我国是存在着一个革命战争和革命高潮——北伐。北伐是国共合作的产物，在形式上是以国民党为主体，结果也以国民党的叛变而失败。这个革命留下了人民解放军的种子。人民解放军在以后十年的迅速发展中，虽然遭了挫折，但是保存了骨干，并且依靠这些骨干，在十年前的一九三七年，产生了我国又一个革命战争和革命高潮——抗日。抗日是第二次国共合作的产物，但是这次是两党各自为政，**国民党虽然坚持其反动政策，继续反共反人民，共产党却避免了受国民党这种政策的影响，能够独立自主地执行人民战争的方针**，结果国民党虽欲投降日本而不可得，因为人民解放军得到了更迅速的发展，成了抗日的主体。现在是一九四七年，我国又存在着新的革命战争，并且正处于新的全国性的革命高潮的前夜。国共合作的可能被国民党最后消灭了，以蒋介石为首的国民党统治成为人民革命的目标，共产党成为革命战争的唯一领导者。这个情况，不但使中国的局面发生了根本的变化，使以蒋介石为首的中国反动派无法挽救自己的最后死亡，而且使以美国反动派为首的帝国主义的世界统治，在中国也与在苏联和东欧各国一样被打开了缺口，使国际反动派无法弥补这个缺口。今天人民解放军的任务和全国人民的任务，就是用一切力量**脚踏实地**，勇猛前进，来实现今年七月七日中共中央所提出的时局口号。人民解放军的全体指战员必须深刻了解，中共中央所提出的这些口号毫无例外地都是完全现实的行动口号，是我全国人民的当前任务，而首先则是我人民解放军的当前任务。首先一个口号就是坚决彻底干净全部地消灭一切蒋介石进犯军——这正是全部问题的关键。敌人的进犯军包括进攻中原和广东人民游击战争的几个旅在内，一共只有二百二十多个旅，我们已经消灭掉差不多一百一十个旅了，就算敌人都补充起来，也是越补越弱，越补越慢，赶不上他们被消灭的速度。那么，完成消灭一切进犯军的任务，难道还有什么疑问吗？在消灭一切进犯军的过程当中及其以后，就当然能够成立民主的联合政府，就当然要惩办以蒋介石为首的战争罪犯，没收官僚资本，取消特务机关，废除卖国条约，这一切还有什么疑问吗？为了消灭一切进犯军，就当然要学习阵地战和迂回战术，不让一个敌人逃跑，就当然要严守纪律，保护人民，就当然要坚决实现耕者有其田，发展生产节约，这一切还有什么疑问吗？这些任务是必须实现的，而实现了这些任务，我们的国家就将要变得怎样光明啊！当然，如前所说，我们在前进中也不可免地要遇到许多新的困难。但是如果回想一下我们在过去二十年中的困难，回想一下一九二七年革命失败时的困难，回想一下一九三一至一九三五年二万五千里长征中的困难，那么，这些困难还有什么可怕呢？经历了二十年奋斗的中国人民解放军，温习了二十年奋斗经验的中国人民解放军，一定不顾一切困难坚决地执行中共中央所给予的伟大任务，勇敢地奔赴那个不可避免的神圣目标——战胜蒋介石，建立新中国。

蒋介石的秘密演讲录

（一九四七年八月六日新华社评论）

鲁西大捷的战利品之一，是蒋介石对其中央训练团受训军官的秘密讲演录。蒋介石因军事上的连遭惨败，从四月下旬起在南京轮训前方团以上军官，每期约一个月，现已办至四期。蒋介石在其秘密讲演中，不能不承认他在公开宣传中至今还隐瞒着的军事失败，并充满对战争前途的失望情绪。他承认国民党军队没有一样能比得上人民解放军。蒋介石说："一年多来的剿匪经验，使统帅部最感苦恼的是：甲，指挥部不断被袭，指挥官不断被俘。乙，援军不能到达，而中途被匪解决。这样下去，真不知如何得了。"他说："统帅部曾用尽种种方法，鼓励他们去取得奸匪的重要文件材料来，可惜一年多来都没有什么大成绩。这次我们取得了两本册子，我告诉你们，我拿到这两本书，真欢喜得如获至宝，日以继夜一字一句研究，现在我已看过五遍。今天印发给你们，你们也要用最大的力量去研究。你们看我们的敌人对于各种研究是如何彻底，自我检讨是如何坦白诚恳，他们军队的组织是如何紧密。纪律如何严明，尤其对于战略战术，他们已确立了一个体系，研究发展，实行改过，都已成立一个体系。反观我们，哪一样比得上?"他说:"共匪长处在组织,国军短处在不合作,以无训练无组织的军队去和共匪作战,只是打一年糊涂仗。""一年来的剿共,所以还稍有一点胜利(?),坦白说一句,完全是靠先总理和阵亡将士在天之灵的护持。"

蒋介石在如此彻底暴露了自己的无能以后,突然转变论点,说他们的敌人并没有什么高明。他把失败的责任完全推给他的部下,不说自己不配指挥他们,而说他们不配受他指挥。第三期训练是在蒋的心腹张灵甫部七十四师五月中旬在蒙阴被歼灭以后举行的;张曾向蒋攻击其他将领都不能作战,虽然失败的正是努力研究和执行蒋介石指示的张灵甫自己,但是蒋介石仍用他的话来诿过于人。他说:"今天我首先要把七十四师师长张灵甫死前给我的一封信宣读给大家听。这封信上说:'匪则飘忽不定,我则进退失据。匪不可畏,而一般将领之心则诚可畏,互相牵制观望。'我读了他的信心里非常感动,便给了他一个电报。但这个电报没有到达,他便殉难了。"蒋介石责备他的部下说:"奸匪究竟有什么可畏,有什么神秘呢? 统帅部详细研究,然后给了你们很多指示,但你们不去研究。山东的战争失败得这样迅速,这完全是你们不研究不读书的结果。""你们说,现在的编制大小不一,这种说法完全是错误的。比方说莱芜距蒙阴不过数十里路,派一个师去赴援,说人太少不敢去,又派了两个师。但结果如何? 三个钟头之内,为敌人整个解决。这是兵太少吗? 还是为了什么原因?""你们看到友军的歼灭而不救,敌人歼灭了别的,就会轮到你们头上。七十四师被歼灭了,而你们也就跟着成为七十四师。""我们有很好的士兵和下级干部,学习了你们的平时骄傲,不求进取,指挥无方,结果都作了无代价的牺牲。我告诉你们,你们这样的人,实在不配做我统帅的部下。"蒋介石既然毫不检讨自己政略战略的根本错误,因此除了把自己十几年前在江西曾经遭受惨败的空洞原则搬出来吹嘘一番以外,就只有对部下像对小孩似的施行威胁利诱的办法。他说:"我已经说过,年余的戡匪战争,我军最大弱点为:甲,指挥部不断被袭,指挥官不断被俘;乙,援军不能到达,中途被匪消灭。要怎样才能避免这种事件呢? 那便是我在江西剿匪指示的搜索、侦察、掩护、严密、观察准确等几大原则。"蒋介石又更向他们宣布所谓连坐法说:"主官不退而部下先退,致主官有伤亡情事者,杀其次级官。部下未退而主官先退者,杀其主官。见难不救,致友军有重伤而已身完整者,杀友军将领。"

他又引诱他们说:"只要你们忠于职守,勇敢以赴,在消灭了匪徒以后,你们的功劳是一定不会被淹没的,你们的地位是一定要为你们保持的。我告诉你们:在匪徒肃清后,我们仍然要在平时保持九十个国防师。国防师的编制是一师两旅六团,就是说比起现在的一师三旅六团来,我们只取消了一个旅部,团的单位是不会变更的,而现在的军队,恰巧合乎这个数目。""我再告诉你们:现在统帅部已确立了一项计划,就是要确立人事升迁制度。以后的升级不是资历第一,而第一是战绩,第二是学识,第三才轮到资历。"他又造谣恐吓说:"如果剿匪失败,我们将领必被共军一一处死,这是必然定律。""我真不明白:你们对于国家民族的前途可以不计较,对于五十年光荣革命历史可以不爱护,但你们对于本身的生命荣誉,难道也没有一点爱护之心吗?"**事实表明:蒋军被俘将领,不但未被解**

放军"一一处死"，而且生活得很好；**其中许多人认为被俘就是解放，从此有了光明前途**。事实又表明，蒋介石亲自主持的这种训练效果很小。在训练了四期以后，鲁西战役中蒋军指挥部被袭，指挥官被俘，援军被消灭的数字反而打破了以前的记录。在鲁西被俘的七十师的师长罗哲东用简单的话比蒋介石的长篇大论说出了更多的真理："我们那边的问题是没了，明天是个什么样子？眼前一片漆黑，哪不打败仗？"被俘的将领们泄露：蒋极端丧气的口号叫做"打完亦完，打不完亦完。"军官们说他们虽不能接受这个口号，但对于到南京受训仍感兴趣，因为至少在受训的时候他们可以不打仗，不当俘虏；例如五六月间在东北怀德四平两战役中，七十一军陈明仁所部八十八师、九十一师全部被歼，八十七师亦大部被歼，**该军所余残部不过二三千人，但其各师长因在南京受训，幸免于难。**

鲁西前线息：由豫北驰援鲁西的整编二十六军军长王仲廉已因鲁西惨败被蒋介石撤职。王部原辖第四十师，曾于前年十一月被歼，其第三师曾于去年九月被歼，其第四十九旅（第二快速纵队）曾于今年四月被歼，以上各部虽经补充，但战斗力弱；其唯一未被歼的三十二师，**与从今年四月起受其指挥的陈诚嫡系六十六师宋瑞珂部，此次亦在鲁西被歼干净。**王仲廉是因内战不力受处罚的第八个蒋军高级指挥官。在他以前被处罚的有前郑州绥署主任刘峙（因去年九月**陇海战役失败撤职**），徐州绥署主任薛岳（因今年一月鲁南失败撤职），保定绥署副主任上官云相（今年四月因清剿冀东失败记大过），冀东绥区主任兼九十二军军长侯如（同上），临沂指挥所主任汤恩伯（因今年五月七十四师在鲁中被歼撤职），山东第一兵团第一纵队司令兼八十三师师长李天霞（同上），与东北保安司令长官杜聿明（因今年五六月东北蒋军失败奉命"出洋治病"）。此外，尚有被撤职申斥记过的师旅长多人，包括此次在鲁西被俘的六十六师师长宋瑞珂，他与另一师长武庭麟在去年夏季均因进攻我中原解放军计划失败受蒋介石申斥，同时有两个师长被撤职。蒋军将领们认为，这些处罚是不公平和无效的。例如七十四师被歼后，原属湘军的八十三师师长李天霞不但被撤职，且受审讯，而负更大责任的汤恩伯则至今仍是掌管作战的陆军副总司令。汤在抗日战争与国内战争中从来是声名狼藉的败将，但因系蒋的亲信，"虽败犹荣"。薛岳撤职而顾祝同升官，亦引起同样的评论。在东北蒋军的失败中，与美国关系浅的杜聿明被撤职，与美国关系深的前新一军军长孙立人则被高升为掌管训练的陆军第二副总司令。此事特别引起蒋军军官的亡国奴感觉，因为孙立人虽为美国军人所熟悉，却不为中国军人所熟悉，而且他所指挥的新一军在东北已损失一半以上，证明他的军事才能并不超过杜聿明。蒋军多数军官中现在流行一种耳语，认为第一个应被撤职的乃是蒋介石，因为蒋在政治上和军事上都犯了根本错误而又不肯纠正，才使他的部下非失败不可。

人民解放军的全国性反攻开始

（一九四七年九月十一日新华社新闻）

人民解放军的全国性反攻今已开始，中国军事政治形势从此进到一个新的阶段，这是解放军在南线实行全线出击的结果。紧接着东北、热河、冀东、津浦北段、正太、晋南、豫北等地解放军举行战略性反攻之后，正当中国的全面内战进入第二年的时候，南线开始了全线出击。解放军的南线出击至目前为止包含以下几个主要部分：（一）刘伯承、邓小平、徐向前、李先念诸将军所部晋冀鲁豫野战军南出黄河、陇海路、淮河，已进至豫东南、鄂东、皖西的大别山地区。该军系于六月三十日在山东西部渡过黄河，七月在鲁西南连歼蒋军九个半旅，八月七日向南进军，十一日越过陇海路，先后收复解放宁陵、睢县、柘城、亳县、淮阳、沈邱、新蔡、项城、上蔡、临泉、息县等城，同月下旬渡过淮河，又先后收复与解放固始、光山、经扶、潢川、商城、麻城、立煌、六安、罗田、霍山、舒城等城及许多市镇和广大乡村。（二）**陈赓、谢富治、韩钧、秦基伟、孔从周诸将军**所部晋冀鲁豫野战军南出黄河、陇海路，已进至豫西地区。该军在四月初至六月初解放晋西南以后，即撤回太岳地区休整准备，于八月二十三日起在晋南垣曲附近南渡黄河，先后解放新安、渑池、宜阳、洛宁、嵩县及许多市镇和广大乡村。（三）**陈毅、粟裕、陈士榘、唐亮、叶飞诸将军**所部华东野战军西出津浦路、运河，已继刘邓部进至鲁西南地区。陈军于八月下旬在城武地区打击了伪吴化文部以后，于本月八日在菏泽以东，郓城以南之沙土集歼灭敌整十七师段霖茂全部。（四）**彭德怀、贺龙、习仲勋、王世泰诸将军**所部西北野战军由陕北反攻。该军于八月初旬在榆林外围歼敌一个旅，继后南下于同月二十日在米脂以北沙家店地区歼敌整三十六师钟松部，又于同月下旬**向南急进，现已达延川永坪之线，而刘戡、董钊等部敌军则落在后面，尚在清涧附近，饥疲恐慌，畏我如虎。**此外，在苏北豫皖苏边区，在豫北、在晋南人民解放军亦积极出击，苏北解放军并于八月十二日歼灭了敌四十二集团军第一师全部，收复叶挺城（盐城）。由此，在内战第二年开始，东起苏北、西迄陕甘宁的整个南线形势已经根本改变，与北线同样转入日益扩大的反攻。从去年七月全国内战爆发以来，蒋军进攻的重点始终是在南线。去年七月间，蒋军正规军使用于南线者，计为苏皖边区三十一个旅，中原解放区二十五个旅，山东（不包括鲁西南）二十七个旅，晋冀鲁豫（包括鲁西南和晋西南）二十八个旅，陕甘宁十九个旅，共一百三十一旅，占当时蒋军进攻解放区总兵力一百九十三个旅的三分之二以上。此后南线蒋军虽连遭痛击，在内战第一年内仅正规军即被歼六十七个旅以上（内三十九个整旅，外九个师部），但蒋军仍继续增加和补充兵力，在今年一月至八月期间始终保持一百五十几个旅，占其进攻解放区总兵力百分之七十以上；其中进攻华东解放区（山东津浦路东和苏北）者曾达八十几个旅，进攻陕甘宁边区者则达三十几个旅，因此，南线的两翼成为全国蒋军兵力最集中的两个战场。和李先念将军所部中原人民解放军胜利完成牵制蒋军的战略任务，并分别胜利撤往苏皖边区、陕甘宁边区、晋冀鲁豫边区以后，蒋介石就一直企图用所谓重点攻势把南线解放军的两翼逼过黄河。但是蒋介石一直没有能实现他的企图，在南线解放军全线反攻以后，这个企图已被粉碎。战争第二年的开始，已把战线以巨大规模推到战争第一年开始的地方——长江流域，并使蒋军后方的信阳、武汉、安庆、合肥、洛阳、西安等重要城市迅速变为受威胁的前线。南线解放军的大举出击，已证明完全出于骄傲的蒋介石及其各指挥部和美国顾问的意料之外。他们愚蠢地解释**刘伯承的行动是所谓"北渡不成向南窜"，企图"越平汉路西窜"，说陈赓军南下为"接应刘伯承"，又说山东只剩下了"绥靖作战"，陕北"共匪业已肃清"，一派胡言乱语，实则慌作一堆，仓皇失措**。在这种情况下，首先被迫由山东津浦路东调出十几个旅，由陕甘宁调出三四个旅，另由豫北晋南和长江守备部队中调出十几个旅，试图拦阻向中原和长江疾进的解放军，但是绝大部分都落在解放军之后。深陷陕北葭集米脂地区的蒋军，在发觉西北解放军已由南面向他们攻击的时候，才知道自己是处于危险的境地。深陷山东津浦路东的蒋军，甚至直到现在还在向胶东（胶济路北）滨西（胶济路南）沿海地区作盲目的冒险。据军方报告，各路南下解放军浩浩荡荡乘虚直入，如入无人之境。他们从分散各地的薄弱敌人手中得到代价极小的大量俘获。他们由于为人民驱除了称霸一方的各个地方性的"小蒋介石"，而受到各地城乡群众的热烈欢迎。久处蒋军蒋政蒋党黑暗地狱中的人民，普遍地称颂纪律严明的解放军为自己的"救星"。

救国必须灭蒋

（一九四七年九月十八日新华社社论）

"九一八"又来了。苦难的中国人民，至今不能忘记这个苦难的日子，因为虽在十六年以后，虽在抗日胜利以后，不但新的侵略者美帝国主义还威胁着我们，并且老的侵略者，"九一八"的凶犯日本帝国主义，也作为美帝国主义的爪牙，又要卷土重来了。

美国侵略者为什么会霸在胜利了的中国的土地上？战败国的日本为什么又会卷土重来？对于第一个问题，我们固然不能不想到蒋介石引狼入室的可恨政策；对于第二个问题，我们尤其不能不想到十六年来蒋介石与日本可耻关系的全部历史。十六年来，蒋日关系有三个时期。一九三一年的"九一八"至一九三七年的"七七"是第一期，特点是不抵抗和"中日亲善"。"七七"至一九四五年的日本投降，是第二期，其特点是消极抗战和曲线救国。在这两个时期中，日本侵略者当然首先是欺负中国人民，但是把蒋介石也欺负得着实可观，因此，中国人民曾经不念旧怨，在西安事变的时候，给他一个将功赎罪的机会。谁知这竟是以君子之心，度小人之腹，负翁蒋介石还是反共反人民第一；甚至在一九四四年全世界都反攻了,唯有他被日本人一口气从河南赶到贵州,中外哗然,他还是反共反人民第一。人们以为蒋介石这一回对于这只死老虎,定然要显一显"四大领袖之一"的威风了。蒋介石的党徒们特别等待这一手,好证明一切对于这个"民族英雄"的攻击原来都是"奸党的污蔑"。但是偏在这时,历史来了个画龙点睛。蒋介石依然是反共反人民第一,因此之故,不但认了美帝国主义做新爸爸,而且对于他的旧爸爸,对于那个已经失败了但又为美帝国主义所豢养了的日本帝国主义,也毫不含糊地尊以叔侄之礼,以便共同保存远东的反动堡垒。这两年来,中国人的颜面算是给蒋介石丢完了,蒋介石的心肝也是给中国人看透了。按理说,中国是四大战胜国,对日委员会的一分子,又是打日本最早最久,受日本侵略最先、摧残最惨、威胁最大的国家,对战后的国际事务,即使其他都可以让步,至少对于彻底消灭日本反动侵略势力,是万万不能让步的。但是蒋介石在日本投降时的劈头一着就是宣布对敌人的所谓宽容仁爱,就是留用日军和日本特务参加中国内战。蒋介石把第一号战犯前支那派遣军总司令冈村宁次至今奉为上宾,最近又把第一等侵略分子前满铁总裁鲇川义介、前台湾总督长谷川派到台湾。而他对于在日本国内的许多侵华战犯,更是附和麦克阿瑟的放任政策,听其逍遥法外,甚至重踞要津。蒋介石的"管制日本"的代表,实际上是为美国亦即日本所管制。美国在日本警察打死中国侨民以后,宣布日本人无罪,中国人出境,蒋介石举手赞成;美国叫中国让日本人到中国领海来捕鱼,蒋介石举手赞成;美国要恢复日本的工业,蒋介石奉送食盐和其他原料;美国要日本的工业占领中国市场,蒋介石强迫通过和实行恢复中日贸易。日本侵略分子不但在麦克阿瑟而且也在蒋介石的鼓励之下，得寸进尺，现在已经公然要控制华侨在日本的资金，要在台湾获得特权等等了。看吧！"九一八"以来十六年间的无限辛酸，抗日战争八年间的无数头颅，一一付之流水：这就是中国反动派跟美国反动派、日本反动派互相结合的必然结果。狗屎不能镀金；蒋介石朝廷中纵有成群的说谎话的文丐，对此也完全无法辩饰。中国人民能够承认像蒋介石这样的汉奸卖国贼，代表我们的国家，去讨论什么赔偿问题和约问题吗？中国人民能够忍受像蒋介石这样的汉奸卖国贼，来统治我们庄严热烈战胜侵略者的伟大民族吗？但是痛哭由你痛哭，笑骂由你笑骂，只要你一天没有消灭蒋介石，他就还是站在中国人民头上，做他的汉奸卖国贼。中国一切爱国人民，如果不愿再当亡国奴，如果要自救救国，就只有团结起来消灭蒋介石，把日本战犯与内战战犯一起交给人民审判，除此以外，再无别的出路。

中国人民今天已经下定收复决心，起来消灭蒋介石了。中国人民解放军已经反攻到江淮河汉之间，眼看汉奸卖国贼蒋介石的完全覆亡，中国人民的完全解放，中华民族的完全独立，已经不远了。今天是"九一八"，我们展望将来，固然满怀兴奋，但是回顾过去，十六年间，由于蒋介石的为害，我们的国家走了多少弯路，我们的同胞遭了多少伤残，不能不悲愤交集。蒋介石这个中国大地主大资本家的反动头子，当然是彻底自私自利，不顾国家民族人民的死活的。我们今天要问一问蒋介石军队的官兵，蒋介石政府的职员，国民党的普通党员：你们今天究竟是为谁卖命，为谁辛苦为谁忙？你们是中国人,你们血管中流的是中国人的血,蒋介石卖国成功,对你们有什么可喜? 蒋介石、宋子文、孔祥熙、陈立夫、张群、陈诚及其一批喽啰亲属、贪官污吏、土豪劣绅,他们发了卖国财,他们集中了你们父母和你们同胞的血汗,集中了你们自己和你们同胞的肉体,拿来打卖国的内战,对你们有什么好处? 共产党人是中华民族的优秀儿女,为了国家和人民艰苦奋斗,英勇牺牲;人民解放军胜利以后,倒霉的只是美国侵略者,日本侵略者,中国的财阀军阀,贪污土劣,对你们又有什么可怕? 为了我们多灾多难的亲爱的祖国和亲爱的同胞,为了你们自己,快快觉悟,站到人民方面来,早早打倒蒋介石,早早建立一个爱国的、民主的、不贪污的政府,建立一个独立的、自由的、富强的国家!

中国和亚洲——美国人民的朋友，美国反动派的仇敌

（一九四七年十月三十日新华社社论）

今天我们发表了上海来的一项消息，报告美国反动派正在积极以各种阴谋手段来破坏中国和亚洲的民族民主运动。美国帝国主义对中国人民和亚洲人民的种种压迫、侵略和武装干涉的事实，我们已经报道过很多。这个消息中间的新的东西，则是：第一，美国反动派承认中国和亚洲的人民革命运动，承认人民革命运动中所产生的政府，是真正忠实于人民和极有成效的政府，是得到广大人民拥护的。第二，美国反动派把中国和亚洲的人民获得他们从未获得的神圣权利，认为是对于美国反动派的"强有力的致命的威胁"，从而证明了美国政府如何撕毁了它在一九四一年八月大西洋宪章中所宣布的"尊重各民族自由选择其政府结构之自由"的诺言，从而证明了美国反动派如何是中国和亚洲人民的死敌。第三，美国反动派承认中国和亚洲各国反动政府是腐烂已极，以至虽有像美国给予中国国民党政府这样浩大的军事和经济援助，也不可能阻止人民革命运动的胜利发展。第四，美国反动派认为，为了挽救中国和亚洲各国反动统治和殖民地制度的灭亡，现

在已经不能依靠公开的、"合法"的方法，而必须依靠不可告人的、非法的、即特务机关的方法。美国反动派已经把依靠希特勒和希姆莱的方法，依靠盖世太保的方法，与中国、日本和亚洲各国的最黑暗势力合作，作为延续帝国主义寿命的药方了。

　　美国政府反动计划的愚蠢是显然的。希姆莱并没有延长希特勒的统治；一切军事援助和经济援助所不能解决的问题，特务援助也一定不能解决。美国特务机关活动在中国和亚洲各国的加强，只能使这些国家里的统治集团更加迅速地陷于众叛亲离的绝境。虽然如此，中国人民和亚洲各国人民应当从美国政府的计划中得到重要的教训。美国特务计划既然挑拨左派阵营，那么左派阵营就应以巩固自身的团结来答复它。美国特务计划既然着重于收买"中间性的政党"和发展"反共"运动，那么幻想中间路线的人们就应当抛弃这种幻想，就应当拒绝一切"反共"的引诱，提防种种阴谋。**自己一不小心就有被帝国主义阴谋家所俘虏的危险，当着美帝国主义走狗蒋介石已经身败名裂，没有用处，从而决定替换蒋介石的时候，中国有些自命为"中间性"人物的人们，就应检点自己的行为，免上帝国主义的老当，而这种时机的到来大概已经很近了。**美国特务计划既然着重于利用民族间的纠纷，那么一切被压迫民族之间，特别是被压迫民族国家的不同民族之间，就应当坚决地清除相互间的成见和误会，抛弃各种错误思想，以利反对帝国主义的共同斗争。美国特务计划既然着重于利用叛徒和奸细，那么一切革命组织就应当提高警惕性，加强反间谍斗争，使鬼蜮之徒暴露于光天化日之下而无所施其技。中国和亚洲人民解放的道路上还是会有困难的，我们必须用披荆斩棘的勇敢才能够达到目的；只要我们能够如此做到，那么我们就一定能够达到目的。

美国反动派在他们的计划中，把中国和亚洲的人民当作自己的仇敌，把中国和亚洲人民的解放看作是对于它自己的"强有力的致命的威胁"，这是因为美国反动派妄想把中国和亚洲人民当作自己的永久的殖民地奴隶的原故，但是中国人民和亚洲人民永远不是美国人民的敌人。杜鲁门或杜威之流的美国反动派已经受到并将继续受到中国和亚洲人民的"不可弥补的和毁灭性的打击"，但是人民的美国，华莱士和进步党的美国，劳动者和共产党的美国，却已经获得并将继续获得中国和亚洲人民的友谊，无论美国反动派愿意或不愿意，中国和亚洲人民终将获得解放。美国反动派在各国的走狗和美国反动派自己终将归于覆亡，美国帝国主义者的一切阴谋诡计都是一定要化为泡影的。只有中国、亚洲各国和美国的人民之间的友谊，将要永远存在。

蒋介石解散民盟

（一九四七年十一月四日新华社评论）

　　蒋介石在十月二十七日宣布民主同盟为"非法团体"，并对该盟人员实行进一步的迫害。蒋介石政府当然给民主同盟捏造了许多荒唐的"罪状"，但是一切这些诬陷，只是使人们更加强烈地感觉到蒋介石统治的丑恶（比方说，因追随汪精卫投敌而臭名昭著的蒋介石宣传部副部长陶逆希圣，居然有脸皮发表长篇的臭论来证明民盟的领导者是"郑孝胥、赵欣伯"！这就是蒋介石集团"礼义廉耻"的活标本！），只是使人们更加确切地认识，民主同盟在若干历史关节中实行了与中共在部分民主纲领上的政治合作，从而推进了中国民主事业，乃是民主同盟的光荣。如所周知，民主同盟是一个广泛而松弛的联合，其中一方面容纳许多坚决反对蒋介石独裁和美帝国主义侵略的民主战士，**并有一些人例如闻一多、李公朴、杜斌丞等**为此献出了他们的生命，另一方面也容纳许多**虽然一面反对或不满蒋介石独裁，但在另一面却不但过去而且现在仍然对蒋介石特别是对美帝国主义怀抱某种幻想的人物**。无论如何，民主同盟只是一个赤手空拳的组织，他们"连一支手枪也没有"，并且不打算有；他们的凭借就是言论出版，而这样的武器也早已被蒋介石没收了。允许民盟这样一个组织存在,在通常的情形下,即令一个政府已经自己觉到自己的危机,也应该是没有什么可怕的。但是病入膏肓的蒋介石,今天害怕这样一个组织。他宁可向这个组织露出法西斯野兽的牙齿,宁可使在蒋介石统治下进行任何和平运动、合法运动、改良运动的最后幻想归于破灭,蒋介石常常小心隐藏自己的病状,但是解散民盟这件事,却一下子就向全中国全世界泄露了他已经是何等衰弱不堪。美帝国主义者尽管跟蒋介石签订三千万美元的"救济"协定,但是没有办法给他一副镇定剂。实在说,白宫的医生也没有药品可以镇定自己,他们也害怕民盟照往常一样地活动,因此就决定批准南京的这个显然愚蠢的步骤。过去的无数经验表明,像解散民盟这样的大事,没有美帝国主义者的批准和参预,蒋介石**是从来不敢擅自决定的**。

蒋介石解散民盟和在各大城市中大肆迫害民主分子,其实际意义只是暴露和加重南京统治的异常紧迫的危机。大家知道,中国民主运动的基本特点,乃是武装的革命人民反对武装的反革命集团,因此中国民主革命的高潮,基本上也就表现为武装斗争的高潮。应该指出:自从今年七、八、九月各路人民解放军先后转入大举反攻以后,中国革命的新高潮已经到来了。被蒋介石恐怖统治所压迫的各大城市的人民斗争,在这个革命高潮中间所能起的作用,只能是配合性质的,而且只能有效地发生于最后成熟的时机。因此,蒋介石在这些城市中的一切恐怖行动,决没有也决不能在任何意义上阻止人民解放军的胜利前进,相反地,这只能教育人民,要有自由,要有真正的和平就必须坚决用武力来打倒蒋介石,就必须坚决拥护人民解放军的武装革命斗争,而决不能依靠任何和平的合法的改良的方法。蒋介石的恐怖行动给予人民的另一个严重教训,就是以蒋介石为代表之一的中国大地主大资本家集团,是坚决反对人民到底的,直到他们的最后一天,这批凶恶的豺狼也是决不会回心向善的。值得注意,与蒋介石解散民盟和大施迫害民主分子同时,国民党的某些政客,正在以华南为中心传出一种"和平"的空气。据说,这个"和平"的空气,是与新近奉命出任广东省政府主席的宋子文,以及不久以前奉命发表谈话反苏吓美的南京政府副主席孙科等人有联系。但是这些招摇撞骗的阴谋家们未免把人民太看傻了。每一个有常识的人不能不警觉到,为什么这些"和平"使者甚至于不敢利用民主同盟作为他们的同盟者,却宁可扯出宋子文孙科等辈这样的烂旗子来呢? 这难道不是因为他们具有不可告人的阴谋,害怕人们的声张和反对吗? 这难道不是证明了,中国大地主大资本家集团,连同他们的主子美国侵略者,无论到什么时候,无论穿上什么服装,总是决心要反对中国人民吗? 因此,中国人民要有自由,要有真正的和平,就必须坚决粉碎他们的政治阴谋,如同粉碎他们的军事进攻一样,把自己的革命事业贯彻到底。**民盟方面,现在应该得到教训,任何对美国侵略者及蒋介石统治集团(或其中的某些派别)的幻想都是无益于自己与人民的,应当清除这种幻想,而坚决地站到真正的人民民主革命方面来,中间的道路是没有的。如果民盟能够这样做,则民盟之被蒋介石宣布为非法并不能损害民盟,却反而给了民盟以走向较之过去更为光明的道路的可能性。**

星星之火，可以燎原

——纪念十月革命三十周年

（一九四七年十一月七日新华社社论）

在庆祝十月革命三十周年的时候，全世界被压迫的人民和一切觉悟的人类，比以往任何时候都怀抱更光明更热烈的希望，对于帝国主义反动势力的战斗意志，和对于人类解放事业必然胜利的更伟大的信心。

人类的敌人帝国主义者，以及实际上依附于帝国主义世界的悲观主义者，从一九一七年十一月七日革命后的第一天起，就总是做出吓人的面孔，夸耀帝国主义和其他反动势力之无敌的和不朽的强大，断言所谓"孤立"的"幼小"的社会主义事业之必然失败。这种宣传的第一个原因，当然是为了有计划地每天不断和无孔不入地毒化被压迫人类的奋斗精神，使之在人造的黑暗空气的重围高压之下陷于萎靡；其另一个原因却是出于反动阶级的本能式的狂热自信，及其对于人民力量的本能式的估计不足。这样，反动阶级的宣传在一方面既然造成了一部分人民的错误，在另一方面也不可免地造成了他们自己的错误。事实上，十月革命后三十年间历史事变的发展，从来也没有符合于这些反动工程师们所设计的图样。

帝国主义者对于人类史上第一个社会主义国家的斗争，曾经经历过几个不同的时期。在一九二○年年底以前，帝国主义国家（德、英、法、日、美等）的主要方法是武装干涉。帝国主义者们联合旧俄的反革命派，曾经企图趁苏联方才诞生和遭遇各种严重困难的日子根本消灭苏联，而他们的企图是曾经毫无例外地被一切资产阶级专家们认为必然会顺利实现的。但是一九一八年至一九二○年三年残酷斗争的结果，失败的不是苏联人民，而是旧俄的反革命派，是各国的反革命干涉者，和各国预言苏联失败的专家们。从一九二一年到一九四一年，帝国主义者们主要地改用了"和平"的方法，这就是在外交上、经济上和宣传上孤立、封锁和打击的方法，从内部外部实行间谍破坏的方法，和从一九三一年"九一八"事变起，特别是从一九三八年十月慕尼黑协定起，逐步将新战争引向苏联的方法。但是苏联经过严重的奋斗，战胜了各种困难和阴谋，赢得了建设自己和巩固自己的二十年时间。苏联在这个期间的一切进步，仍然是绝大多数资产阶级领袖和专家们所不愿相信的。因此，一九四一年六月，以希特勒为首的德意帝国主义集团，又在过高估计自己力量、过低估计苏联力量的情况下，发动了对于苏联的大举进攻，并且这个进攻又被绝大多数反革命专家宣布为"不可抵抗"。希特勒集团的帝国主义者相信可以征服苏联，美帝国主义者及各国反动派则相信苏联与希特勒将两败俱伤，相信自己将因坐山观虎斗而得渔翁之利。但是这个进行了四年之久的激烈战争，既没有满足前者的愿望，也没有满足后者的愿望。人类命运所系的伟大反法西斯战争，是以苏联**所给决定性的打击**而**胜利地**结束了。这样，当苏联人民、全世界一切被压迫人民和一切觉悟人类庆祝十月革命三十周年的时候，苏联的力量和威信，就达到了空前的高度。

　　但是十月革命胜利的三十年，其伟大意义还不止此。十月革命在世界六分之一的土地上打开了帝国主义统治的第一个缺口，树立了社会主义乐园的第一座灯塔。在这三十年中，当社会主义的苏联消灭了人剥削人的制度，从而消灭了贫穷，失业，危机，人民大众的无权，财政寡头的贪残骄横，民族间的压迫等等野蛮现象，并使一个落后的国家以空前未有的规模和速度向前迈进的时候，资本主义却急速地腐化和反动，财富日益集中，饥饿日益普遍，一次又一次地遭遇严重的危机，一国又一国地流行法西斯主义的瘟疫，一处又一处地爆发战争。资本主义的任何高明的医生，既然完全无能来弥缝十月革命所打开的裂口，也完全无能来缓和旧世界本身的腐化和反动，因此，也就完全无能来停止各国人民沿着十月革命所开辟的道路，对于旧世界继续打开新的裂口。在十月革命三十年后的今天，世界帝国主义战线不但在苏联早已被冲破了，而且整个东欧也已被冲破了，在中国也已被冲破了，在南欧（希腊、意大利、德国）、东南亚（越南、印尼、印度等）和其他地方也正在被冲破着。最好战的法西斯国家是被打倒了，整个资本主义体系是被大大削弱了。十月革命灯塔的光明，正在照耀着日益广阔的地面。愈是面临着这个光明的形势，那些衰老、战栗和手足失措的帝国主义者们，就愈加仇视苏联和各国人民，愈加依赖于各国最腐化最反动的虫豸，因而又愈加激起各国人民的觉悟和义愤。**总之，资本主义**的旧秩序已经丧失生命力和希望，已经一天比一天破碎和糜烂了。每天的每个角落的事变，无论是表示进步的或表示反动的，都在反复不断地教育着人类。今天只有十月革命所代表的世界社会主义运动，以及作为世界社会主义运动之一个组成部分的新民主主义运动，才能够帮助各国人民得到解放和正义，才能够抵抗**资本主义**旧世界的腐化和反动，才能够最后消灭资本主义，实现人类的光明前途。

十月革命是科学的胜利，这个科学的名字叫做马克思列宁主义。马克思列宁主义之所以是科学，因为它总是叫人类认识世界的本来面目，认识事物的实质，而不被各种纷纭的、缺乏真实基础的、虚张声势借以吓人的假象所迷惑。正因为如此，它才能引导苏联人民抱定胜利的信念推翻似乎是强大的沙皇统治，战胜似乎是不可克服的困难以建设社会主义，战胜列强武装干涉和希特勒进攻以保卫社会主义。跟马克思列宁主义相反，帝国主义**及各国反动派**在思想战线上依靠于宗教迷信，这个宗教迷信的名字按照毛泽东同志**在一九四六年九月**与美国记者斯特朗女士谈话的说法，就是"纸老虎"。斯特朗女士记述这段由原子弹开头的谈话道：

"毛说：原子弹是一只纸老虎。看样子可怕实在并不可怕。真正的力量不在于反动派而在于人民。所有反动派都是纸老虎。在一九一七年二月以前的俄国，谁拥有真正的力量？表面上看来是沙皇有力量。但是这叫什么力量呢？二月革命爆发，沙皇就一下子垮台。最后的力量属于工农兵的苏维埃。沙皇不过是一只纸老虎！人们以前不都认为希特勒很有力量吗？但是历史告诉我们他不过是一只纸老虎。墨索里尼也**是**

如此**,日本帝国主义者也**是如此**,蒋介石**也是一只纸老虎。美
国反动派也是一只纸老虎。人们似乎都以为他们非常强大。
中国的反动分子曾经利用美国反动派的这种'力量'来恐吓中
国人。事实将证明他们并没有持久的力量。具有持久而强大
的力量的是**中国人民,美国人民**和**各国人民**。"

　　但是,如同我们在开头所说,帝国主义者借以恐吓人民和
团结自己的,却正是这种对于纸老虎的拜物教。帝国主义者
的纸老虎虽经无数次的戳穿,现在却仍然依靠纸老虎的威风
而存在,因为帝国主义者不可能有旁的更好的武器。而且,尽
管纸老虎已经无数次地被戳破,它并不是就自动变得毫无作
用了。事实从来不是这样简单的。尽管帝国主义者都是纸老
虎,但是人民对于这个真理的领会,却必须经过各种具体的亲
历其境的经验,犹如帝国主义的统治是必然要灭亡的,但是它
的每一个阵地,都必须经过具体的精心组织的斗争才能够夺
取一样。十月初发表的欧洲九国共产党华沙会议公报,曾经
着重指出:"现在,工人阶级的主要危险,是过低估计自身的力
量与过高估计帝国主义阵营的力量。"九月三十日南斯拉夫总
理铁托的演说也曾同样指出:过去各国人民阵线活动中的主
要错误,在于"组织武装斗争的决心和毅力不足,对人民力量
缺乏信心,没有英勇的领导和明确的纲领"。这个情形之所以
发生,就表示纸老虎是仍然能够暂时迷惑一部分人民甚至迷
惑工人阶级的某些先锋队的。十月革命以来三十年各国人民
斗争的历史,从一种意义上说,也就是马克思列宁主义的科学
对于反动势力的纸老虎斗争的历史。今天人类的觉悟是空前
高涨了,但还是远没有达到应有的程度。用伟大十月革命的

历史教训，来唤起各国更广大的人民群众，克服过低估计自己力量与过高估计敌人力量的危险，向各国反动势力作更英勇的但是脚踏实地的斗争，彻底消灭危害人类安全的世界帝国主义和**各国反动派**，这就是今天的任务。

中国人民现在正在进行伟大的革命战争，其目的是打倒美国帝国主义及其走狗蒋介石在中国的统治。这个战争业已取得伟大的胜利，必将继续胜利，直到打倒一切敌人，建立一个崭新的中国。当此庆祝十月革命三十年的日子，中国人民应当相信，我们苦难的日子是完全能够度过的，什么困难也能克服，获有美国帝国主义援助的蒋介石反动集团，我们完全有把握将其彻底打倒。我们不孤立，全世界一切反帝国主义的国家与人民都是我们的朋友。但是，我们强调自力更生，我们能够依靠我们自己组成的力量打倒我们的敌人。中国民族是一个能战斗的民族，俄罗斯人在十月革命以来所创造的战胜帝国主义与国内反动派的伟绩，中国人亦能创造出来。今后数年的时间必能证明这一点。

"星星之火，可以燎原"，现在已是燎原的时候了。

关于“一二·九”和“一二·一”

（一九四七年十一月三十日新华社信箱）

问：中国解放区青年联合会于十一月五日发出纪念“一二·九”、“一二·一”的通告。“一二·九”和“一二·一”两个纪念日是怎样产生的？

答：“一二·九”和“一二·一”是中国学生运动的两个纪念日。“一二·九”运动发起于抗日战争以前的一九三五年十二月九日，地点是在北平，中心口号是反对卖国，反对内战，要求全国一致抗日，要求民主。“一二·一”惨案发生于抗日战争结束后的一九四五年十二月一日，地方是在昆明，中心口号是反对新的内战，要求成立民主联合政府，要求美军撤出中国。

在一九三五年“一二·九”运动的前夜，中国正处在日本帝国主义加紧侵略和国民党政府继续卖国内战的危机中。一九三五年二月，国民党政府下令“取缔排日”。五月，何应钦与华北日本“驻屯军”司令梅津签订何梅协定，撤退国民党嫡系在华北的军队和宪兵。六月，国民党政府下令“睦邻”。十一月，冀东成立日本傀儡“防共自治政府”，根据日本对于所谓“华北特殊化”的进一步的要求，国民党政府决定在十二月十六日在北平成立"冀察政务委员会"。这时中国革命的主力——红军正在绕道到西北来,以便继续前进抗日前线。中国共产党在八月一日发出了要求全国各党各派各界各军团结一致抗日的宣言以后,正在积极为抗日民族统一战线和人民民主共和国的实现而奋斗。但是国民党反动派不理会中国共产党的爱国主张,继续在西北"围剿"红军。在国民党统治区,人民革命运动在国民党长期的惨酷摧残下,虽然遭遇了极大的损失和困难,但是人民的抗日要求和反内战要求却不断增长,并逐渐普及于一切爱国阶层。北平的学生由于处在日本侵略的最前线,处在国民党统治力量比较薄弱的地方,并由于他们在中国共产党的影响下,具有一定的政治条件和组织条件,就成了国民党统治区人民响应中国共产党抗日民主主张的先锋。北平的两万多学生,他们冲破了国民党军警及其大刀、水龙、木棍、皮鞭的镇压,举行了两次大示威。虽然有一百多学生受伤和被捕,但是不仅北平的学生没有被吓退,而且他们的运动迅速扩展到天津、上海、南京、杭州、武汉、广州、济南、开封、太原等地的学生中,并且迅速扩展到城市的工人、职员、自由职业者和其他爱国分子中。学生们先后成立了北平学联、全国学联、民族解放先锋队等团体,其他阶层的人民则成立了各界救国会和救国联合会。"一二·九"开始的国民党统治区人民爱国民主运动,一直继续发展到一九三七年七月抗日战争的爆发,成为推动抗日战争爆发的重要力量之一。

抗日战争结束于一九四五年八月的日本投降。中国共产党领导全国人民要求在抗日战争结束以后,制止内战危机,废除国民党一党专政,成立民主联合政府,以建立独立、和平、民主的新中国。中国共产党领袖毛泽东主席，在八月底亲赴国民党政府所在地重庆，与蒋介石进行和平谈判，其结果就是十月十日公布的国共两党会谈纪要，其中规定着双方同意"坚决避免内战"。但是国民党反动派及其美国主人实际上是企图夺取人民在八年抗日战争中的奋斗成果，**他们将中国回复到旧的黑暗的统治之下，并且由美国代替日本来统治中国**。随即撕毁了双十节的协议，发动了大规模的内战进攻人民解放军。到十一月初，国民党政府使用于反革命内战的兵力已达一百万人，这些军队很多是由美国派来中国的海空军以帮助"受降"名义所运输到内战前线上去的。国民党反动派和美国反动派的凶恶反革命计划不但受到了人民解放军和解放区人民的坚决抵抗，并且受到了国民党统治区人民的坚决反对。昆明各学校（其中主要的是抗日战争中由北平、天津等地迁来的学校）的学生，是这时反对反革命内战、反对美国政府援助国民党进行反革命内战的积极分子。国民党反动派嫡系的军队这时已经在美国军事援助下推翻了龙云在昆明的统治，昆明学生的运动受到了严重压迫。十一月二十五日，昆明学生的反内战座谈会受到国民党军警开枪破坏。二十六日，昆明三万学生宣布总罢课。他们不顾国民党的迫害，举行沿街宣传，要求"停止内战"，实行民主，成立民主联合政府，要求美军退出中国。十二月一日，国民党驻军邱清泉部和国民党特务机关联合攻打昆明西南联合大学、中法大学和联大附中等校，毒打学生和教师，并向学生集合的地方投掷手榴弹，当场炸死西南联大学生潘琰、李鲁连，高级工业学校学生张华昌，南菁中学教员于再等四人。与反动派的企图相反，"一二·一"惨案不曾把全国反内战运动缩小了，而是把这一运动扩大了。中国共产党和中国人民继续为和平而坚决奋斗的结果，造成了一九四六年一月政治协商会议的召开和停战令的发布。但是国民党反动派仍然在美国反动派援助之下撕毁了政协决议和停战令，重新发动了全国规模的反革命的大内战。这样就使得全国反对内战、争取和平的人民和青年得到了一个根本的觉悟，懂得了**为着要消灭任何内战，实现真正和平，只有一条道路，这就是全国人民团结起来，用人民解放战争，坚决地、彻底地、干净地、全部消灭国民党的反动军队，打倒国民党的反动统治，驱逐美帝国主义的侵略势力出中国，建立统一的民主的共和国。除此以外，再没有别的道路。**

"一二·九"运动追求两个目标：抗日和民主。抗日战争在"一二·九"的两年以后是实现了，**并且在八个年头中将日本侵略者打倒了。这样就取得了一个伟大的胜利，替中国人民解放事业开辟了广泛的道路和真正的可能性。**但民主的要求则不但在"一二·九"运动中没有实现，在抗日时期中在大部分中国也没有实现。因此，在"一二·一"时期，仍然是一个中心口号，"一二·一"时期人民和青年要求和平，要求民主，要求美军退出中国，要求随着中国人民解放战争的迅速发展，现在正日益接近于最后的胜利。

人民解放战争两周年总结
和第三年的任务

（一九四八年七月二十九日新华社社论）

一九四六年七月为美国帝国主义支持的国民党反动派在中国发动反革命的全国规模的战争，中国人民和人民解放军则在共产党领导之下起来反抗这种反革命战争，举行了伟大的人民解放战争，这个战争到现在已经打了两个整年，进入第三年了。在战争的第三年里，在军事上和政治上起了些什么新的变化，发生了些什么新的情况呢？在这种新的变化新的情况下，中国人民应该做些什么工作呢？

过去一年，即中国人民解放战争的第二年，军事情况的基本特点，就是人民解放军由防御转入了进攻，国民党的反动军队则由进攻转入了防御。

过去一年中，在南线、刘邓、陈谢、陈粟三支大军在去年七、八、九三个月内先后渡过黄河，越过陇海路，进入中原以后，建立了北起陇海路，南抵长江、东抵大别山以东巢湖至徐州之线，西抵溪水以西沙市至安康之线，拥有人口三千万的中原解放区。在西线，西北解放军去年八月转入反攻，此后不但收复了延安和陕甘宁边区的绝大部分，而且解放了黄龙山区。

在东线，华东解放军去年十月转入反攻，接着收复了山东解放区的绝大部分，肃清了济南青岛之间的胶济线和济南徐州间的津浦线，与运河以西的冀晋豫解放区衔接；陇海路南，也收复了苏北的六座县城，并重新建立了安徽东部的解放区（江淮解放区），而与中原解放区打通。在东北，经过过去一年的秋季攻势、冬季攻势和热河方面的作战，东北和热河的百分之九十七的土地都已获得解放。在华北，除太原孤城正在围攻以外，敌人留在华北解放区中心的据点已经全部肃清，从而使晋、察、冀和晋冀鲁豫这两大解放区获得了合并的条件，并与山东和晋绥解放区完全衔接。解放军在第二年作战中消灭敌人兵力共达一百五十二万余人，其中俘虏九十五万三千人，毙伤五十四万人，争取起义二万八千人；解放土地十五万五千方公里，人口三千七百万。截至今年六月底止，解放区已有面积二百三十五万五千方公里，占全国面积百分之二十四点五；人口一亿六千八百万，占全国人口百分之三十七。

人民解放战争在过去一年中的伟大胜利，首先是由于坚决执行了外线作战的正确方针。这个方针，一方面破坏了蒋介石将战争继续引向解放区、企图彻底破坏解放区的反革命计划，从而使解放区得以广泛地连成一片，并恢复相对的安定，以便完成土地改革，发展生产建设，加强支援前线；而在另一方面，则是从根本上撼动了国民党的反动统治，推广了革命斗争的规模和影响，造成了革命在全国胜利的基础。由于解放军的进攻，控制中国南部、西部、以及北部少数点线的敌人，是无法照旧统治下去了；全国人民的革命勇气和信心，是大大加强起来了。**美国反动派所导演的所谓国民党实行宪政，还**

政于民和扩大政府基础这一项戏法，在过去一年已经演完，但在中国革命人民的怒潮冲击之下是悲惨地失败了。其次，过去一年的伟大胜利，还由于解放军的战斗力特别是攻坚能力的提高。在战争的第二年中，我军收复和解放的城市，不但比第一年大为增多（两年得失相较，第一年我失四十五座，第二年我得一百六十四座），不但其中包括了大量的有军事、政治、经济重要性的城市，而且其中的鞍山、四平、潍县、石家庄、运城、临汾、洛阳、以及一度解放的宝鸡、开封，和今年七月解放的兖州、襄阳等处，都是敌人强固设防的城市，在经过解放军的强攻之后才占领的。这些城市的占领，与解放军的转入进攻一样，大大地改变了解放区的军事、政治、经济地位，也大大地改变了全国和全世界对于中国人民解放战争前途的认识。

蒋介石和他的美国顾问们，起先是不愿意承认解放军有什么全面进攻；而在不得不承认以后，即迅速地陷于混乱和绝望。他们曾经想过种种方法，作过种种计划，开过种种检讨和争辩的会议，骂过、办过、换过许多高级将领，包括国防部长、参谋总长、陆军总司令以及前线的总司令在内。但是他们看不见任何能够抵抗解放军进攻的希望。**蒋介石在这次内战的第一年曾经实行全面进攻及重点进攻，失败之后，**在去年下半年则企图实行全面防御；到今年上半年，就大体上被迫采用所谓重点防御来企图保守少数据点，并减少兵力的损失。但是这一切都没有能够达到目的，都在人民解放军的面前失败了。他实行了重点防御的城市，正是在过去半年内就有许多被解放军所连续地攻克。而他在第二年所损失的兵力，也比第一年的数字一百十二万人多了百分之三十六。蒋介石所最害怕的他的指挥机关和整个建制部队的损失也增加了：第一年他损失了九个整编师师部和四十六个整旅；第二年他却损失了三个整编军军部，二十个整编师师部和四十九个整旅（非正规军的十七个整旅尚未计入）。所有这些第二年的数字，都不包含今年七月各个战场的发展在内。**这就是说，美帝国主义和国民党反动派的军事进攻，早已证明是失败了，他们的防御也已证明是失败了。他们所最后赖以抵抗解放军保存自己的设防城市与设防地带。在解放军攻坚能力大大提高的条件下，又已证明并在以后还要不断证明其失败，那么，国民党反动派及其主人美国帝国主义在军事上又还有什么办法能够抵抗解放军的进攻和阻止解放军的胜利呢？他们的彻底失败，已经是毫无疑问的事。**

与过去一年的伟大军事胜利同时，中国人民在政治上也取得了伟大的胜利。这个胜利包括三个主要的方面：第一，中国共产党提出了彻底消灭封建半封建土地制度的土地法大纲，按照这个土地法大纲在大部分老的和半老的解放区领导了和完成了土地改革工作。这不但为解放区今后农业生产的发展奠定了基础，为工业生产的发展创造了条件，而且因为它符合于全国农民及其他广大人民的要求，又为整个革命战争在全国的胜利奠定了政治基础。第二，解放军进入新区作战，并解放许多城市的结果，使中国共产党在新区工作和城市工作方面获得了丰富的经验，训练了大批的干部，**因而使得共产党不独是对于农村，而且对于城市，对于工商业，也完全规定了正确的政策。**而这些乃是实现全国胜利所必不可少的政治准备和组织准备。第三，广大的中间阶层迅速地失去了对于和平改良和中间路线的幻想，转而寄希望于中国人民解放战争的彻底胜利，寄希望于中国共产党，并且敢于把这种希望公开表示出来。中国共产党对于目前时局的基本主张，特别是在今年五月一日所提出的**没有帝国主义走狗及反动分子参加的新的政治协商会议讨论并实现召集人民代表大会组织联合政府**的主张，不但获得了劳动人民的热烈拥护，也获得了中间阶层的热烈拥护。

　　而在蒋介石方面，则一切恰恰与此相反。蒋介石在过去一年内曾经对人民实行疯狂的压迫和掠夺。但是在他的压迫之下，人民的反抗继续高涨；在他的掠夺之下，他的经济财政危机更加严重。蒋介石把手伸向美帝国主义。在过去一年内，他从美国领得了"救济"贷款二千七百七十万美元，同年十二月的"临时援助"一千八百万美元和今年六月"援华计划拨款"四亿美元。虽然这个数目仅及抗战以来迄今美援总款（据不完全统计为六十九亿美元）的十五分之一，但蒋介石所支付的代价，举其大者，却有允许美国"共同开发"台湾、海南岛、整个广东以至整个华南，并取得长江航行权；扩大美国军事顾问团的权力；扩大任用美国顾问到南京政府的一切部门，接受中美双边协定，使美国比中美商约进一步地控制了中国经济，并使南京政府正式处于受监督的地位，在国际上**听命于美国的外交政策，特别是听命于美国的对日政策**等等。除开这些以外，在实际上蒋介石还支付了更多的东西。蒋介石既然在卖国贼的身份上变为汪精卫第二，他在傀儡的身份上也就不能不变为汪精卫第二。蒋介石把中国的权益给美帝国主义送得多,他所受到的奚落、侮辱和责骂也就愈多。美国侵略者看到蒋介石只有能力给他们消耗和送掉东西,而没有能力给他们看守东西,因此就决定直接跟他的"部下"打交道。美国人现在除了直接栽培着台湾的孙立人,广东的宋子文以外,还直接栽培着南京"副总统"李宗仁、"国防部长"何应钦,华北的傅作义、阎锡山,西北的马鸿逵、马步芳,乃至某些著名的蒋介石嫡系黄埔军,或者直接供给他们武器,或者领导他们进行各种政治策动,特别是一种所谓**去掉蒋介石的**"和平"运动。这样,蒋介石及其反动集团在美国的"援助"之下,就不但日益丧失人心,日益威信扫地,日益分崩离析,**而且连蒋介石本人的存在也成了问题了。**

　　根据以上的分析,就可以看到:经过过去两年空前规模与空前激烈的战争,中国人民的力量已经是变得更为强大了,不独在军事上取得了极为伟大的胜利,而且在政治上有空前广大的人民群众和各民主阶层团结在共产党的正确领导的周围,人民力量的发展,及其对于反动势力的进攻,已经是不可抵御的了。而在另一方面,在美国帝国主义援助下的中国反动势力,则已经变得更加没有出路和更加孤立,他们的统治,已经走到摇摇欲坠和土崩瓦解的边缘。在强大人民力量继续的锤击之下,他们的最后死亡,已经是不很远了。毛泽东同志**在半年前就说过:**"中国人民解放军已经在中国这一块土地上扭转了美国帝国主义及蒋介石匪帮的反革命车轮,使之走向覆灭的道路,推进了自己的革命车轮,使之走向胜利的道路。这是一个历史的转折点。这是蒋介石二十年反革命统治由发展到消灭的转折点。"**半年来各方面形势的发展证明毛泽东同**

志这一个判断是完全正确的。

当然由于中国的面积如此广大，人口如此众多，两者差不多都等于整个欧洲，由于其社会的发展如此复杂和不平衡，而帝国主义和国民党反动势力像蔓草一样盘踞在中国这块土地上，因此，中国的革命是不能在一次武装及简单的斗争中就能完全胜利的，中国的反动势力是不会在一次或几次打击之下就能完全消灭的。中国人民虽然已经在广大的地区内，彻底消灭了反动势力，但是反动势力仍然在另外的广大地区内存在，而且他们在美国帝国主义援助之下，仍然还有他们一定的力量，并继续压迫那里的人民；因此，中国人民的革命只能是逐步地胜利，敌人的阵地只能一个一个地被夺取，反动势力只能是一部分一部分地被消灭；因此，中国人民还必须准备继续作战争的艰苦奋斗，至少还要准备拿三、四年时间去作这种艰苦斗争，才能最后解放全中国，并在民主基础上统一全中国。在斗争过程中，某些暂时的、局部的间歇和曲折仍然还是可能有的。那些以为中国革命会在一次或几次斗争中就能完全胜利，在具体斗争中抱轻敌态度的人们，或者以为它会完全一帆风顺，不会有任何暂时的局部的曲折，而在遇到这种曲折时就感觉迷乱的人们，是错误的。正是由于完全清醒地认识了并克服了中国革命道路上的这些困难，中国人民才取得了过去两年的伟大胜利。同样，毫无疑问地，在战争的第三年中，中国人民将继续克服困难，取得更伟大的和对全局有决定意义的胜利。

为了在战争的第三年中取得更伟大的和对全局有决定意

义的胜利，我们的党，我们的军队，我们的政府，应该着重完成一些什么任务呢？

为了取得新的更大的胜利，首先重要的任务，就是坚决克服一切困难，把革命战争继续扩大和深入到国民党统治区去，以便继续大量地消灭国民党反动势力，进一步摧毁反动集团的战争机构，解放更多的人民，进一步把反革命战争的人力物力变为革命战争的人力物力，并进一步统一和巩固革命战争的基本根据地。必须向人民解放军的全体指战员，特别是担任外线作战的指战员，详略解释目前战争的形势及其前途和继续发展这种进攻的重大战略意义；告诉他们在外线作战特别是有些时候在无后方作战中一切可能的困难和克服这些困难的方法和经验；告诉他们人民解放军的补给主要地必须来自前线来自敌人的基本方针；表扬过去一年中许多部队勇敢深入敌后，在各种艰苦条件下坚决完成任务的光荣范例，并克服在某些指战员中可能存在的害怕困难夸大困难不愿意到敌区去作战的错误倾向。必须在部队中继续加强攻坚的战术教育，加强对于新区和城市的政策教育，加强在部队内部发展民主、巩固纪律以及迅速改造俘虏，节约使用民力等项教育，以适应战争的需要；关于这些，过去一年内各个部队都已经有了或多或少的良好经验，应该多多总结推广。

为了取得新的更大的胜利，第二个重要任务，就是要引起全党全军来认真研究和正确执行对于新区和新解放城市的政策。对于新区和新解放城市，应当首先区别是否可以巩固地占领。凡在可以巩固地占领的地方，第一个要正确解决的问题，就是一方面必须坚决消灭一切反动武装力量（包括国民党军队、地主武装、土匪等），解散一切反革命组织，逮捕一切持枪抵抗的分子，真正的破坏分子和罪大恶极的反革命罪魁，没收真正的官僚资本和真正反革命罪魁的财产，以便建立人民的统治；而在另一方面，也必须严格规定逮捕和没收只能限于上述的范围，并只能由指定的组织来执行，又必须切实保护除此以外的一切公私财产，一切守法的民间工商业者（无论其经营的规模如何），守法的文化宗教团体和守法的外侨不受侵害，又必须尽量留用国民党经济教育机关中的守法人员及其他可以留用的人员，以便安定社会的秩序，避免过渡期间的混乱和脱节。只有在采取了上述措施以后，才能依据群众的觉悟程度和组织程度，逐步地进行必要的和有一定界限的社会改革的工作。新区的土地改革，除了在长期受解放区包围而具有分配土地的充分条件的地方以外，一般应当首先实行减租减息政策和合理负担政策，以利于联合或中立一切可能联合或中立的社会力量，完成新区最迫切的斗争任务——消灭反动武装力量和打击人人痛恨的政治上最反动的分子，基本群众的觉悟程度和组织程度能够逐步提高。城市中的社会改革的任务和方法，与农村中反封建的土地改革完全不同，其所应采取的步骤也应当更为慎重。城市中的革命对象今天一般地只限于**国民党反动统治机构和真正的官僚资本家**，对于民族资产阶级，我们的任务不是革命，而是联合和改良。城市中的生产资料，除了确实被官僚资本所强占并可能发还的民间工商业财产，仍应发还，以利生产的发展以外，其他一律不得分散，并应尽一切力量保证其继续生产或恢复生产。在战争中的城市人民，和农村人民一样，可能遭受战时一定的生活上的困难，这种由反革命统治和战争所遗留下来的困难不可能希望在一个早上就得到解决，一切"左"倾冒险主义的办法，只能造成更大更长久的困难；但是也和在农村中一样，这种困难可以而且必须由发展生产来解决。发展城市中的生产，也同样除开依靠领导上的计划性而外，必须注意发展劳动者（体力劳动者和脑力劳动者）的积极性，而为达此目的就需要在一切公私企业中实行必要的在集中领导下的民主。需要适当地提高劳动者的地位并适当地保障他们的生活水平。总之，依靠生产必要依靠从事生产的群众，热情地团结他们并向他们虚心地学习，这是革命的共产党人与封建的买办的国民党官僚之间的原则区别；遵守共产党人的革命原则，我们就一定能够进步，就一定能够克服困难，把城市管理得跟农村一样好。以上是说可以巩固地占领的地方。至于在暂时不能巩固地占领的地方，在游击区，社会改革的范围就更应当缩小到适合游击战争的程度；而在只能暂时占领的农村和暂时占领的城市，则不应企图实行社会改革，而应尽可能少逮捕，少没收，并尽可能维持原有的社会秩序，以免引起对当地人民和解放军都是有害无益的损失。

为了取得新的更大的胜利，第三个重要任务就是要在解放区全力提高生产。在一切土地改革已经完成的农村，应当确定地权，调整和竭力减轻民负，给一切进行生产的农村人口以必要和可能的援助，使他们安心地发展农业生产。在还需要进行土地改革的地方，应当按照中共中央关于一九四八年土地改革工作和整党工作的指示，完成土地改革，并迅速地转入生产。在某些发生灾荒的县份，应当根据过去成功的救灾经验，使救灾与生产相结合，并撇开一切不急之务，以生产救灾为唯一的重要工作。对于工业生产，应当看得与农业生产同样重要或者更为重要；应当仔细保护一切已有的工厂、矿山、铁路、公路在支援解放战争和改善人民生活的工作中得到充分的利用。一切后方工作都必须服从于发展生产的利益，正如一切工作都必须服从于解放战争的利益一样；只有这样，才能够支持长期的大规模的战争，直到最后胜利。

为了取得新的更大的胜利，第四个重要任务，就是要在政治上继续提高全国人民的觉悟，在组织上继续加强全国人民的团结，应当及时地揭露美帝国主义和中国反动统治集团正在积极筹划的所谓反蒋"和平"阴谋。应当告诉人民：中国的内战不是任何别的东西造成的，这是由武装到牙齿的中国万恶反动派在美国侵略者大量援助之下所造成的；因此，为了得到真正的和平，就必须彻底解除万恶反动派的全部武装，**摧毁一切反对人民的反动统治机构**，废除美帝国主义在中国的一切侵略特权，**广泛实现民主阶级人民的民主权利**；否则，任何口头上的"和平"计划，事实上只能是为凶恶的战争计划作掩护和争取准备的时间。应当告诉人民：美帝国主义因为它依靠本国和各国的反动派，它就不可避免地是孤立的，外强中干的，可以战胜而毫不可怕的；同样，中国反动派因为它依靠外国侵略者，也就不可避免地是孤立的，外强中干的，可以彻底消灭，应当彻底消灭的。决不能功亏一篑，养虎贻患。**我们愿意很快地结束战争，并很快地得到和平，但是中国的反动势力不完全消灭，美国的侵略势力不退出中国，人民的民主权力不完全实现是不能有真正的和平的。除开揭露反动派"和平"阴**

谋外，随着解放战争的继续发展，还应当积极准备于适当的时机和适当地点，实现中共中央的"五一"号召，召开新的**没有帝国主义走狗及反动分子参加的完全革命的政治协商会议**，以便进一步统一中国革命事业的领导，加速最后胜利的到来。

为了取得新的更大的胜利，最后和最有决定性的重要任务就是要加强中国共产党，就是要使党的干部在政治上更加成熟，就是要使党的政策在全党更能统一贯彻，就是要克服党内的思想上的经验主义倾向和组织上的无政府无纪律倾向。中国共产党的成熟和统一，乃是中国人民更加觉悟更加团结的集中表现和根本前提。如果缺少这个根本前提，如果不从这个根本方面作严肃的努力，那么，战争的胜利发展，新解放区的扩大，老解放区的巩固，广大人民的更加觉悟和更加团结，就是不可能的。我们是已经有了三百万党员的大党，现在正处于中国革命历史上的最伟大的年代，担负着中国革命事业中的最重要任务。把我们的党在政治上和组织上提高一步，使之从适应于地方性的比较分散比较单纯迟缓的农村的工作和比较小规模的战争，转变为适应于领导全国范围的轰轰烈烈的、千头万绪的、日新月异的大革命和大战争，是再也没有比现在更迫切的了。我们现在已经认识了这个需要，而且我们已经在我党的坚固基础之上着手解决这个需要，那么，只要我们有决心有毅力地坚持下去，我们就有了保证，足以在第三年战争中赢得更伟大的、对全局有决定意义的胜利，并且在未来几年的岁月中，赢得全国的胜利。

庆祝济南解放的伟大胜利

（一九四八年九月三十日新华社社论）

人民解放军于九月十六日起开始向山东省会济南发起攻势。到二十四日，仅仅八天时间，就解放了敌人强固设防和重兵守御的济南市，全歼守敌十万余人，并争取吴化文军长率部起义。这个伟大的胜利，不但使国民党反动派及其美国主人目瞪口呆，甚至全国的人民也因为它的意外的迅速而惊异。

济南的解放，对于整个战局的重大意义是**很**明显的。蒋介石在发动全面内战以后的一年多中间，始终是把华东战场当作他的**军事**重点，他曾经使用八十几个整编旅的兵力在这个方向，妄图在这里决定战争的胜负。当华东人民解放军的主力在苏中、苏北、鲁南、鲁中各战场光辉地完成了大量歼灭敌军的任务，而于去年七月转入外线作战的时候，敌人曾经一度在山东大肆骚扰，并曾经竭力吹嘘他们的所谓"战略胜利"。敌人曾经打通过胶济路，打通过济南以南的津浦路，在这个基础上，敌人甚至还梦想过打通津浦全线，借以沟通他们的华中和华北。但是就在那时，我们就指出过这并不是什么攻势的**胜利**，而只是攻势的**失败**，是敌人**由全面攻势降为局部攻势**，**又由局部攻势转入全面守势的时候**，敌人的战略企图是不可能实现的。果然，人民解放军在其他战场转入进攻以后，在华东也无例外地反守为攻。曾经丧失过几乎全部县城的华东人民解放军，经过去年十月胶河的胜利，十一月胶济东段的胜利，十二月莱阳的胜利，今年三月胶济西段的胜利，四月胶济中段的胜利，五月至七月津浦沿线的胜利，直到这次济南的胜利，在不满一年中间，就造成了整个山东战局的彻底转变。现在山东**除青岛、烟台、菏泽等少数据点外**是被全部解放了，敌人在山东的战争计划**是被摧毁**了。**济南这个**敌人在山东最强大据点的攻克，使华东人民解放军获得了比以往任何时候更大的自由。在这个情况之下，不但山东的残敌岌岌可危，而且整个华东和中原的敌人也将遭受更加沉重的打击；华东和中原的全部解放，已经更加迫近；而中外反动派在长时期内关于所谓"巩固华北、确保华中"，乃至**所谓**在几个月以内"肃清黄河以南"的喧嚷，已经成为普遍的笑柄了。

济南是国民党长期困守的孤立据点之一。与济南处于同样情形的，仅就目前而论，就还有长春、沈阳、锦州、承德、保定、太原、安阳、南阳、榆林等城市。这些城市中的人民和国民党军队，从济南的解放中，应该得到一些什么教训呢？虽然济南有十万国民党守军，虽然他们有美国的装备，有永久性的层层工事**构筑**，有准备长期固守的物资，有美国所供给的空军的接济和配合，又有蒋介石所允许的大量援军集结在徐州附近，**还有国民党的有名将领王耀武指挥**，但是在人民解放军的进攻之下，只在八天里面就全军覆没。这是证明人民解放军强大的攻击能力，已经是国民党军队无法抵御的了，任何一个国民党城市都无法抵御人民解放军的攻击了。那么，国民党今天不顾人民的死活,硬要困守许多孤城,究竟是为着什么? **难道不是等候灭亡吗**? 当国民党守城的时候,他们强迫市民忍受种种勒索,担负种种苦役,甚至强迫他们大批地饿死冻死;到了国民党失败了,却又马上对市民滥施轰炸,难道这不是故意拿老百姓当仇人吗? **而**国民党军队的广大官兵,也只能是做着莫名其妙的牺牲品。既然明明守不住,为什么又一定要下令死守呢? 既然明明没有援兵出动,为什么又一定要下令死守待援呢? 难道不是故意骗人送死吗? 守济南的国民党军队有一部分是明白了**这一点**,这就是吴化文军长和他的部下,他们避免了无谓牺牲的命运,并且得到了人民的谅解和欢迎,得到了在今后能够为人民服务的机会。**但另一部分就**没有想明白**这一点**,**而**他们或者是做了俘虏,或者是白白地丧失了他们的生命。**这是**两条相反的道路,两种相反的结果。这是值得国民党军队的**广大**官兵加以思索和选择的。济南的战斗是过去了,其他被围城市的战斗正在接踵而来。在这里,我们愿**意正告**这些城市中国民党军队的**一切开明人士们**:你们不应当白**白送死**! 你们更**加**不应当强迫许多无辜的同胞跟你们一起白**白送死**! 你们应当走**的道路就是**辽南潘朔端师长、营口王家善师长和济南吴化文军长们的道路。**这样,不但可以使我们的祖国和同胞少受一些损失,使人民解放战争早日在全国胜利,而且你们自己也得到一个将功折罪、重新改造自己和为人民服务的机会。**

战争贩子布立特
关于中国的狂妄报告

（一九四八年十月十三日新华社评论）

维辛斯基所指名的战争贩子之一，美国前驻苏驻法大使布立特，在九日美国时代公司所出《生活》、《时代》两杂志上发表其关于中国的狂妄报告，疯狂鼓吹美国政府应以十三亿五千万美元的"低廉代价"雇佣四万万中国人为美国侵略者作战。食人动物布立特梦想：只要给蒋介石六亿美元贷款，一亿五千万美元货币基金，和六亿美元的军事援助，则"中国即可动员四万万中国人民对苏作战，对美国是一个极大的利益。"这个平均以三块美元买进一条中国人命的人肉市场老板，据布立特推荐，"以麦克阿瑟元帅最为适当。"这个狂妄的文件照例为美国其他战争贩子们所高声喝彩！其中包括臭名昭著的美国众议院外委会主席伊登。比美国战争贩子们所意想的还要"低廉"的卖国贼蒋介石匪帮，则对着十三亿五千万美元大喜过望，馋涎欲滴，感激涕零。蒋介石发言人董显光十日谈话称："布氏此文最合时宜与发人深省，并有助于廓清现下流行的对于中国的错误认识。"按布立特系于本年七月以《生活》、《时代》两杂志特派记者名义来华，该两杂志的发行人亨利鲁斯及其妻素以亲法西斯而仇视各国民主运动著名,其出版公司——在华尔街特别是摩根支配之下的时代出版公司,乃是美国反动派的主要宣传机关之一。鲁斯和布立特,都曾不止一次地来到中国,每一次都被蒋介石当作钦差大臣一样的侍奉。据可靠方面透露,布氏此次来华被接待于中国贪污大王宋子文的公馆中,其任务是为蒋介石作出所谓三年击败中共的计划,这一计划的主要部分,即为以大量美国金元和美国顾问倾入南京的粪坑中,在"崩溃"的名下竭力延长中国的内战,并控制中国的各方面。据悉,各式各样的美国顾问现正纷纷进入南京政府各部门,美国的军事顾问最近已开始在南京国防部正式办公。但美国大量财政援助则尚待布立特及其同谋者在美国多方鼓吹,因为甚至在华尔街中,也有若干人认为像苍蝇似的从**干枯的蒋介石粪坑里**吸取利润,是没有多大希望的事。布立特告诉蒋介石,应当主动争取美国援助。据称,蒋介石政府对魏德迈声明的大胆"批评",其灵感的泉源即出于布立特的锦囊,因为魏德迈的目的虽然同样在于控制中国,但其声明的某些词句曾引起一种沮丧美国投资者的副作用。观察家相信,布氏回国后立即发表此文,要求美国给予蒋介石十三亿五千万美元,并要求将中国置于一手扶助日寇复兴的麦克阿瑟的统一管辖之下,乃布立特在南京与蒋介石谈判协议的一部分。布立特留华两个多月,八月中曾去东北,九月中离华返美,途中曾于九月二十七日到达越南河内,在该处亦被法国军事当局奉为上宾。后一事实,表明美帝国主义正在以一系列的阴谋,积极组织对于东方各民族解放运动之无例外的压迫。

屠夫、奴才和白痴

（一九四八年十月二十日新华社时评）

美国战争贩子布立特提议，以十三亿五千万美元购买中国四万万五千万人口，在麦克阿瑟指挥下为美国作战，而蒋介石则立即予以热烈欢迎。这一事实，把美帝国主义者的屠夫面目，把中国卖国贼的奴才面目，赤裸裸地暴露出来了。蒋介石中央社十日纽约的电讯，引用布立特原文说："阻止中国受任何国家操纵（？），中国即可动员四亿人民对苏作战，此对美国为一极大利益。"每个中国人，包括蒋介石军队中和机关中的每个中国人，都应该好好想一想这句话的意义。美国帝国主义者把中国人看做什么？看做卖三块美金一只的炮灰，"利益极大"而"代价低廉"。蒋介石把中国人看做什么？看做赚三块美金一只的商品，也是"利益极大"而"代价低廉"——或者说代价毫无，因为他把中国出卖给麦克阿瑟或其他任何美国元帅，美国总统或美国金融大王，在祭坛上做牺牲品的只是中国人民，蒋介石及其四大家族是无须流一滴血的。

但是，当屠夫布立特之流和奴才蒋介石之流，在这个想象的交易中得意的时候，他们忘记了他们自己都只是一群白痴。他们是白痴，因为他们胆敢妄想拿伟大的中国人民做买卖，胆敢妄想伟大的中国人民能被他们雇佣和出卖。一群吸血吸得发昏的臭虫，居然在光天化日之下计算着四万万五千万伟大人民的"价格"！白痴布立特甚至连白痴的家谱也不知道。他的同僚不久以前曾经得意地搬出了四十亿美元，妄想由这个"低廉代价"获得"极大利益"。但是结果呢？结果是把蒋介石搬进了今天的泥坑，并且把美国帝国主义者搬到泥坑的边缘。**这样，才又引起了布立特们的叫嚷。**如果布立特之流能够散布他们的白痴病到这种地步，以至美国政府再向南京搬出无论是五亿、十亿、十三亿五千万或另一个什么数目的美元来，那么唯一的结果，也只有把蒋介石完全搬进坟墓，并且把美国帝国主义者搬到坟墓的边缘。伟大的中国人民，只知道夺取侵略者的武器向侵略者作战，夺取卖国贼的武器向卖国贼作战，而永远也不会疯狂到去设想和自己的友人作战，如同那些白痴们在梦中所描绘的那样。

　　让那些白痴的阴谋家们去做梦吧，伟大的中国人民在自己的必胜的奋斗中，除了枷锁之外，什么也不会失去，**而要得到的，却是全中国。**

假和平与真和平

（一九四九年一月二十六日新华社评论）

中国共产党所提出的八项和平条件，已经如此无可争辩地成为全国的唯一国是，以致南京国民党反动政府从二十二日起也不得不假装奉为谈判的标准。南京反动政府的工作现在集中在两个方面：第一，尽力保存蒋介石反动集团的势力，使之安然渡过目前席卷全国的革命风暴，以便在适当时机卷土重来。他们希望取得三个月喘息时间，整编及新编几十个师，以利再战，此项密令已由战犯顾祝同发出。第二，歪曲八项条件的内容，使之由真和平的条件变为假和平的条件，并在这种假和平的基础上团结各种不坚定的和伪装的"民主"分子，来形成一个对付真和平运动的壁垒。南京反动政府关于保存蒋介石反动集团势力的计划，首先表现于第一号战争罪犯蒋介石的"离职"行动。蒋介石"离职"的真相甚至美国资产阶级也并不加以隐瞒。早在去年十二月三十一日，哥伦比亚广播公司就预告说："残酷的事实显示：共产党的胜利已接近完成，蒋介石对国家的唯一价值是使他个人的地位在引退中仍保持对国家的效劳。"现在蒋介石正是这样地保持着他"对国家的效劳。"美联社南京本月二十二日电称："李宗仁本人以及政府其他人物都不认为李已是蒋介石的确定继承者,而认为他不过是蒋离职期间的代理者而已。"该电讯暗示:蒋介石可能在嗣后宣布李宗仁所采取的一切步骤为"无效"。该电讯指出李宗仁并没有采取任何行动制止政府机关和资财的继续南迁,而且不能指挥蒋介石的军队。路透社上海二十日电称:十五万至二十万蒋介石亲自指挥的军队正在开往浙江、江西、广东与福建,这是四日来政治戏剧的一部分。由此可见,国民党的一切实际力量都在继续准备作战。完全可以相信:蒋介石对于这些南迁的**武装力量和文装力量**仍然保持着完整的指挥权。事实上**美国政府已使**蒋介石与李宗仁实行了这样的分工:蒋介石离开了不安全的南京,继续以"总统"的身份**实际上指挥**作战的力量在**江南及**浙江、福建、江西、湖南、广东、台湾各地布防,而今留在南京的李宗仁利用他的"总统府"作为舞台,演出种种"和平"的戏剧以掩护作战力量的部署。因为用"和平"来建设"长江防线"现在是比军事的防线似乎较为有用些了。为此目的,**中国第二名战争罪犯美国傀儡**李宗仁和南京其他伪装主和的人们现在在口头上声明承认中国共产党所提出而为一切民主党派的领导人物**及全国人民**所一致支持的八项条件。但是他们的声明是真的吗? 人们考察这个问题的时候,不能不注意到李宗仁指定的和谈代表邵力子、张治中正在散布对于八项条件的荒谬歪曲。例如法新社南京二十三日电称:邵张竟试图把"依据民主的原则改编一切反动军队"曲解为依据从未生效并早已作废的一九四六年二月马歇尔方案来改编国民党军和人民解放军。最可注意的是邵张关于第一项条件即惩办战争罪犯的表示。他们说:"蒋介石既已去职,政府正等待共方表明对于载在他们的战犯名单上的其他四十二名战犯的意图。"这里划出了真假和平的分界线。假和平的阴谋家们以为"蒋介石因故不能视事"而离开南京就算是惩办战争罪犯。人们要问：这是惩办战争罪犯吗？这不过是窝藏或放纵战争罪犯罢了。紧接在蒋介石之后，南京其他首要战争罪犯陈立夫、谷正纲等均已相继逃逸，宋子文则已逃往香港。路透社南京二十三日电称："名列战犯名单的国民党领袖们今日正在南京屏当行装，以备随蒋介石做可能的逃亡。对中共不寄任何希望的大多数战犯业已离此他去。"现在南京李宗仁政府及其合作者有一个方法证明他们有无和平的诚意，这就是把蒋介石、**宋子文**、陈立夫、谷正纲、**陈诚**、**何应钦**、顾祝同、**刘峙**、**汤恩伯**、张群、王世杰、朱家骅、刘健群、吴国桢、潘公展、**蒋经国**、张君劢、左舜生、戴传贤、郑介民、叶秀峰等一大批首要战犯立即加以扣留，并将国外的战犯缉拿归案。**此间观察家认为**南京伪代总统李宗仁和伪行政院长孙科本人都是重要的战争罪犯，张治中和邵力子都是过去与共产党签订过种种协定**后来撕毁这些协定时他们一声不响并参加伪国民大会拥护蒋介石做伪总统的可爱的人物，李宗仁政府的先生们如果想要依靠玩弄花样来**取信于人民，那是徒然的。只有他们实实在在地执行了八项条件第一条的第一步，即将战争罪犯**们加以扣留**交给人民政府审判，他们才有因将功折罪而获得人民宽恕的可能。

北 平 解 放

（一九四九年一月三十一日新华社新闻）

　　世界驰名的文化古都，拥有二百余万人口的北平，**本日宣**告解放。北平的解放是**伟大的中国人民革命运动**中最重要的军事发展和政治发展之一。原有国民党**反动军队及其军事机构大约二十万人左右据守**的北平，乃是执行中国共产党毛泽东主席所宣布的八项和平条件以和**平方法**结束战争的第一个榜样。这个事实的发生，是人民解放军的十分强大，所向无敌，**国民党反动军队中的广大官兵战意消沉**，不愿**再作毫无出路**的抵抗，和**北平广大人民群众**坚决拥护真正民主和平的结果。北平的国民党主力**现**已开至城外指定地点，人民解放军定于**本日开始**入城接防。北平的人民久已像亲人一样地渴望着人民解放军。在知道了人民解放军即将开入北平之后，北平的工人、学生、市民连忙热闹非凡地筹备着盛大的欢迎仪式，并因国民党全部出城之一再延期而感觉不耐。人民解放军即将和**平地开入北平的消息**，使这个古城突然恢复了青春的活力，**从一月二十三日起物价顿然下降**。街道上重新拥挤着欢天喜地的行人，他们到处探听着解放军入城的确实日期，询问着和传说着解放军和共产党的宣传品的内容。北平的和平谈判曾经进行了一个很长的时间。事实上,从去年十二月人民解放军包围了北平的一天就已开始**接触,但是**直至天津解放的**前夜,**傅作义将军还**不愿意接受**人民解放军的条件,因而使谈判未获结果。开始时**期**傅作义还梦想着作绝望的抵抗,随后又梦想着**率部**逃跑到**绥远,或太原,或青岛、上海,**并与蒋介石信使往还不绝,对于与人民解放军的和平谈判**采取**敷衍的态度。傅作义**直系**主力在新保安和张家口被歼,以及**国民党整个**军事政治形势**处于绝望境地,**动摇了他的原定计划。一月十四日,中共毛泽东主席宣布八项和平条件,十五日天津迅速解放,十六日人民解放军平津前线司令员林彪将军、政治委员罗荣桓将军向傅作义送出关于北平和平解决办法的公函。这些事变,促使傅作义**将军**决心接受解放军的提议,谈判才得到进展。双方的谈判决定:为了便于移交和接管,在过渡期间,成立**七人的临时**联合**委员会,人民解放军方面四人,傅作义将军方面三人,**以叶剑英将军为主任。这个委员会在人民解放军平津前线司令部的领导之下工作。双方协议:**开出城外的傅作义将军所部全军在大约一个月后开始改编为人民解放军。**双方又协议在过渡期间,北平市内的各级行政机关、企业机关、银行、仓库、邮电机关、报社、学校、文化机关等,一律暂维现状,不得损坏,听候处理。北平的解放基本上**结束**了华北的战争。中国北部的河北、察哈尔、山东、山西、绥远五省及河南一部,现在只有太原、大同、归绥、包头、**五原、临河、青岛、**安阳、新乡等少数地方尚未解放,这些地方的国民党**反动军队如果**不愿意跟随北平的榜样,就只有跟随天津的榜样。天津是在二十九小时内**经过战斗**解放的,守城的国民党反动军队全部**解决**，其高级将领全部被俘，**其中**拒绝和平解决、坚持抵抗到底并严重破坏人民生命财产的**首要分子**，将被审讯判罪。北平的解放对于长江以南**及其他地方**的解放也指出了一个**榜样**。全国人民要求战争罪犯们**统率的所有执行**"**戡乱剿匪**"**伪令**，**屠杀中国人民的一切**反动军队，都能像傅作义将军及其所部一样地接受人民解放军的条件，这将证明他们确有诚意实现真正的和平。傅作义将军**在过去两年半中是积极执行**"**戡乱剿匪**"**伪令的一人**，**因此成为**战争罪犯之一。但是，人们相信，既然他现在接受人民解放军的和平条件，率部出城听候改编，那么，只要他今后继续**向有利于人民事业的方向走去**，他就有希望**取得人民的谅解**，**允许他**将功折罪。

国民党怎样看北平和平解放

（一九四九年二月一日新华社评论）

　　南京国民党反动政府，对于北平的和平解决采取什么态度，是值得注意的。国民党中央社于一月二十三日发表傅作义将军的文告，该文告称北平的和平解决，是为了"迅速缩短战争，获致人民公议的和平，保全工业商业基础与文物古迹，使国家元气不再受损伤，以期促成全国彻底和平之早日实现"。南京政府国防部的文告称："华北方面，为了缩短战争，获致和平，借以保全北平故都基础与文物古迹，傅总司令作义曾于二十二日发表文告，宣布自二十二日上午十时起休战。平市国军大部当即遵从总部指示，先后撤离市区，开入指定地点。共军已有少部开进市区。绥远、大同两地亦将实施休战。"战败了，一切希望都没有了，比较好的一条出路，是军队离城改编，让人民解放军和平地接收城防和市政，这是北平问题和平解决的基本原因。为什么天津不肯这样做呢？难道天津的"工业商业基础与文物古迹"不应当保全吗？难道天津的"国家元气"应当受损伤吗？为什么一月二十二日应当"促成全国彻底和平之早日实现"，而在一月十三日就不应当，而令天津的和平解决不能实现呢？基本的原因是傅作义将军还想打一打。天津打败了，二十九个钟头内十几万人解除武装，陈长捷、林伟俦、杜建时等匪首一齐被俘，北平孤立了，毫无希望了，决心走第二条路，和平解决北平问题的可能性从此产生。人民解放军十五日攻克天津，十六日林彪、罗荣桓、聂荣臻三位将军即和傅作义将军的代表邓宝珊将军、周北峰将军成立了和平地解决北平问题的基本协议，往后数日又成立了细节方面的许多协议。周北峰将军是在一月八日由张东荪教授引导出城和林彪将军等谈过一次的，这回出城是第二次。和平地解决北平问题的基本原因是人民解放军的强大与胜利，难道还不明显吗？北平人民，包括劳动人民，资产阶级及绅士们在内，一齐渴望和平解决，又是一个原因。一月十九日北平人民的十一个代表出城和人民解放军公开接洽，他们听了人民解放军方面的宽大处理政策，甚为满意。人民解放军第四十一军军部招待了代表们，举行了畅谈和欢宴。代表们中的一个是前北平市长何思源，他是过去山东国民党省政府的主席，坚决反对过人民解放军，当北平市长时也是坚决压迫人民的，他是国民党系北方派的干员之一。不管他过去做得怎么坏，这一次总算做对了。又一个代表是吕复，他是国民党法统内的立法委员。又一个代表是北平古物保管机关的康同璧女士。其余是官办的民众团体的代表。他们就是二十二日傅作义将军文告中所说"获致人民公议的和平"那一句话中所谓"人民公议"的表现。不管这一切，他们总算是代表了真正的民意，这和过去大半个月内国民党 CC 系在南方各省策动官方的参议会商会工会等起劲地叫嚣的所谓"和平攻势"，是截然不同的，人们切不可将这二者混为一谈。最近南京上海武汉开始酝酿的局部和平运动，也是资产阶级及绅士们策动的，应属于何思源、吕复、康同璧这一类，因而被 CC 系死硬派战争罪犯潘公展所反对。北平和平解决的又一个原因，是近二十万的国民党军队除少数几个死硬分子外，从兵士们到将军们，一概不愿打了。天津失守后的傅作义将军代表了这种情绪，下了出城改编的决心。不管傅作义过去如何反动透顶，华北人民如何恨之入骨，这件事总算是做得对的。只要他以后向有利于人民事业的方面走，愿意向人民低头，在军队改编问题上予以协助，不起阻碍作用，而不再企图高踞在人民头上压迫人民，人民解放军就有理由向人民说明，赦免他的战犯罪，并给他以新的出路。南京政府为什么也同意这样干呢？这是全国革命高潮和国民党大崩溃的表现，他们不得不同意，就像他们不得不同意以共产党的八个和平条件为谈判基础一样。在全国人民的逼迫下，他们孤立了，他们的二十万军队已经这样做了，他们无法不同意。这一同意是有巨大意义的，全国的问题就有合法（合国民党之法）理由遵循北平的道路去解决，他们丝毫也没有理由反对别地这样做了。尽管以蒋介石为首的国民党死硬派还在准备抵抗到底，但是他们将被完全地彻底地孤立起来，他们的反动政策会被人民的革命浪潮迅速地打得粉碎。

孙科原形毕露

（一九四九年二月二十七日新华社时评）

所谓国民政府副主席的孙科，在本月二十二日发表谈话，对外仇苏，对内仇共。他居然把国民党反动派撕毁停战令、推翻政协路线，造成国内分裂的事实，归罪于苏联不能使美国在中间的努力成功。并且公然把中国当做美国的家产，说什么"美国反响冷淡，即等于对中国放弃。"他甚至撒娇放赖地说，如果那样，"是在中国的外国势力唯有苏联，政府将重新考虑态度"，意思是说，你再不疼我这个儿子，我就要认旁人做老子了。对于恢复国内和平的问题，他把国民党政府的凶恶面孔也表示得再鲜明没有："在军事方面，只要打到底，终归可以解决"；"目前已无和谈可言，政府必须打垮共党，否则即是共党推翻国民政府"。

从政治协商会议以后，孙科对于国民党反动派的一切倒行逆施，从未表示过异议。他不但参加了违法的分裂的所谓国民大会，而且参加了所谓政府改组。总算蒙蒋介石赏了根肉骨头，当国民党日暮途穷，孙科也年暮途穷的时候，**得**了个副主席的**称号**。这些本来已够暴露他的原形了，但是不**饶人**的历史却要逼他更进一步，要他把向来的什么自由主义呀，联苏联共呀这一套遮羞物通通剥光,来个裸体跳舞。孙科的丑态表示蒋介石小朝廷已经着了火,而在睡梦中惊醒,跑到大街上狂呼救命的人,常常是顾不得穿裤子的。

在中国国民党的一切官僚之中,孙科是最为寡廉鲜耻、反复无常的丑角。他是孙中山先生的不肖子。孙先生逝世不久,他就背叛他父亲的遗嘱,参加极右翼的西山会议派。大革命中他又投入左派的武汉政府。然后他又到南京寻求一官半职,联蒋倒蒋,载沉载浮。贬入立法院后,似乎左倾了,却又主持制订了臭名昭著的五五独裁宪章。抗战期间,被蒋介石集团挤得没有出路的时候,又表示向左,并戴着亲苏的面具访问了一趟苏联。一九四一年,蒋介石仅仅稍微收买他一下,他立即在香港大骂中共与民主政团同盟(民主同盟的前身,当时还包括青年党国社党在内)。一九四二年一月,正当美国对日军事不利,他奉蒋介石之命发表了著名的对日单独媾和(separate peace)的谈话,其目的与今天相同,就是向美国勒索五万万元的借款。以后他又失宠了,于是又成为所谓国民党左派,直到去年一月政治协商会议的开幕。孙行者有七十二变,孙科的变化,细算起来也不下此数,但是万变不离其宗,就是唯利是图。他以后当然还会变,但再要欺骗群众是难了;群众不需要这样的骗子,也不允许骗子们永远骑在人民的头上争权逐利。孙科及其同类只有一个前途,叫做树倒猢狲散。孙科这次所以狂呼救命,正是为了逃脱这个前途,但是他将达不到自己的目的。

孙科和整个蒋介石王朝,自从人民解放军**在广泛地区举行**反攻以来,就一直忙于制造各种事件和谣言来反对苏联,这是为什么呢？这有一个次要的国内目的，还有一个主要的国外目的。在国内，这个小朝廷想要转移人民反内战反饥饿**反暴行**运动的视线。但这只是次要的，因为人民早已对南京的宣传丧失信任。中央说是黑，事实一定是白，这从它对人民运动的各种诬蔑就可以看清楚了。事实上，人民对于小朝廷的叫嚣也是极端冷漠。学生们继续反暴行的斗争，饥饿的人们也继续抢米。此外，这个小朝廷还想争取国内一部分**基本上**依靠它但又唧唧哝哝的人们，但是很明显的，这一部分人即使跟着党部发个把反苏讨共的通电，也并不能挽救南京王朝的没落。所以它的主要目的是在国外。美国援助南京这么久了，花的钱不为不多，但是结果如何呢？若干现实的美国政界人物开始认识和忧虑这个极小的傀儡舞台乃是一个极大的无底洞。于是蒋介石、孙科之流不得不拿出他们造假账的天才（这无疑是南京一切贪官污吏们最熟练的职业）来企图转变这些美国人的情绪，使他们不仅不动摇，而且更加起劲地填满这个无底洞。蒋家小朝廷第一是要使美国主人们**生气**，**出面反对所谓**苏联的"侵略"；第二是要使美国主人**害怕**，**怕他的**儿子们登报脱离父子关系。这后一种战术，按照南京国防部的习惯应该定名为打滚战术，蒋介石不但指挥孙科表演过，而且他本人也亲自表演过，而且都曾经行之有效。这一次是否仍然有效，还须听下回分解，但是可以预料的是：有一部分美国人将如**鲁迅小说中的**孔乙己似的，将五指罩住茴香豆的碟子，连说"多乎哉，不多也"；而另一部分美国死硬派，则仍将或明或暗地给以军事和财政的援助。中国和美国的人民必须继续坚决反对任何这类罪恶的援助，因为这仅足以延长中国的混乱和痛苦,这个事实已是比任何时候更加明白了。但是坚持"打到底"的南京刽子手们,无论如何,却永远不能由此得救。蒋介石、孙科以及其他任何人,由此所积的卖国殃民的血债愈多,到"终归可以解决"的一天,他们就必须向人民付出更大的利息。

中共召开七届二中全会

（一九四九年三月二十三日新华社新闻）

  中国共产党第七届第二次中央委员会全体会议在石家庄附近举行，会议经过八天，现已完满结束。全会到中央委员三十四人，候补中央委员十九人。中央委员及候补中央委员因工作关系缺席者二十人。毛泽东主席向全会作了工作报告。全会批准了一九四五年六月一中全会以来中央政治局的工作，认为中央的领导是正确的。全会批准了由中国共产党发起，并协同各民主党派、人民团体及民主人士，召开没有反动分子参加的新的政治协商会议及成立民主联合政府的建议。全会并批准一九四九年一月十四日毛泽东主席的声明及其所提八项条件以为与南京国民党反动政府及其他任何国民党地方政府与军事集团举行和平谈判的基础。

  中共七届二中全会着重地讨论了在现在形势下党的工作重心由乡村移到城市的问题。全会指出：从一九二七年中国大革命失败到现在，由于敌我力量的悬殊，中国人民革命斗争的重点是在乡村，在乡村聚集力量，用乡村包围城市，然后夺取城市。党在毛泽东同志的领导下团结了广大的劳动人民，执行了这个用乡村包围城市的方针；历史已经证明这个方针是完全必要,完全正确,并且是完全成功的。但是,采取这样一种工作方式的时期现在已经完结。从现在起,重新开始了由城市到乡村、由城市领导乡村的时期。毫无疑问,**城乡必须兼顾,必须使城市和乡村、工人和农民、工业和农业密切地联结起来**。决不可以丢掉乡村,仅顾城市,如果这样想,那是完全错误的。但是党的工作重心必须放在城市。全会指出:我党必须用极大的努力去学会**领导城市人民进行胜利的斗争,学会**管理城市和建设城市。在领导城市人民的斗争**时**,党必须依靠工人阶级,团结其他劳动群众,争取知识分子,争取尽可能多的能够和共产党合作的**小资产阶级**、自由资产阶级及其代表人物站在**一条战线上**,以便向帝国主义者、国民党反动派和官僚资产阶级作坚决的斗争,一步一步地去战胜这些敌人。全会认为:管理和建设城市的中心关键是恢复和发展工业生产,第一是公营企业的生产,第二是私营企业的生产,第三是手工业生产。城市中的其他工作,例如党的组织工作,政权机关的建设工作,工会工作和各种民众团体的工作,治安工作,文化教育工作等,都应当为恢复和发展工业生产这一个中心工作而服务。全会号召全党同志用全力学习工业生产的技术和管理方法,学习和生产有密切联系的商业工作、银行工作和其他工作。并且发出警告说:如果**我党**在生产工作上无知,不能很快地学会生产工作,不能使生产事业尽可能迅速地恢复和发展,获得确实的成绩,首先使工人生活有所改善,并使一般人民的生活有所改善,那么,党和人民就将不能维持政权,就会站不住脚,就会要失败。

　　中共七届二中全会指出:无产阶级领导的以工农联盟为

基础的人民民主专政,要求中国共产党认真地团结全体工人阶级,全体农民阶级和广大的革命知识分子,作为这个专政的领导力量和基础力量;同时,也要求中国共产党团结尽可能多的能够与共产党合作的小资产阶级和自由资产阶级的代表人物,它们的知识分子和政治派别,以便共同打倒国内的反革命势力和帝国主义势力,迅速地恢复和发展生产,**从而创造条件使中国有可能稳步地由农业国转变为工业国**,由新民主主义国家转变为社会主义国家。**二中全会号召全党在思想上和工作上确立与党外民主人士长期合作的政策。在这个问题上,既要反对无原则的迁就主义的态度,又要反对妨碍党与党外民主人士团结的关门主义或敷衍主义的态度。**

鉴于具有**伟大国际意义**的中国革命的全国胜利,**不久就要到来**,中共七届二中全会特别警戒全党同志不要骄傲自满,不要被人们的**无原则的捧场所软化**。全会指出:中国的革命是伟大的,但是夺取全国的胜利只是工作的第一步,革命以后的路程更长,工作更伟大,更艰苦。全会号召全党同志继续保持谦虚、谨慎、不骄、不躁和艰苦奋斗的作风,以便在**打倒反革命势力之后**,用更大的努力来建设一个新中国。**全会认为:中国的经济遗产虽然是落后的,但是中国人民是勇敢而勤劳的,中国人民革命的胜利和人民民主共和国的建立,中国共产党的领导权,加上以苏联为首的强大的全世界反帝国主义阵线的援助,中国经济建设的速度,将不是很慢而可能是相当地快的,中国的兴盛是可以计日程功的。对于中国经济复兴的悲观论点,没有任何的根据。**

要求南京政府向人民投降

（一九四九年四月五日新华社社论）

毛泽东主席答复傅作义将军的电文中说："南京国民党反动政府发动反革命内战的政策，是完全错误的。数年来中国人民由于这种反革命内战所受到浩大灾难，这个政府必须负责。但是执行这个政策的国民党反动政府的文武官员，要他们认清是非，翻然悔悟，出于真心实意，确有事实表现，因而有利于人民解放事业之推进，有利于用和平方法解决国内问题者，无论何人我们均表欢迎。"南京国民党政府及其地方政府**党政军**中的一切**军事**、**政治**、**党务**、**经济**、**文化**等项工作人员，都应当对于这个号召好生做一番研究。

国民党反动卖国政府对于日本投降以来的反革命内战是要负全部责任的，这个政府的一切重要负责**的党政军**人员，也都要按照各人情节轻重分别**担负**一定的责任。这个政府的一切重要负责**党政军**人员，在多年以来向人民犯了罪过，如果**他们想**在最后的时机要求人民的宽恕，那么他们就必须"认清是非，翻然悔悟，出于真心实意，确有事实表现，因而有利于人民解放事业之推进，有利于用和平方法解决国内问题"。这样就叫做"立功自赎"。如果不能做到这些，那么，人民就绝对不能宽恕他们的铁案如山、斑斑可考的罪行,他们就绝对不能逃脱人民的审判和惩办。

国民党党政军人员中有许多人现在已经开始采取立功自赎的老实态度。前国民党华北"剿匪"总司令傅作义将军在他的四月一日通电中所表示的,就是这种老实态度。但是南京国民党反动卖国政府的许多首要军政人员至今还没有打算这样做。他们也表示希望参加和平解决国内问题,但是他们和继续主战的蒋介石**及其死党一样,反对人民解放军继续前进,反对接受中共的八项条件,反对所谓投降**而**荒谬地**鼓吹所谓"平等的光荣的和平"。这种**荒谬**议论的反革命实质,在今天本社所发表的国民党中央宣传部的指示①中,已经暴露无遗。这个指示证明那些反对**所谓**投降的好汉们"不能承认今日之失败为中国反共斗争之最后失败",而认为它只是世界反共斗争中的"一道波纹",只有"向中共投降""始为吾人最后之失败"。他们为什么要求所谓"平等的光荣的和平"呢?因为他们拒绝对反革命内战负责,他们拒绝把战争罪犯交给人民惩办,拒绝把反动军队交给人民改编,拒绝把反动政府交给人民接收,他们要把反动势力"平等"地"光荣"地保持下来,以为卷土重来的资本。他们甚至要求恢复一九四六年一月一日政治协商会议时代的地位,要求就地无条件停战,要求人民解放军不要到长江以南去解放二万万以上被压迫的同胞。总之,他们装得好像他们并不是一伙反动卖国的战争罪犯,装得好像他们并没有"最后失败",而狂妄地要求与为独立民主和平而

---

① 见本卷下文《蒋介石死党准备卷土重来的一个铁证》。

奋斗的中国革命人民及其领导者中国共产党分庭抗礼。这是一种极端荒谬、极端狂妄、极端反动的态度,是与立功自赎的态度完全不相容的。

反动卖国的战争罪犯与革命人民之间根本不允许讲什么平等,如果允许讲这种平等,就是背叛人民,就是抹煞是非,抹煞战争责任,就是鼓励反革命战争罪犯重新发动战争,就是使被战争罪犯们所屠杀的同胞和为自卫和解放而流血的先烈死不瞑目。在日本投降以来四十四个月中,国民党反动卖国政府在美国帝国主义者的支持之下,无数次地拒绝人民的和平要求,无数次地撕毁与中国共产党和各民主党派签订的协定,悍然发动内战,连今天南京国民党反动卖国政府的伪代总统李宗仁也说是"不仅将抗战胜利后国家可能复兴之一线生机毁灭无遗,而战祸遍及黄河南北,田园庐舍悉遭摧毁荒废,无辜人民之死伤成千累万,妻离子散啼饥号寒者到处皆是。此一惨绝人寰的浩劫,实为我国内战史上空前所未有"。应对这一笔血债负责的刽子手国民党反动派,万死不足以蔽其辜。现在中国人民和中国共产党居然允许其在八项条件下立功自赎,这是何等的皇恩浩荡?! 如果对于这样的恩人还不知报答,阴谋在平等的名下保存反革命实力,以便在他们所期待的第三次世界大战中恩将仇报,这又是何等的穷凶极恶?!

战争罪犯同样也不能向革命的人民要求什么光荣,因为他们过去的罪恶是卑鄙的,黑暗的,瘟臭的。如果说他们可以有什么光荣的行动,这就是向人民投降。国民党反动卖国政府的党政军人员们,必须明了:如果你们不愿意自动自觉地从政治立场上向人民投降,向人民承认自己的反革命罪恶,向人民缴出自己的军事上和政治上的反革命武装,而继续保留自己的反人民的立场,保留自己的军事上和政治上的反革命武装,那么你们和人民之间就没有什么真和平,那么你们至多也就是把危险的杀机隐藏起来,而不是加以消灭。在今天的中国只有一种和平,这就是反革命分子从根本立场上向人民革命力量投降的和平。有了这种自觉,才叫做"认清是非,翻然悔悟",才能够"出于真心实意,确有事实表现,因而有利于人民解放事业之推进,有利于用和平方法解决国内问题"。这是接受中共八项和平条件的政治前提,决不容许有**一丝一毫**的马虎**苟且**。国民党中宣部的话,稍微改动几个字对于国民党的党政军人员就是完全正确的了:"只有吾人放下屠刀,**向中国人民及其代表中国共产党及各民主党派实行**投降,而停止妨害国家独立反对人民自由之挣扎,始为人民最后之胜利,亦即为中国反革命恶势力之彻底灭亡。"这种投降是有益于人民,有益于祖国的,是可以希望人民和祖国的宽恕的,比之拒绝向人民投降,继续无谓的挣扎,因而一个个被活捉,被审判,被惩办,当然要光荣得多。

愿意向人民和祖国立功自赎的国民党党政军人员们! 最后的时机到了,赶快与那些反对向人民投降的反革命阴谋家分清界限吧! 勇敢地承认自己的**错误**,跳出反革命立场,投降到人民方面来吧! 这是实现真和平的道路,这是立功自赎的道路。

蒋介石死党准备
卷土重来的一个铁证

（一九四九年四月五日新华社新闻）

国民党中央宣传部社论委员会三月三十一日发出的宣传指示，最确切地刻划了蒋介石和整个国民党反动集团今天的政治面目。该指示全文如下："各党报社鉴：投降主义者责备本党不肯承认失败，此种论调含有严重之误谬与毒素，必须明白分析。（一）吾人承认政治、军事、经济三方面之缺点与错误，招致今日之失败。吾人必须深切反省，痛加改革。（二）吾人不能承认今日之失败为中国反共斗争之最后失败。中国之反共斗争为世界反共斗争之一部分，一环节，今日世界民主国家反侵略阵线正在结成，苏俄之扩张政策如不停止，必将促成世界大战。苏俄如在大战中失败，则中共纵能控制中国之全部，仍属徒劳。因此，中共今日之胜利，在世界大战上并无决定的意义；而吾人今日之失败，亦不是决定的，更不是最后的。（三）吾人今日必须继续奋斗，以阻止中共发展及情势恶劣，挽救中国，不使其重作大战战场。吾人为国家独立人民自由之奋斗一日不停，则中国即一日不灭亡。中共必欲灭亡中国，其结果只有提早世界大战，使中国问题在世界问题之总解决中得到解决。因此，吾人今日之失败不过是世界民主与极权全面斗争过程中之一道波纹。（四）只有吾人自甘暴弃，向中共投降，而停止为国家独立、人民自由之奋斗，始为吾人最后之失败，亦即为中国之彻底灭亡。社委会三十一日。"国民党反动派在这里颠倒黑白，把自己和自己的帝国主义主人称为"民主"，"反侵略"，"挽救中国不使其重作大战战场"，"为国家独立、人民自由"而"奋斗"，而对中国人民、中国共产党和苏联加以种种污蔑，是不值一驳的。值得注意的是国民党反动集团不承认自己的最后失败，甚至在中国之全部都已经解放以后，他们仍然要"一日不停"地"奋斗"，以待世界第三次大战中卷土重来。国民党反动集团所最恐慌的，就是国民党内**已经**有许多人承认失败，决定停止反革命的"奋斗"而向中国人民投降，因为这将帮助中国反革命势力的最后失败和彻底灭亡。人们由此可以得到两个基本的教训：第一，国民党中一切愿意脱离这个至死不悟的穷凶极恶的反革命集团的人们，应当勇敢地反抗蒋介石死党的意志而向人民**靠拢**，这是真正有益于国家和人民的道路，**即被反动派骂为投降派，也不要害怕**。第二，中国人民在今天，以及在全中国解放以后，必须继续向坚持反革命到底的公开的和隐蔽的敌人作坚决无情的斗争。**必须知道**，坚决反革命分子的**对于革命人民**的反抗，将因其被人民推翻的缘故而更加紧张**起来**，因此对于这种敌人的警惕性也必须加强**起来**。

北平人民要求国民党反动政府对南京血案表明态度

（一九四九年四月八日新华社新闻）

北平**方面**声援南京爱国学生血案的公众，正在等待南京政府对于这一血案的处理，特别是等待南京国民党卫戍总司令张耀明表明自己的态度，因为他无疑是这一血案的直接负责者。张耀明虽于血案发生的次日即本月二日声称："本人当不能辞其咎，现已向上峰自请处分"，但是本月三日他的发言人罗春波却又发表荒谬的谈话，竟称"此次事件全系少数职业学生受某方指使，阴谋扰乱治安，阻碍和平而导演"。张耀明及其发言人把血案描写为所谓收容总队官兵与学生"互殴"，并称"收容总队官兵均系被共军俘虏后逃回，或被共军训练数日而放回"，"而职业学生竟指收容队员为武装特务刽子手，希图嫁祸于本部"。张耀明及其发言人污蔑学生，似乎他们自己并不反对和平。并且装作可怜的样子，说人们"希图嫁祸"于南京卫戍总司令部。但是他们自己的全部谈话，却是不打自招地证明他们是一批至今尚无悔过之心的蒋介石死党。张耀明及其发言人指学生被特务凶殴致死为学生与收容总队"互殴"，这是蒋介石死党的商标。他们说爱国的学生是"职业学生受某方指使"，这又是蒋介石死党的商标。所谓的某方显然是指中国共产党；但是他们又说收容总队的官兵是被共军训练数日而放回，暗示收容总队也是受中共指使。这就是说，中共指使下的收容总队与中共指使下的"职业学生"在中共指使下互殴，其目的在于"阻碍和谈"，附带"嫁祸"于张耀明总司令。此间观察家相信：张耀明总司令确是有祸了，因为他不但在蒋介石指使下屠杀了学生，"本人当不能辞其咎"，并且还在事后信口雌黄，造谣污蔑，应该罪加一等。张耀明说已向上峰自请处分，这当然是官样文章。但是张耀明如果不立即作**立功赎罪的打算**，那么新的上峰即人民解放军对于他的处分是一定逃不了的。全国人民已经纷纷表示了对于南京血案祸首们的愤怒，即将渡江南进的人民解放军，不能不执行人民的意志。

庆祝上海解放

（一九四九年五月二十九日新华社社论）

　　上海的解放，引起了全中国人民和全世界进步人类的欢呼。这是因为，第一，上海是中国的最大的经济中心，上海的解放表示中国人民无论在军事上、政治上和经济上都已经打倒了自己的敌人国民党反动派；第二，上海是帝国主义侵略中国的主要基地，上海的解放表示中国人民已经确立了民族独立的基础。这两种情况，使得上海的解放在中国人民解放事业中具有特殊的意义。

　　上海的命运实际上是近代中国历史的缩影。在一方面，帝国主义的冒险家们曾经把上海看成是自己的乐园，在上海制造了种种盗劫、屠杀、侮辱和愚弄中国人民的罪恶。帝国主义在中国的最后一个大走狗，中国封建主义的最后一个暴君和官僚资本主义的集大成者蒋介石，就是由上海的流氓组织起家，因为造成了上海工人的大流血得到国内外反革命势力的喝彩，建立起他的以上海买办经济为基础的二十二年的黑暗统治，并且直到最后，还以屠杀和破坏来向上海人民告别的。在另一方面，上海又是近代中国的光明的摇篮。上海是中国工人阶级的大本营和中国共产党的诞生地，在长**时**期间它是中国革命运动的指导中心。虽**然**在反革命势力以野蛮的白色恐怖迫使中国革命的主力由城市转入乡村以后，上海仍然是中国工人运动、革命文化运动和各民主阶层爱国民主运动的主要堡垒之一。上海的革命力量和全国的革命相配合，这就造成了上海的解放。

上海的解放当然要加速完成中国内外关系的一系列根本变化，这些根本变化当然要使新中国的地位一天比一天光明。在上海、**南京**、**杭州**、**九江**、**南昌**、汉口、西安等枢纽城市解放以后，中国的反革命已经被打碎成为零星的小股，逃入边远的地区，而这些仓促筑成的反革命巢穴也决不能维持多久。中国在短期间虽然还必须负着战争的最后阶段的负担，但是生产建设已经成为一天比一天重要的课题。上海和其他中国大城市在以前曾经不能够顺利地发展生产，并且常常成为生产的障碍物，这种时代已经过去了。中国革命的敌人恐吓中国人民说：你们不敢占领上海，因为你们无法管理它，除非你们向我们屈服。这些大言不惭的**人们**并且设定种种的图案来安慰自己和互相安慰。但是现在不是他们在赌博场中继续赢钱的时候了。他们在中国的问题上已经再三失败，如果他们不相信中国人民能够把上海管理得好，那么他们只能再增加一次失败。上海是一个生产的城市和革命的城市，在反革命统治被捣毁以后，这个特征将要显出伟大的威力。上海的几十万工人，几十万其他劳动人民，几十万知识分子，和有爱国心的民族资产阶级，现在是第一次不受压迫地联合在一起。上海和全国的其他城市，和全国的乡村，现在也是第一次不受压迫地联结在一起。尽管因为战争，因为敌人施行了长期的破坏，并将以隐蔽的方法继续破坏，还因为缺少成熟的经验，在前进的道路上必然要遇到各种意料之内和意料之外的困难，**我们决不可轻视这些困难，谁要是轻视这些困难，因而不去采取认真想法克服这些困难的步骤，我们就会要犯极大的错误**；但是这些困难在上海各民主阶层的协力奋斗之下，在全国各民主阶层的协力奋斗之下，没有不可以依靠自己而克服的。

上海是一个世界性的城市，所以上海的解放不但是中国人民的胜利，而且是国际和平民主阵营的世界**性的**胜利。对于解放了的上海和解放了的中国，世界上的不同人物表示了不同的反应，这是完全可以理解的，并且是有益的，因为这使中国人民可以很容易地认识他们的面孔。中国人民对于国际事务早已宣布了鲜明的立场，其最近一次便是四月三十日中国人民解放军总部发言人李涛将军的声明。李涛将军说："中国人民革命军事委员会及人民政府愿意保护从事正常业务的在华外国侨民。中国人民革命军事委员会及人民政府愿意考虑和各外国建立外交关系，这种关系必须建立在平等、互利和互相尊重领土主权的独立和完整的基础之上，首先是各外国不能帮助国民党反动派。中国人民革命军事委员会及人民政府不愿意接受任何外国政府所给予的任何带威胁性的行动。外国政府如果愿意考虑和我们建立外交关系，它就必须断绝和国民党残余力量的关系，并将它在中国的武装力量撤回去。"**这个声明是公平合理的**。毫无疑问，中国人民是支持**这个声明的立场的**。中国人民愿意在上海或在其他任何地方和任何外国人民友好合作，但是若干外国的政府不但过去是而且现在仍然是和国民党反动派站在一起反对中国人民，那么，人们之认为这些政府是采取了一种对于中国人民的不友善态度，当然没有什么奇怪。**这些外国政府如果愿意开始从中国事变中吸取教训，那么，它们就应当着手改变它们干涉中国内政的错误政策，采取和中国人民建立友好关系的政策。**

袁仲贤将军为英舰紫石英号
逃跑事发表谈话

（一九四九年七月三十一日新华社新闻）

中国人民解放军镇江前线司令袁仲贤将军发表谈话如下：

四月二十日侵入我国内河长江与我军防线、炮轰我阵地并被我军击伤俘获的英国军舰紫石英号，突于七月三十日夜十时由被监视的镇江江面潜逃。紫石英号是用击沉中国轮船江陵解放号并淹毙其数百名乘客的凶恶手段逃逸的。紫石英号为了掩护自己不受人民解放军的炮击，强使当时行经镇江下驶的江陵解放号客轮与之并行，隔在该舰与江岸之间。当我军发觉该舰逃跑并发出信号警告其停驶后，该紫石英号竟开炮射击，致江陵解放号中弹起火沉没。该紫石英号复乘我军救援落水旅客之际，急驶冲过漂浮水面待救的旅客，射击援救旅客的木船，致江陵解放号数百名乘客除少数被我军救出外，均惨遭溺毙，援救这些乘客的木船多艘亦被击沉。紫石英号这样逃出了我军的监视，并逃出了长江口。

紫石英号被我军俘获以后，英国海军方面为了获得该舰的释放，与我方举行了十一次的谈判。我军坚持英方必须对四月二十日的犯罪行为承认错误,并须准备继续谈判道歉赔偿问题,然后我军才能考虑释放紫石英号。这是维护我国国家权益最低限度的条件。英方代表则采取拖延时间,逃避责任的方法,英方的这种谈判现已证明是待机逃跑的一种诡计。由于证据确凿,无可抵赖,故延至七月二十七日,即紫石英号逃跑前三天,英国海军远东舰队总司令海军上将布朗特在电报中亦不得不承认:"余认为皇家军舰紫石英号未得中国人民解放军同意,于一九四九年四月二十一日进入前线地带,为招致误会之一基本因素,皇家军舰伦敦号、伴侣号及黑天鹅号,均未得中国人民解放军之同意,而进入前线地带。"显然,这个声明仍未承认英国军舰的犯罪,而想以"误会"之名,把犯罪掩盖过去,因此我方不能认为满意。但是仅仅三天以后,英国军舰便以可耻的逃跑结束了和揭穿了英国海军上将的虚伪的谈判。

虽然紫石英号的官兵是炮轰我军阵地的凶手,但是我军对待他们仍然保持我军宽待俘虏的一贯政策。我军允许他们从南京上海递送信件用品油料,允许他们在当地村镇购买新鲜水果蔬菜,我军并从岸上寻回他们受伤失踪的两名水兵,予以治疗送回,但是现在全中国和全世界的人们,可以看到帝国主义者是如何惯于以怨报德的。紫石英号官兵竟以击沉江陵解放号和木船多艘从而杀死我国数百无辜同胞,来作为自己的可耻逃跑的代价!本人深信,我全体人民解放军将士和我全国同胞,必永远不能忘记为牺牲者复仇,必永远不能忘记和宽恕英国军舰紫石英号的两次野蛮暴行,必永远不能忘记和宽恕英国军舰伦敦号、伴侣号和黑天鹅号的帮凶,以及英国海军上将布朗特的欺骗。英国政府且慢庆祝逃跑的成功,只要英国政府没有为上述罪行实行惩凶道歉和赔偿,那么整个的事情就仍然没有了结。

无可奈何的供状

——评美国关于中国问题的白皮书

（一九四九年八月十二日新华社社论）

美国国务院在本月五日发表的名为"中美关系"的冗长的白皮书和其他有关的资料，其主要的内容现在已经为中国人民所知。从美国政府的白皮书和美国国务卿艾奇逊的声明中，中国人民应该得到什么教训呢？

应该得到的第一个和最基本的教训，就是美国帝国主义政府对于中国民族利益和中国人民民主力量的根深蒂固的敌视。美国白皮书毫不掩饰美国政府的帝国主义的侵略立场。美国政府公然厚颜地宣称"不干涉中国内政"是不可能的，因为它与"支持中国的统一与领土完整""发生了冲突"。换句话说，美国政府认为必须干涉中国内政，必须把中国看作美国的保护国，然后中国才能有所谓"统一与领土完整"！根据这种希特勒主义的武断，美国政府尽管承认蒋介石的国民党是一群"与过去军阀并无区别的反动分子"，因而他们的政府"已经失去人民的支持"，但是"为了显见的理由，仍旧继续倾全力援助"它，使它"尽可能在中国广大的地区上建立其权威"。究竟是"为了什么显见的理由"呢？美国政府给予这个反动的不受人民支持的政府以"较美国对其他任何国家的援助数量为大"的援助,等于这个反动政府的"金钱支出的百分之五十以上",究竟是为了什么呢? 美国政府究竟是为着什么奥妙的"友谊的"目的,"在运输武装和补给上"给予一个反动的而且本身已经"丧失了斗志"的军队以如此巨大的援助,供给了它的"军需品的大部分",致使其竟能一度用战争的方法,这在美国政府就叫做"鼓励双方从中协商,力求避免内战的发生"!"推广其控制及于华北和东北的大部分"呢? 凡是一个头脑清醒而有最低限度的推理能力的人,都不能不由此得到结论:美国政府是坚决地一贯地抱着侵略中国的目的。美国政府之所以看来毫无理由地援助一个不受人民支持的反动政府及其反动军队,来进攻中国的拒绝支持反动统治的广大人民,是有一个不可告人的"理由"的,这个"理由"就是:美国政府的侵略政策既然违反中国人民的意志和中国民族的权益,美国政府就不可能指望得到中国人民的合作,就不可能不专横地干涉中国内政,以便用军事方法在中国建立一个可以与美国政府"合作"的季里诺式的卖国傀儡政府。难道除此以外,还有任何别的解释吗?

白皮书徒然地伪善地说了一大堆中美的友谊。这种友谊确是存在的,而且将永远继续存在,但是它只存在在美国人民和中国人民之间,因为美国人民没有侵略中国的动机**和必要**,并且曾在许多方面与中国人民作了令人永志不忘的互相援助。至于美国政府的侵略行为,甚至艾奇逊也不能不承认这是美国人民所"显然不会允许"的。艾奇逊在致杜鲁门的信中写道:美国今天如果采取进一步的干涉,则"势将引起中国民众的愤慨,并将受到美国人民的谴责"。多奇怪! 如果美国政府对于中国人民确是抱着友谊态度,为什么扩大这种友谊的范围和广度(比方说,如果美国政府曾在抗日战争期间给予中国人民而不是援助中国人民所反对的恶政府),怎么会引起这种友谊的一方的愤慨和他方的谴责呢? 美国政府所抱的并不是什么友谊,而只是令人愤慨和**必须**谴责的侵略野心吗? 既然如此,难道规定了这种侵略野心的范围和广度(比方说,日本侵略者不占领延安和重庆而停止在黄河东岸和贵州南部),就会叫人们停止愤慨和谴责了吗? 美国帝国主义分子们妄想全世界都是愚蠢的,但是结果表明,真正愚蠢的是他们自己。

　　而事实上美国政府又是怎样规定自己的侵略的范围和广度的呢? 帝国主义者按照独占资本的要求所要求的扩张是不知道止境的;如果有什么止境,决不是因为畏惧人们的愤慨和谴责,愤慨和谴责的记录难道不是已经堆积得比白皮书还要厚吗? 这是因为帝国主义者自己的力量有所不能。关于美国政府援助国民党得到什么结果,艾奇逊写道:"我们的援助与鼓励,曾帮助他们抵抗。……不幸的但亦无法逃避的事实,是中国内战的不幸结果为美国政府控制所不及。美国在他能力的合理限度之内,所曾经做或能够做的都不能改变这个结果。美国所未做的对于这个结果也没有影响。这些中国内部势力美国亦曾试图加以影响,但不能有效。"看吧,这就是美国贪得无厌的,但是终于失败了的干涉者和侵略者向全世界作的有益的供状!

　　但是今天的问题是:干涉者和侵略者在中国就此干休了吗? 不,在这种意义上说,他们的野心仍然是没有止境!"不到黄河心不死",这句格言并不能一般地用于帝国主义者,尽管美国政府对于用蒋介石国民党这个工具感到如何失望,但是只要国民党反动派或一个特务分子存在,美国政府就决不会中止加以利用。同一个艾奇逊在一个月以前,如在七月六日还声明:"美国向国民党进行能办到的一切经济援助。"美国政府对于继续干涉和侵略中国,继续破坏中国人民解放事业和建设事业是不会死心的。艾奇逊已经明目张胆地宣布什么人民民主政治的"发展","将受到美国政府的鼓励"。艾奇逊并在白皮书公布的第二天即八月六日发表专门的声明,提出他的所谓五项原则,如果把这些原则不用骗术而用科学加以解释,那就是:(一)美国政府愿以每一可行之途径,鼓励凡能促中国成为美国殖民地之发展,俾能在国际事务中担任美国帝国主义分子之傀儡的任务。(二)美国政府愿协助中国建立一种经济与政治之环境,可保障美国帝国主义代理人之人权与自由,并可逐步地发展美国的殖民地经济与买办阶级的福利。(三)美国政府反对中国脱离其干涉而独立,反对任何一个不服役于美国独占资本利益之政权。美国政府反对任何外国以平等友好态度援助中国。(四)美国政府将继续与其他远东的帝国主义国家参照有关各国在整个远东之局势,谘商将有助于该国在远东继续保持帝国主义特权之办法。(五)美国将强迫联合国达成上述目标,特别是有关维持帝国主义对远东侵略之努力。由此可见,美国政府决定继续从内部破坏人民民主的中国,并从外部压迫人民民主的中国。由此可见,只要美国仍然是帝国主义国家而没有变为人民的国家,美国政府就决意敌视中国人民到底。

　　中国人民至今只是恢复和保护自己的正当利益，从没有派一个兵或一个顾问**远渡重洋**，到美国去干涉该国"内部势力"的发展，去支持该国的"统一与领土完整"这难道不是明明白白的事实吗？然而美国帝国主义却在过去、现在和将来干涉中国，破坏中国人民的伟大爱国运动，强迫中国隶属于美国帝国主义，服役于美国帝国主义的利益，这难道不是明明白白的事实吗？因此，美国帝国主义是中国民族与中国人民的不可调和的仇敌，这难道不是明明白白的事实吗？

　　因此，中国人民应该从美国白皮书得到的第二个教训，就是中国人民必须继续抵抗和防备敌人，美国帝国主义的任何干涉和挑战，必须不堕入敌人美国帝国主义所设的任何陷阱。凡是敌人所害怕的，我们一定要做，凡是敌人所喜欢的，我们一定不要做。美国侵略者号召某些中国人，**用艾奇逊的话**，这些人叫**"民主个人主义者"**，组织**反共派别借以推翻共产党领导的人民民主政权**。每一个爱国的和自爱的中国人就一定不要这样做，中国人民也一定不允许这样做。美国侵略者妄想在中国人民的经济困难面前利用某种暂时的表面的物质"援助"来勾引中国人民饮鸩止渴，放弃独立，每一个爱国的和自爱的中国人就一定不要这样做，中国人民也一定不允许这样做。美国侵略者妄想挑拨中国人民与苏联的兄弟友谊，借以分化远东和世界的反帝国主义反侵略的同盟，一个爱国的和自爱的中国人就一定不要这样做，中国人民也一定不允许这样做。

　　美国白皮书在美国人民、中国人民、世界人民面前散布了对于中国人民和中国共产党的种种荒谬的恶毒污蔑，例如说中国共产党对于抗日不努力，例如说中国共产党对于抗日战争结束以后的国内和平不努力，例如说中国共产党"为外国帝国主义利益而效力"，与此同时，则竭力冲淡国民党的罪恶，并将美国侵略者在白日梦中所描绘的比国民党有用些的某种新工具称为中国的"民主政治的脊骨"等等。但是这些奇谈简直是幼稚到不值一驳。很久以来，中国共产党与国民党的真相，就已经被许多在中国的美国观察者，包括史迪威将军这样的人物，报告给美国人民了。艾奇逊断言，"在不久的过去，外国之企图控制中国，在中国人民看来，很清楚地就是外来的侵略，因此就遭到严肃的抵抗。"艾奇逊在这里的头脑，似乎**还有些清醒之处**。但是他接着断言，世界忽然大变了，这些严肃的抵抗者们自己忽然"为外国帝国主义利益而效力"了，**过一会儿（大概是一分钟）**，中国人民又忽然不赞成这种说法，**而是**"显然地认为具有它的土生性和国家性"了；倒是美国政府所努力帮助其恢复"主权"的国民党，被公认为"为外国帝国主义利益而效力"，而且中国人民老实不客气地指明这个外国帝国主义，首先就是**杜鲁门、马歇尔、艾奇逊、司徒雷登**之流所代表的美国帝国主义。美国帝国主义之企图控制中国，在中国人民看来，很清楚地就是外来的侵略，因此就遭到严肃的抵抗。关于谁是侵略者及其代理人的问题，中国人民清楚地看到苏联没有干涉中国内政。甚至艾奇逊自己也不能不承认，中国人民解放战争的胜利是"中国内部势力的产物"，而中国国民党军队的军需品的大部分都是美国供给的。那么，究竟是因失败而昏迷的美国帝国主义分子看得清楚些呢，还是有数十年如一日的爱国立场的四万万七千五百万中国人民看得清楚些？毫无疑问，艾奇逊尽管自己欣赏自己的自相矛盾的天才，却决不能使世界信服，决不动摇中国人民对于客观真理的坚定信念于万一。

美国白皮书也攻击了国民党，其目的之一是诱使人们以为美国政府究竟也有一些客观态度。但是白皮书是为什么而攻击国民党的呢？这是侵略者对于他的走狗的攻击，犹如日本侵略者对于汪精卫的攻击。正如艾奇逊所说，攻击了国民党的魏德迈的报告，仍然是"对国民政府的各项问题表示同情"的。同情，但是不满，因为国民党"为外国帝国主义利益效力"得不好，致使帝国主义援助无效，致使帝国主义利益归于灭亡。严格地说，美国侵略者对于国民党的攻击是不公平的，因为第一，国民党的反动无一不因美国政府"援助与鼓励"**而加深，没有美国政府的"援助与鼓励"，国民党是不敢惹出这样滔天大祸的**；第二，国民党的腐败是随着它的反动而来的，并且这种腐败至少因美国的榜样而加深。广州的国民党报纸在本月十日说得对："美政府指责中国（国民党）官员贪污舞弊，此为不可否认之事实。但美国派来中国之人员，其贪污程度比之中国官僚亦无不及。如战后之'善后救济'事宜及近年之'经济合作'等工作过程中，美籍人员之贪污舞弊事实诚不可胜数。"螃蟹责备它的儿子横行，莎士比亚喜剧中的丑鬼卡立班痛恨他在镜子里的尊容难看，这就是美国白皮书谴责国民党的真正意义。

总之，从根本上说来，美国白皮书确是一部颠倒黑白的杰作，这种颠倒黑白如果加以再颠倒，人们是可以从中获得种种有益的教训的。中国人民由美国白皮书进一步认识了美国政府的帝国主义面貌,进一步认识了应该如何向美国帝国主义进行斗争,最后,还可以由此进一步认识这一斗争的前途。白皮书是美国帝国主义反动政策在中国惨败的史册,因此它对于中国人民和世界人民反对帝国主义的斗争是一个重大的贡献。艾奇逊说:国民党的"貌似强大的力量是弱的,他们的胜利建立在沙上"。完全正确,可是必须补充说,美国帝国主义者自己以及任何国家的反动派的"貌似强大的力量"都是弱的,他们的暂时的猖獗的基础也都是"建立在沙上",或是更准确些说,建立在火山上,但是,美国政府并没有从中国事件中得到应有的教训。因此美国政府仍然要在中国国内外继续征募各种色彩的破坏分子来捣乱中国人民的庄严美丽的祖国,来捣乱苏联和世界人民的民主力量,来捣乱东方和西方的和平。在中国事变中真正得到了教训的首先是中国人民自己。我们相信我们的曾经貌似弱小的力量是强的,因为我们的力量生根在中国人民中间,同时也生根在各国人民的国际主义团结中间。我们既然战胜了为一千零五十四页的白皮书所见证的过去的困难,我们也必能战胜任何新的白皮书所将要恫吓的困难。美国帝国主义政府的任何白皮书,将只能无可奈何地判决自己的失败,并且无可奈何地证实中国人民和各国革命人民的胜利。

旧中国灭亡了，新中国诞生了！

（一九四九年九月二十二日《人民日报》社论）

中国人民政治协商会议的开幕，是中国光辉灿烂的人民的新世纪的开端。这是全中国人民空前大团结的会议。这个会议宣告了旧中国的永远灭亡和新中国的伟大诞生。这个会议，在全世界进步人类为世界和平民主事业与人类美好的未来而进行的伟大斗争中，是一个具有重大意义的永远不可磨灭的贡献。

在中国共产党和中国人民领袖毛泽东主席所领导的反对帝国主义、封建主义及官僚资本主义的新民主主义革命即人民民主革命的伟大旗帜之下，中国人民日益坚强地团结起来，结成了人民民主统一战线，进行了史无前例的不屈不挠的英勇斗争。继八年抗日战争打倒了一个日本帝国主义之后，仅仅在三年的解放战争中，中国人民就已经基本上打倒了由美帝国主义所武装起来的国民党反动派，结束了帝国主义、封建主义及官僚资本主义在中国的统治时期，并将中国人民解放战争和中国人民革命运动继续推进而向全国的彻底胜利。在这个基础上所召开的包括全国所有的民主党派、人民团体、人民解放军、各地区、各民族、国外华侨及其他爱国民主分子的代表人物的中国人民政治协商会议，就要集中全国人民的意志，宣告中华人民共和国的成立，制定中国人民的宪章，组织中国人民自己的中央政府。

全国人民早已渴望着召开这样的一个真正由人民自己做主人的人民政治协商会议。全国人民都鲜明地记得，在一九四六年一月间所举行的政治协商会议是被国民党反动派所破坏了。国民党反动派及其支持者美国帝国主义，以中国人民为可欺，撕毁了它们在人民面前亲手所签订的一切协定，发动反革命的战争，残酷地反对中国人民，召集了分裂的独裁的伪"国大"，妄想为所欲为。但在一九四八年的五月一日，正当伪"国大"完结的那一天，中国共产党中央，代表着全国人民的愿望，发出了对时局的口号，号召各民主党派、各人民团体、各民主人士，迅速召开新的政治协商会议，成立民主联合政府。这一伟大的号召，配合着人民解放战争和人民民主运动的前进，立即得到全国各民主党派、各人民团体和国内外爱国民主人士的热烈响应。我们今天终于看到了人民解放战争和人民民主运动胜利地打倒了国民党反动派，胜利地召开了人民自己的政治协商会议。这是一个翻天覆地的伟大胜利。

从三年前的那个旧的政治协商会议到今天这个中国人民政治协商会议，划分了两个根本不同的历史时期。这短短三年间的历史事实，最后一次证明了中国的大地主大资产阶级的穷凶极恶，证明了中国人民的唯一出路，就是在中国共产党领导之下举行人民革命，推翻帝国主义、封建主义、官僚资本主义的反革命统治，而建立自己的中华人民共和国。三年的历史，把这个真理证明得如此生动而丰富，使中国人民普遍地经过自己的经验认识了这个真理。这就保证了反动派的旧中国必然永远灭亡,而人民的新中国必然永远胜利。这也就决定了中国人民所建立的新的国家制度,必须是以工人阶级为领导的,以工农联盟为基础的,团结各民主阶级和国内各民族的人民民主专政的国家制度。有了这个国家制度,我们就能够保障中国人民民主革命胜利的伟大成果;有了这个国家制度,我们就有力量随时击碎帝国主义、封建主义、官僚资本主义及一切反动势力在中国企图复辟的阴谋。这个国家的政权,是中国人民民主革命中的四个阶级——工人阶级、农民阶级、小资产阶级、民族资产阶级和其他爱国分子的民主统一战线的政权,是对于中国人民的敌人——帝国主义、封建主义、官僚资本主义及其他反革命残余势力实行专政的政权。中国人民能够得到这样一个人民民主专政的国家制度和政权形式,是经过了近一百年无数革命先烈前仆后继牺牲奋斗而来的,特别是经过了中国共产党二十八年的英勇斗争和中国人民解放军二十二年的艰苦奋战而来的。中国人民为了寻求和创造这样的国家制度和政权形式,已经付出了极大的牺牲代价,因此中国人民必须把革命进行到底,必须坚持人民民主专政,并积极参加到世界爱好和平自由的各民族大家庭之中,坚决地一边倒,与全世界一切爱好和平自由的国家和人民团结在一起,首先是和苏联及各社会主义国家亲密地团结在一起,共同击碎帝国主义战争贩子们任何的挑衅,保卫世界的持久和平,为彻底完成中国人民民主革命并为中国和世界人民共同的美好的未来而继续奋斗前进。

中国人民政治协商会议所要完成的历史任务是极为重大

的，但是，已经取得了伟大胜利的中国人民及其代表是一定能够完成这些任务的。从此，全世界的人都将看到中国人民以空前英勇的姿态站起来，成为有高度文明的新社会新国家的光荣的主人。

中华人民共和国万岁！

（一九四九年十月一日《人民日报》社论）

　　前程无限光辉的中华人民共和国已经诞生，四万万七千五百万中国人民开始自己当权管理国家，我们这个古老的东方民族揭开了历史的新的巨册。

　　中国人民政治协商会议，代表全国人民，执行全国人民代表大会的职权，在今天已经闭幕。这个会议的主要工作有三类：一是通过了人民政协组织法，中央人民政府组织法和人民政协共同纲领；二是选举了中央人民政府委员会的主席、副主席和委员，选举了人民政协全国委员会；三是决定了国都、国歌和纪年方法，制定了国旗。这个会议的伟大成就，会上各位代表的发言中已经说得很多。这里我们对会议所通过的三个文件说一些意见。

　　中国人民政治协商会议所通过的共同纲领，是全国人民意志和利益的集中表现，是革命斗争经验的总结，也是中华人民共和国在相当长的时期内的施政准则。这个共同纲领规定我们中华人民共和国是新民主主义即人民民主主义的国家；政权是中国工人阶级、农民阶级、小资产阶级、民族资产阶级及其他爱国民主分子的人民民主统一战线政权，而以工农联盟为基础，以工人阶级为领导；目标是反对帝国主义、封建主义和官僚资本主义，为中国的独立、民主、和平、统一和富强而奋斗。它给我们新生的中国，订定了政权机构、军事制度以及文化教育政策、民族政策、外交政策的总原则。它保障了全中国人民广大范围的民主权利，也规定了人人必须遵守的若干义务。这原本是中国共产党的最低纲领，即新民主主义纲领，现在已被各民主党派、各人民团体、各民主阶级、各少数民族、海外华侨及其他爱国民主分子所一致接受，成为新中国的建设蓝图。这个蓝图，完全切合中国的国情和人民的理想。事实上它已经不只是一个理想，因为中国人民很久以来，特别是从抗日战争以来，就已在按照它的基本轮廓动手从事建筑，而且已经获得胜利的成果和丰富的经验了。有了这个历史的基础，有了全国各级人民政府的统一领导，有了全国各民主党派各人民团体的一致支持，和强大的人民解放军的忠贞保障，我们相信这个纲领一定能在最近数年内完满地实现。

中华人民共和国中央政府组织法，其基本特点是规定："中华人民共和国是工人阶级领导的，以工农联盟为基础的，团结各民主阶级及中国境内各民族的人民民主专政的国家。""中华人民共和国政府是基于民主集中原则的人民代表大会制的政府。"（见该法总纲第一、二两章）这是新民主主义的政权。它不同于资产阶级的旧民主主义政权。因为旧民主主义政权是资产阶级一个阶级的专政，是压迫广大人民的工具。资产阶级的议会制度和三权分立办法，其目的只是为了便利于统治阶级内部不同的派别之间争权夺利、分赃肥私；同时也是为了便利于统治阶级玩弄政治手腕，欺骗和压榨劳动人民。

我们的新民主主义政权也不完全相同于苏联的社会主义政权和东欧各国的人民民主政权。苏联是一个已经消灭了阶级的社会主义国家,它的政权是工人、农民和知识分子的联盟。东欧各国正在实现社会主义。而中国的新民主主义政权则有工人阶级、农民阶级、小资产阶级和民族资产阶级四个阶级参加。但是,在属于世界反帝国主义阵营,以工人阶级的革命政党为领导力量和实行民主集中制这几点上,中国现在的新民主主义政权,却是与苏联的社会主义政权和东欧各国人民民主政权相同的。在中国新民主主义的民主集中制中,"人民行使国家政权的机关为各级人民代表大会和各级人民政府。各级人民代表大会由人民用普选方法产生之。各级人民代表大会选举各级人民政府。各级人民代表大会闭会期间,各级人民政府为行使各级政权的机关。国家最高政权机关为全国人民代表大会。全国人民代表大会闭会期间,中央人民政府为行使国家政权的最高权力机关。""人民代表大会向人民负责并报告工作。人民政府委员会向人民代表大会负责并报告工作。在人民代表大会和人民政府委员会内,实行少数服从多数的制度。各下级人民政府均由上级人民政府加委并服从上级人民政府。全国各级人民政府均服从中央政府。"(见共同纲领第十二条和第十五条)这是高度民主基础上的高度集中,是真正的人民民主,是资产阶级虚伪的民主所绝对不可比拟的。

中国人民政治协商会议组织法的通过,标志着中国人民民主统一战线在组织上的完成。这个统一战线具有广大的代表性,共组织成分包括工人阶级、农民阶级、革命军人、知识分子、小资产阶级、民族资产阶级、少数民族、国外华侨及其他爱国民主分子的代表；但又具有高度的严肃性，一切反动分子不被允许参加。结成这个统一战线的宗旨，已在该法的总则表明，就是经过各民主党派和人民团体的团结去团结全中国各民主阶级，各民族，共同努力，实行人民政协的共同纲领。这个统一战线内部实行高度民主，凡参加单位对中国人民政协全体会议及全国委员会所通过的决议，如有不同意见，得保留至下届会议提出讨论，而对重要决议根本不同意时，且有声请退出的自由；但另一方面，又具有严格纪律，凡参加单位及代表对中国人民政协全体会议及全国委员会所通过的决议，均有信守及实行的义务，如有违反中国人民政协组织法、共同纲领或重要决议而情节严重者，得分别予以处分。这个中国人民民主统一战线组织——中国人民政治协商会议，在普选的全国人民代表大会召开以前，代行了全国人民代表大会的职权，而在人民代表大会召开以后，仍将长期地存在，成为各民主党派、各人民团体团结的形式和协商的机关。它将由全体会议产生全国委员会，并在中心城市、重要地区及省会，设立地方委员会，继续进行活动。中国共产党和中国人民二十八年来一向主张建立民族统一战线。第一次大革命时，中国共产党即曾与孙中山先生建立这种合作关系，因而能够推动中国人民革命，并在此基础上举行胜利的北伐战争。在蒋介石叛变以后，中国共产党仍然坚持革命统一战线的方针。经过土地革命战争时期和抗日战争时期的曲折发展，现在才在新的形势下，结成新的空前强大的人民民主统一战线。这个新的统一战线，有中国共产党的被众所公认的领导地位，有中国人民的空前的觉悟程度和组织力量的监督,而又有共同纲领和人民政协的组织法作为共同信守遵行的章则,这就足以充分地保证它的巩固和健全了。

中国人民政治协商会议已经完成了很好的工作。它为全国人民制定了国家的根本大法,选举了以毛泽东主席为首的中央人民政府。现在,放在我们全国人民面前的任务是什么呢?是在中国共产党领导之下,紧紧地团结在中央人民政府周围,不折不扣地执行共同纲领和大会其他决议,使它们变成群众的实际行动。是监督各级人民政府和一切民主党派、人民团体忠实地履行这些国家的根本大法,使人民的意志得以迅速地而又有步骤地成为国家的现实。是协助政府,把革命进行到底,肃清公开的和隐藏的反革命残余力量,治愈战争的创伤,恢复和发展人民的经济事业和文化教育事业,巩固国防,使我们新中国富强起来。是爱护我们新生的祖国,加强人民民主政府的力量,和以苏联为首的爱好和平民主的国家和人民团结在一起,以保障中国人民革命胜利的果实,并促进世界的和平与自由。中华人民共和国万岁!

中苏友好万岁！

（一九四九年十月六日《人民日报》社论）

中苏友好协会总会成立，打开了中苏两国人民伟大友谊的灿烂的历史巨幅。从此，中苏两大国家的人民将更亲密团结，携手并进，共同致力于远东和世界的和平事业。我们热烈欢迎和庆贺中苏友好协会总会的诞生，预祝它的发展壮大和巩固！

全国统一的中苏友好协会在人民自觉的基础上形成起来了。中国人民打败了美帝国主义所支持的万恶的国民党统治，搬掉了中苏友谊的最大障碍，全国各地立即形成了扩大和巩固中苏友谊的群众运动。各大中城市及各地区都先后举行了中苏友好协会的发起人会议或代表会议，以工农劳动人民为首的各民族各阶层人民与各界民主人士都踊跃参加了中苏友好协会，仅北京一地不到两个月的工夫参加者即已达十二万人。从每个角落都发出了对于中苏友谊的欢呼，发出了对于伟大苏联人民在斯大林领导下所执行的对中国人民友谊与平等的政策的无上敬意，发出了对于先进人类的伟大导师、中国人民最伟大的朋友——斯大林同志的深挚的感谢。

所有这一切正是苏联忠实执行传统的友好和平政策的开

花结实，是苏联在历史上各个时期无条件地援助中国人民解放运动所换来的真挚友谊，是马克思、列宁先进的科学思想和社会主义胜利的光辉对于中国人民深刻的影响。一百年来前仆后继流血牺牲谋求解放的中国人民，在斗争中找到了这样一个经得起长期考验，毫无一点私心私利，全心全意以解放中国人民为己任的战友！找出了一条"以俄为师"，"倒在苏联一边"的颠扑不破的真理，认识到"假如没有苏联的存在，假如没有由苏联为领导的反法西斯的第二次大战的胜利，假如没有四年以来以苏联为领袖的世界民主和平阵营的空前壮大，我们中国革命像目前这样迅速伟大的胜利，是不可能的，即是胜利了，要巩固也是不可能的"（朱总司令语），构成了中苏友谊的深厚的思想基础，形成中苏两国人民无比团结无比强大的力量。

由此可见，中苏友好协会，正是中国人民热爱苏联的具体表现，也是中国人民最高的革命利益的表现。现在我们又见到了苏联以第一个友邦承认中华人民共和国，罗申先生现已奉命为苏联第一任驻华的大使。这是同中苏友好协会总会成立有同等重要性的大事。中苏两国的新邦交将给中国人民带来深厚的利益和美丽的远景。中苏友好协会将在沟通两国人民友好关系，系统地介绍马列主义和苏联建设经验，教育中国人民认清苏联三十二年来对我国人民友好关系的真实历史，认清人民祖国建设的前途与中苏友好关系不可分，大力发展与巩固两国邦交等方面起着重要作用。全国完全解放的局面即将到来，今后中心任务是进行新民主主义的建设，摆在我们面前的还是一条长期的艰苦的途程，必须努力战胜一切困难，把我们国家从过去的半殖民地半封建经济变成真正独立的经济，变落后的农业国为先进的工业国。完成这一任务，首先要依靠我们勤劳而勇敢的人民大众，其次我们必须接受毛主席的教导，"联共就是我们最好的先生，我们必须向联共学习"。苏联不但是我们的最好老师，而且也正如毛主席所说的："我们在国际上是属于以苏联为首的反帝国主义战线一方面的，真正的友谊援助，只能向这一方面去找，而不能向帝国主义战线一方面去找。"事实完全如此。美帝国主义帮助和唆使国民党残余匪帮，封锁我们的海岸，并且使用各种卑劣无耻的方法，企图阻挠和破坏中国人民的经济建设事业；而几乎在差不多同一个时候，苏联同东北人民政府签订了贸易协定，给予中国人民以巨大的支援。这是多么鲜明的对照！现在，苏联又在中华人民共和国中央人民政府成立的第二天，首先承认了新中国，这种真诚无私的友谊，何等令人感动！只有为马列主义思想所武装了的伟大的社会主义国家及以共产党为领导的人民民主国家，才能向中国人民伸出真正友谊之手！它不要任何代价，没有任何自私的目的，而只有对于人类的伟大的崇高热爱。在以斯大林为象征的伟大的国际主义旗帜下，中国人民得到这样真诚的帮助，就一定可以稳步地走向光明幸福的佳境。

中苏友好协会将动员全体人民发扬中苏友谊，为建设新中国，保卫人民民主争取世界持久和平而努力！我们谨祝它的成功！谨祝中苏友好万岁！

庆祝解放广州和
歼灭白崇禧主力

（一九四九年十月十六日新华社时评）

华中前线人民解放军在十月初旬发动攻势，不到两个星期，就**歼灭了白崇禧的主力**，攻克了国民党残匪所曾据为中心的华南最大都市广州。我们谨向参加解放广州第四、第二**两大野战军及华南人民解放军的**指挥员和战斗员致敬，谨向协助人民解放军作战的前线人民及全体人民武装力量致敬。

白崇禧主力在湖南南部被歼，广州的迅速解放，和福建、甘肃、青海、绥远、宁夏、新疆等省的迅速全部解放，是两个多月以来中国战局的**几个**主要发展。国民党残匪现在只有西南数省和台湾、琼崖等海岛作为最后的逃亡去路了，而在广州解放以后，这些地方的解放，也不会要多久的时间了。

广州的解放不但在军事上，而且在经济上和政治上都有重要的意义。广州解放可以使华南与长江流域的交通迅速恢复，从而大大地打击了国民党残匪的海上封锁政策。广州解放使国民党残匪的政治地位**显得**更加滑稽。任何郑重的政治组织，任何国家的政府和联合国组织，都不应当再与逃往重庆和台湾，和不知什么地方的匪类发生外交关系。中国只有一个政府,这就是以北京为首都的中华人民共和国中央人民政府。谁要是继续承认国民党匪帮"政府",继续支持这个"政府"的"代表"在国际社会上进行罪恶的活动,谁就是表明自己对于伟大的中国人民的不友好态度。

学习松江的榜样，
普遍召集市县人民代表会议

（一九四九年十月十七日新华社社论）

昨天本社所发表的关于江苏省松江县各界人民代表会议的消息，是值得全国人民注意的一件大事。除了关于会议的消息以外，我们还发表了中共中央华东局书记饶漱石的讲话全文，中共松江县委会书记金克的讲话要点，和上海解放日报关于这个会议的社论。所有这些，我们都希望各地的读者特别是各级人民政府的负责人员加以注意。

市县各界人民代表会议，这就是地方性的人民政治协商会议，这就是市县人民代表大会的雏形，这就是今天联系政府与人民群众的最好的和最重要的工作方法。在一九四七年下半年和一九四八年上半年，在许多进行土地改革的县份曾经召集农民代表会议，若干县份也召集过人民代表大会，得到很好的成绩。在今年夏季以来，许多大城市又召集了各界人民代表会议，也有很好的成绩。松江县的会议，给我们一个新的经验，就是在新解放区的县份，也同样可以和应当召集各界人民代表会议。出席松江会议的二百八十六个代表，代表着全县各市镇乡村的职工、农民、青年界、教育界、自由职业界、妇女界、工商界、开明士绅和党政军的领导机关，在五天的会议中讨论了和决定了松江县工作的方针和任务，讨论了和决定了关系人民切身利益的税收办法和减租减息办法。这样就使得全县各界人民得到发表意见并听取政府报告的机会，使得政府在今后进行工作时得到了重大的帮助。毫无疑问，在全国已解放的一千几百个市县中，每个市或县都像松江一样，面对着一连串紧要的必须听取人民意见和获得人民同意来解决的问题。为着解决这些问题，并且为着把人民政治协商会议的决议普遍传达到全国各地各界人民中间，我们认为，每个市或县都应当学习松江和其他许多城市的经验，迅速召集各界人民代表会议。这对于完成人民解放战争，建立和巩固人民民主专政，克服各地当前工作中的困难和缺点，都有伟大的作用。

解决劳资争议的正确途径

（一九四九年九月六日新华社社论）

人民解放军上海市军事管制委员会于八月十九日颁布了两个解决劳资争议的法令，对于合理地调处劳资争议提供了正确的途径。这两个法令不仅应在上海有效地实施，而且其基本原则一般地也适用于全国其他城市。我们认为，为了把劳资关系引入正常轨道，以利恢复和发展生产，其他地方也有颁布和实施类似的法令的必要。

许多城市在解放以后，劳资争议繁多。这种现象的产生，一方面是由于某些不开明的资本家在国民党统治时期曾经在政治上压迫、摧残和侮辱工人，并对工人进行过重的剥削，在解放以后，工人起而反抗或报复，资本家则心存不安和顾虑，对生产抱着消极态度，其中少数人甚至故意拖延复工，以致引起工人的不满和反对。另一方面，也有一部分工人由于政治上缺乏远见，对中国社会的经济情况不了解，所以提出某些不正当的或过高的要求，其中也有许多要求，就其本身来说是无可非议的，但在目前战争未结束和生产不发达的情形下，一时却还办不到。而许多国民党特务分子和伪工会反动头子，则往往利用少数工人的过左情绪，故意提出一些现在不能实现的口号,来引导工人走到错误的路上去,以达其破坏生产和破坏工人与人民政府关系的诡计。例如,上海、青岛等地在刚解放的时候发生的某些劳资争执事件,便有这种背景。此外,更严重的是许多对于劳资争议的处理十分混乱,存在着一种无政府状态。许多大中城市,政府方面并无专门负责处理劳资问题的管理机关,也没有规定解决劳资争议的某些必要而又可行的统一标准和手续。在劳资纠纷发生以后,有些地方往往由区街政府和下级工会作主解决,各行其是,人自为政。也有些地方党和政府完全放任不管,听由职工和业主双方直接解决,以致发生了胁迫、僵持、两败俱伤等不良现象。此外,有些地方甚至劳动局虽已成立,也不受理劳资争议仲裁的请求,而以责令双方自行协商了事,各行各业各厂自行协商的解决办法不一,相互影响,也增加了不必要的纠纷。这也是这一时期各地工人运动发生"左"的倾向的原因之一。

一般地说,在资产阶级和无产阶级对立存在着的社会中,劳资争议是不可避免的,是促进社会进步的;但是在人民民主国家中,由于工人阶级已经取得了对于国家政权的领导地位,由于这种国家政权已经有可能对于资本家的经营进行一定的指导,使其在一定程度上服从于国家的需要,因此,劳资的争议也就应当适应这种情况,不要脱离整个人民国家的利益而无限制地发展。现在有些地方的劳资争议无限制发展的现象,已经达到了妨碍恢复和发展工业生产的地步。这对于工人阶级自己,对于国家和人民都是不利的,必须针对当前症结所在,及时采取有效办法予以解决。上海军管会的两个法令的重要性就在于此。

上海军管会《关于私营企业劳资争议调处程序暂行办法》明确地规定："劳动局为本市调解和仲裁劳资争议的机关。"这里包含两方面的重要意义：一、把劳资纠纷集中到市一级的组织来解决，这是十分必要的。因为像劳资争议这样关系重大而又十分复杂的事，只有集中到市一级的组织来处理，才能正确地贯彻人民政府的政策，并求得在全市范围内有统一的步骤。就是劳资双方自行协议的契约，也必须呈请市劳动局批准备案，方为有效。这样，市劳动局就可以根据全市全般社会情况，来估量劳资双方契约是否正确可行，防止发生偏向。二、规定以市劳动局（而不是其他机关或团体）为调解和仲裁劳资争议的唯一机关，这就可使劳资纠纷，在人民政府领导下，依据"劳资两利、发展生产"的原则，得到公平合理的解决，防止无政府的混乱现象。过去乃至现在，有些城市没有建立劳动局的组织，一切劳资纠纷都由工会出面处理，使群众团体和人民政府组织的界线不分，这是很大的错误。工会是工人的阶级性的群众组织，它的任务是坚决地维护工人利益，只能够也只应当代表工人说话。如果工人群众有过高的不适当的要求，估计这种要求目前无法达到，或者即使勉强做到而势必招致更大的不利，工会工作干部便应向工人进行说服解释，但这也是站在工人阶级立场并从维护工人的根本利益出发。工会干部对于劳资争议问题，在与工人群众商得一致意见后，便应忠实地代表工人，向资方进行交涉。而决不应站在劳资之间的中间立场进行调解，或者是代替政府的地位，进行带有强制性的仲裁。如果那样做法，就会模糊工人对于工会这个阶级性群众组织的认识，使工会脱离自己的工人群众，并且即令处理的意见是正确的，也往往不容易使资方心悦诚服。劳动局则是政权机关，是人民政府的一个工作部门，而人民民主政府是由工人阶级领导而又有资产阶级参加的，它可以周到地考虑和照顾劳资双方的意见和利益，并有权力作有效的决定。因此，凡是尚未建立劳动局的地方应该迅速地把劳动局设立起来，以便统一处理劳资争议，调整劳资关系，推动生产的恢复和发展。

　　其次，同上暂行办法对于解决劳资争议的步骤作了具体规定。这个步骤便是：一、劳资发生争议，首由劳资双方直接协商解决。二、协商无效，任何一方得申请劳动局调解；调解不成功，得依法仲裁。三、任何一方对仲裁不服，得向法院起诉，由法院判决，以法院判决为最后程序。这样的规定有两方面的好处，就是：一方面，在人民政府的领导下，贯彻民主精神和民主方式，保证劳资双方处于相互平等的对等地位，在调处争议的全般过程中，任何一方都有充分地申诉自己的要求、困难和意见的机会，平心静气地进行磋商，使劳资争议便于得到公平合理的解决。另一方面，同样是在人民政府领导下，通过三个民主的步骤，保证已发生的劳资争议迅速地获得解决，而且在解决过程中照常维持生产，防止由于长期拖延不决，而影响生产营业和工人生活。在该暂行办法中特别规定："劳资双方发生争议后，在协商、调解、仲裁未成立前，双方均应维持生产原状，资方不得有停厂、停资、停伙以及其他减低待遇之处置；劳方不得有怠工或其他妨害生产或破坏劳动纪律之举动。但经劳动局仲裁确定后，即使有一方提请法院处理，在法院未判决时，双方均应遵照仲裁之决定办理。"这个规定是十分必要和合理的。总之，为了国家和人民的利益，我们必须有领导地、有组织地，并尽可能迅速地根据"劳资两利、发展生产"的原则来解决一切劳资争议。

再次，同上暂行办法规定，劳资争议的解决，应该采取订立集体合同的办法。即："属于一厂范围之日常纠纷，得以厂为单位由劳资双方互派代表进行协商；其争议性质属于同一产业或行业范围者，应以产业或行业为单位，由劳资双方所组织之合法团体分别召集会议，推选同等数量之代表协商解决之。"这种劳资双方订立集体合同的办法，在北平、天津、上海等若干大城市已在开始实行，证明是有利无害的。采取这个办法，可以纠正过去某些地方对各个个别的劳资争议事件分散处理，单独解决，因而精神不一，办法互异，以致互相影响，越解决而纠纷越多的弊病。集体合同订立后，至少可在相当时期内，使劳资关系缓和，生产情绪稳定，保证生产有秩序地进行。同时，采取这个办法，又可便于把各行各业的工人组织到工会中来，加强集体主义的教育，提高工人阶级的团结和觉悟，并打破某些手工业工人的行帮观念和散漫状态。

第四，上海市军管会《关于复业复工纠纷处理暂行办法》，对于劳资之间的雇用关系作了正确的规定。按照该办法，资方不得借故拖延复业复工，已停业的工厂商店复工复业时应尽先录用原来的职工，资方不得挟嫌或因职工参加工会及其他政治活动而借故解雇职工，这就使职工的职业获得了相当的保证。但另一方面，又规定资方为了生产或工作的需要有雇用与解雇职工之权利，如确因不可克服的困难而不能开工复业者，经市府主管机关批准，可以歇业或转业，这就照顾了资方的困难,并使其业务的经营得到了足够的自由权利。采取这个办法,许多关于复工复业和雇用解雇问题的纠纷,便可迎刃而解。

　　在解放了许多大中城市以后,经过对于各种劳资纠纷事件的处理,我们已经摸索出了若干成熟的经验。现在,应该把这些正确的经验迅速推广,以解决目前存在着的和今后可能发生的劳资争议,保证生产的正常进行,并进而推动发展和扩大生产。

为什么我们对美国侵略朝鲜不能置之不理?

（一九五〇年十一月六日《人民日报》社论）

美国侵略者侵略朝鲜战争的火焰，在南面早已延伸到我国的台湾，在北面现在竟扩大到我国的鸭绿江边和图们江边了。美国的空军，愈来愈频繁地向我国边境袭击。现在一切事实，都彻底地打碎了美帝国主义及其外国助理人的花言巧语，赤裸裸地暴露了美国将侵略战争引向中国的罪恶阴谋。我国人民决不能坐视朝鲜战争的这种严重形势而置之不理。正因为这样，近日各地各阶层的爱国人民，纷纷主张以志愿行动来抗美援朝，保家卫国。在这种紧急的情形之下，中国各民主党派在四日发表联合宣言，明确地说明中国人民对于朝鲜问题的严正立场，并对各地爱国人民以志愿行动抗美援朝保家卫国的要求，加以热烈的支持。各党派联合宣言是一个极端重要的历史文件。它向全世界忠实地表达了中国四万万七千五百万人民的共同意见和共同的行动纲领。我们完全无保留地拥护这个伟大的正义的宣言。在这里，我们愿就朝鲜战争和我国人民的切身利害关系，加以申述，以便帮助读者更透彻地了解这个宣言的意义。

在世界人民面前张牙舞爪的美国法西斯屠夫，为什么急于向朝鲜人民开刀呢？又为什么在其侵略朝鲜的同时，立即派遣美国的海军和空军侵略我国的台湾省；并且同时宣布它对越南、菲律宾加紧武装侵略呢？为什么美国侵朝的空军竟连续侵入我国领空，肆行扫射与轰炸；侵朝的美国海军竟炮击我国的航海商船呢？为什么美国竟然这样疯狂地把侵略战争扩大到我国边境而无所忌惮呢？这显然不是什么孤立的偶然的事件，而是美国整个军事政治计划的一部分。

美国大资本家看到在第二次世界大战以后，德意日法西斯都倒了，资本主义世界是大大衰落了，世界上出现了许多人民民主国家，以伟大社会主义苏联为首的世界和平民主阵线空前强大，因此就力谋用扩大侵略的方法来逃脱自己的危机。美帝国主义的这种侵略计划，以欧洲和亚洲为两个主要目标。亚洲的重心是一个拥有四万万七千五百万人口的中国；夺取了中国，就等于夺取了整个亚洲。在世界第二次大战结束以后，美国曾经用极大的努力经过蒋介石的国民党来夺取中国，但是遭到了悲惨的失败。蒋介石被打倒了，中华人民共和国出现在亚洲和世界的政治舞台上了。但是美国的冒险者就此甘心了吗？没有，绝对不是这样。毛泽东主席在一九四九年六月在中国人民政治协商会议筹备会上就发出警告说："在这里，我认为有必要唤起人们的注意，这即是：帝国主义者及其走狗中国反动派对于他们在中国这块土地上的失败，是不会甘心的。他们还会要互相勾结在一起，用各种可能的方法，反对中国人民。……假如他们还想冒险的话，派出一部分兵力侵扰中国的边境，也不是不可能的。"美国决定从三个主要方向来实行对于中国的进攻：朝鲜、台湾和越南。杜鲁门自己在六月二十七日的命令证实了这一点。美国制造了南朝鲜傀儡对于北朝鲜人民的进攻以后，杜鲁门随即下令派遣海陆空军大举侵入朝鲜，同时公开地夺取台湾，和加强干涉越南。在这三个方向中间，朝鲜当然是最重要的一个。美国完成了对朝鲜的侵略以后，它的一把尖刀就可以插进中国的胸膛了。

中国人民和世界人民绝不会忘记，美国在东方的这一整套侵略计划，是日本帝国主义早已实行过的"北进主义"和"大陆政策"的再版。

远在一八九四年中日甲午战争以前，日本北进主义侵略政策的代表西乡隆盛、伊藤博文之流就已经鼓吹"征韩论"，利用当时朝鲜的亲日派（所谓"开化党"）制造政变。一八九四年，日本与中国在朝鲜、南满、山东、台湾等地进行了陆战和海战，即所谓甲午之战，并在战胜中国之后强迫清政府签订了中日马关条约。日本由此不但控制了朝鲜，而且夺取了中国的台湾等地。接着，日本就从朝鲜进而觊觎中国的东北。一九〇五年日俄战争的结果，日本又根据朴资茅斯条约，夺取了旅顺大连和在南满的种种特权。一九一〇年，日本正式吞并朝鲜，并继续利用朝鲜作为基地向中国东北和山东施行侵略。到了一九三一年的九一八事变，日本终于实现了全部侵占中国东北的步骤。此后，日本连续进攻热河、冀东和绥远，威胁华北。一九三七年七七事变之后，日本法西斯就向全中国大举进攻；并于一九四二年珍珠港事件之后，把战火烧遍东南亚。日本的这一连串侵略步骤，在一九二七年日本首相田中义一给日本天皇的奏折中说得最清楚。田中义一说："窃明治

大帝之遗策,第一期征服台湾,第二期征服朝鲜,……第三期
灭亡满蒙,以及征服中国全土,使异服之南洋及亚细亚全带无
不畏我服我仰我鼻息。"又说:"欲征服中国必先征服满蒙,欲
征服世界必先征服中国。倘中国完全可被我国征服,其他如
小中亚细亚及印度南洋等异服之民族,必畏我敬我而降于我,
使世界知东亚为我之东亚,永不敢向我侵犯。"

　　日本法西斯被打倒了,它的衣钵却被美国侵略者继承下
来了。当年田中的奏折,被杜鲁门最近在旧金山演说中重弹
了一遍。虽然是旧调翻新,但板眼依然不差。比如,田中说的
是"征服朝鲜",杜鲁门就说成了"对付朝鲜的侵略";田中说的
是"东亚为我之东亚",杜鲁门就说成了"亚洲各国是我国工业
社会的基础";田中说的是"征服世界",杜鲁门就说成了"在世
界上建立法治"。而比田中表现得更贪馋的则是杜鲁门急欲
从朝鲜直接扩大其侵略战争。他大叫"联合国在朝鲜的行动
具有至高无上的重要性","是为了在世界上建立法治的历久
斗争中的巨大的一步。"他宣布"我们在进行战争",而且要"扩
大这一类帮助人类进步的工作"。

　　美国在前一个时期还极力隐蔽它发动战争并从朝鲜迅速
扩大侵略战争的步骤。美国海军部长马休斯于今年八月二十
五日在波士顿演说时宣称"我们甘愿偿付任何代价,甚至发动
战争","我们会因此被称为侵略战争的发动者,我们也心安理
得地接受"。当时美国国务院发言人和白宫新闻处曾慌忙声
明这"并不代表美国的政策"。与马休斯演说同日发表的麦克
阿瑟致美国海外退伍军人协会的电报中关于侵略台湾的声
明,也曾被杜鲁门下令加以"撤销"。但是事实早已证明了这

只是美国侵略者掩耳盗铃的把戏。不久以前,当着美国侵略军逼近三八线的时候,美国政府又曾放出空气,声称"美军将停止于三八线"。后来又说是美军"应在距离苏联与中国边境稍远一些的地方即行停止"。但是事实又证明了这些都只是谎话。直到目前,美国侵略军逼近了鸭绿江,美帝国主义的代言人仍然在散布烟幕,"保证在北朝鲜进军的麦克阿瑟军队不会推进到朝鲜边界以外"。但是按照历史的经验,作出这种声明,难道不正是美国侵略者将要"推进到朝鲜边界以外"的预兆吗?

由朝鲜人民军所缴获的李承晚傀儡政府的外务部顾问尹炳求致李承晚的信件,和电通社十一月二日纽约电所报道的美国高级军界人士关于美军在中国的战略计划,可以帮助我们具体地了解计划的内容。尹炳求在一九四八年十二月三日给李承晚的信上说:"必须在最高统帅的领导下,从三方面配合行动。这三方面就是:日本人必须沿着东北部突出地带穿过海参崴前进;朝鲜和美国的军队在解放了我们的北部领土后,必须穿过辽东半岛进抵哈尔滨;中国国民党的军队必须光复中国失去的领土(其中包括辽东省)。在战争胜利结束后,朝鲜和美国军队必须占领满洲。……在改造辽东的下一阶段中,日本必须取得统治势力,将海参崴和西伯利亚的一部分交给它。"这个外务部顾问又在一九四九年四月十八日致李承晚的信中,附了所谓"韩美同盟条约"的草案,其中第七条写着:"战争是一定要在满洲领土上继续进行。""大韩民国总统除了复兴大韩民国主要利益所在的北朝鲜以外,保证将满洲和中国东部其他部分的天然资源的发展移交美国和韩国联合管理。"电通社的消息说：曾经杜鲁门批准的美国"一旦要在中国采取军事行动"时采用的战略计划分为两部。"第一部，详细谈到朝鲜和台湾对于完成美国在'反对亚洲共产主义扩张的斗争'中的基本目标和对于'保护美国在亚洲的经济利益'的战略重要性。另一部，讨论政治形势的几个变化涉及今年下半年和明年初，并计划到以美国军队参加'在中国进行'直接的'军事干涉'。……美国高级指挥部建议利用朝鲜领土和朝鲜军队在满洲和北方某些地区进行作战，作为战略计划的一部分。印度支那、缅甸和香港的领土以及军事基地将被利用作进攻华南的南方前线上的基地。强大的伞兵部队将由台湾运往上海周围地区及华中华南的其他地区。"美国政府对于这些暴露其阴谋的凭证，照例是不会承认的。但是今天美国扩大侵略的实际行动，难道不正是使人们相信这些凭证的可靠吗？

战火已经烧到我们的门前了，放火者已经暴露了他们的野心了，我们处在侵略者刀锋之前的中国人民，怎样能够熟视无睹？怎样能够置之不理呢？我们的热血同胞，怎样能够不纷纷起来以志愿行动抗美援朝，保家卫国？

或者有人会想：敌人现在虽然以陆军逼近我们的鸭绿江图们江，虽然以空军轰炸扫射我们的边境，虽然以海军掠夺我们的台湾，但是究竟还没有大举进攻我们的国土。日本武装侵略朝鲜在一八九四年，而占领东北则在一九三〇年，前后还有三十六年。如果我们竭力避免敌人进攻的任何借口，利用这个空隙来进行和平建设不是更好吗？

这样的想法是错误的，因为它以为已经发起了进攻的敌人会允许我们有和平建设的时间和环境,而这却不合乎事实。今天的美国和以前的日本不同,美国不需要也不可能像日本那样停止在朝鲜那样久。而且日本当时也没有真正停止在朝鲜,它还是侵略了南满。我们永远不能够等待敌人大发慈悲给予我们以和平建设的时间和环境,而只有依靠坚决的奋斗来争取。敌人是不知道"慈悲",也不依赖借口的,敌人的行动决定于力量的斗争。如果敌人不能够进攻我们,他就不去寻找借口了;如果我们不能够或不准备抵抗敌人,那么我们就永远不能消灭敌人的借口,而只能鼓励敌人进攻的欲望。请回想一九三○年和一九三七年吧,当时中国人民并没有去援助朝鲜,甚至也没有去援助被敌人压迫的中国自己的同胞,但是敌人不是仍然很容易地造出了进攻的借口吗?

这样的想法是错误的,因为它以为敌人是不能够战胜的,而这却完全违反事实。今天的美国和以前的日本不同,它们是处在完全不同的世界。在日本进攻朝鲜的时候,世界上还没有什么和平民主阵营,没有苏联,没有中华人民共和国和朝鲜民主主义人民共和国,在中国有的是西太后和李鸿章的反动统治,在朝鲜有的是大院君李罡应和总理大臣金宏集的反动统治。在日本进攻中国东北的时候,有了苏联,但是没有今天这样的强大,而中国仍然是反动的蒋介石的中国。但是今天呢? 今天在全世界有了以强大的苏联为首的和平民主阵营,它的力量远胜于帝国主义侵略阵营。今天在东方有了强大的与苏联同盟的中华人民共和国,它是坚决反对帝国主义侵略的,它是在战胜帝国主义侵略者及其走狗的过程中生长起来的,它的力量远非清朝和蒋介石所能够比拟。今天的朝鲜人民在北半部已经经历了五年的解放，在南半部也已经从曲折的斗争特别是最近四个多月的斗争中认清了朝鲜独立解放的唯一道路。朝鲜人民虽然在暂时居于优势的敌人面前受了挫折，但是朝鲜人民的解放斗争仍然是如火如荼地继续进行着，而美国侵略者在朝鲜的地位也仍然是不稳定的、脆弱的和危险的。中国人民的志愿行动将使朝鲜人民得到无限的鼓励和信心，使他们有可能转变整个的战局，有可能消灭和逐退立脚未稳的美国侵略军，并有可能强迫侵略者接受对于朝鲜问题的公正的和平的解决。

十分明显，只有在这种情形之下，帝国主义侵略分子才能够得到教训，朝鲜和远东的和平才能够恢复，中国才能够免于被侵略，才能够在安全的条件下从事和平建设。

因此，正如各民主党派联合宣言所说，我们必须坚决拥护中国人民以志愿行动抗美援朝保家卫国的正义努力。让我们向以志愿行动抗美援朝保家卫国的光荣的爱国志士们致敬！让我们向他们欢呼万岁！让我们全国人民团结一致作他们的后盾！

中国人民志愿部队抗美援朝保家卫国的伟大意义

（一九五〇年十一月二十日《人民日报》社论）

中国人民抗美援朝保家卫国志愿部队与朝鲜人民军并肩作战，从十月二十五日以来已经连续得到重要胜利。这些胜利，不但已经开始转变了朝鲜的军事形势，而且已经开始挫折了帝国主义侵略者的猖狂的凶焰。美英等国反动统治者，在中朝两国人民的联合打击下，已经开始感觉到对于亚洲人民的侵略战争前途茫茫，感觉到他们原来的侵占全朝鲜并将战争火焰引向中国的如意算盘的错误，而表现惊慌和忧虑。

帝国主义者原来以为，他们可以在朝鲜横行霸道，为所欲为。他们原来以为，中国人民将被帝国主义的进攻所吓倒，因而将坐视自己的紧邻朝鲜遭受侵略，将忍令自己的国土遭受威胁、轰炸和直接的侵略。这就是帝国主义者为什么不但不尊重中国人民和平解决朝鲜问题的主张，反而命令侵略军向三八线以北，向中国东北的边境疯狂前进的原故。但是侵略者们现在知道他们是跑得太远了。被打击得稍为清醒了一些的侵略者们屈指一算，开始忧虑他们的区区几十万军队究竟不足以"征服"全朝鲜的三千万人民，尤其不足以和四万万七千五百万中国人民相对抗。尽管美国侵略军及其帮凶还远没有放弃自己的侵略计划而决心接受公正的和平解决，但是最后失败的阴影却在一步一步向他们挨近了。

中国人民志愿部队在朝鲜的英勇奋斗，向全世界表示了中国人民坚决保卫自己的胜利果实的伟大意志。中国人民得到今天的解放，是一百多年来特别是近三十年来中国无数志士仁人向帝国主义者及其走狗奋死决战，抛头颅洒热血换来的。我们已经推翻了帝国主义走狗蒋介石的可恨的黑暗统治，但是我们绝对没有忘记，无论是蒋介石匪帮，或者是帝国主义本身，都不会甘心于失败，都在处心积虑地计划着卷土重来，把中国人民重新抛入血腥的人间地狱。美帝国主义在朝鲜、在日本，在我国的台湾、在菲律宾、在越南，在整个东南亚所伸出的"长矛之尖"，不但是针对着当地的人民，而且是针对着我国大陆的，对于这一切我们从来没有放松过警惕。美国侵略者所布置的朝鲜内战的爆发，以及美国政府所立即随之宣布的对于朝鲜的侵略，对于台湾的夺取，对于越南、菲律宾的干涉，使我国的环境顿然紧张起来了。我国人民和我国政府对于朝鲜的形势和台湾主权问题再三发表了严重的声明和抗议。但是无法无天的帝国主义者是不讲道理的，他们把我国仅仅发出的声明和抗议看作是怯弱可欺的表示，因而加紧了他们对于我国独立安全的危害和压迫。我国爱国同胞忍无可忍，毅然决然地组成了抗美援朝保家卫国志愿部队，和朝鲜人民军并肩作战，击退了已经逼近鸭绿江的疯狂的侵略军，只在这时，帝国主义者原定的狂妄的计划才被打破了，我国人民保卫胜利果实的神圣决心才被认识了。因此，中国人民志愿部队的斗争,乃是关系我国民族根本利益的生死斗争,乃是四万七千五百万同胞伟大爱国意志的集中表现,我全国同胞如此热烈拥护志愿部队,全国热血青年纷纷立誓要求参加志愿部队,完全不是偶然的。

中国人民志愿部队和朝鲜人民军的英勇奋斗,不但对于中国和朝鲜的民族存亡有决定意义,对于亚洲各民族和世界人类的安危也有极大的意义。帝国主义者在朝鲜的冒险如果得到成功,武装侵略的强盗们就会打着"联合国"的旗帜到处如法炮制,那时不但中国首当其冲,在世界其他地方的战争危险也就要极大地加重。在朝鲜击碎了侵略者的梦想,就可以保卫朝鲜和中国的安全,也可以挽救在危险中的世界和平。中国各民主党派联合宣言说:"世界上爱好和平的人民如果想要得到和平,就必须用积极行动来抵抗暴行,制止侵略。只有抵抗,才有可能使帝国主义者获得教训,才有可能按照人民的意志公正地解决朝鲜及其他地区的独立和解放的问题。"光荣的中国人民志愿部队和光荣的朝鲜人民军,现在正是站在捍卫世界和平抵抗帝国主义侵略的最前线,受着全世界爱好和平正义的人类的支援、崇敬和瞩望。

如上所说,帝国主义者现在还只是开始受到打击,他们还要继续逞凶,因此必须继续给以坚决的反击。在朝鲜前线向帝国主义侵略军勇猛作战的中国和朝鲜的伟大勇士们,冒着敌人的炮火和炸弹前进! 前进去取得最后的胜利! 胜利是必然的:在你们的前面只是一群数目有限士气不高的野兽,在你们的后面却是为祖国独立和世界和平而坚决奋斗的几万万英勇的正义的人民!

在伟大爱国主义旗帜下 巩固我们的伟大祖国

（一九五一年一月一日《人民日报》社论）

中国人民在伟大的胜利中渡过了一九五〇年而进入一九五一年。

在一九五〇年内，中国人民以自己的经验答复了在战胜蒋介石以后所存在的三个根本问题，这些问题是：第一，我们能够不依靠资本主义国家的"援助"而进行自己的建设吗？第二，**资本主义国家中的**帝国主义者在他们的走狗蒋介石失败以后，会自动放弃对于中国的侵略，而让我们"埋头"建设吗？第三，我们能够战胜帝国主义者的侵略，以保障我们祖国的安全吗？

我们在过去一年中的经济战线上的伟大成就，答复了第一个问题。与那些断定中国离不了美国"援助"的帝国主义分子们的论断完全相反，中央人民政府迅速实现了全国财政的统一，平衡了财政的收支，保障了物资的供应，因而制止了长期战争和长期反动统治所遗下的、为美国"援助"所永远无法解决的通货膨胀物价高涨的现象。中央人民政府以空前的规模和速度解决了恢复交通、兴修水利、救济灾荒、发展贸易、调整工商业、减轻人民负担等复杂的问题,从而使一九五〇年的工农业生产迅速恢复,其中钢铁和纱布的产量已经超过抗日战争前的一九三六年的水平,粮食和棉花的产量也已经接近抗日战争前的水平,国家经济逐步地巩固了自己的领导地位,并正在逐步地减少生产中的无政府状态。生产和国内外贸易的恢复,物价的调节,工人福利工作的发展,减租和土地改革工作的进行,农业税的减轻,灾荒和失业的救济,使中国劳动人民的生活**有些**得到了显著的**改善**,有些**得到了初步**的改善,**有些则正在完成着改善生活的条件。**

所有这一切都不是依靠**任何资本主义国家**"援助"的结果,而是拒绝和反对**这种**所谓"援助"的结果,而是我国伟大的人民在伟大的中国共产党领导之下自力奋斗,并得到伟大的社会主义国家苏联慷慨援助的结果。我国人民既然能在一九五〇年得到如此丰富的收获,那么就不能怀疑我们在今后数年内必将得到更丰富的收获,使我国进入经济建设的高潮。这难道还不明白吗?

紧接着,美帝国主义者以他们的行动给我们答复了第二个问题。美帝国主义者提醒中国人民:中国的革命与反革命之间的战争还没有完结。美帝国主义者看到胜利了的中国人民逐步走上经济恢复的大道,于是就不以命令蒋介石轰炸和封锁东南沿海为满足(事实上这些轰炸和封锁也逐步为中国人民所战胜了),而在一九五〇年六月发起了对于接近中国大陆的跳板朝鲜和中国的领土台湾的冒险侵略。所有这些侵略都是毫无理由的,都是完全破坏国际信义和联合国宪章的强盗行为。美帝国主义者在朝鲜遭受了朝鲜人民的痛击以后,又在九月间纠合其可能纠合的最大兵力在仁川登陆,占领平壤,并向我国东北边境汹涌前进,直至鸭绿江边。美国空军连续侵入我国东北领空轰炸扫射。这种对于中国领土的放肆的霸占和对于中国安全的放肆的威胁,迫使中国人民不能不积极加强我们的国防力量,以便解放台湾,抵抗任何可能的新侵略,并且不能不以志愿行动援助朝鲜人民驱逐美国侵略军,以便保障我国的大陆的安全。

这样,就证明了在帝国主义侵略势力威胁着中国,压迫着东方的时候,我们不可能设想中国人民可以不问外事,“埋头”建设。中国人民革命战争还没有完结,而美帝国主义者对台湾和朝鲜的侵略,正是他们干涉中国革命的延长和扩大。帝国主义者是不会自动放弃干涉和侵略的,只有在被革命的人民所击退以至不能不自认失败的时候,才会被迫放弃这种干涉和侵略。这样,就证明了中国人民必须把巩固国防力量、发展反帝国主义斗争当作首要的任务,并使这个任务与经济建设的任务互相帮助,互相结合。

那么,我们能否战胜帝国主义的侵略呢?伟大的中国人民志愿军答复道:完全能够!人民志愿军在朝鲜两个月的英勇作战,证明了甚至在没有飞机、坦克和很少大炮的条件下,最“强大”的帝国主义军队也是可以击败的。人民志愿军证明了中国人民力量和世界人民力量永远不能被战胜的真理,证明了美帝国主义和一切帝国主义都是纸老虎的真理,因而大大地扫除了一部分中国人和一部分外国人中间的恐美病。

因此,当我们进入一九五一年的时候,帝国主义对于我们的侵略虽然还没有停止,我们却是满怀信心地面向着光明的将来。

中国人民在一九五一年的中心任务,应当是用极大的努力在军事上、政治上、经济上、文化上巩固我们的伟大祖国,使帝国主义者及其走狗没有可能来破坏我们的伟大革命事业和伟大建设事业。

这就是说,中国人民在一九五一年必须继续支援在朝鲜的中国人民志愿军和朝鲜人民的正义斗争,并且用最大的力量来加强我们伟大的国防军,以便最后完成全中国的解放,并击退任何可能的新的外国侵略。经过认真的努力,使我国和苏联一样地成为世界第一流军事强国,这将不但保障我们伟大祖国的安全,使我们的经济建设和社会改革的工作得以顺利进行,并且将有力地加强东方和世界的和平。

这就是说,中国人民必须在一九五一年努力发展土地改革工作,坚决消灭潜伏的反革命分子和少数地区残余的土匪,认真加强全国工人阶级的组织工作和政治教育工作,继续加强各民族、各民主阶级、各民主党派的团结。在一九五〇年冬至一九五一年春,全国已有一万万三千万人口的新解放区在进行着土地改革,而在一九五一年冬至一九五二年春,全国除少数民族地区外,将基本上完成土地改革工作。这将使中国人民民主专政的政治基础和经济基础大为加强。

这就是说,中国人民必须在一九五一年巩固已经取得的**经济阵地,认真地恢复和有重点地发展全国的工业生产和农业生产**,并为进一步的发展生产做有系统的准备工作。为此,必须发展最重要的和有关国防的工业和交通事业,继续兴修为发展农业生产所必需的水利事业,用大力发展为工农业生产所必需的国内贸易和合作事业，这些将构成一九五一年经济建设工作的重点。**而认真改善工人、农民和其他劳动人民的物质生活，则是顺利进行这一切经济工作的重要条件之一。**

这就是说，中国人民必须在一九五一年继续发展抗美援朝的思想教育，铲除帝国主义首先是美帝国主义在中国长期侵略所遗留的政治影响，并将这种思想斗争引导成为热爱祖国的高潮。

为什么恰恰是现在必须兴起爱国主义的高潮呢？什么是今天中国人民的爱国主义的内容，它对于中国人民的军事、政治、经济任务有什么意义呢？

中国人民今天的爱国主义，并不是什么抽象的东西，它的内容，就是反对帝国主义侵略和封建主义压迫，就是保卫中国人民民主革命的果实，就是拥护新民主主义，就是拥护进步，反对落后，就是拥护劳动人民，就是拥护中国与苏联和人民民主国家的以及全世界劳动人民的国际主义联盟，就是争取社会主义的前途。兴起这种爱国主义，就是总结中国人民的斗争经验，完成中国人民反帝国主义的思想解放，用中国人民对于自身伟大力量和光明前途的信心，来消灭帝国主义侵略者及其走狗买办资产阶级所制造、散布、借以瓦解中国人民革命斗争的殖民地人民的自卑心。中国人民在许多年中间特别是一九五〇年中间的斗争经验，证明这种爱国主义的教育是完全合乎真理的；因此，进行这种教育，对于完成中国人民在军事、政治、经济各方面的光荣任务，将是一个经常起作用的动力。

帝国主义者及其走狗们许多年来曾经千方百计地宣传所

谓中国人民是落后的,中国的一切都必须依赖帝国主义外国的"教化"和"援助",与帝国主义斗争必然遭受失败等等。难道这一切谬论还没有被中国人民革命的胜利,被中国人民在经济恢复过程中的胜利,被中国人民志愿军在朝鲜的胜利所证明为完全破产吗?中国人民难道不是已经证明了自己是世界上最重要的政治力量、军事力量、经济力量和思想力量的一部分了吗?中国劳动人民和帝国主义国家的资产阶级相比较:究竟是谁高尚?是谁优越?是谁由于聪明勇敢团结奋斗而得到了胜利并将继续得到胜利?对于这样的问题,难道现在还不应当作出确定无疑的结论来吗?

帝国主义者及其走狗曾经狂妄地企图抹煞约占全人类四分之一的中国人民在世界上的地位,并且进而抹煞中国历史在世界历史上的地位。但是这是徒劳无功的。我们反对拒绝学习外国和轻视其他民族的国粹主义者和民族主义者,反对妄自尊大,但是也反对妄自菲薄。按照客观的事实,中国的悠久历史和悠久文化,不但是使四万万七千五百万人团结为一个伟大国家的基础,而且是东方的悠久历史和悠久文化的中心,而且曾经并继续以自己的重要贡献影响全世界。任何人有什么权利来抹煞客观的事实呢?毛泽东同志在**他和其他同志合著**的《中国革命与中国共产党》一书中写道:

> "我们中国是世界上最大国家之一,它的领土和整个欧洲面积差不多相等。在这个广大的领土之上,有广大的肥田沃地,给我们以衣食之源;有纵横全国的大小山脉,给我们生长了广大的森林,贮藏了丰富的矿产;有很多的江河湖泽,给我们以舟楫和灌溉之利;有很长的海岸

线,给我们以交通海外各民族的方便。从很早的古代起,我们中华民族的祖先就劳动、生息、繁殖在这块广大的土地之上。……

　　我们中国现在拥有四亿五千万人口,差不多占了全世界人口的四分之一。……

　　……在中华民族的开化史上,有素称发达的农业和手工业,有许多伟大的思想家、科学家、发明家、政治家、军事家、文学家和艺术家,有丰富的文化典籍。在很早的时候,中国就有了指南针的发明。还在一千八百年前,已经发明了造纸法。在一千三百年前,已经发明了刻版印刷。在八百年前,更发明了活字印刷。火药的应用,也在欧洲人之前。所以,中国是世界文明发达最早的国家之一,中国已有了将近四千年的有文字可考的历史。

　　中华民族不但以刻苦耐劳著称于世,同时又是酷爱自由、富于革命传统的民族。以汉族的历史为例,可以证明中国人民是不能忍受黑暗势力的统治的,他们每次都用革命的手段达到推翻和改造这种统治的目的。在汉族的数千年的历史上,有过大小几百次的农民起义,反抗地主和贵族的黑暗统治。而多数朝代的更换,都是由于农民起义的力量才能得到成功的。中华民族的各族人民都反对外来民族的压迫,都要用反抗的手段解除这种压迫。他们赞成平等的联合,而不赞成互相压迫。在中华民族的几千年的历史中,产生了很多的民族英雄和革命领袖。所以,中华民族又是一个有光荣的革命传统和优秀的历史遗产的民族。”

这就是历史上的中国。中国人民在几千年中经常居于世界文化的前列，只是在近一百多年间才落于欧洲人之后，并遭受资本主义和帝国主义国家的残酷压迫。优秀的中国爱国者不甘心于这种落后和被压迫状态，因此进行了前仆后继的斗争，终于在斗争中找到了马克思列宁主义的真理作为解放自己的武器。伟大的中国劳动人民与马克思列宁主义相结合的事实，使中国人民迅速地在思想上、政治上以至军事上超过了西方资本主义国家，而这就造成了中国人民革命的伟大胜利。胜利了的中国人民和苏联人民的联合，这不但是欧亚两洲两个人口最多领土最广的国家的联合，而且是两个最先进最巩固的国家的联合，这个联合，因此而无敌于天下。

所有这些，就是我们伟大祖国的简单图画。难道我们不应当为我们的祖国而骄傲，而欢呼吗？难道我们对于自己的力量和前途，应当有丝毫的怀疑吗？无论是在军事、政治或经济的战线上，我们都已经得到了伟大的胜利，在今后必将得到更伟大的胜利。让我们高举爱国主义的旗帜，为巩固和扩大我们的胜利而勇敢地奋斗吧！我们的事业是先进的，正义的，是与全人类的利益相一致的，渺小的脆弱的反动的帝国主义如果不停止它对于中国和东方的侵略，就只有加速它自己的灭亡，而我们的伟大祖国，却将永远不可动摇地前进，再前进。

百倍地巩固和热爱我们的祖国！我们的伟大祖国万岁！

评朝鲜停战谈判

（一九五一年八月十一日《人民日报》社论）

七月十日开始的朝鲜停战谈判，已经费去了一个月的时间。从谈判进入实质问题的讨论，也已经有两个星期。美国方面在谈判中始则借口记者问题延会，再则拒绝将外国军队撤出朝鲜问题列入议程，三则拒绝以三八线为双方军事分界线，四则借口我方警卫部队误入会址区的偶然事件而再度延会。事实证明，美国方面完全没有在朝鲜迅速实现停战的诚意。

现在朝鲜停战谈判中的主要争执是双方军事分界线问题。关于双方军事分界线问题，我方的立场是十分明确的，这就是：以北纬三十八度线为双方军事分界，以此为基础向南北各伸张十公里为非军事区，双方军队都撤至非军事区以外。朝鲜人民军和中国人民志愿军的这个主张，不但代表了全中国全朝鲜的人民的共同意志，而且也代表了全世界愿意停止朝鲜战争的善良人们的共同意志。

以三八线为军事分界线的合理是十分明显的。（一）三八线是李承晚军向北侵犯引起战争爆发前的原有的军事分界线。（二）中国人民志愿军之所以进入朝鲜援助朝鲜人民作战,正是因为美国侵略军越过了三八线。(三)这次谈判的基础,正是苏联驻联合国代表马立克关于双方撤离三八线的建议。(四)在一年多的战争中,双方军队曾轮流地进入三八线以南和以北各三次,表明三八线是相当地反映双方军事力量的对比的。而且,就今年的七个月来说,我方两次进入三八线以南的时间长,占的面积大,两次都把敌军完全赶过三八线以南;敌军两次进入三八线以北的时间短,占的面积小,两次都没有能使我方的军队完全离开三八线以南。(五)即以不足以反映双方力量对比的目前军事位置来说,我方在三八线上所占长度与敌方在三八线上所占长度大略相等,我方在三八线以南所占面积比敌方在三八线以北所占面积也相差无几。

事实上,以三八线为双方军事分界线是这样合理,甚至美国各方在长期间也不能不承认。举例来说,只以今年而论,还在三月十二日,当时的美国第八军军长现任美军总司令李奇微就已大肆宣传他对于朝鲜战争的最高理想是在三八线上结束。李奇微的这个论点,在五月十日又由美国国防部长马歇尔在国会作证时加以肯定。五月二十二日,美国参谋长联席会议主席布莱德雷在国会作证时,也认为必须准备在三八线上结束战争。五月二十八日,美国陆军参谋长柯林斯在国会作证时,同样宣称应当接受以三八线为基础的停战方案。美国国务卿艾奇逊在六月二日和六月二十六日,对议员们和记者们先后声明美国将同意在三八线实现停战。大家知道,艾奇逊的第二次声明是在马立克的建议以后。法新社记述艾奇逊的谈话说:"艾奇逊表示,从军事观点来看,在三八线停火是可以接受的。有人问他说:共军撤到三八线以北是否算是朝鲜战争的'胜利结束',他回答是的。"我们无须再列举美国社会舆论和美国在朝鲜士兵的意见,他们对于以三八线为军事分界线的热烈拥护是人所共知的。我们只从美国这些军政首脑的言论中,就已经可以充分了解:美国政府不但完全没有理由否认三八线的合理,而且无论今年的朝鲜战争发生了一些怎样的反复变化,美国政府也完全没有根据相信他们的军事力量(当然是陆空海军的综合力量)可以保持三八线以北的阵地;这就是美国人再三把以三八线为军事分界称为"胜利"或"巨大胜利"的唯一原因。

但是朝鲜停战谈判一开始后,美国的腔调忽然变了。在七月十三日,艾奇逊忽然把美国同意作为军事分界线的三八线莫名其妙地解释为"指联合国部队所在的一带地区"。而在谈判会议上,美方代表所实际提出的方案比艾奇逊的谈话更进一步,荒谬地要求在现有双方战线以北十八公里至五十公里地方划一条新的军事分界线。乔埃为了坚持美国的这个无理要求,耗费了从第十次会议到第十九次会议的整十天的光阴来辩论,在辩论中捏造了种种不能成立的"理由"(例如说美国海空军的狂轰滥炸的"力量"必须在陆地分界线上得到"补偿",美国必须在三八线以北才能"防御"自己等等),并且为了使人明了无误,一面标出了详细的地图,一面又经过东京的李奇微总部的"新闻教育局"以所谓"背景材料"的名义在七月三十一日和八月四日把美国的主张加以公开宣布。但是奇异的事件随即发生了。八月三日,美联社记者尤松宣称:"没有证据足以证明联合国军代表曾要求在联合国军实际据守的阵线以北建立分界线。"八月四日,联合国军官方发言人纳科斯声明："猜测联合国要求建立任何深入北朝鲜的分界线是完全错误的"，"我相信这是严重的错误，是最荒唐的猜想"。八月六日，李奇微总部的新闻处又发表"平息谣传"的声明，宣称美国所要求的分界线大致是现在的战线。甚至美国国新社东京六日电也不能不描写这次声明"事实上与总部另一部门作为背景材料发给日本报纸编辑的新闻稿截然相反"。

这就是美国军政首脑对待谈判的态度。在由三月至六月间说，三八线作为分界线是可以接受应当接受的，是"巨大的胜利"。在七月直至八月四日说，三八线是不可以接受的，"双方都自三八线撤退的任何问题是荒谬的"，海空军的狂轰滥炸的"力量"必须在陆地分界线上得到"补偿"，因此分界线应当在现有战线以北。在同一个八月四日同一个李奇微总部又说，说分界线应当在现有战线以北的是"谣传"，是"严重的错误"和"最荒唐的猜想"。

全世界的人们请看吧！欺骗和讹诈的政策——就是美国的"诚意"。

战场上的美英等国士兵曾经因为听到马立克的停战建议和金日成彭德怀两将军同意谈判的答复而欢欣若狂。李奇微在七月三日给金、彭两将军的电文中说："因为在停战之前须先就停战条款取得协议，所以延迟开始会晤和达成协议，将延长战事和增加损失。"这多像一个希望结束战争的人所说的话呀！但是事实上怎样呢？李奇微所奉行的政策，却是欺骗、讹诈，却是故意拖延和制造僵局。这个事实，现在连美国人自己也承认了。美联社记者勃雷德肖七日在东京解释美国的僵局政策道："他们想要充分利用他们的优势，同时又不愿意在宣传战线上遭到失败。他们不愿结束战争，如果停火对共方有利的话。”

美国政府或者是自大狂式地相信自己幻想中的“优势”。美国代表在谈判中的拖延政策，很像只是为着躲过雨季，以免受到反攻和准备新的进攻。但是更重要的原因，却不在这一方面。更重要原因，是美国政府认为必须保持紧张状态，才便于在这次的将于九月中闭会的国会中通过六百六十五亿美元的军事预算案，增税一百亿美元的法案，“援外”八十五亿美元的“共同安全计划”法案，才便于强迫英法等国和美国在一起在最近签订片面的以武装日本和美国长期占领日本为目的的对日和约，才便于保证美国大资本家们继续在准备新的世界战争的活动中大发其战争财。美国政府恐惧和平。华尔街日报在不久以前曾露骨地说：“由于和平的威胁，大规模囤积物资所得的利润可能丧失。”马歇尔在七月二十七日在参院外委会作证时说：马立克关于朝鲜和平的建议，“已非常严重地影响了我国防御（？）计划”。他说：“美国人民对苏联一个声明竟有这种反应，这是我所不能想像的。”合众社东京六月二十五日电说：“只要朝鲜战火一天不停，大多数太平洋国家就会赞成不限制日本重新武装的对日和约。一旦朝鲜停战，它们对日本根深蒂固的不信任，就会使他们提出束缚日本的修正案。”正因为这一切，马歇尔还在七月十八日就预料朝鲜战争的谈判需时六星期以上。后来在七月三十日，他又预料在今后六星期中谈判还是不会有结果。

和美国的战争贩子们相反，中国人民和朝鲜人民是愿意和平的，我们不害怕和平，所以我们希望谈判能够在公平合理的基础上，迅速达到停战的结果。但是如果美国故意要使谈判失败，使战争继续，那么，我们也不害怕继续进行抵抗侵略的正义战争。朝鲜人民军和中国人民志愿军在这方面具有充分的准备和信心。美国帝国主义者的苦恼是：尽管战争对他们是有利可图的，但是在朝鲜，他们却已经饱受了战争的教训。他们永远没有在朝鲜战场上胜利的希望。美国战争贩子们应当懂得：在战场上得不到的东西，在谈判的会场上也不可能得到。欺骗、讹诈、拖延、僵局，这一切都是不能解决问题的。要想解决问题，就必须放弃这一切，拿出老老实实的态度来，使谈判得到比以前顺利的进展。

印度缅甸拒绝签订
美英对日和约

（一九五一年八月二十九日《人民日报》社论）

印度政府已经照会美国政府，声明拒绝签订美英两国所准备的对日和约草案定稿，因而也拒绝出席九月四日美国在旧金山召开的签订这样一个对日和约的会议。在这以前，缅甸政府已宣布了拒绝出席旧金山会议。

对待美英两国政府所提出破坏国际协定和准备新的战争的对日和约草案定稿与美国政府所召开的背弃国际义务而将中华人民共和国排斥在外的旧金山会议，在反对这样一个对日和约的国家中，本来可能有两种态度：一种是参加会议提出自己的对日和约建议并为此建议而奋斗；一种是拒绝签订这样一个和约，因而也就拒绝出席这样一个会议。前者是苏联等国家所采取的态度，后者是印度、缅甸等国家所采取的态度。这两种态度都是中国人民所欢迎的。

印度政府和缅甸政府的明智的决定，无疑地反映了亚洲人民在对日媾和问题上的意志，无疑地将受到亚洲各国人民的欢迎。

印度政府在八月二十三日给美国的照会中，公正地指责了美国所一手制订的对日和约草案的不合理。这个照会指明：美国的草案剥夺日本对于琉球和小笠原群岛的主权，又规定美国占领军将继续留驻日本作为日本缔结的"防御协定"的一部分，因此是违反日本的正当权益，并且是违反亚洲大部分人民要求独立自主的愿望的。美国的草案拒绝规定将台湾归还中国，拒绝规定将千岛群岛和南库页岛归与苏联，因此是违反中国和苏联的正当权益，并且是直接违反第二次世界大战期间美国所签订的国际协议的。印度政府的这些指责，任何人也不能加以辩驳。

美国和英国的帝国主义政府曾经以为，它们可以不尊重参加反对日本侵略的各国人民的意志，不尊重与日本有密切关系的各国人民的意志，就可专横地造出一个对日本和会和一个对日和约来强迫各国人民接受。印度和缅甸的行动，跟苏联和中国的行动一样，证明这些帝国主义政府为所欲为的时代已过去了。

很明显，美帝国主义代言人们对于印度照会的无耻的咒骂，不是表示他们的有力，而是表示他们的孤立无援。美英帝国主义者们当然会用机械的方法，命令他们的美洲、欧洲的傀儡以及保大之流的亚洲傀儡"通过"他们的不许修改的和约草案定本，而否决苏联所提出的公正的对日和约建议，但是他们仍然无法挽救他们在全世界面前的悲惨失败。正义不在他们一方面，这是完全不能掩饰的了。

世界上三个人口最多的国家站在反对美英对日和约草案的立场上，这三个国家的人口总数超过十万万。亚洲的人民勇敢地为包括日本利益在内的亚洲的利益而反对西方的帝国主义恶霸。这两个事实有极重大的意义。这两个事实证明人类历史的新方向不是少数逞强的暴徒所能够扭转的。美英帝国主义者的对日和约即使签订了，也不能使他们多得什么东西，而只能得到各国人民的更大的反帝国主义的愤怒。

迎接一九五三年的伟大任务

（一九五三年一月一日《人民日报》社论）

一九五三年来到了。一九五三年向全国人民提出了三项伟大的任务：第一，继续加强抗美援朝的斗争，争取更大的胜利；第二，开始执行国家建设的第一个五年计划，完成和超额完成一九五三年度建设计划；第三，召集全国人民代表大会，通过宪法，通过国家建设计划。

我国人民在两年多以来所进行的抗美援朝的斗争，已经取得了伟大的胜利。只在过去一年内，中朝人民部队就歼灭美国侵略者及其帮凶军二十四万一千九百余人（内美军十万二千七百余人），击落击伤敌军飞机五千三百余架。连以前合计，已歼灭敌军七十三万六千余人（内美军三十二万二千余人），击落击伤敌机七千八百架以上。中朝人民部队愈战愈强，敌人在兵员和物资方面的损失消耗愈来愈大，士气愈来愈低，内部矛盾愈来愈深的事实，已经为世界所公认了。虽然如此，虽然中朝方面在板门店谈判中，苏联代表在联合国大会中，都再三提出和平解决朝鲜问题的合理方案，而美国侵略者却仍然拒绝和平。美国侵略者及其合作者坚持要强迫扣留中朝被俘人员，坚持要继续战争，并且积极阴谋扩大侵略。这种情况,不能不引起我国人民的严重警惕。因此,我国人民在一九五三年内必须继续加强抗美援朝的斗争,准备粉碎敌人在任何地方以任何方法进行的进攻和袭击,争取新的更大的胜利,同时继续争取朝鲜问题的公正合理的和平解决。在我国境内,必须大大地加强国防力量,加强公安工作和民兵工作,坚决迅速地肃清敌人派来的特务土匪,以巩固抗美援朝的后方,保证国家建设事业的顺利进行。

一九五三年将是我国进行大规模建设的第一年。在继续加强抗美援朝的条件下,大规模建设是否可能呢? 答复是肯定的。在过去两年中,我国人民曾以极大力量投入抗美援朝的斗争,但是这并没有妨碍反而加速了我国经济恢复工作的完成和财经状况的根本好转。一九五二年的工农业总产值比一九四九年增加了百分之六十五,主要的工业产品(除煤还略少外)和农产品都超过了战前年产量的最高水平。据初步统计,以解放前最高年产量为一○○,则生铁为一○五,钢锭为一七○,煤为九十五,电力为一一四,水泥为一五三,棉纱为一五○,棉布为一六五,造纸为二一二,粮食为一○九,棉花为一五五。我国的财政收支已经完全平衡。社会主义性质的国家经济在工业上和商业上都已经确定地取得领导地位。一切这些,都为国家的大规模建设准备了良好的条件。

国家建设包括经济建设、国防建设和文化建设,而以经济建设为基础。经济建设的总任务就是要使中国由落后的农业国逐步变为强大的工业国,而要达到这个目的,就必须首先着重发展冶金、燃料、电力、机械制造、化学等项重工业,因为正如斯大林同志在《第一个五年计划的总结》中所说,"只有重工业才能既改造并推进整个工业，又改造并推进运输业，又改造并推进农业"。工业化——这是我国人民百年来梦寐以求的理想，这是我国人民不再受帝国主义欺侮、不再过穷困生活的基本保证，因此这是全国人民的最高利益。全国人民必须同心同德，为这个最高利益而积极奋斗。

我国的工业化的速度需要大大超过任何资本主义国家所曾经历的速度，而采取苏联和人民民主国家在工业化和工业发展过程中所采取的那种高速度。这种速度之所以可能，是由于我国是人民民主主义的国家，我们的国家建设和我国全体人民的利益完全一致，其目的是在于不断提高我国人民的物质生活和文化生活的水平，并巩固国防和保卫和平，因而我国人民在执行建设计划时能够充分发挥自己的劳动积极性和创造性。这种速度之所以可能，还由于我们有伟大的盟友苏联的慷慨无私的援助和苏联先进经验的指导，以及各人民民主国家和爱好和平的世界人民的支持。

为了实现伟大的国家建设计划，首先需要我国工人阶级的积极努力。我国的一切公私企业中的工人，工程技术人员，工业、建筑业和交通运输业管理人员，都应该广泛开展爱国主义的生产竞赛，学习先进的工作方法和先进的科学技术，进一步挖掘潜在力量，把一切可能利用的条件都充分利用起来，加强企业的技术管理，改善企业的经营，增加产量，提高质量，降低成本，为完成、提前完成和超额完成生产计划、基本建设计划和交通运输计划而斗争。

在我国的工业化过程中，我国的农业也需要迅速发展。全国农民应该根据自愿和互利的原则，进一步地组织起来，有步骤地发展和提高农业劳动互助和生产合作运动,学习新的农业技术,兴修水利,保持水土,防止水旱灾和病虫害,努力提高单位面积产量,完成和超额完成增产计划。

国营商业、合作社和私营商业都应该努力作好物资交流的工作,为工农业的建设计划和人民的生活需要服务。国营商业和合作社都应该改善经营方法,切实地实行经济核算制,缩短资金周转时间,减少商业流转费用。

国家的文化教育事业必须积极适应经济建设和国防建设的需要。必须大量地培养各种程度的建设人才,教育青年、学生和知识分子加紧学习技术,学习科学。必须继续提高青年和全体人民的政治觉悟。必须帮助妇女打破封建束缚,取得平等地位,以便壮大工农业生产的队伍。

国家建设的各个方面都需要资金,而我们的资金是有限的。因此,全国人民和全国一切工作人员,都必须重视资金的来源和资金的正确使用问题。为了保证国家建设的投资,就必须有重点地使用资金,把资金主要用在对国家命运最有决定意义的事业上面,即重工业的建设和国防建设方面,反对百废俱兴,反对要在短期内把一切"好事"都办完的观点。为了保证国家建设的投资,必须继续厉行节约,精打细算,把能节省的每一文钱都用到建设上来,向铺张浪费、不计算成本以及供给制观点进行坚决无情的斗争。

领导干部问题在国家建设问题中占有最重要的地位。斯大林同志曾经说:"任何一个任务,特别是像我们国家工业化这样的巨大任务,没有生气勃勃的人,没有新的人,没有新的建设干部,是不可能实行的。……现在我们需要的是新的工业指挥干部,是优秀的工厂经理,是优秀的托拉斯经理,能干的商人,聪明的工业建设的设计师,……任务是在于造就这些干部,把他们提到前列,给他们以各方面的扶助。"(《论苏联经济形势与党的政策》)斯大林同志又说:"什么是领导生产呢? ……使我们丢脸的,就是甚至在我们布尔什维克中间,也有不少人是专靠签署文件来进行领导的。……要我们自己变成专门家,变成工作内行,要我们自己转而努力学习技术知识,——这就是实际生活推动我们来干的事情。"(《论经济工作人员的任务》)"为了实现新式领导,就要怎么办呢? ……就要我们经济工作领导者不是'一般地'领导企业,不是'从空中'领导企业,而是具体切实地领导企业;就要他们不是根据一般空谈,而是以严格求实态度来对待每一个问题;就要他们不限于纸上敷衍搪塞或一般辞藻和口号,而要精通工作技术,熟悉工作详情,熟悉'小事情',因为现在大事情是由'小事情'积成的。"(《新的环境和新的经济建设任务》)我们目前的任务也正是如此。为了实现国家建设计划,就必须造就和提拔大批的优秀的建设干部,同时要求一切建设事业的领导者不要依靠签署文件来进行"一般"的领导,而要具体和切实地领导企业,而要变成专门家和工作内行。只有这样,我们的国家建设事业的正确进行才能够得到保证。

我国既已胜利地结束了经济恢复时期而进入了大规模建设时期,按照共同纲领的规定,就应当召集全国人民代表大会和地方各级人民代表大会,选举中央和地方的人民政府。在全国人民代表大会上,将要通过宪法和国家建设计划。毫无疑问,这将要成为我国人民政治生活中的巨大事件。

在过去三年多的时间中，由于进行巨大的社会政治改革和经济恢复的工作，实行人民代表大会制度的条件还不具备，我国采取了由中国人民政治协商会议的全体会议代行全国人民代表大会职权、而由地方各级人民代表会议逐步代行地方各级人民代表大会职权的办法。同时，由于还没有制定宪法，中国人民政治协商会议共同纲领暂时代替了宪法的一部分作用。这些在过去是完全必要的并且完成了历史任务的过渡的办法，已经不适合现在建设时期的需要了。全国绝大多数人民在经过了土地改革和其他社会改革以后，已经具备了实行选举自己政府的条件。从现在起，就应当在人民群众中间进行最广泛的宣传，告诉人民认真地准备这次选举，以把人民所真正满意和认为必要的人选举做代表和人民政府的委员，而不要让任何坏分子混入人民的政权机关。人民的民主权利的充分发挥，将更密切人民政府和人民群众之间的联系，将大大提高人民群众的革命积极性和劳动积极性，而这正是我国建设计划得以顺利实现的最重要条件之一。

一九五三年的任务是巨大的。完成一九五三年的任务，整个五年计划就有了良好的开端和基础，这对于今后四年的工作是有决定意义的。毫无疑问，一切公开的和暗藏的敌人都会要用种种方法破坏我们的事业，我们还会遇到各色各样的困难，但我们必须战胜这些障碍而取得胜利。我们记得，在过去三年多的短短时间中，我国人民在毛泽东同志和中国共产党的英明领导之下，在苏联的大力支援之下，曾经解决了过去千百年所不能解决的问题，使我们的祖国从悲惨的黑暗地狱中顿然走到了充满阳光和希望的人间世界。我们胜利地完成了国家的统一，完成了土地改革，进行了抗美援朝的斗争和镇压反革命的斗争，肃清了帝国主义在中国的残余势力，巩固了国内各民族的团结，调整了工商业，稳定了物价，平衡了财政收支，进行了反对贪污、浪费、官僚主义和反对行贿、偷税漏税、盗窃国家资财、偷工减料、盗窃国家经济情报的斗争，开展了增产节约运动，完成了经济的恢复工作。由此可见，有毛泽东同志的领导和斯大林同志的援助的四万万七千五百万人民的正义事业，是无往而不胜的。全国各阶层各民族人民应当团结一致，为新的更伟大的胜利而奋斗。

苏联共产党的统一和巩固是
全世界劳动人民的利益

（一九五三年七月十二日《人民日报》社论）

苏联共产党中央委员会和苏联最高苏维埃主席团揭发了革命叛徒贝利亚的反党反国家的罪行，并分别决定开除他的党籍，撤销他的职务，将他的罪案提交苏联最高法院审理。这是苏联共产党和苏联人民在粉碎帝国主义反苏阴谋、保卫共产党的统一和巩固的斗争中的一个巨大胜利。这也是全世界劳动人民的一个巨大胜利，因为苏联共产党的统一和巩固是全世界劳动人民的利益。

苏联共产党是伟大的列宁和斯大林留给全世界劳动人民的最宝贵的遗产。苏联共产党是完全按照马克思列宁主义的原理组织起来的国际共产主义运动的堡垒。苏联共产党是苏联国家和苏联人民的领导者，是苏联共产主义建设和苏联和平外交的领导者，是世界各国共产党的先驱和模范，是全世界一切劳动人民、一切被压迫民族和一切爱好和平进步的人类的希望所寄。毫无疑问，任何对于苏联共产党的削弱和破坏，都只会是对于世界劳动人民利益的攻击，为帝国主义利益服务。

苏联共产党之所以有力量，不仅因为它的主张和行动符合于苏联人民和全世界劳动人民的现在和将来的利益，而且因为它在组织上完全统一。关于这一点，我们最好是在这里重温一次斯大林同志在《论列宁主义基础》一书中的著名的论断：

党是意志底统一，不容有派别组织存在。如果没有因本身具备团结性和铁的纪律而强有力的党，那就不能争得和保持无产阶级专政。可是，如果没有意志的统一，如果没有全体党员行动上的完全的和绝对的统一，那么党内铁一般的纪律是完全不可能的。这当然不是说，因此就绝对排斥党内有意见斗争的可能。恰巧相反，铁的纪律并不排斥，而是预定有党内批评和党内意见斗争。这更不是说，纪律应当是"盲目的"。恰巧相反，铁的纪律并不排斥，而是预定有自觉的和自愿的服从，因为只有自觉的纪律才能成为真正铁的纪律。可是，当意见斗争已经终结，批评已经完结，决议已经通过后，全体党员意志的统一和行动的统一，便是为保证党内统一和党内铁的纪律所绝对必要的条件。

列宁说：

"在现今国内战争尖锐的时代，共产党要为实现自己的职责，就一定要它是组织得最集中的，就一定要在它内部有几乎和军事纪律一样的铁的纪律统治着，就一定要全党中央是拥有广泛全权而为全体党员所共同信任的权威机关。"（摘自加入共产国际的条件，见《列宁全集》第二十五卷，第二八二至二八三页）在争得专政以前的斗争条件下的党内纪律问题，就是这样。

关于在争得专政以后的党内纪律，也要这样说，而且更要这样说。

列宁说："谁只要稍微减弱无产阶级党内铁的纪律（特别是在无产阶级专政时期），那他在事实上就是帮助资产阶级反对无产阶级。"（《列宁全集》第二十五卷，第一百九十页）

但由此就得出结论：派别组织之存在，无论与党内统一或与党内铁的纪律，都是不能相容的。显然用不着证明：既有派别组织，就会产生几个中央；而既有几个中央，就是表明党内没有总的中央，就是分散统一的意志，就是减弱和破坏纪律，减弱和破坏专政。第二国际的党既然反对无产阶级专政和不愿意引导无产者去夺取政权，当然是能容许派别组织自由这一类自由主义玩艺的，因为他们根本就不需要铁的纪律。可是，共产国际的党既然把争得和巩固无产阶级专政的任务作为自己工作的基础，便不能容许"自由主义"，也不能容许派别组织自由。党是意志的统一，而不容许有任何派别组织活动和党内权力分散现象。

因此，列宁就"从保持党内统一和实现无产阶级先锋队意志统一是保证无产阶级专政胜利的基本条件这一观点出发"，来解释"派别组织活动的危险性"，而我们党第十次代表大会就把这个解释明文载入论党内统一这个专门决议案内。

因此，列宁就以"无条件地立刻开除党籍"相威胁，来要求"完全消灭任何派别组织活动"，并"立刻解散所有一切根据这个或那个政纲形成的集团"（见论党内统一决议案）。

正因为这样，马林科夫同志才在苏联共产党第十九次代表大会上的报告中强调指出："党的队伍的统一，不论在过去、现在和将来，都永远是我们党的巩固和不可战胜的基础"。

由此可见，谁要是拥护苏联共产党，他就必须拥护苏联共产党的统一；反之，谁要是破坏苏联共产党的统一，他就是帮助资产阶级而反对无产阶级，他就是帮助帝国主义而反对苏联。

叛徒贝利亚正是这样来帮助帝国主义而反对苏联的。他利用了斯大林同志逝世后的条件，利用了帝国主义反苏活动猖狂的条件，开始暴露了自己的野心家的罪恶面目。他破坏党的以集体领导为基础的统一，企图把内务部放在党和政府之上，企图拿任务在于反对敌人的内务部机构来反对党的中央和苏联政府，来进行夺取权力的冒险活动。毫无疑问，这是对于苏联共产党、苏联国家和苏联人民的可耻的背叛，这是对于帝国主义反苏阴谋的卑鄙的内应。叛徒贝利亚已经证明自己成了苏联共产党和苏联人民的死敌，成了帝国主义的代理人。

中国共产党和中国人民对于叛徒贝利亚的罪恶行为表示无限愤恨，而对于苏联共产党和苏联最高苏维埃主席团如此迅速地坚决地清洗了叛徒表示极大的欣慰和坚决的支持。中国共产党和中国人民坚决相信：以马林科夫同志为首的苏联共产党中央和苏联政府将在清洗叛徒贝利亚之后，在领导全苏联人民建设共产主义和保卫世界和平的伟大事业中得到更大的胜利。

帝国主义反苏分子对于贝利亚的被清洗流露了不能掩饰的失望。帝国主义反苏分子本来梦想苏联共产党可以不注意或者不制裁反党分子的活动，梦想这种反党分子可以造成苏联共产党的"分裂"。他们在自己的梦想破灭以后，只好忙于散布这样那样的可笑的谣言，例如硬说对于叛徒的清洗是个人之间的斗争，或者硬说苏联共产党已经"分裂"或"削弱"等等。但是这种谣言究竟是不堪一驳的。人们只要回想，当列宁、斯大林领导苏联共产党向叛徒托洛茨基之流斗争的时候，帝国主义反苏分子也曾经硬说这是个人之间的斗争，也曾经硬说清洗了叛徒是削弱了苏联共产党和苏联，然而相反的历史事实却使他们的谣言完全破了产。同样，当中国共产党清洗了叛徒陈独秀和张国焘的时候，中国共产党的敌人也曾经企图曲解这是个人之间的斗争，并且预告中国共产党将被削弱，而帝国主义和国民党反动派则将获得意想不到的利益。然而相反的历史事实也使这些谣言完全破了产。比较一下这些历史的事实，那么人们就不难明白，苏联共产党中央在今天反对叛徒贝利亚的时候比过去反对叛徒托洛茨基等人的时候，或者比过去中国共产党反对叛徒陈独秀、张国焘的时候，地位是巩固多少倍了。叛徒贝利亚已经不能分裂苏联共产党，而只能找到个人的覆灭。正因为这样，苏联共产党中央才如此迅速地和如此团结一致地实行对于贝利亚的清洗。苏联共产党已经充分表现了自己的巩固和统一，而经过这个清洗，它将变得更加巩固和统一。让帝国主义的蠢猪瞎说苏联和和平民主阵营的长城已经削弱了，可以碰烂了吧，反正最后碰烂了的只会是猪嘴,而不会是长城!

苏联共产党对于叛徒贝利亚的制裁给了各国共产党重大的政治教训。斯大林同志早就告诫过全世界的共产主义者:"堡垒是最容易从内部攻破的。为要达到胜利,首先就必须把工人阶级政党中间,工人阶级的领导司令部中间,工人阶级先头堡垒中间所有的投降主义者、逃兵、工贼和叛徒清除出去。"(联共(布)党史结束语)但是并不是每一个投降主义者、逃兵、工贼和叛徒都容易识别的。在阶级斗争的复杂过程中,经常有不坚定、不忠实的分子,投机家和野心家参加到无产阶级的队伍中来,他们往往把自己严密地伪装着,因而仍然可能暂时骗取党和人民的信任。这些人就成了帝国主义者和其他反革命势力在破坏共产党的阴谋中所追求的对象。为了及时地发觉这些人的真正面目,及时地制止他们的危害行为,必须对于国内外的阶级敌人经常保持革命警惕性,并且对于任何党员(不管他有多高的职位)和任何工作机关(不管它有多大的"特殊性")经常进行有系统的党的监督。必须严格地坚持党的领导的集体性和统一性,坚决地反对分散主义和个人崇拜,坚持党的统一的干部政策和统一的纪律,而不允许有任何脱离党的集体领导和统一纪律的独立王国存在。必须用一切努力来加强党内外的战斗的马克思列宁主义的宣传教育工作,不断地提高党员和劳动人民的觉悟水平,不断地加强党和人民群众的联系。深刻地领会贝利亚事件的教训,加强党的统一,改善党的工作,加强我国的经济建设工作,巩固中苏两国的伟大友谊,加强争取世界和平和反对帝国主义阴谋活动的斗争——这就是中国共产党和中国人民的战斗任务。

为和平、民主和社会主义而斗争的五年

（一九五四年十月一日《人民日报》社论）

全中国人民在今天都浸入了狂欢，庆祝光荣伟大的中华人民共和国成立五周年。这是中国人民为和平、民主和社会主义而英勇斗争并取得了辉煌胜利的五年。

中国在过去五年内经历了比以前历史上一百年还更深刻更丰富的变化。

帝国主义在中国的统治地位被彻底地推翻了。中国人民用自己的铁扫帚扫除了帝国主义在中国的政治势力、经济势力和文化势力。除了台湾以外，中国人民已经在自己的全部土地上做了主人。

在中国存在了两三千年的封建土地制度在暴风骤雨般的土地改革运动中覆亡了。三亿以上的无地少地的农民分得了约七亿亩土地和其他大量的生产资料。农业生产在一九五二年就超过了解放前的最高水平，并且在逐年增长着。农民已经建立超十万个生产合作社，并且准备在明年春季把这种合作社发展到五十万个。

人民政府没收了同帝国主义狼狈为奸的国民党官僚资

本,同时建立和发展了社会主义的国营企业。现代工业有了迅速的发展。新的工业建设正在大量地进行着。社会主义经济在工业和商业中都已占有显著的优势。国营、合作社营和公私合营工业的产值在全国工业总产值中所占的比重在今年将达到百分之七十一。

人民的生活在过去的五年中得到了重要的改善。长期不断上涨的物价稳定了。失业现象极大地减少了。工人和农民的收入都有很大的增加。人民的文化状况和卫生状况一年比一年进步。

中国人民在历史上第一次完成了真正的统一,建立起一个民主的国家。政府属于人民而不再同人民相对立了。各族人民之间建立了平等友爱的关系,各少数民族在聚居的地方享受广泛的区域自治权。

在中华人民共和国成立的五周年纪念前夜,第一届全国人民代表大会举行了第一次会议,在这个会议上制定的宪法总结了中国人民过去五年的胜利,确定了中国建立社会主义的道路,规定了中央和地方的人民民主政治制度,规定了人民的基本权利和它们的保证。

所有这些,都说明了全国人民为什么这样热烈地庆祝中华人民共和国的五周年。人民看得清楚,中华人民共和国给自己带来了日新月异的幸福生活。人民看得清楚,既然我们在开始向社会主义社会过渡的几年中间就已经得到这样大的幸福,那么,在社会主义社会建立成功以后,在完全消灭了剥削和贫困以后,我们的生活该是怎样美满,我们的国家该是怎样强盛和进步。

　　所有这些,也就说明了全国人民为什么在自己的劳动中表现出这样奔腾澎湃的热情,说明了全国人民的代表为什么在最近的代表大会会议上表现出这样高度的团结一致,说明了人民的代表和人民本身为什么对于中国共产党的领导表现了这样真诚的信任和爱戴。

　　团结起来为创造自己的幸福而奋斗的人民是不可战胜的。中华人民共和国过去五年的历史又一次证明了这个普遍的真理。在五年以后的今天,甚至有许多在一九四九年断定中国人民的事业必然失败的帝国主义算命先生们也承认中华人民共和国是巩固的,承认那些还想否认这个事实的冒险分子是愚不可及的了。

　　六亿人民推翻了帝国主义的统治而建立起自己的国家,而走上和平、民主和社会主义的道路,当然不能不改变世界的面貌。和平、民主、社会主义的阵营和侵略、反动、帝国主义的阵营的力量对比发生了显著的变化。

　　中华人民共和国同伟大的苏联和人民民主国家建立了牢不可破的友谊。各国人民的根本利益本来是一致的,他们本来需要互相友好和互相支援,但是帝国主义世界里的各国统治阶级却为着自己的私利,在各国人民中间设置各种障碍,制造各种不和。这些障碍和不和的种子在以苏联为首的社会主义阵营中间是不再存在了。社会主义阵营各国人民有着共同的利益和共同的目标。这就是中华人民共和国同苏联和各人民民主国家之间的伟大友谊的巩固基础,这个基础是完全自然的,是任何正常的人都能够理解的。过去五年中苏联在各方面特别是经济建设方面给了中华人民共和国巨大的慷慨无私的援助,帮助中国人民克服了许多困难,加速了中国的进步,这种兄弟般的友谊我们永远不能忘记。中华人民共和国同朝鲜民主主义人民共和国、越南民主共和国和其他一切人民民主国家的友好关系,也都在不断地发展着。中华人民共和国同这些国家的友谊,都服从于世界和平的利益,并且对世界和平事业作了举世周知的贡献。

中国人民的胜利在亚洲和其他地方的被压迫民族中受到了广泛的注意,这也是完全自然的,不可避免的。凡是被压迫的民族都不难从中国的例子里看到自己的出路,因此他们要求了解中国,要求同中国人民发展友好的关系。真的,要使人们相信受帝国主义的压迫比不受帝国主义的压迫更为"自由"和"安全"是十分困难的;要使人们相信把自己的穷凶极恶的武力派到天涯海角的人不是侵略者和"渗透"者,反而是被压迫民族的最温柔的保姆,也是同样地困难。中国人民从来不曾也永远不会向这些"保姆"学习,但是谁也没有力量禁止被压迫民族对中国的同情。"桃李无言,下自成蹊",这句中国的古话并没有说错啊。

中华人民共和国愿意同世界上一切国家和平共处,并且愿意在平等、互利、互相尊重领土主权的原则下同任何国家,包括美国在内,建立外交关系。但是中国得到了解放,中国站在和平、民主、社会主义方面,中国的影响在被压迫民族中间的传布,这些都极端地激怒了一九四九年以前的国民党中国的实际统治者和全世界和平的主要敌人美帝国主义。为了反对中国人民,美国政府在朝鲜组织了大规模的侵略战争,并且阻止越南人民的解放和越南问题的和平解决。这些都由于中国人民、朝鲜人民、越南人民和以苏联人民为首的世界各国爱好和平的人民的坚决反抗而失败了。但是发了狂的美帝国主义者不但仍然执行着武装日本、组织所谓"东南亚防务集团"、拒绝朝鲜问题的和平解决、对中国实行禁运和剥夺中国在联合国地位等等敌视中华人民共和国的政策，而且变本加厉地支持着台湾的蒋介石卖国集团向我国大陆进攻，企图颠覆中华人民共和国。中国人民坚决反对美国政府的这些帝国主义政策和侵略行为，决心为解放台湾和保卫远东和平而奋斗到底。中国人民在欢呼自己的国家成立五周年的时候决没有忘记，我们的工作只是在开始，我们的成就比起我们需要完成的任务来说还是微乎其微的，我们在经济上和文化上还很落后，我们面对着完成社会主义建设和社会主义改造的任务，面对着解放台湾、抵抗美帝国主义侵略的任务。中国人民不能忘记毛泽东同志的下列指示：

"我们的总任务是：团结全国人民，争取一切国际朋友的支援，为了建设一个伟大的社会主义国家而奋斗，为了保卫国际和平发展人类进步事业而奋斗。

我国人民应当努力工作，努力学习苏联和各兄弟国家的先进经验，老老实实，勤勤恳恳，互勉互助，力戒任何的虚夸和骄傲，准备在几个五年计划之内，将我们现在这样一个经济上文化上落后的国家，建设成为一个工业化的具有高度现代文化程度的伟大的国家。"

团结一致，为执行这个指示而进行顽强的斗争——这就是我们对于我国成立五周年的最好的纪念。

统一认识，全面规划，认真地做好改造资本主义工商业的工作

（一九五五年十一月二十二日《人民日报》社论）

中华全国工商业联合会执行委员会第二次会议已经在昨天闭幕。这次会议在中共中央和毛泽东主席的关怀和指导之下，着重地讨论了进一步开展资本主义工商业的社会主义改造问题。这个讨论是适时的。我国的发展国民经济的第一个五年计划已经实行了将近三年，社会主义工商业每年都有巨大的发展，社会主义经济的优越性和它在国民经济中的优势已经越来越显著了；越来越多的人们看到，我国在大约三个五年计划的时期内，基本上完成生产资料私人所有制的变革而建成社会主义社会，这不但是理有固然，也是势所必至了。我国资本主义工商业的社会主义改造，在过去几年工作的基础上，今年已经开始走上一个新的发展阶段，即许多行业在各地方分别地进行全部公私合营的阶段，而这是我国现阶段国民经济的有计划的发展所迫切需要的。在这一情况下，特别是在全国农业合作化已经进入高潮以后，资本主义工商业者对于社会主义改造中的各项原则问题、办法问题和个人前途问题表示迫切的关心，是完全可以理解的。经过这一次会议的

讨论，经过参加这次会议的各个代表回到本地以后的传达，我们相信，全国工商业者的认识可能要提高一大步，而改造资本主义工商业的工作也将进行得更好。

我国对于资本主义工商业采取和平改造的方针，是从一九四九年立国之初就确定了的。采取这一方针的根据，从政治上说，是由于我国民族资产阶级在反对帝国主义反对封建主义的人民民主革命中，曾经在不同的程度上参加了革命或者采取了中立态度，而在参加这个革命的时候，曾经同工人阶级结成了统一战线；在中华人民共和国成立以后，他们也采取了拥护中华人民共和国而反对帝国主义反对封建主义的立场。从经济上说，是由于我国经济落后，工人阶级领导的人民政权有必要同愿意接受国家资本主义的民族资产阶级建立经济上的联盟，以便于发挥资本主义工商业在一定时期内有益于国计民生的作用，维持工人就业，增加产品供应；而经过国家资本主义的形式，也就便于用和平改造的办法来有秩序地把这些企业纳入社会主义的轨道，避免因突然变革所引起的损失。我国已经建立了工人阶级领导的以工农联盟为基础的强大的人民民主政权，建立了强大的和不断壮大的社会主义经济，并且得到以苏联为首的强大的社会主义阵营的巨大援助，而资产阶级对于农民和其他小资产阶级的影响正在越来越小，大势所趋，只有接受社会主义改造是唯一的光明道路。因此，在中华人民共和国宪法上面，就指出了"我国能够通过和平的道路消灭剥削和贫困，建成繁荣幸福的社会主义社会"，并且规定了"国家通过国家行政机关的管理、国营经济的领导和工人群众的监督，利用资本主义工商业的有利于国计民生的积极作用，限制它们的不利于国计民生的消极作用，鼓励和指导它们转变为不同形式的国家资本主义经济，逐步以全民所有制代替资本家所有制"。

在人民政府的正确领导之下，由于国营经济机关、工商行政机关和私营企业中的工人群众的努力，也由于工商业联合会、民主建国会等组织和工商界爱国人士方面的协同努力，由于对工商界进行了团结教育工作，也由于对工商界进行了必要的严肃的斗争，六年以来，我国资本主义工商业不但对于国家的经济财政作了有益的贡献，而且在接受社会主义改造方面有了很大的进步。首先，大量的私营工商业转成了不同形式的国家资本主义经济。在今年上半年，根据二十二个省的统计，加工订货的产值已经占私营工业总产值的百分之七十八点八；而根据北京、天津、上海等十二个大中城市的统计，加工订货的产值已经占私营工业总产值的百分之八十五点三。公私合营的工业企业在今年上半年已经达到一千九百多户，公私合营工业产值同私营工业产值相较，已经差不多达到三与五之比。在商业方面，凡是国营和合作社营商业已经掌握货源的私营主要行业，基本上已纳入国家资本主义的轨道。其次，工商界的政治状况也已经发生了很大的变化。从一九五二年开展反行贿、反偷税漏税、反盗窃国家资财、反偷工减料、反盗窃国家经济情报的斗争以后，工商界重犯上述行为的情形已经有不同程度的减少和减轻。私营企业中的劳资关系一般地也有所改善，工人的监督已经在许多企业中建立起来。大多数城市中的许多工商业者经常进行政治学习，因而对于社会发展的规律，国内外时事和人民政府的政策法令提高了认识。尤其值得重视的是，在人民政府六年的教育下，在民主建国会、工商业联合会等组织的工作影响下，工商界中已经出现了一批爱国的、进步的分子，他们不但自己愿意接受社会主义改造，而且能够推动其他的工商业者接受改造。他们将形成工商界在接受社会主义改造过程中的核心力量。

但是在对资本主义工商业进行社会主义改造的问题上，是不是就万事大吉了呢？绝不是这样。改造资本主义工商业，逐步地用社会主义的全民所有制来代替资本主义所有制，即使是经过和平的道路，仍然是一场深刻的阶级斗争。在这里不可能想象不遇到许多人的抵抗，不可能想象不需要用国家的力量和群众的力量来克服这些人的抵抗。工商界中还有不少违法行为，还有一些压迫工人和收买工人的行为，还有许多抵抗社会主义改造的行为，这些行为都需要反对和制止。所有这些，都应该引起工人阶级、政府工作人员和一切爱国人士的严重注意。对于这一方面的情况，放松注意和丧失警惕，是完全错误的。但是今天的更重要的问题是在：党和人民政府在改造资本主义工商业方面的工作还做得很不够，还落在需要和可能的后面。无论在共产党内，在工人阶级内和在工商界内，关于改造资本主义工商业的宣传教育工作还做得很少，许多思想上的混乱还没有得到澄清。同时，改造资本主义工商业的实际工作也还没有引起各有关部门和全国各地方各城市的普遍重视。对于工商界的有系统的改造，对于全国经济发展所迫切需要的在改造私营工商业问题上进行统筹安排、全面规划的工作，还是仅仅在开始。

必须适应当前的经济和政治的新形势，加强党和人民政府在这一方面的工作。

第一，应该切实地统一党内和工人阶级内的认识。改造资本主义工商业必须依靠工人阶级，而为了充分地发动工人阶级的各方面的力量来进行这一艰巨的工作，就必须首先使工人阶级的先锋队和广大的工人群众对于这个问题得到统一的正确的认识。应该看到，党内和工人阶级内至今还有一些人是怀疑逐步地和平地改造资本主义工商业这一方针的；必须向他们好好地讲清楚道理。从原则方面说，马克思主义从来没有排除过资本主义在一定条件下和平地过渡到社会主义的可能性。马克思早就认为，在某种条件下，对于夺得了政权的工人阶级说来，"最便宜不过"的是向资产阶级实行"赎买"，以便实现社会主义的和平胜利。列宁在评论马克思的这一观点的时候说："对变革的形式、方法和手段，马克思既没有束缚自己的手脚，也没有束缚未来的社会主义革命活动家的手脚，他非常懂得在变革时会有怎样多的新问题发生，在变革进程中整个情况会怎样变化，在变革进程中整个情况会怎样频繁而剧烈地变化。"列宁本人就曾经企图在一九一七年革命胜利以后的俄国通过国家资本主义的过渡形式达到社会主义。但是由于那时俄国的国际国内条件，资产阶级采取了敌视苏维埃政府的态度，所以列宁的计划没有能够在广大的范围内实现。那时的形势，迫使苏维埃政府不得不采取迅速地剥夺资产阶级的生产资料的手段。而在今天的中华人民共和国，由于前面所已经说过的政治上和经济上的具体情况，对于我国工人阶级说来，最适当的正是向资产阶级的生产资料实行"赎买"，并且不是一下子赎买，而是在十几年的时间里逐步赎买。

这种赎买的办法，即是工人阶级在这个时期内，在为了满足人民和国家的需要而生产的时候，也从利润中分配一部分给资产阶级，而不是由国家另外用一笔钱向资产阶级的生产资料进行赎买。如大家所知，我国资本主义企业的利润的分配分为四部分：一部分是国家收的所得税，又一部分是工人享受的福利费，第三部分是为了发展企业而设的公积金，这三部分共占企业利润的四分之三以上；第四部分才是分给资本家的不足四分之一的股息红利。资本家所得看来不算很多，但是，就全国统计，一年就有几亿人民币，积十几年之久，就有人民币几十亿之多，用来作为购买民族资产阶级的全部生产资料的代价，是完全足够的了。以上是就原则方面说。再从事实方面来看，我国六年来的历史已经确定不移地证明，采取逐步地和平地改造资本主义工商业的方针，不但是适当的，而且是充分有效的。像我们前面所说的资本主义工商业和工商业者六年来的变化，究竟是很小的成绩呢，还是很大的成绩？究竟是很慢的进展呢，还是很快的进展？没有疑问，应该说这是很大的成绩，很快的进展。可以说，经过国家资本主义的形式，资本主义工商业的原来的面貌已经受到了很大的改变。这种工商业已经不能不服从国家的管理、国营经济的领导和工人阶级的监督。这种工商业现在已经有一只脚被带进了社会主义的门槛，而另一只脚也已经非跟着进来不可。谁要是不看到事实的这个主要方面，他的观察就不会是正确的。

第二，应该切实地加强对于工商界的教育，消除他们的怀疑顾虑，纠正他们的错误思想。赎买是对物的，即赎买资产阶级的生产资料；除这以外，还有一个对人的问题，即对资本家进行教育改造、适当地安排他们的工作等等的问题。过去六年的经验证明，对于工商界进行教育是收到了成效的，但是这种教育工作还进行得不普遍，不经常，特别在中小工商业者中是这样。应该纠正这种缺点，认真地普遍地把对工商界进行政治教育的工作组织好。这种教育工作应该有的放矢，针对着工商界的具体的思想状况。例如许多工商业者所以有一种不安，是因为他们还没有认清社会发展的规律，还不能掌握自己的命运。应该告诉他们，他们是可以掌握自己的命运的，这里的关键是在把自己的前途同社会的前途结合起来。在旧社会里，不但被压迫阶级，就是压迫阶级也不能掌握自己的命运。旧社会的压迫者的路也是愈走愈窄，他们自己不断地互相倾轧、并吞、陷害，他们的政治的和经济的投机往往要失败。解放以前我国多数工商业者的悲惨境遇，更足以说明，他们在那时候是无法掌握自己的命运的。在今天的中国，情况完全相反。社会的前途对于所有的人都好比早晨的太阳一样明白，而所有的人只要沿着社会前进的方向前进，就都可以找到平坦而且广阔的道路。这种道路，对于农民、手工业者和其他小资产阶级分子说来，就是放弃小私有制，接受社会主义的合作制。对于资本家说来，就是放弃资本主义所有制，放弃对工人的剥削，接受社会主义的国有制。资本家真正放弃了剥削，以劳动为生，他们的社会成分就不再是资本家，而是自食其力的劳动者了，他们同工人、农民就没有矛盾了，他们就一身轻快不受社会责备了。这里说放弃剥削，不是说马上就要这样做，而是说现在要做思想准备，要在各城市的资本家的学习组织中逐步地适当地展开对于这个问题的讨论，如有疑问，要由

适当的人加以解答，要准备经过公私合营、逐行逐业的改造，在条件成熟以后，最后达到生产资料的国有化。在那个时候，他们的工作是不是有问题呢？须知社会主义社会是没有也不会有经济危机的，**只要不是懒汉，只要是愿意诚恳地工作的**人，就永远不愁找不到合适的工作做。因此，一切不反对社会主义**改造**的爱国的工商业者应该认清这个前途，不但不要徘徊瞻顾，而且要主动地奔赴这个前途，这就是自己掌握了自己的命运，这就不至于惶惶无主，**不至于像"十五个吊桶打水，七上八下"**。一部分工商业者感觉自己年纪已经大了，恐怕做不了什么工作。如果是这样，那么，一则他们的子女将要接上来；二则凡是现在对于工商业的改造有贡献的，社会和国家都不会忘记他们的贡献。有人怀疑，到我国实现了三个五年计划以后还有没有统一战线？当然，在资产阶级和小资产阶级不存在了以后，统一战线的基础是变化了，但是属于不同的社会集团和不同的历史出身的一些人们在社会主义原则下的联合将还是需要的，有益的。共产党人既然没有在民主革命完成以后抛弃对于民主革命有过贡献的党外人士，在社会主义革命完成以后，共产党人又有什么理由抛弃对于社会主义改造事业有贡献的党外人士呢？又有什么理由不在工作上和政治上给他们以适当的安排呢？有人担心，资产阶级里面是有反革命分子的，曾经同反革命分子有过瓜葛的人就更多，因此他们恐怕不能够获得人民的谅解。不错，资产阶级里面是有反革命分子的，他们坚决反对人民民主和社会主义，而且用实际行动来危害中华人民共和国。这种人是必须**按照他们的具体情况，有分别地加以惩处的**，但是这种人只占极少数。仅仅在历史上同反革命分子有过瓜葛,不能就认为是反革命分子。这样的人只要坚决地断绝他同反革命分子的关系,并且尽可能使自己多做些有益于社会和国家的工作,使自己变为一个真正的爱国主义者,仍然可以根据他的爱国行为得到人民的信任。当然,人们也不应该忘记,像我们在前面所说过的那样,工商界中目前还有许多人是对国家和人民抱着错误态度的,他们对于社会主义改造还进行着不同程度的抵抗,他们对于工人群众还不尊重,对于社会和国家还有欺骗的行为。这些错误的态度和行为,自然不能同反革命分子的行为混为一谈,但是必须加以坚决的纠正。

第三,应该注意加强培养工商界进步核心分子的工作。既然改造工商业不但要经过国家的法令,而且要经过统一战线的工作来进行,显而易见,工商界中的进步核心分子在这上面就有重要的作用。毛泽东同志曾经指出劳动模范有三种作用:带头作用、骨干作用和桥梁作用。工商界的进步核心分子,如果在改造工商业的工作中真诚努力,也应该在不同的程度上起这三种作用,就是在工商业者中带头接受社会主义改造,作为协助改造工商业的骨干,作为人民政府和一般工商业者之间的桥梁。现在已经有了一批这样的进步核心分子,他们已经做了一部分工作。但是他们的人数还不够多,在各地方各行业中间的分布还不普遍,他们的觉悟程度一般地说来也还不够高,他们的工作还需要更多的督促、指导和改善。对于他们当然不应该要求过高,但是也不应该估计过低。必须让他们得到适当的工作的机会,有问题同他们商量解决,并且经常同他们接近,帮助他们克服缺点,使他们不断地在工作中和教育中得到更多的改造,得到更大的进步。各地方的共产党组织和政府机构、各公私合营企业的公方工作人员,必须对于这个问题真正给以重视,把现有的状况认真地加以检查和总结。以便有系统地、有长远打算地作出培养进步核心分子的计划,并且用持久不懈的努力加以实现。只有这样,才能依靠各方面的通力协作,完成对资本主义工商业进行社会主义改造的历史任务。

第四,应该对改造资本主义工商业的工作作出全面的规划。随着国民经济的计划化程度的增加,随着社会主义改造事业在各方面的迅速进展,对私营工商业一个企业一个企业地进行改造已经不能够完全适应需要了。全国私营工商业的各个行业,必须由国家统筹安排。除了一部分规模很小的私营工商业(例如个体手工业和小商贩)需要采取合作化的办法,或者继续采取加工订货、经销代销办法,而另一部分代销商业(例如粮食业)可以在适当时机直接转为国营以外,其余一切重要行业的私营工商业,都必须在加强加工订货工作和经销代销工作的基础上,分批分期地实行全行业的公私合营。只有这样,才能逐步地使这些私营工商业在供应、生产、销售之间,资金、设备、劳力之间,企业之间,行业之间,地区之间,避免相互脱节,达到平衡或者接近平衡。目前上海市轻工业的棉纺、毛纺、麻纺、造纸、卷烟、搪瓷、面粉、碾米等八个行业,已经采取了全行业公私合营的办法,把一百六十五户合并为一百零三户;重工业的船舶、轧钢、机锻、铣车、动力锅炉、电器、机器、汽车配件、水泥、染料、石粉、造漆、电讯等十三个行业,也已经或者正在进行全部或者大部的公私合营,将由一百八十七个厂合并为五十三个企业。北京市除了对若干私营工业进行了全行业的公私合营以外，在商业方面，也已经对棉布业实行了全行业的公私合营。这些行业在这样的合营和改组以后，生产和经营中的困难减少了，效率提高了，每一户的合理利益都得到了适当的照顾，每一户对于自己的前途也都放了心。为了实行金笔、钢笔、铅笔业的全行业改造，上海的地方工业机关专门成立了一个制笔公司，吸收私营企业的重要人员参加工作，大大便利了合营、改组、逐户安排的工作的进行。这一经验证明，成立各种专业公司来主管对于私营工商业的各行业的改造，是实行统筹安排的一种必要的措施。在全行业合营和改造的条件下，关于利润的分配，原来的资本家按一定成数分得企业利润（即所谓"四马分肥"）的办法，显然是不适用了，应该逐步地推行定息的办法，使原有的私股**按照具体情况适当地**分得固定的利息。当然，由于原有的资本主义工商业的发展是无政府的，不可能有计划，不可能符合于整个国民经济的需要，因此，国家在统筹安排的过程中，必然要按照全社会的利益对原有企业加以合理的调整，应该多发展的多发展，应该少发展的少发展，应该停止发展或者淘汰的停止发展或者淘汰，而对于所有企业的原有从业人员，都应该按照具体条件，给以适当的安置。很明显，改造资本主义工商业的全面规划是一个巨大的复杂的任务。在这一任务中，不仅需要注意经济上的安排，而且需要注意人事上的安排；不仅需要加强组织工作上的准备，而且需要加强宣传教育工作上的准备。所有这些问题都不是可以马上全部解决的。但是应该尽快地着手陆续作出规划，以便使工商业者更加明显地看到自己的前途，并且使整个工作的进展不落在客观形势的需要之后。

改造资本主义工商业是我国过渡时期总任务的一个组成部分。正确地执行这个任务，无论在经济上和政治上都有极大的重要性。我们已经有了六年的经验，这是一个良好的基础。这次全国工商业联合会的会议，总结了过去的经验，讨论了中共中央和毛泽东主席的指示，在资本主义工商业的改造工作的过程中是有重大意义的。在这一次会议以后，我们相信，只要有关的各方面能够统一认识，中央各有关部门和各地方都能够认真地克服过去对这一工作重视不够的缺点，加强领导，并且作出全面规划，这一工作就一定能够得到更妥善和更有效的发展，从而在比较短的时间内得到比较大的进步。

读一九五六年国家预算报告

（一九五六年六月十六日《人民日报》社论）

　　第一届全国人民代表大会第三次会议，已经在昨天开幕了。这次会议的主要议程是审查和通过关于一九五五年国家决算和一九五六年国家预算，讨论和通过高级农业生产合作社示范章程。关于这两项议程，昨天的会议上已经有国务院李先念副总理和农业部廖鲁言部长分别作了报告。我们现在先就前一个报告说一点意见，供读者参考。

　　每年的国家预算报告都不免要罗列一大堆数字，对于一般读者恐怕会有枯燥之感。但是这些数字固然是不可少的，而且在它的背后，实在有关系国计民生的重大意义在。国家每年从人民取多少钱，怎样取法，又用在什么地方，为什么这里多用，那里少用，用了以后究竟发生什么效果，这些问题，只要把预算报告细看一遍，都可以知道一个大概。在解放以前，人民是不可能知道这些的，尤其不可能知道得这样确实、完全和清楚。我们的政府现在每年向人民作一次这样忠实详尽的报告，这是我们国家的民主生活中的一件大事。而且由于财政决定于经济，所以在每年的预算报告中，不但讲到财政收支，还讲到国家建设事业的总的情况和方针，同人民的关系更为广泛。今年的预算报告不到两万字,读者花一个钟头的时间读一下是完全值得的。

在今年的预算报告中有几点可以注意的地方。一点是今年的国家预算收支增长很大。预算收入比去年增长百分之十五点八三,预算支出比去年增长百分之二十二点七七。预算收入的几乎半数是国营企业收入;而国营企业收入中,又以国营工业收入比去年增长最快,达到百分之三十一点二七。在预算支出方面,经济支出占半数以上,其中工业支出比重最大,其次是交通运输支出,再次是农林水利支出。在各项支出中,基本建设的投资的总额达一百四十亿元,将近支出总额三百零七亿元的半数,占经济建设支出的大部,比去年增长达百分之六十二之多。

可以看出,今年的国家收入计划和支出计划都是很积极的。这是反保守主义的预算,这是加紧建设的预算,这是反映社会主义高潮、争取提前和超额完成第一个五年计划的预算。实现这个预算是有条件的,最重要的条件就是国民经济的迅速增长,就是全国工人、农民、知识分子和一切爱国人民的社会主义积极性的高涨。但是也应该看到,实现这个预算,必须付出巨大的努力。一九五六年的一半已经快要过去了,过去的半年的努力已经有了显著的成绩,但是还有重要的缺点。今后的半年的任务更加重大。全国上下,无论在完成收入计划方面,或者是在实现建设计划方面,都不能容许自满和懈怠。

今年的预算报告的另一个特点,也可以说是报告的最值得注意的一点,是在反对保守主义的同时,提出了反对急躁冒进的口号。这是总结了过去半年中执行国民经济计划的经验得来的结论，所以报告里说，这种倾向在过去几个月中，在许多部门和许多地区，都已经发生了。急躁冒进的倾向存在在农业工作中，例如许多农业合作社的增产计划过大，而且片面地着重粮棉而忽视副业，生产和非生产的投资都过多，一部分合作社的规模过大，对社员的干涉过多，要求过高，对社员收入的增加和女社员的健康注意不够。急躁冒进的倾向存在在基本建设工作中，例如许多建设部门的计划过大，超过了材料和设备供应的限度，而准备工作又单纯地偏重了施工力量，许多建设部门在工程中片面地要求多和快，而忽视好、省和安全。急躁冒进的倾向存在在生产企业中，例如一部分生产企业的产品计划没有详细研究原材料的来源和用户的实际需要，许多企业在生产过程中也是片面地追求多和快，忽视好、省和安全。在其他方面，例如商业和文化教育事业的某些方面，也有类似的情形。这种急躁冒进的倾向并不符合于反保守主义的正确的要求，因为反保守主义是要求充分利用客观的可能，并不是要求做不可能做的事情，当然更不是要求做不应该做的事情。因此，反对急躁冒进，也决不是容许保守主义。急躁冒进的结果必然招致损失，妨碍国民经济计划和财政收支计划的实现。在预算报告中向全国人民指出防止和纠正急躁冒进的倾向，是切合时宜的。希望全国各级组织和各个部门的工作人员，都认真地重视这一个警号，在实际工作中正确地进行两条战线的斗争——既反对保守主义，又反对急躁冒进。

预算报告中又一个值得注意的特点，是对于人民生活的关切。我们的国家的利益是同人民的利益相一致的，这是人民民主制度的根本原则，也是我国建国六年多以来的实际生活所证明的真理。但是这并不是说，政府在任何一个时候和任何一件事情上，都能保证在这一方面没有缺点。李副总理在昨天的报告中，检查了最近时期政府在工资问题和职工福利问题的工作中的缺点，并且宣布了一些有关的措施。同时，报告还讨论了关于农民生活和私营工商业者生活的若干问题。在今年的预算支出中，经济和文化建设的支出都有大量的增加，而国防支出却减少了；在经济建设费中，农业支出增加很多；在工业支出中，除了继续优先发展重工业外，轻工业支出也增加很多；少数民族地区的预算支出，也比一般地区增长得快些。所有这些，都是政府在发展生产逐步实现国家工业化的基础上，重视改善人民生活的表现。我们希望各个有关部门切实地执行政府所决定的各项改善人民生活的措施，同时希望各企业、各工会组织、各合作社和其他一切有关方面也在各自的活动范围内多多努力，使党和政府的方针能够贯彻实现。

关于今年的预算和预算报告，可以讨论的当然不止这一些。我们向读者说这一篇话，也只是"举一隅"的意思。我们相信，大家读了李副总理的报告，一定可以大大加深对于国家当前的经济和财政的认识，从而大大加强对于完成一九五六年国民经济计划和国家预算的信念和积极性。

致 读 者

（一九五六年七月一日《人民日报》社论）

人民日报从今天起改出八个版。同时,在编辑工作上也有一些改变。我们愿意利用这个机会把这些改变谈一谈。

人民日报是党的报纸,也是人民的报纸,从它创刊到现在,一直是为党和人民的利益服务的。正因为这样,人民日报在创刊八年多以来,备受广大读者的令人心感的支持,工作也逐年得到进步。但是我们工作中仍然有很多缺点。在最近,我们将着重从以下三方面改进我们的工作。

第一,扩大报道范围。我们是生活在一个充满着变化的世界,各种不同的读者要求从不同的方面了解这个变化着的世界。尽量满足读者的多方面的要求,这是我们的天职。在过去,我们的篇幅比较小,不能容纳很多材料,这是一个困难。我们所以在目前纸张供不应求的情况下扩大篇幅,正是为了解决这个困难。但是问题并不尽在于此。我们没有努力在有限的篇幅中多发新闻,发多方面的新闻。生活里的重要的、新的事物——无论是社会主义阵营的,或者是资本主义国家的,是通都大邑的,或者是穷乡僻壤的,是直接有关于建设的,或者是并不直接有关于建设的,是令人愉快的,或者是并不令人愉快的，人民希望在报纸上多看到一些，我们也就应该多采集、多登载一些。在报纸改出八个版以后，我们的新闻在数量上将增加一倍半左右，在题材上也将尽量扩大范围，力求适应读者的需要。

第二，开展自由讨论。报纸是社会的言论机关。在任何一个社会里，社会的成员不可能对于任何一个具体问题都抱有同一种见解。党的和人民的报纸有责任把社会的见解引向正确的道路，但是为了达到这个目的，不应该采取简单的、勉强的方法。首先，报纸的编辑部无论凭着什么名义，总不能设想自己是全知全能的，或者故意摆出这样一副神气，活像对于任何问题可以随时作出绝对正确的结论。不是的，事实决不是如此。有许多问题需要在群众性的讨论中逐渐得到答案。有一部分问题甚至在一个时期的讨论以后暂时也还不能得到确定的答案。有许多问题，虽然已经有了正确的答案，应该在群众中加以广泛的宣传，但是这种宣传也并不排斥适当的有益的讨论。相反，这种讨论可以更好地帮助人们认识答案的正确性。而且就是正确的答案，也经常需要在群众的实践中加以补充和修正。我们虽然不提倡无休止的讨论，报纸的篇幅也不允许对于任何问题都去讨论，但是无论如何，害怕讨论的人总是可笑的人。在开展讨论方面，过去我们的报纸是做得很不好的，因而也减少了报纸的生气。今后我们希望力求改进。为了便于开展自由讨论，我们希望读者注意：在我们的报纸上发表的文章，虽然是经过编辑部选择的，但是并不一定都代表编辑部的意见，——这不是说代表编辑部的意见就不可以讨论，而是说，我们发表的某些文章的某些观点跟编辑部的有所不同,这些文章的作者的观点彼此也不同,这种情形希望读者认为是正常的。这种情形不但不妨碍而且有助于问题的解决,无论问题是由于一种观点战胜了其他的观点而解决,或者是由于不同观点在争论中互相接近而解决。在我们的报纸上发表的事实,编辑部都力求经过调查证实,但是有时某些问题(特别是读者来信中提出的问题)在个别细节上不容易很快地查得一清二楚,却有必要及时地发表出来,以求迅速解决,那么,编辑部也将加以发表,而让它们的某些细节在实事求是的讨论的过程中弄清。这也是希望大家谅解的。

第三,改进文风。报纸是每天出版的,它每天都要用几万字去影响几百万读者,因此,报纸上的文字应该力求言之有物,言之成理,而且言之成章。古人说得好:言之无文,行而不远。实际上,文风不好,不但读者不愿意看,而且还会造成有害的风气,不利于思想文化,也不利于政治经济。在过去,我们的报纸上虽然也登过不少好文章,报纸上的文字虽然也逐渐有些进步,但是整个说来,生硬的、枯燥的、冗长的作品还是很多,空洞的、武断的党八股以及文理不通的现象也远没有绝迹。我们希望努力改变这种状况。除了编辑部自己努力以外,我们请求作者们在给我们稿件的时候,也务必注意到广大读者的呼声,尽量把文章写得有条理,有兴味,议论风生,文情并茂,万不要让读者看了想打瞌睡。报纸是给几百万人看的,他们中间的绝大多数人很难有时间看长文章,因此,除了很少的例外,报纸上的文章总是越短越好。这一点也特别希望作者们能跟我们合作。

报纸改出八个版以后,版面一般地是作这样的安排:第一版还是要闻，跟以前没有多大分别；第二、三版的内容是国内经济，大致第二版着重工业和交通，第三版着重农业和商业；第四版的内容是国内政治，包括党的生活，此外还有一栏首都新闻或者地方通讯；第五、六版是国际版；第七版是学术文化版；第八版上半是带文学性的副刊，下半是广告。原来的读者来信专页取消了，读者来信将分别登在各版上。当然，报纸的版面是很难一成不变的（例如今天的报纸第二、三版就都登了全国人民代表大会会议的文件），我们现在简单地介绍一下，只是为着让读者心中有个数罢了。

我们的报纸名字叫做"人民日报"，意思就是说它是人民的公共的武器，公共的财产。人民群众是它的主人。只有靠着人民群众，我们才能把报纸办好。在我们研究编辑工作的改进的时候，很多读者曾经给我们提出宝贵的意见，给了我们很大帮助。但是报纸的改进是一个长时期的工作，我们在这里提出的几项要求也不容易马上完全实现，我们期待全国广大的读者给我们更多的帮助，更多的批评和指示！

伟大的作家，伟大的战士

（一九五六年十月十九日《人民日报》社论）

今天是我国伟大的人民作家和伟大的革命战士鲁迅逝世的二十周年纪念日。广大的人民怀着激动的心情纪念鲁迅，纪念他的崇高的人格和不朽的业绩。

鲁迅的活动主要是在文学方面。鲁迅同他的许多同时代同方向的作家在一起，开辟了我国文学的新时期。鲁迅生在我国历史的激烈的变革时代。他是时代和人民的忠实的儿子。鲁迅从他开始文学生活的第一天起，就自觉地把文学作为唤起人民觉悟、推动社会进步的强有力的武器。鲁迅彻底地革新了中国的小说。他在自己的作品中展开了在黑暗中呼吸着、呻吟着、挣扎着的人民的日常生活的真实图画，这些无辜的被压迫者的形象深深地震动着读者的社会良心，使读者不能不为他们的未来而斗争。这些作品由于具有巨大的社会意义和高度的艺术力量，帮助我国的新的人民文学迅速地取得了生存权，并且确立了近四十年来我国新文学中的现实主义传统的基础。依靠鲁迅和其他人民作家的努力，文学在我国社会生活中的作用大大地提高了。它不再像过去许多人所想像的那样，是个人消愁遣闷的工具和可有可无的装饰品；它的成为唤起人民觉悟、推动社会进步的强有力的武器之一，它的作为这种武器的特殊性能和特殊价值，已经是不需要争辩的了。

但是鲁迅的活动远不以文学创作为限。鲁迅用他的文学创作战斗，也用其他一切他所能采取的方式战斗。他创造了社会批评和文化批评的论文的新式体裁，在他的大量的论文里，他评论着当前的政治、社会、伦理、科学、文化、艺术各方面的问题，为反对人民的敌人和发展人民的文化进行了辛辣无情的斗争。鲁迅后期的论文里表现了坚定的和成熟的革命世界观，对于当时的人民革命事业作了杰出的贡献。这些论文跟他的小说、散文诗、回忆同样是他留给中国文学的宝贵遗产。此外，他还进行了很多翻译工作和有关中国文学史的科学工作。他始终是青年文艺工作者的最热心的教师和朋友。在他的一生中，他不但用笔参加革命斗争，而且也直接参加了许多支持革命斗争的社会活动和文化活动。他是中国共产党的伟大的同伴。

鲁迅的一生是大无畏的革命精神跟严谨的实事求是精神相结合的典范。为了祖国，为了人民，为了人民的文化，他献出了一切。他从不在敌人和困难面前屈服，也从不在人民面前打官腔，摆臭架子，粉饰自己的错误和缺点。在他的每一篇作品里，你不但可以用眼睛看到，而且可以用自己的心感觉到他的心的跳动。他严格地要求自己，而在原则的问题上，他也严格地要求他的同志。他说他所知道的东西，不懂的不装做懂，不相信的也不装做相信。他热爱自己的祖国和人民，热爱祖国文化中优秀的东西，但是并不因此而成为民族的自大狂；

相反,正因为他是真实的爱国者,他成了这种自大狂的最坚决的揭发者。他在晚年是马克思主义者,但是并不因此而把马克思主义者的错误也说成是正确的,把非马克思主义者的正确也说成是错误的;相反,正因为他是真实的马克思主义者,他坚持实事求是的分析态度,而严肃地反对浮夸、武断和宗派习气。

鲁迅所痛恨的中国的反动统治已经被推翻了,鲁迅所追求的社会主义社会已经在中国建立起来了。因此,我们今天的斗争任务和斗争方式,跟鲁迅在世的时候已经有了不同。但是鲁迅对于人民文化事业和新的社会伦理的理想,还远没有完全实现。建设着新生活的人民,不但迫切地需要鲁迅式的艺术,而且迫切地需要鲁迅式的工作人员用鲁迅式的热情和顽强性为他们服务。让我们最广泛地传播鲁迅的思想遗产,让我们的文艺战线和一切为人民服务的人们都用鲁迅的斗争精神武装起来,让我们的青年都受到鲁迅的作品的教养——这就是我们对于这位伟大的作家和伟大的战士的最好的纪念。

社会主义各国的伟大团结万岁

（一九五六年十一月三日《人民日报》社论）

苏联政府在十月三十日发表的关于发展和进一步加强苏联同其他社会主义国家的友谊和合作的基础的宣言，是目前国际形势下有重大意义的文件。这个宣言对于进一步巩固社会主义各国的团结，促进社会主义各国共同的经济高涨和加强社会主义各国人民反对帝国主义侵略势力的斗争，是一个有力的贡献。中华人民共和国政府已经在十一月一日发表声明，对于苏联政府的宣言表示支持。欧洲的人民民主国家波兰、捷克斯洛伐克、德意志民主共和国、罗马尼亚、保加利亚、南斯拉夫等国的报纸，对于这一宣言也普遍加以赞扬。

以伟大的苏联为首的社会主义各国的团结一致，是世界和平事业和人类进步事业的最重要的支柱。社会主义国家由于思想基础和奋斗目标的一致，形成了人类历史上前所未有的兄弟式的互助合作关系。正是由于社会主义国家的这种兄弟般的团结一致和互助合作，一些原来在经济上落后的、受帝国主义掠夺和压迫的国家才能够摆脱帝国主义的枷锁，得到了迅速的发展。在这一方面，苏联对于其他各兄弟国家和各国人民的多方面的巨大援助，起了最显著的作用。社会主义各国的国际主义团结，它们的共同的经济高涨，它们对于维护世界和平、反对帝国主义侵略的共同的坚定立场，使帝国主义的新的战争计划遇到了严重的困难，使全世界劳动人民和进步力量对于前途充满了信心。因此，尽一切力量巩固和加强社会主义各国的团结，是社会主义各国对于本国人民利益和全人类利益的崇高职责。

社会主义事业是人类历史上的新事业。一切新事业都不免由于缺乏经验而发生这样那样的错误。在社会主义国家的相互关系方面，情形也不能例外；这是毫不奇怪的。但是社会主义国家同资本主义国家相反：第一，社会主义国家在相互关系方面虽然犯过错误，但是它们有更大得多的成绩，这些成绩帮助了社会主义各国获得了迅速的社会进步和经济进步，并且将使今后更大的社会进步和经济进步成为可能；第二，社会主义国家相互关系方面的错误都是可以改正和消除的，事实上过去所发生过的错误或者已经改正了，或者也正在改正中。因此，这种情况决不能成为破裂社会主义国家团结的口实，决不能成为破裂对于苏联的友谊的口实。苏联政府十月三十日的宣言，表示苏联无条件地忠于社会主义各国伟大团结的共同利益，忠于马克思列宁主义的民族平等原则和无产阶级国际主义原则。苏联政府的这种把社会主义各国团结一致的利益看得高于一切的正确态度，应该是社会主义各国在考虑相互关系问题的时候的共同态度。

作为巩固社会主义各国团结的武器的，不仅有社会主义各国的社会主义经济政治制度，不仅有社会主义各国工人阶级的国际主义原则和工人阶级政党的马克思列宁主义原则，而且有有关各国的各种条约和协定。一九五五年五月十四日在华沙由阿尔巴尼亚、保加利亚、匈牙利、德意志民主共和国、波兰、罗马尼亚、苏联、捷克斯洛伐克签订的友好合作互助条约（中华人民共和国政府代表曾以观察员身份参与华沙会议，并且声明给予完全的支持和合作），对于社会主义阵营的巩固具有特别重要的作用。华沙条约保证欧洲社会主义阵营各国的人民可以安全地建设自己的未来的美好生活，而不致在西方帝国主义侵略势力面前孤立无援，保证社会主义阵营各国不致被一贯仇视社会主义制度、一贯阴谋颠覆社会主义各国、企图在社会主义各国实现资本主义的和法西斯主义的反革命复辟的西方帝国主义和各国反革命势力所各个击破。当西方帝国主义准备侵略战争的北大西洋公约继续存在的条件之下，华沙条约就必须继续存在。它不但是欧洲各社会主义国家安全的保障，而且是整个世界和平的最有力的保障。

帝国主义势力和东欧各国国内外的少数反革命分子，为了准备新的世界大战，为了在东欧各国实行资本主义的和法西斯主义的复辟，正在利用各种借口和谎言疯狂地进行反对苏联的煽动，因为他们知道，只要离开社会主义阵营最强大的中心苏联，那么，其他社会主义国家就比较容易摧毁。他们竭力想把某些国家的群众引入迷途，硬要东欧各国人民忘记苏联人民在第二次世界大战中用大量鲜血消灭希特勒占领者、解放东欧各国人民、随后又给东欧各国人民巨大的经济援助的深厚情谊。他们硬要东欧各国人民忘记社会主义制度所带来的一切伟大利益，忘记资本主义、法西斯主义所造成的一切深重灾难。他们肆意诬蔑苏联，诬蔑各国共产党，诬蔑社会主义原则和马克思列宁主义原则,以便实现他们的最卑鄙最凶恶的反动阴谋。他们企图摧毁社会主义各国的兄弟友谊,摧毁保障社会主义各国共同安全的华沙条约。帝国主义侵略者的这个反革命计划,同他们对于埃及人民的血腥进攻互相配合,构成了对于当前世界的和平事业和劳动人民事业的严重威胁。在这个严重的时刻,一切爱好和平和自由的人民,一切爱好和平和自由的青年,必须保持高度的警惕! 不要让狡猾的敌人实现他们的毒计,而要紧密团结在共产主义政党的周围,用对于社会主义事业的坚定性,用对于社会主义各国团结一致原则的坚定性,粉碎敌人的毒计!

中国人民深深同情匈牙利人民在最近的事件中的遭遇。中国人民的心是在匈牙利善良的劳动人民方面,是在匈牙利的真诚的爱国者方面,是在匈牙利的坚贞的社会主义战士方面。毫无疑问,匈牙利的一些领导者在过去时期的工作中所犯的错误给匈牙利人民造成了许多不幸,但是匈牙利的独立、自由、幸福却只能在社会主义国家中实现,离开了社会主义也就离开了光明的未来,就只能为匈牙利民族招来严重的灾难。我们痛心地看到,极少数反革命阴谋家正在利用局势,企图在匈牙利实行资本主义复辟和法西斯恐怖,企图从匈牙利打开破裂社会主义国家团结、破坏华沙条约的缺口。对于这种情形,全世界爱好和平的人民都感到忧虑,只有凶恶的反动派才感到高兴。但是人民究竟是不能蒙蔽的。曲折的和危险的变化教育着匈牙利的劳动群众。我们满怀希望和信心注视着布达佩斯和匈牙利全国,希望匈牙利的一切有远见的爱国的进步的力量能够坚决地团结起来,正确地领导群众的斗争,维护匈牙利劳动人民在艰苦斗争中所已经获得的一切社会主义成果，维护匈牙利人民在一九四九年所庄严地通过了的人民共和国宪法，维护匈牙利人民同社会主义各国人民之间的情同骨肉的友谊。

中国人民也殷切地关怀着东欧其他社会主义国家的建设着自己的新生活的广大人民，关怀着这些国家的准备建设新生活的广大青年。中国人民希望他们能够以同志的影响帮助处在严重状况下的匈牙利的社会主义事业，并且以自己的积极行动捍卫以苏联为中心的社会主义各国的伟大的国际主义团结。

中国人民根据自己百年来的无数惨痛经验，深切地认识了帝国主义及其走狗的狡猾手段，知道任何帝国主义者及其任何走狗无论口头上说什么花言巧语，包括各种自由主义的花言巧语在内，他们的最后的目的就只是要吸尽劳动人民的鲜血，因而对于他们决不抱任何幻想。相反，中国人民在苏联人民和其他社会主义国家人民中间却找到了真诚的伟大的兄弟友谊。因此，中国人民坚决地站在以苏联为首的社会主义阵营方面。中华人民共和国同苏联的友谊是永久不可动摇的，因为这个友谊关系着两国八亿人口的最根本的利益，危害了这个利益，其他的利益也就必然要随着遭受危害。中国人民坚信，只有巩固和加强社会主义各国之间的团结，才是社会主义各国人民走向和平、安全，走向独立、自由、幸福的唯一光明道路。让我们高呼：社会主义各国的伟大团结万岁！

驳西方世界关于
匈牙利问题的叫嚣

（一九五六年十一月十四日《人民日报》社论）

西方各国正在所谓匈牙利问题上大吵大闹。联合国大会的西方国家代表不顾匈牙利政府和社会主义阵营其他各国的一致反对，几次讨论匈牙利的内政，并且通过了干涉匈牙利内政的非法决议。联合国中西方的"多数"不顾苏军驻在匈牙利纯粹是苏匈两国权力范围以内的问题，作出决议要求苏军撤出匈牙利。许多国家作出了各种各样的所谓同情匈牙利人民的姿态，并且发动了反苏反共的狂暴运动。

究竟他们所"同情"的是谁？

就在本月九日，路透社驻维也纳记者还在幸灾乐祸地和夸大其词地介绍布达佩斯的广播说："叛乱分子抢劫了佩斯—海德卡特的一个酒坊，商店被抢劫了……在布达佩斯西车站，卡车被打开了，东西被抢光了。……许多建筑物被纵火焚烧。……在几个区内，共产党党部遭到了叛乱分子的袭击，而在其他各区，叛乱分子从地窖中出来投降。"然后，路透社记者显然故意抹煞大多数叛乱分子已经投降的事实，借"维也纳的观察家们"的嘴判断道："这些消息可能意味着，叛乱分子又在布达佩斯得势。"

叛乱分子并没有"又在布达佩斯得势"。这不过是帝国主义世界的单相思罢了。无论如何,路透社记者对于被西方国家捧成"自由战士"的匈牙利反革命分子的行状,在这里是作了一幅素描。他们是谁? 是一群对人民抢劫、放火、行凶的凶手! 请问联合国的老爷们,为什么不应该坚决镇压这些凶手呢?

这些凶手也就是十天以前在布达佩斯和匈牙利其他地方打死、吊死、烧死共产党员和其他真诚爱国者的人,也就是霍尔蒂的法西斯军官帕耳·马勒特所指挥的人(马勒特从十月二十三日就领导武装叛乱,最后还被纳吉任命为"国防部长"),也就是犯叛国罪的红衣主教明曾蒂所依靠的人(明曾蒂在本月3日还在广播电台号召取消社会主义,恢复资本主义和教会特权,在4日就到美国公使馆"避难")。

西方国家竭力装做匈牙利人民的朋友,装做匈牙利"自由"的保护者。当恐怖分子到处杀人放火、企图恢复法西斯统治的时候,西方国家就竭力加以歌颂;而当那些杀人犯放火犯受到社会主义力量镇压的时候,它们就下半旗"志哀"。这就是西方国家对于匈牙利人民的"友谊"! 这就是西方国家所希望于匈牙利的"自由"!

我们再看看,究竟这些"自由"的保护者们是谁?

在本月四日联合国大会紧急会议上,西班牙代表德莱克里卡支持美国的干涉匈牙利的提案的演说,或者可以拿来代表所有这些英雄好汉的面目。他说:"现在匈牙利既然在受苦难,我们就说出我们内心的话。我们希望联合国进行干涉以解放这个国家。……我在我自己的国家里曾看到成千上万的人丧失生命,因此我大声疾呼热烈支持美国提案。"原来今天世界上唯一公开奉行法西斯主义的国家西班牙,杀死了成千上万真正自由战士的佛朗哥政权,是在大声疾呼地要求匈牙利的"解放"! 美国的提案和美国"解放"匈牙利的计划,得到了佛朗哥政权的热烈支持,人们就不难了解它的底细了。

英国和法国的政府,尽管手上染满了埃及人和阿尔及利亚人的鲜血,也是跟美国在一起保护匈牙利"自由"的急先锋。英国首相艾登在九日说:在匈牙利,一个英勇的民族的自由和生存被"最残酷的镇压"消灭了。但是英国对于埃及的侵略,却只是"做了联合国在当时没有警察部队所不能做的事情",这就是……用轰炸埃及来"维护和平"。法国总理摩勒在八日说得更不要脸了。据他说,英法的行动"从来都不曾是对埃及的战争行动。谁敢说开罗遭到了布达佩斯那样的对待呢?""在过去几天中苏联的干预,一定使自由世界更好地了解到,法国在北非的行动意味着什么,以及它离开意味着什么。"

摩勒说:匈牙利的事件表明什么国家是真正关心自由的。我们认为这句话说得完全正确,不过不是按摩勒自己的意思罢了。匈牙利政府如果能够自己顺利地镇压西方所支持的法西斯分子的武装叛乱(连西方国家也无法否认这是叛乱),那当然是再好不过。现在匈牙利政府自己力量不够,请求苏联军队援助,这对于事情的实质并没有两样。苏联在这里正是关心了而且捍卫了匈牙利的自由。每一个有政治良心的人把头脑冷静一下,就都不难了解:目前的匈牙利,如果不请求苏联军队出来援助,如果苏联军队不出来援助,就只能变为法西斯的地狱,就只能变为帝国主义进一步颠覆东欧各人民民主国家和制造新的世界大战的前哨。这能给匈牙利人民什么自由?这对于世界和平和人类进步有什么好处?苏联政府在十月三十日刚发出了宣言,重申尊重各人民民主国家的主权和领土完整,准备同华沙条约各国重新研究苏军驻在匈牙利等国的问题,并且实际上已经撤出布达佩斯。如果不是万不得已,迫于同志之情,迫于社会主义各国共患难之义,迫于法西斯复辟阴谋毕露、间不容发之势,苏军必然不肯甘蹈困难,重新出动。这一切不是异常明显吗?苏联协助匈牙利工农革命政府镇压叛乱,并不违背它的十月三十日的宣言或者和平共处五项原则。苏联军队并不要匈牙利的一寸土。在匈牙利秩序平定以后,苏匈两国仍将就根据华沙条约驻军问题举行谈判。就在那时,也不会引进什么联合国警察部队,去对匈牙利境内的任何领土领水实行什么国际管理。因此,如果把苏联援助匈牙利和英法侵略埃及两件事相提并论,不是由于恶意,就是由于误会。事实恰恰相反。当英法侵略者在埃及和阿尔及利亚杀人放火的时候,也就是西方国家策动法西斯分子用西方所供给的武器在匈牙利杀人放火的时候。当苏联政府毅然决然地支持埃及反抗侵略的时候,也就是苏联政府毅然决然地援助匈牙利反对法西斯复辟的时候。由此可见,苏联对于匈牙利人民的立场和对于埃及人民的立场是一致的,这就是援助他们保卫自由,反对帝国主义。同样,许多西方国家对于匈牙利人民和埃及人民的立场也是一致的,这就是屠杀他们,企图奴役他们,剥夺他们的主权,干涉他们的内政。匈牙利民族的自由和生存,同埃及民族的自由和生存一样,并没有像艾登所说的那样被消灭；虽然艾登和其他帝国主义分子的确梦想加以消灭，但是这样的梦想在两个前线上都失败了。开罗诚然没有得到"布达佩斯那样的对待"，因为英法的空军轰炸了开罗，而苏联军人并没有在那里帮助埃及人救火，像他们在布达佩斯所做的那样。但是苏联究竟也干预了英法在埃及的行动，使英法不得不接受停火。把摩勒的话换一个说法吧：在过去几天中英法在北非的行动，一定使被压迫的世界更好地了解到，苏联的干预意味着什么，以及它离开对于匈牙利意味着什么。

匈牙利总理卡达尔在十一日的广播中说得好："谁认为首先苏军应该撤出我国，不管他愿不愿意，他就是赞成反革命，赞成帝国主义的桎梏，赞成放弃民族独立。"联合国的西方国家正是这样要求的。联合国目前的"多数"决不会支持社会主义各国人民的社会主义愿望；相反，他们准备毫不踌躇地把匈牙利和一切人民民主国家推上蒋介石、李承晚、吴庭艳的道路。这就是联合国大会紧急会议所通过的几次决议的实质。联合国通过决议要求苏军撤出匈牙利，正是证明了苏军撤出匈牙利只有利于帝国主义，而决不会有利于匈牙利人民。

我们认为苏联在匈牙利的行动完全是出于正义的，这不仅因为苏联军队只是根据华沙条约才驻在匈牙利，只是根据匈牙利政府的请求才帮助恢复秩序，而且因为匈牙利政府的这种请求符合于匈牙利人民的真实愿望。正因为这样，反革命势力才能迅速地被粉碎，匈牙利的社会秩序才能确定地在全国范围内逐步转向安定。匈牙利人民虽然对于过去政府的工作表现了正当的不满，却始终没有要求抛弃社会主义而接受法西斯主义。武装法西斯分子的复辟活动决不是什么"自发"的群众行动,而是一伙阴谋家在美国和其他西方国家的策动之下强加在匈牙利人民头上的,这一点甚至合众社驻维也纳的记者也指出来了:"不然,怎样解释一昼夜之间,甚至叛乱发动几个小时之内,就出现了飘扬着大主教十字架的绿白红旗帜呢?又怎样解释暴乱者臂上的三色臂章呢?更不用说武器了,'夺取'是不能解释武器的来源的,特别是巷战开始时把暴乱者载运到战略据点去的卡车和传令兵乘坐着的摩托车更无法解释。"

当然,匈牙利事件的整个过程是复杂的。不满过去政府工作的固然有各种人,就是参加叛乱的也有各种人,并不都是法西斯分子。而且外国军队协助镇压叛乱总是一种非常情况,无论动机怎样纯洁善良,总难免引起一部分人暂时的不了解。许多资产阶级报纸的恶毒的歪曲,更加使普通人难于认识真相。今天附和帝国主义所制造的反苏反共叫嚣的,就有这样一些普通人在内。但是谎话是活不长的。乌云不会老是停在天空。在匈牙利的秩序完全恢复以后,人们就会更明白地看到,匈牙利人民所要求的究竟是什么,苏联究竟是损害了还是捍卫了匈牙利的独立、主权和领土完整。反动派煽起反苏反共的潮流,这并不值得奇怪。大家记得,在一九三九年就曾有过世界范围的反苏反共潮流,反苏反共分子对苏联和各国共产党做了种种污蔑,在社会主义队伍中曾一度引起了许多混乱。但是,随着时间的推移,这些污蔑都破产了,苏联和各国共产党的威信都更加增长了。同样的,在国民党反动派的煽动之下,中国也曾有过一次又一次的反苏反共潮流;直到一九四六年二月，反动派还发动了最后一次反苏游行，并且捣毁了重庆的中国共产党机关报新华日报和中国民主同盟的机关报民主报。但是一切这种煽动并没有能够挽救反动派的统治。一时受了蒙蔽的人们终于还是认清了谁是敌，谁是友。西方各国的反动派想利用匈牙利的题目使他们颠覆人民民主国家的阴谋活动合法化，想借此破坏苏联和各人民民主国家的威信，进攻国际社会主义运动，并且想借此转移世界舆论对于埃及问题的注意。但是他们的计策是不会如愿以偿的。匈牙利的反革命分子在电台上向西方帝国主义呼叫：救命啊！救命啊！但是帝国主义究竟没有能救他们的命，而且最后也无法救自己的命。社会主义的道路无论有怎样的艰难曲折（这是复杂的历史条件造成的），仍然是全世界人类的唯一光明道路。

匈牙利事件对于各国社会主义者也是一个重大的考验。匈牙利事件考验着他们在斗争的惊涛骇浪中对于社会主义的原则和无产阶级国际主义的原则是否真正忠诚，在困难复杂的环境里面是否能保持马克思主义的清醒头脑，而不陷入动摇、沮丧和迷误。西欧很多国家的共产党没有被一时的困难所压倒，他们用大无畏的国际主义精神坚决地说明了真理，因而受了反动派的疯狂的攻击。法国共产党的中央机关被暴徒焚毁，法共的人道报和进步报纸解放报也被暴徒袭击。这不是他们的失败，而正是他们的光荣。我们向他们致共产主义的崇高的敬意。

再论无产阶级专政的历史经验

（一九五六年十二月二十九日《人民日报》编辑部根据
中共中央政治局扩大会议讨论写成的文章）

在一九五六年四月间，我们曾经就斯大林问题讨论过无产阶级专政的历史经验。从那个时候以来，在国际共产主义运动中，继续发生了一系列引起我国人民关切的事件。铁托同志在十一月十一日的演说和各国共产党对于这篇演说的评论，在我国报纸发表以后，再一次使人们提出了许多需要加以答复的问题。我们现在这篇文章将着重地讨论以下一些问题，就是：第一，关于苏联的革命和建设的基本道路的估计；第二，关于斯大林的功过的估计；第三，关于反对教条主义和修正主义；第四，关于各国无产阶级的国际团结。

在观察现代国际问题的时候，我们必须首先从这样一个最基本的事实出发，就是帝国主义侵略集团同全世界人民力量之间的对立。饱受帝国主义侵略痛苦的中国人民永远也不会忘记：帝国主义从来就反对各国人民的解放和一切被压迫民族的独立，从来就把最坚决地代表人民利益的共产主义运动看做眼中钉。从第一个社会主义国家苏联出世以来，帝国主义就用尽一切手段来危害苏联。在一系列的社会主义国家成立以后,帝国主义阵营同社会主义阵营的对立,它对于社会主义阵营所进行的明目张胆的破坏活动,更成为世界政治中异常显著的现象。帝国主义阵营的首脑美国,在干涉社会主义国家的内政方面,做得特别凶恶无耻。它多年来阻挠着我国解放自己的领土台湾,多年来公开地把颠覆东欧各国作为政府的政策。

帝国主义在一九五六年十月的匈牙利事件中的活动,是帝国主义在侵朝战争以后对于社会主义阵营一次最严重的进攻。正如匈牙利社会主义工人党临时中央委员会会议的决议所说,匈牙利事件是由内部和外部的几方面原因造成的,任何片面的解释都是不正确的,而在这些原因中,国际帝国主义"起了主要的决定性的作用"。在匈牙利的反革命复辟阴谋被击退以后,以美国为首的帝国主义者,一方面操纵联合国通过反对苏联和干涉匈牙利内政的决议,一方面在整个西方世界煽起疯狂的反对共产主义的浪潮。美帝国主义尽管利用英法侵埃战争的失败,竭力企图夺取英法在中东北非的利益,但是还是声明保证同英法消除"误会",取得"更密切、更亲密的谅解",以便重整共同反对共产主义、反对亚非人民和反对全世界爱好和平人民的统一战线,为了反共、反人民、反和平的目的,帝国主义国家应该团结起来——这就是杜勒斯在北大西洋公约组织理事会会议上所说的"在世界历史的这一紧要关头,必须有一套生活和行动的哲学"的主要含义。杜勒斯多少带着醉意地断言:"苏联共产党结构正处于恶化状态(?),而统治者的权力正在崩溃(?)……面对着这种形势,自由国家必须保持道义的压力,这种压力有助于破坏苏联—中国共产主义体系,有助于保持军事实力和决心。"他号召北大西洋公约国家"搞垮以军国主义(?)和无神论观念为基础的苏联强有力的专制政治(?)",并且认为,"改变共产党世界的性质,在现在看来似乎是可能的事情"!

我们从来认为敌人是我们最好的教师。现在杜勒斯又在给我们上课了。他尽可以污蔑我们一千次,诅咒我们一万次,这毫无什么新奇之处。但是他从"哲学"上要求帝国主义世界把对于共产主义的矛盾放在其他一切矛盾之上,一切都为了"改变共产党世界的性质","破坏"和"搞垮"以苏联为首的社会主义体系,这对于他们虽然肯定是徒劳的,对于我们却给了十分有益的教训。尽管我们一贯主张而且继续主张社会主义国家和资本主义国家应该和平共处,实行和平竞赛,帝国主义者还是时时刻刻都想消灭我们。因此,我们无论什么时候也不能忘记敌人同我们之间的严重斗争,这就是世界范围内的阶级斗争。

在我们面前有两种性质不同的矛盾:第一种是敌我之间的矛盾(在帝国主义阵营同社会主义阵营之间,帝国主义同全世界人民和被压迫民族之间,帝国主义国家的资产阶级同无产阶级之间,等等)。这是根本的矛盾,它的基础是敌对阶级之间的利害冲突。第二种是人民内部的矛盾(在这一部分人民和那一部分人民之间,共产党内这一部分同志和那一部分同志之间,社会主义国家的政府和人民之间,社会主义国家相互之间,共产党和共产党之间,等等)。这是非根本的矛盾,它的发生不是由于阶级利害的根本冲突,而是由于正确意见和错误意见的矛盾，或者由于局部性质的利害矛盾。它的解决首先必须服从于对敌斗争的总的利益。人民内部的矛盾可以而且应该从团结的愿望出发，经过批评或者斗争获得解决，从而在新的条件下得到新的团结。当然，实际生活的情况是复杂的。有时为了对付主要的共同的敌人，利害根本冲突的阶级也可以联合起来。反之，在特定情况下，人民内部的某种矛盾，由于矛盾的一方逐步转到敌人方面，也可以逐步转化成为对抗性的矛盾。到了最后，这种矛盾也就完全变质，不再属于人民内部矛盾的范围，而成为敌我矛盾的一部分了。这种现象，在苏联共产党和中国共产党的历史上，都曾经出现过。总之，一个人只要站在人民的立场上，就决不应该把人民内部的矛盾同敌我之间的矛盾等量齐观，或者互相混淆，更不应该把人民内部的矛盾放在敌我矛盾之上。否认阶级斗争、不分敌我的人，决不是共产主义者，决不是马克思列宁主义者。

在开始谈到我们所要讨论的问题之前，我们认为必须首先解决这个根本立场问题。否则，我们就必然会迷失方向，就不可能对于国际现象作出正确的解释。

一

帝国主义者对于国际共产主义运动的攻击，长期以来，主要地集中于苏联。而最近时期国际共产主义运动中的争论，也大都同对于苏联的认识有关。因此，正确地估计苏联的革命和建设的基本道路，是马克思列宁主义者所必须回答的重要问题之一。

马克思主义关于无产阶级革命和无产阶级专政的学说，是工人运动经验的科学总结。但是，除了只存在了七十二天的巴黎公社以外，马克思和恩格斯没有亲自看到过他们所毕生努力争取的无产阶级革命和无产阶级专政的实现。俄国无产阶级在列宁和苏联共产党的领导之下，在一九一七年胜利地实现了无产阶级革命和无产阶级专政，接着又胜利地建成了社会主义社会。科学的社会主义从此由理论和理想变为活生生的现实。这样，一九一七年的俄国十月革命，就不但在共产主义运动历史上开辟了一个新时代，而且在整个人类历史上开辟了一个新时代。

苏联在革命以后的三十九年中获得了巨大的成就。随着剥削制度的消灭，苏联消灭了经济生活中的无政府状态、危机和失业。苏联的经济和文化，以资本主义国家所不能比拟的速度向前发展着。它的工业总产量，在一九五六年已经达到革命以前最高年份一九一三年的三十倍。革命以前工业落后、文盲众多的国家，现在已经成为世界上第二个工业强国，拥有世界上先进的科学技术力量和高度发展的社会主义文化。苏联劳动人民由革命前的被压迫者变成为国家和社会的主人翁，他们在革命斗争和建设劳动中发挥了巨大的积极性和创造性，他们的物质生活和文化生活的状况得到了根本的改变。十月革命以前的俄国本来是国内各民族的牢狱，而在十月革命以后，这些民族却得到了平等的地位，迅速地发展成为社会主义的先进民族。

苏联的发展并不是一帆风顺的。苏联在一九一八年到一九二〇年，受到了十四个资本主义国家的进攻。早期的苏联，经历过内战、饥荒、经济困难、党内宗派分裂活动的严重的折磨。在第二次世界大战的决定性的时间内,在西方国家开辟第二战场以前,苏联曾经独力承受了并且击败了希特勒和他的伙伴们的几百万军队的进攻。这些严酷的考验没有压倒苏联,没有阻止它的前进。

苏联的存在,从根本上动摇了帝国主义的统治,而给予一切革命的工人运动和被压迫民族解放运动以无限的希望、信心和勇气。各国劳动人民援助了苏联,苏联也援助了各国劳动人民。苏联执行了维护世界和平、承认各民族一律平等和反对帝国主义侵略的外交政策。苏联是在世界范围内战胜法西斯侵略的主力。英勇的苏联军队同有关各国的人民力量合作,解放了东欧各国和中欧的一部、中国的东北部和朝鲜的北部。苏联同各人民民主国家建立了友好关系,援助了这些国家的经济建设,并且同它们在一起组成了世界和平的强大堡垒——社会主义阵营。对于全世界被压迫民族争取独立的运动,对于世界人民争取和平的运动,对于第二次世界大战以后新产生的亚非地区的许多和平国家,苏联也给予了重大的支持。

以上所说的这一切都是不可争辩的事实,而且是人们早已知道了的。为什么现在还要再一次提起这些事情呢?这是因为,共产主义的敌人固然一贯地抹煞这一切,而现在有些共产主义者在探讨苏联经验的时候,也往往把注意力集中到事情的次要方面,而忽视了事情的主要方面。

关于苏联的革命和建设的经验,就它们的国际意义说来,有几种不同的情况。在苏联的成功的经验中,一部分具有基本的性质,在人类历史的现阶段具有普遍意义。这是苏联经验中的首要和基本的方面。另一部分不具有这种普遍意义。此外,苏联还有一些错误的、失败的经验。错误和失败,尽管在表现形式和严重程度上各有不同,却是任何国家在任何时期都不能完全避免的。而苏联由于是第一个社会主义国家,没有成功的经验可以借鉴,它的一些错误和失败更加难于避免。这些错误和失败,对于所有共产主义者都是极其有益的教训。因此,苏联的全部经验,包括某些错误和失败的经验在内,都值得我们认真地加以研究,而它的成功的基本经验尤其重要。苏联发展的事实证明,苏联革命和建设的基本经验是一个伟大的成功,是马克思列宁主义在人类历史上第一曲响彻云霄的凯歌。

什么是苏联革命和建设的基本经验呢? 据我们看来,至少以下这一些经验具有基本的性质:

(1)无产阶级的先进分子组织成为共产主义的政党。这个政党,以马克思列宁主义为自己的行动指南,按照民主集中制建立起来,密切地联系群众,力求成为劳动群众的核心,并且用马克思列宁主义教育自己的党员和人民群众。

(2)无产阶级在共产党领导之下,联合劳动人民,经过革命斗争从资产阶级手里取得政权。

(3)在革命胜利以后,无产阶级在共产党领导之下,以工农联盟为基础,联合广大的人民群众,建立无产阶级对于地主、资产阶级的专政,镇压反革命分子的反抗,实现工业的国有化,逐步实现农业的集体化,从而消灭剥削制度和对于生产资料的私有制度,消灭阶级。

（4）无产阶级和共产党领导的国家,领导人民群众有计划地发展社会主义经济和社会主义文化,在这个基础上逐步地提高人民的生活水平,并且积极准备条件,为过渡到共产主义社会而奋斗。

（5）无产阶级和共产党领导的国家,坚持反对帝国主义侵略,承认各民族平等,维护世界和平,坚持无产阶级国际主义的原则,努力取得各国劳动人民的援助,并且努力援助各国劳动人民和被压迫民族。

我们平常所说的十月革命的道路,撇开它在当时当地所表现的具体形式来说,就是指的这些基本的东西。这些基本的东西,都是放之四海而皆准的马克思列宁主义的普遍真理。

每个国家的革命和建设的过程,除了有共同的方面,还有不同的方面。在这个意义上说,每一个国家都有它自己的具体的发展道路。关于这个问题,我们将在后面去讨论。但是从基本原理上说来,十月革命的道路却反映了人类社会发展长途中的一个特定阶段内关于革命和建设工作的普遍规律。这不但是苏联无产阶级的康庄大道,而且是各国无产阶级为了取得胜利都必须走的共同的康庄大道。正是因为这个缘故,中国共产党中央委员会向党的第八次全国代表大会的政治报告中说:"尽管我国的革命有自己的许多特点,可是中国共产党人把自己所干的事业,看成是伟大的十月革命的继续。"

保卫十月革命所开辟的这一条马克思列宁主义的道路,在目前的国际形势下具有特别重大的意义。帝国主义者声言要"改变共产党世界的性质",他们所要改变的正是这条革命道路。几十年来,一切修正主义者对于马克思列宁主义所提出的修正意见,所传播的右倾机会主义思想,也正是想避开无产阶级解放的这一条必由之路。一切共产主义者的任务,就是团结无产阶级,团结人民群众,坚决地击退帝国主义者对于社会主义世界的猖狂进攻,坚决地沿着十月革命所开辟的道路前进。

二

人们问道:既然苏联革命和建设的基本道路是正确的,为什么又发生斯大林的错误呢?

关于这个问题,我们在四月间的文章中已经讨论过了。但是由于最近时期东欧形势以及其他有关情况的发展,正确地认识和正确地对待斯大林错误的问题,已经成为影响许多国家共产党的内部发展和各国共产党相互团结的重大问题,已经成为影响全世界共产主义队伍反对帝国主义的共同斗争的重大问题。因此,需要把我们对于这个问题的观点作一些进一步的申述。

斯大林对于苏联的发展和国际共产主义运动的发展是有伟大功绩的。我们在《关于无产阶级专政的历史经验》一文中说过:"在列宁逝世之后,作为党和国家的主要领导人物的斯大林,创造性地运用和发展了马克思列宁主义;在保卫列宁主义遗产、反对列宁主义的敌人——托洛茨基分子、季诺维也夫分子和其他资产阶级代理人的斗争中,他表达了人民的意愿,不愧为杰出的马克思列宁主义的战士。斯大林所以赢得苏联人民的拥护;在历史上起了重要的作用,首先就是因为他和苏联共产党的其他领导人在一起维护了列宁的关于苏维埃国家工业化和农业集体化的路线。苏联共产党实行了这条路线,使社会主义制度在苏联取得胜利,并且造成了苏联在反希特勒的战争中取得胜利的条件,而苏联人民的这一切胜利是同全世界工人阶级和一切进步人类的利益相一致的。因此,斯大林这个名字也就很自然地同时在世界上享有很高的荣誉。"

但是斯大林在苏联的内外政策方面都犯了一些严重的错误。斯大林的个人专断的工作方法,曾经在一定程度上损害了苏联党的生活中和国家制度中的民主集中原则,破坏了一部分社会主义法制。由于斯大林在许多工作中严重地脱离群众,个人专断地决定许多重大政策,因而就不可避免地要犯严重的错误。这种错误,特别明显地表现在肃清反革命的问题上和对某些外国的关系问题上。斯大林在肃反工作中,在一方面,惩办了很多必须惩办的反革命分子,基本上完成了这条战线上的任务;但是在另一方面,却冤枉了许多忠诚的共产主义者和善良的公民,造成了严重的损失。斯大林在对待兄弟国家和兄弟党方面,总的来说,是站在国际主义的立场上,援助了各国人民的斗争和社会主义阵营的发展的。但是,在处理某些具体问题的时候,他却表现了大国沙文主义的倾向,缺乏平等的精神,更谈不到教育广大干部采取谦虚的态度;有时他甚至错误地干涉某些兄弟国家和兄弟党的内部事务,因而引起了许多严重的后果。

对于斯大林的这些严重的错误应该怎样解释呢?这些错误同苏联的社会主义制度的关系是怎样的呢?

　　马克思列宁主义的辩证法科学告诉我们，任何一种生产关系以及在这种生产关系的基础上建立起来的上层建筑，都有它的发生、发展和灭亡的过程。生产力发展到一定阶段，旧的生产关系基本上不能再同它相适应；经济基础发展到一定阶段，旧的上层建筑基本上不能再同它相适应。在这样的时候，就必然要引起根本性质的变革。谁要抵抗这种变革，谁就会被历史所抛弃。这一规律，以不同的形态适用于一切社会。这就是说，也适用于现在的社会主义社会和将来的共产主义社会。

　　斯大林的错误，是不是由于苏联的社会主义经济制度和社会主义政治制度已经过时，而不能再适应苏联发展的需要了呢？当然不是如此。苏联这个社会主义社会还是年轻的，它所走过的时间还不到四十年。苏联经济迅速发展的事实证明，苏联的经济制度基本上是适合于生产力的发展的，苏联的政治制度也是基本上适合于经济基础的需要的。斯大林的错误并不是由社会主义制度而来；为了纠正这些错误，当然不需要去"纠正"社会主义制度。西方资产阶级想用斯大林的错误来证明社会主义制度的"错误"，这是完全没有根据的。另外有些人想用社会主义的国家政权对于经济事业的管理来解释斯大林的错误，认为政府管理了经济事业就必然成为妨害社会主义力量发展的"官僚主义机构"，这也无法令人信服。谁也不能否认，苏联经济的巨大高涨正是劳动人民的国家政权有计划地管理经济事业的结果，而斯大林所犯的主要错误，却很少同管理经济的国家机关的缺点有关。

　　但是在基本制度适合需要的情况下，在生产关系和生产力之间，在上层建筑和经济基础之间，也仍然存在着一定的矛盾。这种矛盾表现成为经济制度和政治制度的某些环节上的缺陷。这种矛盾，虽然不需要用根本性质的变革来解决，仍然需要及时地加以调整。

有了适合需要的基本制度，也调整了制度中的日常性质的矛盾（按照辩证法，就是处在"数量变化"阶段的矛盾），是否就可以保证不发生错误了呢？问题没有这样简单。制度是有决定性的，但是制度本身并不是万能的。无论怎样好的制度，都不能保证工作中不会发生严重的错误。有了正确的制度以后，主要的问题就在于能否正确地运用这种制度，就在于是否有正确的政策、正确的工作方法和工作作风。没有这些，人们仍然可以在正确的制度下犯严重的错误，仍然可以利用良好的国家机关做出并不良好的事情。

为了解决以上所说的这些问题，必须依靠经验的积累和实践的考验，不可能一蹴而就。而且，情况是不断变化的，旧的问题解决了，新的问题又产生了，任何一劳永逸的解决也是不会有的。从这种观点看来，就是在已经建立了巩固的基础的社会主义国家中，它的生产关系和上层建筑的某些环节也还有缺陷，在党和国家的政策、工作方法和工作作风方面，也还有这样那样的偏差，这并没有什么奇怪的地方。

在社会主义国家中，党和国家的任务，就在于依靠群众和集体的力量，及时地调整经济制度和政治制度的各个环节，及时地发现和纠正工作中的错误。当然，党和国家的领导人员的主观认识，总不可能百分之百地符合于客观实际。因此，在他们的工作中，个别的、局部的、暂时的错误总是不可避免的。

但是，只要严格遵守并且努力发展马克思列宁主义的辩证唯物主义的科学，只要彻底遵守党和国家的民主集中制，只要认真地依靠群众，全国性的、长时期的、严重的错误，却是可以避免的。

斯大林后期的一些错误之所以发展成为全国性的、长期性的、严重的错误，而不能得到及时的纠正，正是因为他在一定范围内和一定程度上脱离了群众和集体，破坏了党和国家的民主集中制。党和国家的民主集中制之所以会受到某种破坏，有一定的社会历史的条件。这就是：党在领导国家方面还缺乏经验；新的制度还没有巩固到足以抵抗一切旧时代影响的侵袭（新制度的巩固过程和旧影响的消失过程，都不是直线的，它们的某种波浪式的起伏现象，在历史的转变时期是屡见不鲜的）；国内外的紧张斗争对于某些民主发展所起的限制作用；等等。但是仅仅这些客观条件并不足以使犯错误的可能性变为现实。在比斯大林所处环境更加复杂得多和困难得多的条件下，列宁却没有犯斯大林那样的错误。在这里，决定的因素是人们的思想状况。斯大林后期被一连串的胜利和歌颂冲昏了头脑，他的思想方法部分地但是严重地离开了辩证唯物主义，而陷入了主观主义。他开始迷信个人的智慧和权威，不肯认真地调查和研究各种复杂的实际情况，不肯认真地倾听同志们的意见和群众的呼声，以致使自己所决定的一些政策和措施往往违反客观实际情况。而且，他往往在一个长时间内固执地要推行这些错误的东西，而不能及时地改正自己的错误。

为了纠正斯大林的错误，消除这些错误的后果，苏联共产党已经采取了步骤,并且已经开始取得了成就。苏联共产党第二十次代表大会,在破除关于斯大林的迷信、揭露斯大林错误的严重性、消除斯大林错误的后果方面,表现了巨大的决心和勇气。全世界的马克思列宁主义者和同情共产主义事业的人们,都支持苏联共产党纠正错误的努力,希望苏联同志的努力得到完满的成功。很明显,由于斯大林的错误不是一个短时间的错误,这个错误的纠正不可能在一个早上就得到完全胜利。它需要一个相当长的时间的努力,需要细致的思想教育工作。我们相信,曾经克服过无数困难的伟大的苏联共产党,必将克服这些困难,达到自己的目的。

苏联共产党的这样一个纠正错误的斗争,当然不会从西方资产阶级和右翼社会民主党方面得到支持。他们为了乘机抹煞斯大林的正确方面,抹煞苏联和整个社会主义阵营在过去时期的巨大成就,为了乘机在共产主义队伍中制造混乱和分裂,硬把对于斯大林错误的纠正叫做所谓反对"斯大林主义",叫做所谓"反斯大林分子"对于"斯大林分子"的斗争。他们的恶意本来是显而易见的。不幸,在某些共产主义者中间,也在那里传播着类似的说法。我们以为,共产主义者采取这种说法是极端有害的。

大家知道,斯大林尽管在后期犯了一些严重的错误,他的一生乃是伟大的马克思列宁主义革命家的一生。斯大林在青年时代为反对沙皇制度和传布马克思列宁主义而斗争,在参加了党中央的领导机关以后为准备一九一七年革命而斗争,在十月革命以后为保卫十月革命的成果而斗争,在列宁逝世以后的近三十年中为建成社会主义、保卫社会主义祖国、发展世界共产主义运动而斗争。从整个说来,斯大林始终是站在历史潮流前面指导斗争的,他是帝国主义的不可调和的敌人。甚至在他犯错误的时候,他的悲剧也在于,他相信那是捍卫劳动者的利益不受敌人侵害所必需的。无论如何,斯大林的错误虽然对苏联造成了不应有的损失,但是在斯大林领导时期,社会主义的苏联还是大大地向前发展了。这个不可否认的事实,不但说明了社会主义制度的力量,而且也说明了斯大林毕竟是一个坚定的共产主义者。因此,我们在总结斯大林的全部思想和活动的时候,必须同时看到他的正面和反面,他的功绩和错误。只要我们是全面地观察问题,那么,如果一定要说什么"斯大林主义"的话,就只能说,首先,它是共产主义,是马克思列宁主义,这是主要的一面;其次,它包含一些极为严重的、必须彻底纠正的、违反马克思列宁主义的错误。尽管在某些时候为了纠正这些错误而对这些错误加以强调是必要的,但是为了作出正确的估价,不使人们发生误解起见,将这些错误放在适当的地位也是必要的。我们认为,斯大林的错误同他的成绩比较起来,只居于第二位的地位。

　　只有采取客观的分析的态度,我们才能够正确地对待斯大林以及一切在他的影响下犯了类似错误的同志,才能够正确地对待他们的错误。他们的错误既然是共产主义者在工作中的错误,这就是共产主义队伍内部的是非问题,而不是阶级斗争中的敌我问题。我们就需要用对待同志的态度而不应该用对待敌人的态度来对待他们,就需要在批评他们的错误方面的同时,保护他们的正确方面,而不应该否定他们的一切。他们的错误有社会历史的根源,尤其有思想认识的根源。这种错误既可以在他们身上发生，也可以在某些别的同志身上发生。因此，在认识和纠正了他们的错误以后，就需要把这种错误看做严重的教训，看做一项可以利用的财产，用来提高一切共产主义者的觉悟，从而防止重犯这种错误，并且推进共产主义事业的发展。否则，如果对于这些犯错误的人采取否定一切的态度，把他们叫做这种分子那种分子，而加以歧视和敌视，就不但不能使自己的同志得到应有的教训，而且由于混淆了是非和敌我这两类性质不同的矛盾，势必在客观上帮助敌人反对共产主义的队伍，瓦解共产主义的阵地。

　　铁托同志和南斯拉夫共产主义者联盟其他领导同志在最近的言论中，对于斯大林的错误和其他有关问题所采取的态度，据我们看来，不能够认为是全面的和客观的。南斯拉夫的同志们对于斯大林的错误抱有特殊的反感，这是可以理解的。在过去时期内，南斯拉夫的同志们在困难条件下，作了坚持社会主义的可贵的努力。他们在企业和其他社会组织中实行民主管理的试验，也引起了人们的注意。中国人民欢迎苏联和其他社会主义国家同南斯拉夫取得和解，欢迎中南两国建立和发展友好关系，并且同南斯拉夫人民一样希望南斯拉夫在社会主义道路上日益繁荣和强盛。我们也同意铁托同志这次演说中的一些论点，例如对于匈牙利反革命分子的谴责，对于匈牙利工农革命政府的支持，对于英法以三国侵略埃及的谴责，对于法国社会党采取侵略政策的谴责。但是使我们惊异的是，他在演说中对于几乎所有社会主义国家和许多共产党都进行了攻击。铁托同志断定，"顽固的斯大林主义分子……在各国党内设法继续保持他们的职位，他们再一次希望巩固他们的统治,把这种斯大林主义的倾向强加在他们的人民的头上,甚至别国人民的头上"。因此,他宣称:"我们必须同波兰同志们一起来反对其他国家的——无论东方国家的或西方国家的——党内出现的那种倾向。"我们没有看到过波兰党的领导同志认为必须对于兄弟党采取这种敌对态度的言论。对于铁托同志的这些意见,我们觉得必须说,他把所谓"斯大林主义"、"斯大林主义分子"等等作为攻击的对象,并且认为现在的问题是"在南斯拉夫开始的"路线和所谓"斯大林主义路线"哪一个得胜的问题,这种态度是不正确的。这只能把共产主义运动引向分裂。

铁托同志正确地指出:"从将来是社会主义还是反革命这样的角度来看匈牙利目前的发展,我们必须保卫卡达尔的现政府,我们必须帮助它。"但是南斯拉夫联邦执行委员会副主席卡德尔同志在南斯拉夫联邦国民议会上关于匈牙利问题的长篇演说,却很难说是对于匈牙利政府的保卫和帮助。他的演说不但对于匈牙利事件作了一种完全不分敌我的解释,而且要求匈牙利的同志们"必须从根本上改变政治制度";要求他们把全部政权交给布达佩斯的和其他区域性的工人委员会,"不管工人委员会成了什么样子";要求他们"不必在恢复共产党方面枉费心机","因为对群众来说,这样的党是官僚专制的化身"。这就是卡德尔同志给兄弟国家所设计的"非斯大林主义路线"的一个标本。匈牙利的同志们拒绝了卡德尔同志的这个建议。他们解散了被反革命分子所操纵的布达佩斯和其他区域性的工人委员会,坚持地发展了社会主义工人党。我们认为,匈牙利的同志们是做得完全正确的,否则匈牙利的将来就不会是社会主义，而是反革命。

南斯拉夫的同志们显然是做得太过分了。即令他们对于兄弟党的批评有某些合理的部分，但是他们所采取的基本立场和方法都违背了同志式的讨论的原则。我们不愿意干预南斯拉夫的内部事务，但是这里所说的并不是内部事务。为了巩固国际共产主义队伍的团结，为了不给敌人在我们队伍中制造混乱和分裂的条件，我们不能不向南斯拉夫的同志们提出兄弟般的劝告。

三

斯大林的错误的一个严重后果是教条主义的发展。各国共产党的队伍在批判斯大林的错误的同时，展开了克服教条主义的斗争。这个斗争是完全必要的。但是一部分共产主义者由于对斯大林采取了否定一切的态度，由于提出了反对"斯大林主义"的错误口号，因而帮助了对于马克思列宁主义的修正主义思潮的发展。这种修正主义的思潮无疑是有利于帝国主义对于共产主义运动的进攻的，而事实上，帝国主义也正在积极地利用这种思潮。我们在坚决反对教条主义的时候，必须同时坚决反对修正主义。

马克思列宁主义认为：在人类社会的发展中有共同的基本规律。但是在不同的国家和民族中间，又存在着千差万别的特点。因此，每个民族都经历着阶级斗争，并且最后都将沿着在一些基本点上相同、而在具体形式上各有不同的道路，走向共产主义。只有善于根据自己的民族特点运用马克思列宁主义的普遍真理,各国无产阶级的事业才能得到成功。而且只要他们这样做,他们就会创造出自己的新的经验,从而给别的民族和整个马克思列宁主义宝库作出一定的贡献。教条主义者不了解,马克思列宁主义的普遍真理只有通过一定的民族特点,才能在现实生活中具体地表现出来和发生作用。他们不肯认真地研究本国、本民族的社会历史特点,不肯根据这些特点具体地运用马克思列宁主义的普遍真理。因此,他们也就不可能指导无产阶级的事业达到胜利。

　　马克思列宁主义既然是各国工人运动经验的科学总结,当然不能不重视运用先进国家经验的问题。列宁在《做什么?》一书中说过:"社会民主主义的运动,根本上就是国际的。这不仅是说我们应当反对本国沙文主义,而且是说在年轻国家内刚刚开始的运动,只有在它运用别国经验的条件下,才能顺利发展。"列宁在这里是说俄国刚刚开始的工人运动必须运用西欧工人运动的经验。在年轻的社会主义国家运用苏联经验的问题上,他的这个观点也是适用的。

　　但是学习必须有正确的方法。苏联的一切经验,包括基本的经验,都是同一定的民族特点结合在一起的,都是别的国家所不应该原样照抄的。如前所说,苏联的经验中还有错误的、失败的部分。所有这些成功的和失败的经验,对于善于学习的人都是无价之宝。因为它们都可以帮助我们少走弯路,少受损失。反之,如果不加分析地原样照抄,那么,在苏联成功了的经验也可以在别的国家造成失败,更不要说失败的经验了。列宁在我们上文所引用的话下面紧接着说:"但是,要真能运用别国经验,单单认识这种经验或单单抄袭别国最近的决议，是不够的。为此就必须善于用批评的态度来看待这种经验，独立地检查它。谁只要想一想现代工人运动已发展和散播到了如何广大的地步，就会懂得，为了履行这个任务，该要有多少丰富的理论力量和政治经验（以及革命经验）。"显然，在无产阶级已经取得政权的国家，问题比列宁在这里所说的更要复杂许多倍。

在中国共产党的历史上，在一九三一年到一九三四年间，教条主义者否认中国的特点，照抄苏联的某些经验，曾经使我国的革命力量遭到严重的失败。这个失败深刻地教训了我们的党。我们的党在一九三五年的遵义会议到一九四五年的第七次全国代表大会期间，曾经彻底地清算了这条为害严重的教条主义路线，团结了全党同志，包括犯过错误的同志在内，发展了人民的力量，从而取得了革命的胜利。如果不是这样做，取得胜利是不可能的。因为我们克服了教条主义路线，我们的党现在在学习苏联和其他兄弟国家的经验的时候，才有可能比较地少犯一些错误。也由于这样，我们能够充分了解目前波兰和匈牙利的同志们纠正过去时期教条主义错误的必要性和艰巨性。

教条主义的错误在任何时候任何地方都是必须纠正的。我们将继续努力纠正和防止在我们工作中的这类错误。但是反对教条主义同容忍修正主义毫无共同之点。马克思列宁主义承认各国的共产主义运动必然有它的民族特点，但是这决不是说，各国的共产主义运动可以没有基本的共同点，可以离开马克思列宁主义的普遍真理。在目前的反对教条主义的潮流中间，在我们国内和国外，都有人借口反对照抄苏联经验，而否认苏联的基本经验的国际意义，借口创造性地发展马克思列宁主义，而否认马克思列宁主义的普遍真理的意义。

由于斯大林和其他一些社会主义国家过去时期的领导者犯了破坏社会主义民主的严重错误，共产主义队伍中的一些不坚定的分子，就借口发展社会主义民主，企图削弱或者否定无产阶级专政，削弱或者否定社会主义国家的民主集中制，削弱或者否定党的领导作用。

无产阶级专政必须把对于反革命力量的专政同最广泛的人民民主，亦即社会主义民主，紧密地结合在一起，这是不能有任何怀疑的。无产阶级专政之所以强有力，所以能够战胜国内外的强大敌人而负起实现社会主义的伟大历史任务，正因为它是劳动群众对剥削者的专政、大多数人对少数人的专政，正因为它对于广大劳动人民实现了任何资产阶级民主所不能实现的民主。离开了对于广大劳动人民的密切联系，离开了他们的积极支持，就不可能有什么无产阶级专政，至少不可能有巩固的无产阶级专政。阶级斗争愈是紧张，无产阶级愈是需要采取最坚决最彻底的态度，依靠广大的人民群众，动员他们的革命积极性来战胜反革命力量。苏联十月革命时期和紧接着的国内战争时期"热火朝天"的群众斗争的经验，充分地证明了这个真理。我们党所常说的"群众路线"，也就是从苏联当时的经验学来的。苏联当时的紧张斗争，基本上依靠着人民群众的直接行动，当然不可能具备完善的民主程序。到了剥削阶级已经消灭、反革命力量已经基本上肃清以后，无产阶级专政虽然对于国内的反革命残余（这种残余在帝国主义存在期间不可能完全肃清）仍然是必要的，但是它的主要锋芒就应该转向防御国外的帝国主义侵略势力。在这种条件下，当然应该在国内政治生活中逐步地发展和健全各种民主的程序，健全社会主义法制，加强人民对于国家机关的监督，发展国家管理工作和企业管理工作中的民主方法，密切国家机关和企业管理机关同广大群众的联系，撤除损害这种联系的障碍，进一步克服官僚主义的倾向，而不应该像斯大林那样，在阶级消灭以后仍然强调阶级斗争的尖锐化，因而妨害了社会主义民主的健全的发展。苏联共产党坚决地纠正了斯大林在这个问题上的错误，这是完全正确的。

社会主义民主在任何意义上都不允许同无产阶级专政对立起来，都不允许同资产阶级民主混淆起来。无论在政治方面、经济方面和文化方面，社会主义民主的唯一目的，都是为了加强无产阶级和全体劳动人民的社会主义事业，为了发展他们建设社会主义的积极性，为了发展他们同一切反社会主义努力作斗争的积极性。因此，如果有一种民主可以被利用来进行反社会主义的活动，可以被利用来削弱社会主义事业，那么，这种所谓"民主"就决不是什么社会主义民主。

但是有些人并不是这样认识问题的。对于匈牙利事件的反应，最显著地暴露了这一点。在过去时期的匈牙利，劳动人民的民主权利和革命积极性受到破坏，而反革命分子却没有受到应有的打击，以致反革命分子在一九五六年十月间能够很容易地利用群众的不满情绪，组织武装叛乱。这就说明了过去时期的匈牙利还没有认真地建立起无产阶级专政。但是，当匈牙利处在革命和反革命、社会主义和法西斯主义、和平和战争的紧急关头的时候，一些国家的共产主义知识分子

是怎样提出问题的呢？他们不但没有提出实行无产阶级专政
的问题，反而出来反对苏联援助匈牙利社会主义力量的正义
行动，出来宣称匈牙利的反革命是"革命"，出来向工农革命政
府要求给予反革命分子以"民主"！个别社会主义国家的某些
报纸，至今还在放肆地诋毁在艰苦条件下英勇奋斗的匈牙利
共产主义者所采取的革命措施，但是对于全世界反动派的反
共、反人民、反和平的浪潮，却几乎默不作声。这些奇异的事
实说明了什么呢？这些事实说明，那些离开无产阶级专政而
高谈民主的"社会主义者"，实际上是站在资产阶级方面而反
对无产阶级，实际上是要求资本主义而反对社会主义，虽然他
们中间许多人或者并没有自觉到这一点。列宁曾经再三指
出，无产阶级专政的学说是马克思主义的最主要之点；是否承
认无产阶级专政，乃是"马克思主义者和庸俗小资产者（以及
大资产者）之间的最深刻的区别"。对于一九一九年的匈牙利
无产阶级政权，列宁曾经要求他们"采取严酷无情和迅速坚决
的强力手段"来镇压反革命分子，并且说："谁不了解这一点，
谁就不是革命者，谁就没有资格当无产阶级的领袖或顾问。"
由此可见，人们如果因为看到了斯大林后期所犯的错误，看到
了过去时期匈牙利领导者所犯的错误，就否认马克思列宁主
义关于无产阶级专政的基本原理，把这个基本原理污蔑为什
么"斯大林主义"和"教条主义"，那就会走上背叛马克思列宁
主义和离开无产阶级革命事业的道路。

　　否认无产阶级专政的人们也否认社会主义民主需要集
中，否认无产阶级政党在社会主义国家中的领导作用。这些
议论，对于马克思列宁主义者说来，当然不是什么新东西。恩

格斯在同无政府主义者斗争的时候早已指出,在任何社会组织中,只要有联合活动存在,就必须有一定的权威和一定的服从。权威和自治之间的关系是相对的,它们的应用范围是因社会发展阶段不同而有所改变的。恩格斯说:"把权威原则描写成绝对坏的东西,而把自治原则描写成绝对好的东西,这是荒谬的"。他并且说,谁要是坚持这种荒谬观念,谁就是在实际上"为反动派效劳"。列宁在反对孟什维克派的斗争中,透彻地指出了党的有组织的领导对于无产阶级事业的决定意义。在一九二〇年批评德国共产主义"左派"的时候,列宁着重地指出:否认党的领导作用,否认领导者的作用,否认纪律,"这就等于完全解除无产阶级的武装以帮助资产阶级。这也就恰恰是小资产阶级的散漫、动摇、不能坚忍、不能团结、不能整齐动作等等的劣根性。这种劣根性如果任其横行,必使任何无产阶级的革命运动都会一败涂地。"这些原理是否过时了呢?是否不适用于某些国家的特殊情况呢?运用了这些原理,是否就会产生斯大林的错误呢?事实显然不是如此。马克思列宁主义的这些原理,经历了国际共产主义运动和社会主义国家发展的历史考验,到现在还没有遇到过一种可以称为例外的情况。斯大林的错误不是由于实行了国家生活中的民主集中制,实行了党的领导,恰恰是由于他在一定范围内和一定程度上破坏了民主集中制和破坏了党的领导。正确地贯彻国家生活中的民主集中制,正确地加强党对于社会主义事业的领导,乃是社会主义阵营各国团结人民、战胜敌人、克服困难而获得强大发展的基本保证。正是因为这样,帝国主义者和一切反革命分子为要打击我们的事业,总是向我们要求

"自由化"，总是集中力量来破坏我们事业中的领导机构，来破坏无产阶级的核心共产党。他们对于目前某些社会主义国家中由于党和国家机关的纪律受到损害而产生的"不稳定状态"，表示了极大的满意，并且正在利用这种状况来加紧他们的破坏活动。这个事实说明，维护民主集中制的权威，维护党的领导的作用，对于人民群众的基本利益具有多么严重的意义。毫无疑问，民主集中制的集中必须建立在广泛的民主的基础上，党的领导必须是密切联系人民群众的领导。在这些方面如果发生了缺点，就必须坚决地加以批判和克服。但是对于这些缺点的批判，只能是为着巩固民主集中制，巩固党的领导，而绝对不能是像敌人所企求的那样，造成无产阶级队伍的涣散和混乱。

在借口反对教条主义而修正马克思列宁主义的人们中间，有些人索性否认无产阶级专政和资产阶级专政之间的界限，否认社会主义制度和资本主义制度之间的界限，否认社会主义阵营和帝国主义阵营之间的界限。在他们看来，用不着经过无产阶级政党领导的无产阶级革命，用不着建立无产阶级政党领导的国家，某些资产阶级国家就可以建设社会主义，它们的国家资本主义就已经是社会主义，甚至全人类社会都已经在"长入"社会主义了。但是，正在他们进行这种宣传的时候，帝国主义对于已经建立了多年的社会主义国家，却正在动员一切可以动员的军事、经济、外交、特务和"道义"的力量，积极准备把它们"破坏"和"搞垮"。这些国家的潜伏的和逃亡到外国的资产阶级反革命分子，也还在力求复辟。修正主义的思潮虽然是有利于帝国主义的，但是帝国主义者的行动，却并不有利于修正主义,而是证明了修正主义的破产。

四

为了反对帝国主义的进攻,各国无产阶级的最迫切的任务之一,是加强无产阶级的国际团结。帝国主义者和各国反动派为了达到他们的毁灭共产主义事业的目的,正在利用各国人民中狭隘的民族感情和某些民族隔阂,来千方百计地破坏无产阶级的国际团结。坚定的无产阶级的革命派坚决地维护这个团结,把这个团结看成各国无产阶级的共同利益。动摇分子在这个问题上动摇不定,没有明确的立场。

共产主义运动一开始就是国际性的运动,因为只有各国无产阶级共同努力,才能战胜各国资产阶级的共同压迫,而实现自己的共同利益。共产主义运动中的这种国际团结,大大地帮助了各国无产阶级革命事业的发展。

俄国十月革命的胜利,给了国际无产阶级革命运动的新发展以巨大的推动力量。在十月革命以来的三十九年中,国际共产主义运动已经得到了极其伟大的成就,在世界范围内成为强大的政治力量。全世界无产阶级和一切渴望解放的人们,都把关于人类的光明前途的全部希望,寄托在这个运动的胜利上面。

在过去的三十九年中,苏联由于是第一个胜利的社会主义国家,而在社会主义阵营出现以后,又是这一阵营中最强大和经验最丰富的国家,对于各社会主义国家以及资本主义世界的各国人民能够给予最重大的援助,所以它一直是国际共产主义运动的中心。这种情况不是任何人人为地决定的,而是历史条件所自然形成的。为了各国无产阶级共同事业的利益,为了共同反对以美国为首的帝国主义阵营对于社会主义事业的进攻,为了争取社会主义各国经济文化的共同高涨,我们必须继续加强以苏联为中心的国际无产阶级的团结。

各国共产主义政党之间的国际团结,是人类历史上一种完全新式的关系。这种关系的发展过程当然不会没有困难。各国共产主义政党必须联合,同时必须保持各自的独立。历史的经验证明,如果不把这两个方面正确地统一起来,而忽视任何一个方面,就不能不犯错误。当各国共产党相互间保持平等的关系,经过真正的而不是形式上的协商而达到意见和行动的一致,它们的团结就会增进。反之,如果在相互关系中把自己的意见强加于别人,或者用互相干涉内部事务的办法代替同志式的建议和批评,它们的团结就会受到损害。在社会主义各国中,由于共产党已经对于国家生活担负领导责任,由于党同党之间的关系往往直接涉及国家间的关系和民族间的关系,这种关系的正确处理就成为一个更加需要慎重对待的问题了。

马克思列宁主义从来坚持无产阶级的国际主义同各国人民的爱国主义相结合。一方面,各国共产党必须用国际主义的精神教育党员和人民,因为各国人民的真正的民族利益要求各民族的友好合作。另一方面,各国共产党又必须成为本国人民的正当的民族利益和民族感情的代表者。共产党人从来是真诚的爱国主义者,而且他们了解,只有在正确地代表了民族利益和民族感情的时候,他们才能受到本国广大人民真正的信任和爱戴,才能有效地在人民群众中间进行国际主义的教育,有效地协调各国人民的民族感情和民族利益。

为了巩固社会主义各国的国际主义团结,社会主义各国的共产党必须相互尊重对方国家的民族利益和民族感情。在较大国家的党对待较小国家的党的关系中,这一点尤其具有重要的意义。为了不致引起较小国家方面的反感,较大国家的党需要经常注意采取平等的态度。列宁说得对:"各国有觉悟的共产主义无产阶级,对于遭受压迫极久的国家和民族内的民族心理残余,要特别慎重,特别注意。"

如前所说,斯大林在对待兄弟党和兄弟国家的关系中,曾经表现过某些大国主义的倾向。这种倾向的实质,就是忽视各国共产主义政党和各个社会主义国家在国际联合中的独立平等地位。这种倾向有一定的历史原因。旧时代大国对待小国的积习固然还会留下某些影响,而一个党或者一个国家在革命事业中所取得的一系列胜利,也难免使人们产生一种优越感。

正是因为这样,为了克服大国主义的倾向,需要作有系统的努力。大国主义并不是某一国家特有的现象。乙国比甲国小和落后,但是比丙国大和先进,这样,乙国尽管埋怨甲国的大国主义,却往往同时对于丙国摆出大国的架子。我们中国人特别需要记住的是:我国在汉唐明清四代也是大帝国。虽然我国从十九世纪中叶以后的百年间成了被侵略的半殖民地,虽然我国现在还是一个经济文化落后的国家,但是在条件变化以后,大国主义倾向如果不竭力防止,就一定会成为严重的危险。而且应该指出,目前这种危险在我们的一些工作人员中已经开始露出了苗头。因此,中国共产党第八次全国代表大会的决议和中华人民共和国政府十一月一日的声明,都向自己的工作人员提出了反对大国主义倾向的任务。

但是妨碍无产阶级国际团结的,不仅有大国主义。大国在历史上不尊重甚至压迫小国,小国在历史上不信任甚至仇视大国。这两种倾向在各国人民中以至各国无产阶级队伍中都还或多或少地存在着。因此,为了巩固无产阶级的国际团结,除了首先要在较大国家中克服大国主义的倾向以外,还必须在较小国家中克服民族主义的倾向。无论是在大国或是小国,共产党人如果把本国本民族的利益同国际无产阶级运动的总利益对立起来,借口前者而反对后者,在实际行动中不认真维护无产阶级的国际团结,反而损害这种团结,这就是一种违反国际主义、违反马克思列宁主义的严重错误。

斯大林的错误曾经引起了某些东欧国家人民的严重不满。但是,在这些国家中,某些人对于苏联的态度也不是公正的。资产阶级民族主义分子竭力夸大苏联的缺点,而抹煞苏联的贡献。他们企图使人们不想到这一点:如果没有苏联存在,帝国主义将怎样对待这些国家和这些国家的人民。我们中国共产党人十分高兴地看到,波兰和匈牙利的共产主义政党现在已经在认真地制止那些制造反苏谣言、在各个兄弟国家的关系中煽动民族对立的坏分子的活动,并且着手破除在一部分群众中以至一部分党员中的民族主义偏见。这显然是巩固社会主义国家友好关系的迫切需要的措施之一。

我们在前面已经指出,苏联过去时期的对外政策,基本上是符合于国际无产阶级利益、符合于被压迫民族利益、符合于世界人民利益的。苏联人民在过去的三十九年中，在援助各国人民的事业方面作了巨大的努力和英勇的牺牲。斯大林所犯的一些错误，决不能使伟大的苏联人民的这种历史功绩减色。

苏联政府在改善苏南关系方面所作的努力，苏联政府在一九五六年十月三十日的宣言，以及在一九五六年十一月间同波兰的会谈，表示了苏联共产党和苏联政府彻底消除过去对外关系中的错误的决心。苏联所采取的这些步骤，对于加强国际无产阶级的团结，是一个重大的贡献。

很明显，当帝国主义者向各国共产主义队伍进行疯狂进攻的今天，各国无产阶级需要努力加强相互间的团结。大敌当前，那些妨害国际共产主义队伍团结的言论和行动，无论用了什么名义，都难于指望获得各国共产主义者和各国劳动人民的同情。

加强以苏联为中心的无产阶级的国际团结，不但符合于各国无产阶级的利益，也符合于全世界被压迫民族独立运动和全世界和平事业的利益。亚洲、非洲、拉丁美洲的广大人民，从切身的经验出发，很容易了解谁是他们的敌人，谁是他们的朋友。因此，帝国主义所煽动的反共、反人民、反和平的浪潮，在这些洲的十几亿人口中只能找到极少数人的冷落的响应。事实证明，苏联、中国、其他社会主义国家以及帝国主义国家的革命无产阶级，是埃及反侵略斗争的忠实支持者，是亚洲、非洲、拉丁美洲各国独立事业的忠实支持者。在反对帝国主义的斗争中，社会主义国家、帝国主义国家的无产阶级和争取民族独立的国家这三种力量，具有共同的利害，它们的相互支援对于人类前途和世界和平具有最伟大的意义。帝国主义侵略势力最近时期重新造成了国际形势的一定程度的紧张。但是依靠上述三种力量的联合斗争，加上全世界其他一切爱好和平的力量的共同努力，这种紧张状况是可以重新转向和缓的。帝国主义侵略势力不但没有从对埃及的侵略中得到什么东西，反而遭到了沉重的打击。由于苏联军队对于匈牙利人民的援助，帝国主义在东欧制造战争前哨阵地和破裂社会主义阵营团结的计划，也已经归于失败。社会主义各国坚持同资本主义国家和平共处，坚持发展相互间的外交关系和经济文化关系，坚持以和平谈判解决国际争端，坚持反对准备新的世界战争，坚持在全世界扩大和平地区、扩大和平共处五项原则的应用范围。所有这些努力，必将在全世界被压迫民族和爱好和平的人民中获得愈来愈广泛的同情。国际无产阶级团结的加强，更将使帝国主义好战分子不敢轻于冒险。因此，尽管帝国主义还在抵抗这些努力，但是和平的力量终将战胜战争的力量。

＊　　　　　＊　　　　　＊

国际共产主义运动的历史，如果从一八六四年第一国际成立的时候算起，到现在还只有九十二年。在这九十二年中，虽然有许多迂迴曲折，但是整个运动的进展是十分迅速的。在第一次世界大战期间，出现了占世界土地六分之一的苏联；而在第二次世界大战以后，又出现了占世界人口三分之一的社会主义阵营。这些社会主义国家犯了一些这样那样的错误，敌人就高兴起来了，有些同志和朋友就难过起来了，其中有一些人甚至对于共产主义事业的前途发生了动摇。但是无论敌人的高兴、同志和朋友的难过或者动摇，都是没有充足理由的。无产阶级初次担负国家的管理，迟的只有几年，早的也只有几十年，要求他们不遭到任何失败是不可能的。短时间的、局部范围的失败，不但过去有，现在有，将来也还会有。但是任何有远见的人决不会为此而感觉失望和悲观。失败是成功之母。目前的短时间的局部性的失败，正是增加了国际无产阶级的政治经验，从而为无限的将来岁月的伟大成功准备条件。如果拿英国资产阶级革命和法国资产阶级革命的历史来比较，我们事业中的这些失败就简直算不得什么。英国的资产阶级革命，开始于一六四〇年。但是在战胜了国王以后，接着就出现了克伦威尔的独裁统治。接着又出现了一六六〇年的旧王朝的复辟。直到一六八八年，资产阶级政党以政变的方式从荷兰迎来了一个带着荷兰海陆军进入英国的国王，这才使英国的资产阶级专政稳定下来。法国资产阶级革命从一七八九年爆发到一八七五年第三次共和国成立，经过了八十六年，中间交织着进步和反动，共和和帝制，革命的恐怖和反革命的恐怖，内战和外战，征服外国和投降外国，尤其动荡不宁。社会主义革命虽然受着全世界反动派的联合压迫，它的整个道路却顺利和稳定得多。这正是说明了社会主义制度的空前强大的生命力。在最近一段时间内，国际共产主义运动虽然遭到了一些挫折，但是我们却从此得到了许多有益的教训。我们纠正了或者正在纠正我们队伍中必须纠正的一些错误。在错误纠正以后，我们就会更加强大起来，就会团结得更好。同敌人的预料相反，无产阶级的事业将更好地前进而不是后退。

　　但是帝国主义的命运却完全是另一回事。在那里,帝国主义跟被压迫的民族之间,帝国主义国家相互之间,帝国主义政府跟人民之间,存在着根本利害的冲突,这种冲突愈来愈尖锐,没有一个医生能够找出医治的药方。

　　当然,新生的无产阶级专政的体系,目前在许多方面还有许多困难,还有许多弱点。但是比之以前苏联孤军奋斗的情况,我们现在是好得多了。而且,哪有一种新生的事物没有困难和弱点呢? 问题是在于未来。我们前面的道路无论还有多少曲折,人类最后总是要走到光明的目的地——共产主义,这是没有任何力量可以阻止的。

为什么要整风？

（一九五七年五月二日《人民日报》社论）

无产阶级革命，如马克思所说，经常自己批判自己。自己批判自己，是为了从过去的错误缺点中取得教训，为将来的胜利准备条件。事实上，无产阶级的历史性胜利，常常是随着彻底的自我批判而来。俄国一九一七年十月革命的胜利，是俄国共产党人对于右倾机会主义的批判的结果。中国一九四九年革命的胜利，是中国共产党人对于党内左倾教条主义宗派主义和右倾机会主义的批判的结果——这个批判的群众性运动，就是一九四二年的整风运动。

现在我们党决定进行一次新的整风，新的自我批判。什么情况促使我们进行这个新的自我批判？我们是为着争取什么样的新胜利？

党中央关于整风运动的指示，实质上是党的第八次全国代表大会决议的继续。第八次大会的决议指出：随着社会主义改造的决定性的胜利，我国无产阶级同资产阶级之间的矛盾已经基本上解决，几千年来的阶级剥削制度的历史已经基本上结束。因此，我们国内的主要矛盾，已经不再是敌对阶级间的矛盾，已经是人民对于建立先进的工业国的要求同落后的农业国的现实之间的矛盾，已经是人民对于经济文化迅速发展的需要同当前经济文化不能满足人民需要的状况之间的矛盾。显然，党是面对着一种无论从党的历史上说来或是从我们整个国家的历史上说来都是完全新的形势和任务。敌对阶级间的矛盾既不复成为国内的主要矛盾，党在国内问题上的主要任务，就成为团结全体人民来发展生产，也可以说，来同自然界作斗争。但是这并不是说，在新形势下的国内主要矛盾，已经变为人同自然界的矛盾。人类同自然界的斗争从来是而且永远是通过社会来进行的，通过一定的生产关系来进行的。因此，人民对于建立先进的工业国的要求同落后的农业国的现实之间的矛盾，人民对于经济文化迅速发展的需要同当前经济文化不能满足人民需要的状况之间的矛盾，在现实的社会生活中，必然仍然表现为人同人之间的矛盾，只是这种矛盾由敌对阶级间的矛盾变成了人民内部的矛盾罢了。所谓团结全体人民，所谓调动一切积极力量，将消极力量转化为积极力量，无非就是要正确地处理人民内部的矛盾。而这次整风运动的目的，也就是要全党学会正确地处理人民内部的矛盾，以便完满地完成发展社会主义建设、建成社会主义国家的伟大任务。

正确地处理人民内部矛盾，当然并不是现在才发生的问题。国际无产阶级的革命运动从一开始，就是团结无产阶级本身、团结劳动农民和团结劳动知识分子的过程，这个过程也就是处理人民内部矛盾的过程。马克思、恩格斯、列宁和其他马克思主义经典作家关于无产阶级的内部团结和国际团结、关于工农联盟、关于无产阶级专政和社会主义民主、关于反对社会主义国家中的官僚主义等等问题上的理论,都是我们今天处理人民内部矛盾的基本指针。在中国,由于具体的历史条件,我们的革命斗争的发展,同我们团结农民的工作,同我们团结城市小资产阶级和民族资产阶级的工作,同我们为调整不同阶级阶层的利益而采取的各项政策,有特别密切的关系。在我们党领导革命人民建立了革命根据地和革命武装力量以后,我们在处理人民内部矛盾的问题上又增加了新的任务:正确地处理政府和人民的关系,政府的上下级之间的关系,正确地处理军民关系和军队中的官兵关系,等等。在处理人民内部矛盾的过程中,我们党发展了群众路线的工作方法,并且确立了"从团结的愿望出发,经过批评和自我批评,在新的基础上达到新的团结"的原则。我们的国家是一个长时期被压迫的国家,我们的党是一个长时期被压迫的党。曲折的艰辛的斗争经验,迫使我们党不能不特别谨慎地对待我们的唯一依靠——人民群众,迫使我们党不能不特别注意严格地区别对敌人的关系和对人民的关系。还在抗日战争时期,毛泽东同志就向党政工作人员和解放军官兵提出了通俗的口号:"对己要和,对敌要狠"。一九四九年,中国革命胜利了,毛泽东同志随即在《论人民民主专政》一书中明确地指出:"对人民内部的民主方面和对反动派的专政方面,互相结合起来,就是人民民主专政。"毛泽东同志在这本书里还着重指出了在人民内部采用说服方法而不是强迫方法的必要:

"人民的国家是保护人民的。有了人民的国家,人民才有可能,在全国范围内和全体规模上,用民主的方法,教育自己和改造自己,使自己脱离内外反动派的影响(这个影响现在还是很大的,并将在长时期内存在着,不能很快地消灭),改造自己从旧社会得来的坏习惯和坏思想,不使自己走入反动派指引的错误路上去,并继续前进,向着社会主义社会和共产主义社会发展。

"我们在这方面使用的方法,是民主的即说服的方法,而不是强迫的方法。人民犯了法,也要处罚,也要坐班房,也有死刑,但这是若干个别的情形,和对于反动阶级当做一个阶级的专政来说,有原则的区别。"

大家知道,毛泽东同志今年二月间在最高国务会议上的讲话中关于正确处理人民内部矛盾问题的观点,同这里的观点是一脉相承的。但是在社会主义革命已经基本上成功以后,把这个观点特别加以发展和发挥,在全党和全国人民中进行大规模的宣传教育,却有新的、伟大的历史意义。

我们已经说过,社会形势现在发生了根本的变化。原来的反动统治阶级已经被推翻,原来同工人阶级有对抗性矛盾的民族资产阶级也已经转入拥护社会主义的立场,这个阶级的成员虽然还没有完全放弃剥削,但是正在向自食其力的劳动者转化。这样,在整个国内政治生活中,虽然还有反革命的残余,因而敌我矛盾还存在(忽视这种存在是非常危险的),但是由于敌我矛盾退居次要地位,人民内部矛盾就转到舞台的主要方面来了。这当然不是说,人民内部的矛盾在我国目前已经有什么尖锐化。社会主义制度在人类史上还是年青的,在我国尤其年青,它只在开始表现它的强大的生命力。人民内部的许多由于剥削制度和生产资料私有制度而产生的矛盾现在正在消灭,人民的团结是大大巩固和扩大了。但是历史总是不断地在矛盾的发展中前进的。我国的社会生活,虽然刚刚转入社会主义的轨道,也不会没有矛盾。在一方面,资产阶级、小资产阶级同它们的知识界,在目前整个社会生活的大改组中间,还不能适应或者还不能完全适应新的环境,还需要一段很长的继续自我改造的时间。在另一方面,工人阶级,工人阶级的政党共产党和以共产党为核心的人民政府,在领导社会主义的建设方面还缺乏经验,还免不了要犯这样那样的错误。我们在《再论无产阶级专政的历史经验》一文中曾经指出,在基本制度适合需要的情况下,在生产关系和生产力之间,在上层建筑和经济基础之间,也仍然存在着一定的、处在"数量变化"阶段的矛盾,需要及时地加以调整。而且,有了正确的制度,还需要正确地运用这种制度,还需要有正确的政策、正确的工作方法和工作作风。所有这一切,都会在人民内部表现为各种形式的矛盾,特别是领导者同群众之间的矛盾。既然我们还缺乏经验,显然就不能不在这些方面遇着更多的问题,更复杂的任务。

对于这种形势,对于社会主义社会中的人民内部矛盾的发展,可以有两种态度。一种是盲目的、不自觉的、绝对的态度,就是片面地强调社会主义社会内部的统一和一致,片面地强调领导的正确性和权威性,否认或者不重视人民内部的客观存在着的矛盾,否认或者不重视领导工作中的错误和缺点。另一种是自觉的、分析的、自我批判的态度,就是既承认社会主义社会中人民内部的统一和一致,又承认社会主义社会中人民内部的矛盾,既肯定领导工作的成就,肯定一定范围的集中的必要,又肯定领导工作中的错误和缺点的存在,肯定在社会主义社会中扩大民主生活、扩大批评和自我批评的必要。前一种态度是形而上学的态度，后一种态度是辩证法的态度。采取前一种态度，就会在领导工作中发展官僚主义、宗派主义、主观主义的倾向，甚至在特殊情况下发展为贵族化和专制主义的倾向，使社会主义社会的发展发生某种停滞、硬化的现象，就会使我们在人民内部的矛盾表面化的时候惊慌失措，把它误认为敌我之间的矛盾，误用对待敌人的方法去对待人民，从而使人民内部的矛盾具有发展为对抗性矛盾的危险。采取后一种态度，就要求同官僚主义、宗派主义、主观主义的倾向进行经常的斗争，使社会主义社会经常保持生动活泼的发展，就要求我们对人民内部的矛盾经常保持清醒的、客观的、富有预见性的态度，要求严格地区别人民内部的矛盾和敌我之间的矛盾，让人民有不同的意见敢于自由发表，能够自由讨论，使人民内部的矛盾容易经常得到及时的、正确的解决，而不至发展为对抗性的矛盾。

党中央决定在我国社会主义革命基本上完成的条件下进行全党范围的整风运动，就是要全党学会用第二种态度来对待新的社会形势，对待人民内部矛盾，对待自己的工作，就是要全党自觉地把我国的社会主义事业、把我国的政治生活、把我们整个国家引导到生动活泼的发展道路上去。

我们党的工作已经得到伟大的光荣的成就，这是不能怀疑的。从整个来说，我们党是密切联系群众的，这也是人们所不能否认的事实。但是领导者的任务，不是陶醉于已得成绩的歌颂，而是随时发现地平线上的新事物，并且及时采取相应的步骤。我们面前有很多很多积极的新事物，但是也有消极的新事物。这些消极的新事物,就是党内许多同志对于新的社会形势不自觉,对于人民内部矛盾已经在我国历史舞台上代替敌我矛盾而居于主要地位的事实不自觉,他们不懂得或者不善于严格地区别敌我矛盾和人民内部矛盾,因而不能够正确地处理人民内部矛盾;就是在革命胜利以后,党内的官僚主义、宗派主义、主观主义倾向有了新的滋长,许多同志喜欢采取单纯的行政命令的办法去处理问题,对于名誉地位和形形色色的特权表现了很大的兴趣,而不愿意深入群众,同群众同甘共苦,坚持群众路线的工作方法,其中有少数人竟至沾染国民党作风的残余,不把工人、农民、学生、士兵、知识分子、民主党派、少数民族的群众看做自己人,不让他们有说话的机会,如果他们说了不满意的话就对他们采取打击办法。这种恶劣的情况虽然是少数,但是如果不坚决地加以改变,那么,人民的利益和社会主义的利益就要受到损害,我们党和群众之间的联系就要受到损害,我们就不能把一切积极的力量都调动起来,甚至某些积极的力量还要变成消极的力量,而我们的国家也就无从走上生动活泼的发展道路。很明显,我们党决不能允许这种情况继续下去。

我们不但要用"团结——批评——团结"的方法克服党内一部分同志的官僚主义、宗派主义、主观主义的倾向,而且要使全党对于社会主义革命以后的新的社会形势获得自觉,对于社会主义社会内部矛盾的发展规律获得自觉,要使全党进一步加强同广大群众的联系,发扬同群众同甘共苦的优良传统,要在全国采取扩大民主生活、扩大批评和自我批评的方法,使领导者和群众之间的矛盾变得容易发现和容易顺利解决,使全体人民在社会主义社会中感觉到有充分的自由、平等和主人翁的感觉,这样,他们就会更容易地脱离旧时代的影响,更积极地建设社会主义的经济和文化。

领导者脱离群众的一个重要原因是他们脱离体力劳动。要使国家工作人员的脑力劳动同工人农民的体力劳动完全互相结合起来,在目前的社会发展水平下还不能够做到。但是这决不是说,现在不能够或者不应该把他们的脑力劳动同工人农民的体力劳动之间的鸿沟打破。党中央的指示要求各级党政军领导人员,首先是党内的少数领导人员,凡能多少从事体力劳动的,都用一部分时间同工人农民一起参加体力劳动。如中央的指示所说,这将使领导者同群众打成一片,使人民内部的关系面貌一新,使官僚主义、宗派主义、主观主义、老爷架子,大大减少。

大家都可以看到,彻底实现党中央关于整风运动的指示,不但将使我们党同全国人民群众的联系大大巩固起来,而且将使我们新建立的社会主义生产关系大大地巩固起来,使我们新建立的社会主义国家大大地巩固起来。

因此,跟一九四二年的整风运动保证了我国人民革命斗争的胜利一样,目前的整风运动将保证我国的社会主义事业的胜利,保证我们能够在不太长的时间内,把我国建成为一个富强的、先进的、生动活泼地不断向前发展的伟大的社会主义国家。

是不是立场问题？

（一九五七年六月十四日《人民日报》社论）

在当前的整风运动中，大家都可以看到一个显著的现象，就是对于同样一件事，人们的看法往往很不相同，甚至完全相反。这是怎么一回事呢？

我们认为，这可以有好些原因，但是最重要的，是由于人们的立场不同。

有的人说，现在是处理人民内部的矛盾，为什么又提出立场问题来呢？

我们认为，处理人民内部的矛盾，并不排除立场问题。在我国目前时期，人民内部还是有不同的阶级。资产阶级的成员虽然正在向劳动者转化，小资产阶级的绝大部分虽然已经参加了合作组织，但是这两个阶级的思想影响都还将在长时期内存在。提出立场问题，了解各自的思想实质，正是正确处理人民内部矛盾的一个必要条件。否则，连彼此的立场都还没有弄清，怎么能求得真正的团结呢？

我们的国家正在建设社会主义。在建设社会主义的过程中，原来的资产阶级和小资产阶级的成员，都将最后转化为工人和集体农民（包括他们的知识分子）。这是唯一的前进的方向。只有大家朝着这个方向前进，才能在思想上达到一致。当然，要原来的资产阶级和小资产阶级的成员完全转入社会主义的立场是需要时间的，但是离开这个立场，却无法求得思想的一致，也就无法正确处理人民内部的新立场和旧立场之间的矛盾。

在"团结——批评——团结"这个公式中，团结要有一个标准，批评也要有一个标准。根本的标准，就是社会主义。不从社会主义的立场进行批评，也就不会达到在社会主义基础上的团结。

有人说，知识分子在过去几年中已经有了巨大的进步，而许多人却对于这个事实估计不足。我们认为，这个情况确是有的，在这个方面许多共产党员犯了错误，必须加以纠正。但是同时也有许多知识分子对于自己的进步估计过高。如果不然，就无法解释目前整风运动中的许多思想混乱了。

举一个例。在我国的民主革命、社会主义革命和社会主义建设中，成绩究竟是不是主要的？这本来是不应该成为问题的，因为民主革命的胜利、社会主义革命的胜利和社会主义建设的胜利，是经过全国亿万人民奋斗和劳动得来的结果，是不依人们的意志为转移的客观存在的事实。全国人民共同努力所建立的社会主义社会的基础，全国人民共同努力所发展的社会主义经济事业和社会主义文化教育事业，尽管有种种局部性质的缺点和错误，但是它们已经使祖国获得了迅速的进步，根本上改变了祖国的面貌。然而正是这个事实，在目前的许多知识分子中居然成为问题。在政治界、新闻界、教育界、文学艺术界、科学技术界、工商界的人士中，在青年学生中,都有一部分人(其中也包括很少数共青团员和共产党员)对于这一点发生了怀疑。在有些地方,在某些人的煽动下,竟至造成一种空气,不许别人说成绩是主要的,谁说了谁就是犯了教条主义和党八股的大罪。

为什么会发生这种现象呢?这里是不是有一个立场问题呢?

我们认为,成绩究竟是不是主要的,这是值得展开讨论的一个根本问题。我们建议全国各界都来辩论一下这个根本问题。因为承认缺点和错误的存在,现在并不成为问题。整风运动的任务,正是要动员全党以至全国人民的力量,同这些缺点和错误作斗争。倒是否认成绩,现在成了一个根本问题。因为如果认为社会主义革命和社会主义建设基本上是错误的,失败的,人们的面前就会是一片黑暗,新中国就会是一片黑暗,社会主义、马克思主义和共产党就会是一片黑暗。如果是这样,那么问题就根本不是整风,而是要毁灭人民的社会主义事业,毁灭人民的信心和民族的信心。

这是我们的危言耸听吗?大家请看,凡在不许人们说"成绩是主要的"这样一阵歪风的影响所及的范围内,难道不是已经造成了这样一种混乱吗?

造成一时的混乱,并没有什么可怕。因为客观存在的事实,毕竟不是任何诡辩所能驳倒的。那些本来是坚决反对社会主义的右派分子,现在由于故意制造这种混乱而在群众面前显出了自己的本来面目,这当然没有什么不好。那些一时陷入混乱的人们,经过了一番思想上的斗争而终于回到真理这一方面来,这也没有什么不好。但是无论如何,对于这些人们说来，这样一阵思想混乱，却很难不说是一次深刻的教训。

明察秋毫之末的大知识分子，不但不见舆薪，而且看不见天翻地覆的历史变化，却要等待普通的工人农民来纠正他。这样的人，立场如果不是根本错误，至少也是没有站稳吧？

一次教训并不能最终地解决立场问题。人们为了最终地完成立场的转变，还会需要好多次教训，特别是如果他们老是以为问题早已解决了的话。但是一次教训到底是一次教训。这也就说明了，目前的这一场争论，尽管有些人暂时觉得浑身不舒服，却是多么必不可少。

不平常的春天

（一九五七年六月二十二日《人民日报》社论）

　　一九五七年的春天，对于我国的政治界和知识界说来，是一段不平常的时间。

　　二月二十七日，毛主席在最高国务会议上作了《关于正确处理人民内部矛盾的问题》的讲演。这篇讲演虽然到现在才发表，但是它的内容早已在社会各界人士中间传布了。这篇讲演根据马克思主义的辩证法，阐明了我国在所有制方面基本上完成了社会主义革命以后所面临的一系列根本问题。它对于提高我国人民的觉悟，巩固我国人民的团结，推进我国社会主义事业的健康的发展，无疑将产生深刻的久远的影响。我们且不说遥远的将来，只从二月底到六月中这短短一段时间来观察一下，就已经可以看出它所提出的方针的威力来了。

　　由于系统地提出了正确地处理人民内部矛盾的方针，由于透彻地说明了百家争鸣、百花齐放的方针，由于在这个基础上开始了党的整风运动，我国的政治生活在过去一个时期内进行得特别活泼起来了。在一方面，人民群众对于党和政府的工作，提出了大量的积极的批评和建议，促使党和政府积极地采取步骤改进自己的工作，加强自己同人民群众的联系。

在另一方面,某些对社会主义事业心怀不满的资产阶级右派分子,也竭力利用党所提出的口号,来扩张自己的影响,争取自己的地位。三个多月的发展,比平常状态下的三年还快;三个多月给予人们的教训,比平常状态下的三年还丰富。

如果群众有意见不能够畅所欲言,党和政府怎么能够这样迅速地发现和克服自己的缺点呢?同样,如果人们的错误的以至反动的思想得不到充分表露的机会,群众又怎么能够这样清醒地识别他们的面貌,怎么能够起来纠正他们,批驳他们呢?

对于毛主席代表党中央所提出的方针,各种人的反应是不同的。广大群众热烈地拥护这个方针,因为它支持了群众在社会主义事业中的积极性和创造性,使得党和群众的联系加强了。党的联系群众的有政治远见的骨干分子坚决地执行这个方针,他们懂得这个方针将大大地促进党的工作的改善,保证党取得真正的主动,保证党对于大多数群众的团结。但是党内也有一部分人曾经怀疑甚至反对这个方针,他们害怕这将要引起天下大乱,或者因为他们沾染着比较浓厚的官僚主义、宗派主义、主观主义的习气,害怕受到群众的攻击。这一部分人落到了客观事物运动的后面,只是依靠党的教育改正了自己的错误观点,才能跟上历史的脚步。

资产阶级右派分子是另一种情形。他们对于中国走上社会主义道路是不甘心的。匈牙利事件加强了他们的一种想象:在所有制方面已经建立了社会主义基础的国家,仍然可以推翻,可以变质。同人民群众相反,他们不但不把毛主席的讲演看做是巩固社会主义制度的武器,而且想入非非,以为可以利用它来作为削弱社会主义制度的工具。为了削弱社会主义制度,他们的第一个步骤是削弱共产党对于国家工作的领导。因此,他们要求共同领导,或者要求共产党在某些范围内退出领导。他们竭力把百花齐放、百家争鸣、长期共存、互相监督的口号解释得适合于他们的目的,并且积极地在民主党派、知识分子、工商业者和青年学生中收集他们的支持者。五月间,共产党开始整风,而且要求党外人士帮助党的整风。他们认为机会来了。他们在帮助党整风的名义之下,不但夸大党的工作中的缺点和错误,造成一种只许讲缺点错误、不许讲优点成绩的空气,而且把官僚主义说成是社会主义的产物和代名词,把宗派主义说成是无产阶级专政的产物和代名词,把主观主义教条主义说成是马克思主义的产物和代名词,向社会主义制度和党的领导展开了猖狂的进攻。党根据群众的革命觉悟应该在斗争的风雨里培养而不应该在温室里培养的原则(这个原则在毛主席的讲演中反复宣布过),决定暂时不给予回击,让群众充分认识他们的面目,以便增长见识,得到教训。这样,他们的头脑更热了。在他们看来,简直到处都在反对党!简直就是匈牙利事件的前夕!简直非请他们出来挽救危局或者收拾残局不可!

结果如何呢?

同害怕者的预料相反,也同高兴者的预料相反,天下并没有大乱。向社会主义进攻的人们发现,被群众包围的并不是共产党,而是他们自己。在这里,事情本来是非常清楚、毫无奥妙的,因为在全中国,拥护社会主义的本来是绝大多数,社会主义运动本来是绝大多数人的运动,向绝大多数人挑战怎么能不身陷重围呢？资产阶级右派先生们，你们把中国人民几十年的革命史看作儿戏，把中国人民八年的建设史看作儿戏，把党和人民群众的血肉联系和党在人民群众中的高度威信看作儿戏，而且在估计力量对比的时候，连人口中占百分之一的人和占百分之九十九的人究竟哪一边人多力量大，都算不清。你们这样怎么能不犯错误呢？

　　资产阶级右派分子犯了错误，是不是由于没有事前的警告？不是如此。我们且不说人民为了选择社会主义道路，选择共产党的领导，曾经经历过多么严重的斗争；且不说宪法怎样确定了我们国家的性质；且不说匈牙利事件的结局是怎样的，以及中国共产党人从匈牙利事件得出了怎样的教训（《再论无产阶级专政的历史经验》一文对于这一点已经说得够详细了）。就在毛主席的讲演里，也明明说着工人阶级同资产阶级之间本来是对抗性的矛盾，如果资产阶级不接受工人阶级的政策，两者之间的矛盾仍然会变成敌我之间的矛盾；也明明说着我们必须拒绝资产阶级民主制和无政府主义，必须坚持无产阶级和劳动人民的民主，坚持在集中指导下的民主；也明明说着否认肃反工作的巨大成绩是完全错误的，否认农业合作化的胜利和农民生活的改善是完全错误的；也明明说着资产阶级分子还有两面性，还需要继续改造；也明明说着知识分子还需要继续改造，还需要加强马克思主义的政治教育；也明明说着对于错误的意见必须批判，而马克思主义也必须在同反马克思主义的思想作斗争中间得到发展。所有这一切，难道不是十分明白确定的吗？难道有什么人说过，社会主义的原则和无产阶级专政的原则可以推翻，错误的意见和反社会主义的意见可以不加批判吗？但是右派分子对于不合他们心意的话，竟一概充耳不闻。对于他们说来，"大鸣大放"也好，"帮助整风"也好，这原不过是一种触媒，一种由头。项庄舞剑，意在沛公。右派"鸣放"，意在攻击社会主义制度、推翻无产阶级和共产党的领导。既然如此，工人阶级、劳动人民和革命知识分子就不能不坚决地进行反攻。有人说，党不是在请别人帮助自己整风吗，怎么整到别人头上来了呢？不错，党还将继续请广大群众帮助自己整风，这是毫无疑义，必须坚持到底，也必然会坚持到底的。但是难道反社会主义的资产阶级右派分子的反动言行，也可以受到保护，不受批判吗？如果各界革命领导人物对于反社会主义的言论行动（不管它们假借什么神圣的名义）不知道警惕和识别，不知道迎头痛击，这样的革命者对于人民的事业还有什么责任心？

还有人说，本来讲的大规模的阶级斗争已经基本上结束，怎么现在又讲起阶级斗争来了？大规模的阶级斗争基本上结束了，这是事实，但是在政治战线上，在思想战线上，阶级斗争还将继续存在一个相当长的时期，这也是事实。大家看到，这一次斗争并不是工人阶级挑动起来的。古人有云：树欲静而风不止。风为什么不肯止呢？让我们回顾一下历史。中国的社会主义革命是和平进行的。为了准备社会主义革命，虽然经过思想改造运动和"三反""五反"运动，但是前者重在划分敌我，后者重在反对贪污、盗窃，对于资本主义道路和社会主义道路何去何从，孰吉孰凶，实际上还没有认真地彻底地展开过辩论。资产阶级右派的政治活动家，资产阶级右派的知识分子，虽然也混在群众中迎了新，送了旧，但是他们是并不同意的。他们既然不同意,他们的反社会主义的风就不能止。现在已经有了许多事实证明,某些人老早就是另有企图的,他们不但是不赞成社会主义革命,而且也早就不赞成反帝反封建的彻底的民主革命。因此,无论如何,一场争论是不可避免的。本来有争论,而且是根本性质的、不容含混的争论,掩掩藏藏暗地进行好呢,摊开在桌面上好呢?显然,前者不好,后者好。表面上躲开这场争论,决不会帮助我们平稳地建成社会主义社会。相反,经过这场争论,弄清了人们的真面目,就将教育广大群众。这样,就将使政治界、知识界以及社会各界对于社会主义的认识大大得到提高,人民内部的团结将比以前更为加强,而社会主义制度也将比以前更为巩固。

历史是在斗争中前进的,人们的思想是在争论中前进的。整风是不可避免的争论,对资产阶级右派的批判也是不可避免的争论。现在有争论,将来还会有争论。毛主席的报告是提倡团结的报告。他所提倡的团结不是貌合神离、同床异梦的假团结,而是经过争论达到的真团结。因此,毛主席的报告也是提倡争论的报告。所谓百家争鸣,正是要争。在目前的争论中,有些人难免不会想到天气的寒暖。虽然立场之说还不能人人同意,但是立场不同,政治气候的寒暖之感也不同,这却是一个客观的事实。在我们社会主义者看来,目前的天气确确实实是一个大好春光的艳阳天。是的,这是一个不平常的春天,它之所以不平常,就是因为广大的工人阶级、劳动人民、革命知识分子和一切真正愿意走社会主义道路的社会人士的政治觉悟,广大的共产党员、共青团员的政治觉悟,都将在争论中迅速地成长着,成熟着,用一种不平常的速度。

这一次人民代表大会

（一九五七年六月二十六日《人民日报》社论）

第一届全国人民代表大会第四次会议，经过五天的预备会以后，将要在今天正式开幕了。

这次会议的内容很丰富。在预备会议中，代表们认真地讨论了毛泽东主席在最高国务会议第十一次会议上作的《关于正确处理人民内部矛盾问题》的报告，并且就去年的决算、今年的预算和年度经济计划进行了座谈。正式会议的议程，据昨天人大常委所通过的草案，将包括听取和讨论周恩来总理关于政府工作的报告，李先念副总理关于一九五六年国家决算和一九五七年国家预算草案的报告，薄一波副总理关于一九五六年度国民经济计划的执行结果和一九五七年度国民经济计划草案的报告，董必武院长关于最高法院工作的报告，张鼎丞院长关于最高检察院工作的报告，彭真秘书长关于人大常委工作的报告，乌兰夫副总理关于成立广西僮族自治区和宁夏回族自治区问题的报告，以及一些其他的项目。

今年是第一个五年计划的最后一年。过去工作的结果怎么样？今后的工作如何改进？这是大会的代表所关心的，也是全国人民所关心的。同时，这次人代会开会期间，又正值中国共产党和各民主党派开展整风运动，全国人民反对资产阶级右派的斗争进入高潮的时候。这一次的人代会的中心任务，当然是确定当前的工作方针，确定一九五七年度的国民经济计划和国家预算，而为了做到这些，就必须认真地总结经验，纠正错误，批判右派。

关于总结经验，目前的一个突出的问题是必须首先肯定成绩。有成绩就应当肯定，有多少成绩就应当肯定多少成绩，这本来是不成为问题的。所以成为问题，是因为资产阶级右派分子最近煽起了一股反人民、反社会主义的逆流，硬说不能讲成绩，讲了就变成"教条主义者"，就变成"歌德派"。在这里，我们不打算来详细批驳这种谬论，只想指出一点，就是我们国家的社会主义改造和社会主义建设的事业，都是几万万劳动人民的事业，这些事业的成绩是几万万劳动人民积极行动艰苦奋斗得来的果实。拿一九五六年来说，全国农业、手工业和资本主义工商业的生产资料所有制基本上完成了伟大的社会主义改造，谁能够否认？全国工业总产值提前一年完成并且超额完成了五年计划最后一年的指标，谁能够否认？全国农业在去年战胜了严重的自然灾害，农业和农副业的总产值仍然接近完成五年计划，粮食总产量还超额完成了五年计划，谁能够否认？有的人不愿意歌颂人民的创造，那有他们的自由，但是任何人也没有权力抹煞客观的事实。人民的代表，对于人民群众的奋斗的成果，将采取什么态度呢？我们相信，至少绝大多数的代表是会对这个问题作出正确的答案来的。

有多少成绩就是多少成绩,有多少错误缺点就是多少错误缺点。只有愚蠢的人才讳疾忌医。共产党现在正在整风,正在广泛地听取批评意见。以共产党为领导核心的人民政府和其他的国家机构,也正在广泛地听取批评意见。这是认真地、有系统地改进国家机关工作的重大步骤。全国人民代表大会是全国人民行使权力的最高机关。在过去的几次会议上许多代表们都对于国家工作提供了坦率的有益的批评。在这次会议上,更加需要展开严肃的批评,政府各部门和其他国家机构,对于自己的工作,也更加需要进行深刻的自我批评。有的人以为,既然要肯定成绩,既然要批判右派,就似乎不好同时进行批评和自我批评了。这显然是一种误会。对于错误和缺点的积极的善意的批评,只会使人民的社会主义事业更快地前进,这同右派分子的反社会主义的反人民的诬蔑完全是两回事。我们愈能够放手地开展这种批评,并且同时进行自我批评,指出错误的所在,错误的由来和改正错误的正确道路,我们就愈能够有效地改善工作,也就愈能够有效地团结全国各族人民,也就愈能够孤立右派。

对于资产阶级右派的反社会主义言论行动的批判,现在全国各省市都在进行,各党派都在进行。这对于我国社会主义事业的进展,对于人民民主专政和人民民主统一战线的巩固,都是一件大事。人代会的预备会的情况表明,对于右派的批判将是这次人代会的主要内容之一。在这次人代会开幕前夕,毛主席在最高国务会议的讲演发表了,这使全国人民反右派的斗争获得了强有力的武器。而这次人代会由于要讨论国家工作的各个重要方面,这也就使人们不能不对右派在国家工作各方面的错误言论作出严正的答复。因此,可以预料,这次人代会将使对右派的批判大大地深入一步,将使全国人民的政治觉悟大大地提高一步。

斗争正在开始深入

（一九五七年七月八日《人民日报》社论）

我国人民群众反击资产阶级右派分子的斗争，现在正在开始向深入发展。开始深入的标志是：广大的工人、农民、青年学生、革命的知识分子、拥护社会主义的工商业者的觉悟大大提高了，积极地投入了反对右派的斗争；各民主党派、各高等学校、各机关对本单位的右派分子，陆续地展开了严肃的批判和揭露；右派分子已经陷入被动和孤立，右派的许多堡垒已经开始被攻破。右派在全国范围内最重要的指挥机关章罗联盟，在各方面的围攻之下，内幕已经开始暴露。

由于斗争开始深入，由于右派的真面目进一步暴露，许多原来不相信有什么右派、或者不认为反对右派有什么必要的人们，现在在大吃一惊之后，也逐渐改变态度了。他们开始认识到，右派确实存在，确实在进行着反对社会主义革命、反对社会主义建设的活动，确实是人民事业的心腹之患。人民的国家是巩固的，但是它之所以巩固，当然不是因为它对于敌对性的活动熟视无睹，而是因为它经常对于这些活动保持警惕。为了提高广大群众的警惕，为了提高广大群众的革命觉悟和革命积极性，单单依靠正面的教育是不够的，还必须依靠反面的教育。右派分子的反对社会主义的言行,对于广大群众就是最好的活生生的反面的教材。

但是斗争还只是开始深入。右派的阴谋还远没有完全揭穿。对于右派谬论的有系统的反驳,也还只是在开始进行。正因为这样,有一部分处在中间状态的人们,对于反对右派的斗争还在将信将疑,还在抱着观望态度。他们在心里盘算着:欲知后事如何,且听下回分解。有一些人甚至以为:这是不是共产党受不了批评,不想再整风了,因而转移了目标呢?为了说服这些人,必须完全揭穿右派的阴谋,完全驳倒右派的谬论。而要达到这个目的,就必须使斗争继续深入下去。

为了使斗争继续深入,现在需要防止两种倾向。

一种倾向是对于右派分子的温情主义。抱着这种倾向的人竭力原谅右派分子,把右派分子描写成为中间分子,把他们的错误的言论行动描写成为偶然的疏忽、修辞上的夸张、被人利用等等,不愿意同他们分清界限,更不愿意对他们进行坚决的斗争。这种倾向显然妨碍着反右派斗争的发展,妨碍着群众觉悟的提高。温情主义者生怕伤害了右派,但是他们为什么不看到,右派分子的言论行动是怎样地伤害了人民的事业呢?为什么他们对于右派分子那样多情,对于人民的事业却这样寡情呢?而且,我们已经说过,除了屡犯不改,继续进行破坏活动,触犯刑律的以外,对于一般右派分子,惩前毖后,治病救人,化消极因素为积极因素,这些原则还是适用的。因此,目前的反右派斗争对于人民的社会主义事业固然完全必要,就是对于一般右派分子说来,也是他们痛改前非、洗心革面的一个机会。温情主义者的养痈贻患的立场,无论从哪一方面说来，都是完全错误的。

另一种倾向是对斗争的指导采取急躁粗暴的态度，希图用简单的方法"速战速决"。反对右派的斗争要求对于右派进行充分的揭露和彻底的批判。批判需要依靠有分析的、有说服力的、经得起反驳的说理，揭露需要依靠确凿的、经得起检查的事实。为了说明某些右派分子目前的反社会主义的言行并非出于偶然，而是有一定的历史根源，追溯他们的过去的若干事实是有教育意义的，但是揭露的重点仍然应该着重在目前。总之，急躁粗暴，简单从事，是不能解决问题的。有些单位，不让犯错误的人进行答辩或者保留自己的意见，不给犯错误的人指明出路，或者对犯错误的人轻率地作出组织上的处理，这些办法都不利于斗争的深入。斗争的深入当然需要时间。斗争将依重点的转移形成不同的段落，在这些段落之间还会要有一些间歇。欲速则不达，在思想性质的问题上特别不能急躁。我们应该准备付出必要的时间，而不应该过低地估计斗争的复杂性艰苦性，满足于表面的暂时的效果，草率收兵。在斗争的过程中，既要坚决勇敢，又要认真调查研究，严格分清是非轻重，采取正确的说理的方法，避免一切可以避免的错误。只有这样，才能够真正达到团结和教育最大多数而击败少数右派分子的目的。

党不能发号施令吗？

（一九五七年七月十日《人民日报》社论）

资产阶级右派分子在反对社会主义的时候，一般地并不直接反对社会主义，而是反对实现社会主义的根本条件——共产党的领导。在反对共产党的领导的时候，他们又说，他们是拥护共产党的领导的，只是反对所谓"党天下"的思想，只是反对共产党组织在各个国家机构中起领导作用，以及反对党直接向人民"发号施令"。我们在这里想专门谈谈所谓党对人民发号施令的问题，其他的问题将另行讨论。

某某人在五月十六日中共中央统战部召开的座谈会上谈到党政关系问题的时候，曾经批评党直接向人民和政府"发号施令"，或者党和政府联合发布指示，认为这样对于动员和团结全国人民完成国家过渡时期总任务是有妨碍的，这样会造成很多的官僚主义、宗派主义、主观主义。其他的一些人，也有类似的说法。

真的是如此吗？党的发号施令居然有这样大的罪恶吗？

不要误会了某某人。他也是十分"拥护"党的领导的。据本报五月十七日的记载，他在提出上述意见的时候先说了这样一番话："中国人民革命的胜利，是由于中国共产党的领导；

中国的社会主义建设,也必须有中国共产党的英明的坚强的领导。这是毫无疑问的。"但是疑问马上就来了:共产党是怎样领导中国人民革命和社会主义建设的呢? 在中华人民共和国成立以前,共产党领导革命游击战争、抗日游击战争和解放战争,领导减租减息、土地改革和互助合作,固然离不了向人民发号施令;就在中华人民共和国成立以后,共产党为了领导历次群众运动,贯彻执行各项政策和重大的法令,仍然离不了向人民发号施令,或者同政府联名发号施令。据说这个领导方法"对于动员和团结全国人民……是有妨碍的,这样会造成很多的官僚主义、宗派主义、主观主义"。然而,民主革命和社会主义革命却在这个领导方法下得到了胜利,社会主义建设也得到了巨大的进展。这怎么能够"毫无疑问"呢?

究竟所谓党向人民发号施令的问题是怎么一回事?

第一,如果所谓发号施令,是指发布一种强制性的命令,那么,这不是党的任务。党是群众的思想政治的领导核心,而不是有必要对群众实行某种强制的国家机关。党不但在自己的群众工作中经常防止和坚决反对命令主义的倾向,而且要求自己所领导的政府机关也防止和反对命令主义。这就是说,政府虽然常常需要向人民发布强制性的命令,但是也不应该以为仅仅依靠命令,而不依靠向群众进行宣传解释工作,就可以完成任务。

第二,如果所谓发号施令,是指发布一种关于日常行政事务的指示,那么,这也不是党的任务。党是我国政府的领导力量,它领导制定政府工作中的方针、政策并且力求保证它们的正确实施,但是它不能代替也不应该代替政府机关的行政活动。党反对包办代替任何非党机构的活动,反对离开自己的政治任务而陷入日常琐事的事务主义倾向。

第三,如果所谓发号施令,是指向人民发布政治任务的号召,发布关于政府工作中的方针政策的指示,那么,无论是由党单独发布,或者是由党同政府联名发布,都是必要的。过去是这样,现在是这样,将来(在党还存在的时候)还是这样。

共产党是劳动人民中最觉悟的部分的有组织的部队,是工人阶级的阶级组织的最高形式。共产党由于它的主张的正确,由于它在中国人民求解放的斗争中始终站在最前线,在全国人民中间享有很高的威信。因此,在中华人民共和国成立以前,在解放区,广大的人民群众固然十分重视党的号召和指示;就是在国民党统治区,先进的群众也十分重视党的号召和指示。正是由于党对于人民群众坚持正确的领导,及时地向人民群众发布各种号召和指示,告诉他们应该怎样行动,这才使人民革命得到了胜利。

在中华人民共和国成立以后,党在人民群众中的这种领导地位发生了什么变化没有呢? 发生的变化,就是党的领导地位更巩固了,党的领导作用已经普及和深入到全国的各个地区,同全国六亿人口结成了广泛的血肉的联系。而这也就是我们的国家可以实现空前未有的团结和统一,我们的国家的各方面工作可以获得空前未有的迅速发展的基本保证。全国的各方面的行政工作,当然需要由政府机关去执行。但是不但在中央政府工作中的方针政策需要由党来领导制定(在领导制定的过程中,党首先依靠对于广大群众的经验的研究,同时也重视同党外人士的协商),而且在地方和基层,这些方

针政策仍然需要由党来保证它们的正确的、适合具体情况的
贯彻执行，仍然需要由党在群众中进行大量的思想政治工作，
使这些方针政策变成为群众自己的思想和行动。因此，周总
理在这次全国人民代表大会上所作的政府工作报告中说："党
对于人民群众直接发出政治上的号召和政策性的决定，对于
政府工作不但没有妨碍，而且有很大的帮助。"共产党的这种
地位和作用，不但是中国革命历史发展的自然结果，而且是社
会主义国家实现无产阶级专政的必要条件，是任何其他党派
和其他政治组织所不能代替的。试问，有什么理由来改变和
削弱党的这种地位和作用呢？有什么理由不让人民直接听到
党的声音呢？难道把党的声音对人民秘密起来，党的"英明的
坚强的领导"就可以大大加强，而官僚主义、宗派主义、主观主
义就可以大大减少了吗？

真是出奇的好主意！这种好主意的实质是什么？

这种好主意的实质，就是要取消党对于政府工作的领导，
削弱党对于人民群众的联系，就是要使得我们的政府机关变
为真正的官僚机关，使得党变为政府机关的可有可无的附
属品。

不对人民"发号施令"（在我们所已经解释过的意义上）的
执政党是有的。那样的党是因为彻底地脱离人民，所以它不
可能向人民发出任何有威信的号召和指示。那样的党所"领
导"的政府，除了向人民实行强制以外，不知道别的也不能有
别的工作方法。大家记得，国民党就是那样的党，国民党政府
就是那样的政府。

的确，某某人对于那样的党、那样的政府是很有经验的。

他们曾经在那样的党和政府里久居高位，他们通过那样的党和政府的机构干了些什么事，人们记忆犹新。因此，对于他们的"批评"，人们也不难作出正确的估价。

在我们的国家里，人民民主制度建立得还不久。因此，有一部分人对于这个制度还有许多不了解，对于党在这个制度中的作用还有许多不了解。同时，也由于这个制度建立得还不久，它还有一些不完善的地方，党和政府之间的工作关系，也还有许多需要研究解决的问题。在这些方面提出的一切善意的批评，应该加以欢迎；一切正确的建议，应该加以接受；提出的疑问，也应该进行解释。但是为了捍卫在人民民主国家中的党的领导地位，对于恶意的挑拨者和诽谤者，人民的任务却是给以坚决的、毫不含糊的回击！

在肃反问题上驳斥右派

（一九五七年七月十八日《人民日报》社论）

现在我们都公认毛主席这样的论断是正确的：在我们国家里，有反革命，但是不多了。反革命分子不多了，这是一个有重大意义的事实，它从一个重要的方面表明，我们的人民民主国家已经基本上解决了摧毁反革命势力的历史任务，走上了巩固发展的阶段。

反革命分子之所以不多了，首要的原因正是过去几年来的镇反运动和肃反运动。这本来是很容易了解的事。然而，资产阶级右派分子，特别是那些企图用庇护反革命分子和成立所谓平反委员会来取得政治资本的英雄们，却竭力散布种种谬论，特别攻击一九五五年开始的在机关学校进行的肃反运动，说它"糟糕透顶"，根本没有成绩可言。另外一些人，或者由于在肃反运动中被斗争过，或者由于把暂时的局部的现象当作全体，也随声加以附和。为了澄清这些错误意见，对于肃反运动（主要是一九五五年的肃反运动）究竟有无成绩，成绩大小，必须根据事实，加以实事求是的讨论。

肃清反革命分子的斗争是一场艰苦的、复杂的斗争。在这个斗争中，敌人是隐蔽的。正因为这样，我国人民在肃反斗争中,不但依靠专门的国家机关——公安部门——的工作,而且首先依靠广大群众的积极参加。我们认为,只有广大群众积极投入这个斗争,才能比较容易发现暗藏的反革命分子,也才能比较少犯错误。要错误少就得经验多,而经验是需要积累的。从这个观点出发,才能正确地估计一九五五年肃反运动的成绩和错误。

一九五五年肃反运动的成绩,有以下四个主要的方面。

第一,清查出来的反革命分子,就现在已经定案的来说,有八万一千多名(普通的历史反革命分子,由于国家采取了更加宽大处理的政策,不以反革命分子论处,没有计算在内)。在这些反革命分子里面,有美蒋特务机关派遣进来的特务间谍,有老早就潜伏下来的特务间谍,有重要的历史反革命分子,有各种各样的反革命集团。把他们清查出来,对于我国的国防和建设的安全,无疑有极大的意义。

第二,由于肃反运动,反革命分子内部日益趋向于分化和瓦解。一年多来,全国有十九万余名反革命分子投案自首,其中包括不少长期潜伏的和美蒋派来的特务间谍分子。一九五六年全国的反革命案件,比一九五五年减少了百分之四十以上,其他刑事案件也减少很多。对于反革命活动的打击,帮助了社会秩序的安定,帮助了社会主义革命的顺利进展。

第三,在肃反运动中,还有一百三十多万人弄清楚了各种各样的政治问题,例如隐瞒参加反动组织、隐瞒反动身份、隐瞒历史上的恶迹等等的问题。不弄清楚这些问题,就很难划清敌我界限,而他们自己也将背着沉重的包袱。现在,对他们弄清了疑点,做出了结论,使他们去掉了精神负担,便于积极工作。这无论对于人民事业或者对于他们本人，都是有利的。

第四，经过肃反运动，群众比较懂得了怎样去识别隐蔽的敌人。使广大群众具有对隐蔽的敌人的警惕性，具有识别暗藏反革命的能力，不仅过去和现在需要，将来也仍然需要，因为帝国主义还存在，蒋介石集团和残余的反革命分子还存在。大家都看到六月九日报纸上的一条消息：六月七日晚上，一个特务分子在广州文化公园扔了定时炸弹。如果不是被两位青年学徒发觉，就不知道会有多少游客死在特务手里。很明显，群众的这种革命警惕性，经过肃反运动是更加提高了。

以上所说的肃反运动的巨大成绩，都是不容抹煞的。

否认肃反运动有成绩的有几种人。一种人同人民站在相反的立场上，从根本上否定肃反运动。人民认为肃反很必要，他们却认为肃反本身就是错误。人民因为肃反的结果得到了安定的社会秩序而感谢共产党和人民政府；他们则因为自己的阶级本能，在思想感情上总觉得把反革命分子搞得太狠了，而对于肃反运动和肃反运动中的积极分子，对于领导肃反运动的共产党和人民政府心怀怨恨。这种人实际上是反革命分子的代言人。值得注意的是其中有些人，在解放以前本来是杀人不眨眼的反革命刽子手。这样的人，对于肃反运动怎么会不竭力反对和加以污蔑呢？

另一种人承认肃反运动有成绩，却认为成绩太小了。他们说，"搞来搞去没有搞出多少反革命分子"。在他们看来，八万人的数目是太小了，值不得"小题大作"。

这种意见是错误的。首先，就是不说肃反运动给予整个反革命活动的沉重打击，也不说由于肃反运动才投案自首的十九万余名反革命分子，单是八万个反革命分子也绝不是什么小事。难道一定要八十万个，八百万个，才值得我们兴师动众去肃清么？

其次，应该指出，在这八万多反革命分子中间，有相当一部分人窃据了重要部门的重要职位。例如曾经是内务部户政司司长的周维斌，原来是叛变投敌，做过日伪警察分局长而且负有血债的反革命分子。又如山西师范学院教授、民主同盟成员潘恩溥，是一个叛徒和中统特务分子。他曾经破坏内蒙古东胜旗革命运动，出卖党的负责人，致王若飞同志被捕，田得秀同志被害。又如吉林省委宣传部理论教育处处长于民一，原来是一九三八年混入革命队伍的中统特务。又如，公安部十局副处长张荣桂，竟是一个混入共产党十八年的特务，早在一九三五年他就参加了国民党反革命组织 C.C.。

让反革命分子掌握了重要职务，窃据了要害部门，这意味着什么呢？这意味着敌人在我们的革命堡垒里面，埋下了按照敌人意志活动的"定时炸弹"。这些炸弹一旦爆炸，就可能给我们的国家和人民事业造成难以逆料的损失。

还应该指出：在一九五五年——一九五六年清查出来的反革命分子中，现行犯有三千八百余名之多，而且这里面还有相当数目的重要的特务间谍。

广州市第十五中学教员黄然，一九五五年三月经澳门的特务分子张维安、张维柱介绍，参加了蒋帮特务组织，被委任为"广州工作组组长"。他曾八次用密写、暗语等方法同特务组织联系和寄送情报。武汉市劳动局调配处会计王鹏，是蒋帮保密局的上尉通讯员，解放前干过逮捕进步学生、监视中共代表团等罪恶勾当。一九四九年，他在日本的"中美联合工作总部万能情报员训练班"受训，一九五〇年就潜回大陆进行特务活动，向敌人送过密写情报多次，并阴谋架设电台。山西太原机车车辆修理厂四级工程师王孚中，骗取了先进工作者称号，审查结果竟是奉保密局太原站长田畯之命，携带电台一部，潜伏下来进行特务活动的军统特务。

有人说，在清查出来的反革命分子中间，大部分并非身居要职，也不是现行犯。但是第一，对于重要的和现行的反革命分子的危害性，不能简单地拿数字去判断；第二，没有身居要职的历史反革命分子，对于人民的危害性也决不允许忽视。

许多人都知道抗日战争时期发生的河北滦县"千人坑"大惨案，有一千二百八十名爱国同胞在这个惨案中遭到活埋。当时河北滦县日伪警察所警务股书记张占鳌，就是这次惨案的凶手。在埋人坑前面，曾经有一位妇女搀着一个小孩，跪在他的面前求饶。毫无人性的张占鳌竟一木棒把这位妇女打到坑里，然后提起孩子的两只小腿扔了下去。解放以后，他改名换姓，混进了黑龙江省龙江县的教育界，当了小学教员。

一九四七年蒋军侵入山东省昌邑县的时候，该县角兰乡自卫团长毕音祥，同一帮匪徒活埋和惨杀了本乡的十五名革命干部，积极分子和他们的家属，其中五个人是毕音祥直接动手杀害的。这个刽子手还惨杀了土改积极分子李永胜的全家，包括一个三岁的孩子。直到这次肃反运动，才把他从第一汽车制造厂的杂工中清查出来。

像这样万恶的凶犯，能够听任他们逍遥法外吗？

这样的刽子手，隐瞒了自己的血腥的历史，甚至改了名，换了姓，混在人民内部，虽然暂时同反革命组织中断了联系，暂时隐蔽不动，但是有什么根据相信他们已经痛改前非，真正变成了另外一个人呢？一旦他们认为时机到来，他们就会重新擦亮屠刀来对付人民。六月二十五日报载，山东馆陶县浮渡乡乡长申林台全家九人，有七人惨遭反革命分子杀害。行凶的主犯申孟春在敌伪时期当过伪军班长，对革命群众有过血债。这一次他只是怀疑申林台知道他的底细，就对申林台全家下了毒手。对于这样的豺狼，难道不应该在他们还没有来得及重新动手以前，就把他们清查出来么？

彻底肃清反革命，这是我们国家的长治久安之计。正因为这次肃反运动在历次的革命群众运动的基础上又得到了新的巨大的胜利，清除了大量的反革命分子，弄清楚了许多人的政治问题，我们的革命队伍更加纯洁了，所以党和人民政府才有把握作出这样的论断：反革命还有，但已经不多了。

再还有一种人说，肃反成绩的确很大，但是错误缺点更大，因而得不偿失。这种说法对不对呢？

当然，我们说肃反运动有巨大的成绩，并不是说在肃反运动中没有错误，没有偏差。肃反运动确实有错误，在极少数单位，错误还很严重。无论错误大小，有了错误就必须纠正，不能含糊。但是这些错误同上述的肃反运动的重大成绩比较起来，只能说是次要的。

肃反运动中究竟有哪些错误呢？

错误的性质有两类。一类是有些单位在肃反运动中漏掉了一些本来可以查出来的反革命分子。另一类是不少单位错斗了一些好人。这些单位曾经根据一些不确实的材料，没有经过认真的调查和仔细的分析,把本来没有政治问题的好人错认为坏人。还有一些人平日工作上出过容易引起怀疑的差错,肃反运动一来,这些单位的领导方面没有冷静地加以分析,混淆了工作上的差错和反革命破坏,以致把这些人当作反革命分子斗争了。

究竟为什么一些共产党员会犯这种现在看起来是不应该发生的错误呢? 这是因为,反对暗藏的反革命分子的斗争,本来是一件难事。加以许多单位没有用最严肃的态度进行周密的调查研究,因而混淆了敌我矛盾和人民内部矛盾,或者把坏人当作了好人,或者把好人当作了坏人。漏掉了的反革命分子,必须继续清查,不能因为肃反有了成绩而懈怠疏忽。错斗了一些好人,伤了他们的感情,损害了他们的名誉,使其中一些人暂时地同党和政府疏远了,使社会主义建设事业的某些环节暂时地受到了一定的损失,对于这种错误必须坦白承认,并且彻底纠正。

有一些没有反革命活动、但是隐瞒了政治问题的人,在肃反运动中也曾被斗争过。因为隐瞒政治问题而引起怀疑,隐瞒者本人不能说没有责任。经过清查,现在才可以作出明确的判断,他们并不是反革命分子。如前所说,弄清了他们的政治问题是好事,但是把其中有些人当作反革命分子,却是错了。

此外,在一个短的时间内,有些地方,在斗争方式上犯了错误,例如打人骂人等等。这些错误仅仅是发生在一九五五年肃反运动初期小组斗争的高潮当中,时间很短,一经发现,就采取了纠正的措施。

　　有些人不大喜欢"难免"论。当然，如果可以避免的错误而没有避免，那是不能用"难免"论来推卸责任的。但是像肃反这样的斗争，你或者根本不进行，那只能把反革命分子保留下来；或者认真地进行，那就确有一部分错误是难以避免的。正因为考虑到这一点，所以党和人民政府采取了各种措施，尽可能地防止错误的发生和扩大，尽可能地避免不能补救的错误。这些措施确实避免了许多错误，但是仍然没有避免了也不可能避免所有的错误。

　　就错斗了好人的问题说，无论是直接被错斗的人，或者是同他们亲近的人，或者是自己参加了错误的斗争、感觉抱歉的人，或者是完全旁观、代打不平的人，对于这样的错误都需要有一个正确的、公平的认识。错误都是不对的，不好的，不应该掩护和粉饰的；身受错误损害的人，尤其不免有种种痛苦。这是事情的一面。但是事情还有另一面。这种错误是为什么发生的呢？是为了保存反动势力？是为了私人的恩怨利害？是明知其为错误而故意犯错误？不是的。犯错误的人（除了极个别的假公济私、明知故犯、因而必须惩处的例外）是为了革命的利益，人民的利益，他们当时并不知道而且很难知道自己是犯了错误。在最英明的统帅所指挥的完全正义的战争中，也无法保证被炮火攻击的都是该受攻击的。不但普通居民，有时甚至自己方面的战士，也会受到误伤。但是我们能不能根据这些无心的过失，去否定一场革命战争或者卫国战争的必要性和正义性呢？我们能不能因此而把犯了这些过失的将士看作冤仇呢？同样，每一个能够客观地权衡利弊得失、分清大是非和小是非的人，对于肃反斗争中的错误，以及其他革命的群众运动中的错误，也不难作出正确的而不是片面的、感情用事的判断。

毫无疑问，在斗争中，同一些人伤了感情，发生了一些副作用（在极其特殊的情况下甚至是难于弥补的副作用），对于这一点应该有足够的估计。我们认为，在一方面，暂时受伤害的人应该看到事情的本质和整体，不要怨恨不已，必报复而后甘心；在另一方面，在斗争中误伤了好人的人，特别是各单位肃反斗争的领导人，必须向一切受了伤害的好人公开承认错误，进行赔礼道歉。当着原来参加斗争的群众恢复他们的名誉。这个工作许多地方已经进行过，已经取得了许多被错斗的人的谅解。有些地方善后工作做得不好，应该立即毫不踌躇地认真补课。即令有些人暂时还不谅解，我们相信，当他们彻底了解了肃反斗争的意义，看到了肃反斗争的某些错误确是难以完全避免，那些犯错误的人对他们确是毫无私怨，而且在认识了错误以后坚决纠正错误，向他们诚恳地赔礼道歉，当众恢复他们的名誉之后，他们终有一天是会完全谅解的。

说肃反的成绩是主要的，是指就全国、全省、全市、全区来说的。至于某些单位，错斗了一些人，而并没有搞出一个反革命分子，或者根本那里就没有反革命分子，当然应当进行具体分析，作出实事求是的结论。即使在这样的单位，也不能抹煞肃反的成绩。把一个单位的全体人员的政治面目弄得清清楚楚，为什么不是成绩呢？至于用这样的局部的情况去判断全体，那自然更不正确了。

无论如何，凡是站在革命的人民的立场上的人，凡是坚决主张肃清反革命的人，决不能给肃反运动泼冷水，决不能给参加肃反运动的群众、积极分子和干部泼冷水。人民事业的进步，人民民主专政的巩固，依靠而且只能依靠革命的群众、积极分子和干部的任劳任怨、百折不挠的奋斗，依靠而且只能依靠他们在奋斗的过程中不断地增加经验，提高觉悟。群众、积极分子和干部的革命积极性，这是一切财富中最宝贵的财富。对他们泼冷水，实际上也就是对革命泼冷水，对社会主义泼冷水。

反革命分子虽然不多了，但是还有，因此还需要继续警惕，继续识别，继续清除。"有反必肃，有错必纠"，这就是革命的人民的方针。为了贯彻执行这个方针，对于过去的肃反运动的成绩和错误，作出透彻的分析和恰当的估计，是完全必要的。只有这样，才能够用事实来驳倒那些根本反对肃反运动的右派分子，才能够用事实来回答那些对肃反运动抱有怀疑态度的人，才有利于认真纠正工作中的左的和右的错误，也才有利于保护人民群众同反革命分子斗争的积极性。

用人可以不问政治吗？

（一九五七年七月二十三日《人民日报》社论）

从整风运动开始以来，许多人对于党和人民政府的干部政策，对于某些机关、学校、企业和团体的人事工作，提出了不少的建议和批评。这些建议和批评有两种情况。一种情况，意见是正确的，或者基本上是正确的。这些意见指出了某些部门在干部的考察、任用和待遇上，在干部管理的方法方式和人事工作干部的人选上，在对待非党干部的宗派主义倾向和迁就主义倾向上，确实有严重的缺点和亟待解决的问题。对于这种意见应当认真地倾听、研究和采纳。这种意见将积极促进人事工作的改善。另一种情况，意见是错误的。这种意见否定了党和人民政府的干部政策的原则和人事工作的成绩。按照这种意见，似乎事情都搞糟了，似乎大多数负责干部特别是中下级干部都不称职，似乎事情都坏在有了人事制度，都坏在重视了干部的政治情况，因而弄得"重德不重才"，没有"任人唯才"，没有"不拘一格用人才"。这是资产阶级右派的意见，对于这种意见必须加以坚决的拒绝和驳斥。

党和人民政府历来的选择干部的标准就是德才兼顾，或者说既重视政治情况，又重视业务能力。干部是要做工作的，

当然应当注重业务能力。但是人不是机器。机器可以掌握在
谁的手里就为谁服务,人的一举一动都受着自己的思想所支
配。在人类世界还存在着阶级的时候,人的阶级立场对于人
的政治行为具有决定的作用。地主纵然文化很高,诗词歌赋
琴棋书画可以无所不晓,但是决不能领导土地改革,也决不能
领导农业合作社。同样,资本家办事无论如何有效率,决不能
领导"三反"和"五反",决不能领导社会主义改造和社会主
义建设的事业。只有工人、劳动农民以及同工农相结合的革命
知识分子中的经过考验的先进分子,才能组成无产阶级专政
的骨干。只有在思想上拥护或者至少同情社会主义的人,才
能忠实地为社会主义事业服务。因此,党和人民政府的干部
政策和人事工作,不是普通的行政事务问题,而是关系国家命
运、影响国家政权性质的原则问题。在革命时期,这个问题尤
其具有特别重大的意义。革命的成功或者失败,正是决定于
什么阶级取得了和掌握了政权,什么政治力量组成了政权。
一切反对党和人民政府的干部政策的人,反对用人应当重视
政治情况的人,恰恰忘记了或者故意"忘记"了这一点。

　　历史上的任何国家政权都是以一定的阶级、一定的政治
力量为基础组成的。社会主义的国家同资本主义的国家在这
个问题上如果有什么不同,那就是社会主义的国家公开地指
明这一点,而资本主义的国家却往往竭力把自己伪装成为"全
民"的国家。早在一八四八年,马克思和恩格斯就在《共产党
宣言》中指出:"工人革命中的第一步是无产阶级变成为统治
阶级,争得民主。"在一八七一年的巴黎公社的经验之后,马克
思进一步指出,"工人阶级绝不能简单地握取现成的国家机

器,并运用它来达到自己的目的。"这就是说,工人阶级必须用新的人、新的组织、新的方法来代替旧的国家机器。列宁在理论上和实践上大大地发展了马克思主义的国家理论,在他的领导下,世界上第一个工人阶级领导的国家建立起来了。中华人民共和国也就是这样的一个工人阶级领导的国家。还在中华人民共和国成立以前,毛泽东同志就在《论人民民主专政》一文中写道:"总结我们的经验,集中到一点,就是工人阶级(经过共产党)领导的以工农联盟为基础的人民民主专政。"中华人民共和国宪法的第一条也明白地写着:"中华人民共和国是工人阶级领导的、以工农联盟为基础的人民民主国家。"在这里,没有也不能有丝毫含糊的地方。人民政府的人事工作,当然有责任按照工人阶级的政治标准来挑选干部,当然有责任使我们的国家机关的构成确实符合于宪法的规定,由工人阶级领导,以工农联盟为基础。

列宁在《国家与革命》一文中曾经这样来描写无产阶级专政的实质:"马克思所运用到国家和社会主义革命问题上的阶级斗争学说,必然要归结于承认无产阶级的政治统治,无产阶级专政,即不与任何人分掌而直接凭借群众武装力量的政权。为要实现推倒资产阶级,就只有使无产阶级变为统治阶级,变为能够镇压资产阶级所必然进行的拼命反抗,并能够组织一切被剥削劳动群众来建设新经济制度的这样的统治阶级,才能够做到。"当然,这里所说的不与任何人分掌政权,并不是说无产阶级在国家政权中不与广大的非无产阶级群众联合,并不是说无产阶级不需要在经济文化工作中充分地使用一切在旧社会受教育的、但是愿意同劳动人民一道建设社会主义的专家和技术人员，而是说不与任何人分掌政权的领导。在我国，由于具体的历史条件，参加无产阶级领导的政权的，不仅有广大的农民和革命知识分子，而且有资产阶级分子和资产阶级的政治活动家。在这种情况下，人民政府挑选干部的任务就显得格外繁重而复杂。为了社会主义事业的利益，为了保证无产阶级对于整个国家政权的领导不受动摇，对于各种出身不同、经历不同的干部的政治历史、政治倾向和政治品质进行了解，根据干部的政治情况和业务能力作适当的安排，这种必要不是很清楚的吗？如果不是这样，如果照某些人所主张的那样，不要人事制度，糊里糊涂地使用干部，以致把重要的职责委托给一些政治面目不清的别有用心的人，那么，社会主义事业就会陷入危险的境地，人民民主的政权就会陷入危险的境地，这个道理不也是很清楚的吗？

反对重视干部政治情况的人，常把所谓"德"说成一种抽象的东西，或者把它说得神秘莫测，或者把它说成是排斥异己的宗派主义的化身。这当然是一种歪曲。实际上，如前所说，在我们的国家机关（更不必说经济文化组织）中间，根据统一战线政策、对旧人员"包下来"的政策和对知识分子的团结教育改造政策，容纳了大量的在过去历史上同革命绝少姻缘甚至是站在敌对方面的人物，这是大家所知道的。但是工人阶级领导的社会主义的国家对于自己的工作人员，当然不能不提出一定的政治上的要求。过去的历史尽管千差万别，但是审查清楚是必要的；过去的政治主张尽管存而不论，但是在现在接受社会主义和人民民主制度是必要的。中华人民共和国宪法第十八条规定："一切国家机关工作人员必须效忠人民民主制度，服从宪法和法律，努力为人民服务。"这里规定的就是我们的国家要求于全体工作人员的起码的"德"。国家在选拔和考核工作人员的时候，固然必须严格遵守这个标准，而且在培养和教育工作人员的时候，也必须严格遵守这个标准。反对重视干部政治情况的人，也反对在学校中进行政治教育，反对在高等学校招生和选派留学生的时候注意政治条件。这本来没有什么可怪。可怪的是高等教育部的一些同志们在改进选派留学生办法的时候，似乎也认为"重政治、轻业务"的批评是正确的，似乎也认为选派留学生可以不问政治，"一视同仁"，（见五月二十九日本报第一版）。轻业务当然不对，但是重政治有什么不对呢？选派留学生，以至招收和培养高等学校的学生，分配高等学校的毕业生，同人民的事业都有重大的关系，怎么可以不重视政治呢？其实，世界上的任何一种政权在选用人才和培养人才方面都是有政治标准的，所不同的只是各有具体内容，有拥护劳动人民利益和反对劳动人民利益的区别罢了。真正不管干部的政治情况的国家，在世界上是没有的。那些向党和人民政府要求所谓任人唯才、要求用人不问政治情况的议论，如果不是由于反对社会主义事业和无产阶级专政，就是由于在政治上无知。

右派分子恶毒地攻击党和人民政府的人事工作部门，把它说成是"宗派的窝子"，说成是"阎王殿"。他们如此仇恨人事工作部门，可见人事工作在阶级斗争中的地位是怎样重要了。诚然，人事工作部门的一部分工作人员还缺少足够的知识和经验，他们的工作的方法方式必须有许多重要的改进，他们在干部的选择和提升方面也犯了一些或大或小的错误，必须加以切实的纠正。但是，从总的方面说来，人事工作部门所执行的路线是符合于人民利益的，他们在建国八年来的繁重的工作是有巨大成就的，这是不能推翻的事实。党和人民政府提拔了大批的工人、农民、妇女、青年、"小知识分子"、"穿破鞋的"、种种在旧社会被侮辱和损害的优秀人物到我国的政治舞台上来，到各个战线的重要岗位上来，让他们成为我们国家的脊骨，这难道做错了吗？如果不是依靠他们的埋头苦干，依靠他们同广大人民群众的密切联系，难道我们的国家能够这样彻底地完成民主改革，实现国家统一和民族团结，并且这样顺利地进行社会主义革命吗？如果不是依靠他们同人民群众一道不屈不挠地努力，难道我们的国家能够这样有效地战胜各方面的严重困难，我们的建设事业能够这样地突飞猛进吗？旧时代官僚机关里尽管充满了"才俊之士"，却从来不能脱离假公济私、任用私人、贪污诈骗、压迫群众等等丑恶现象，这种现象在我们的国家机关中不是基本上消灭了吗？我们已经组成了新型的为劳动人民服务的国家机关，这个基本事实就证明了党和人民政府的干部政策是正确的，成功的。当然，应该指出，我国建设事业的一切成就，包含各方面的技术专家的劳动成果在内，包含从旧社会来而真正效忠于新社会的公务人员的劳动成果在内。但是他们都获得了为祖国服务的机会，这个事实不正是证明了我们的人事工作部门并没有排斥非劳动人民出身的工作人员，并没有实行"任人唯党"的宗派主义路线吗？

在我们的人事工作中，宗派主义的倾向是有的，党的整风运动的任务之一，正是要同这种有害的、非工人阶级的、非社会主义的倾向作斗争。但是反对宗派主义，绝不是说用人可以不问政治。恰恰相反，在反对宗派主义的同时，我们还必须同党内外的那种认为用人可以不问政治的倾向作斗争。只有这样，才能贯彻德才兼顾的原则，才能在人事工作问题上达到整风运动的目的。取消效忠于人民群众、效忠于人民民主、效忠于社会主义的政治标准，势必出现另一种只有利于少数人的政治标准。那不但是彻底的宗派主义的政治标准，而且根据历史的客观规律，那必然是一种反动的、反人民的、反社会主义的政治标准。

伟大的革命宣言

（一九五七年十一月二十五日《人民日报》社论）

十二个社会主义国家的共产党和工人党的代表们,在十一月十四日至十六日在莫斯科举行了会议。随后,在十一月十六日至十九日,所有在莫斯科参加庆祝伟大十月社会主义革命四十周年的六十四个共产党和工人党的代表,又举行了会议。这两个会议都对当前的国际局势和加强各国党之间的团结问题交换了意见。两个会议分别地一致通过了两项宣言。这是当前世界政治中一个有伟大意义的事件,也是国际共产主义运动历史上一个有伟大意义的事件。

世界各国的争取解放的劳动群众和爱好和平的人民,将从这两个会议和它们所通过的宣言中,获得无限的信心和勇气。

参加社会主义国家共产党和工人党会议的十二个党,代表着占人类总数三分之一以上的自己当家作主建设着社会主义的人民。而在一起通过和平宣言的,除了上述十二个党以外,还有来自欧洲的十八个党,来自亚洲的十一个党,来自美洲的十八个党,来自非洲的三个党和来自澳洲的两个党。

共产主义运动的新的国际团结出现在这样的条件下:社

会主义国家已经拥有近十亿人口；除中华人民共和国、朝鲜民主主义人民共和国、越南民主共和国以外，新从殖民主义压迫下解放出来、取得了民族独立的国家还有七亿多人口；而在上述两类国家和帝国主义国家之外，还有约六亿人属于正在向帝国主义争取独立或者争取完全独立的国家和民族，或者带有中立倾向的资本主义国家；属于帝国主义国家的人口，不过四亿多，而在帝国主义国家中是充满了矛盾的。帝国主义国家相互间的矛盾正在日趋尖锐化。在帝国主义各国内部，被剥削阶级的广大群众和爱好和平的人民，正在为反对剥削和反对侵略政策展开愈来愈广泛的斗争。

　　共产主义运动的新的国际团结出现在这样的条件下：不但社会主义阵营的经济发展的速度远远超过了帝国主义阵营，而且在第一个和最强大的社会主义国家苏联，在若干最重要的科学技术领域，已经超过了最发达的资本主义国家美国。苏联发射两颗人造卫星的伟大成功，引起了全世界人民的欢呼，也引起了帝国主义侵略集团的惊慌和混乱。社会主义制度的优越性表现得这样突出，以至美国人现在不得不第一次提出赶上苏联的口号了。

　　两个会议的宣言都分析了目前的国际局势，指出了世界政治中力量对比的变化。社会主义国家共产党和工人党的宣言详细地分析了"国际舞台上的力量对比有利于社会主义的深刻历史变化和巨大跃进"，从各方面指出了社会主义的向上发展和帝国主义的衰退。宣言指出美国帝国主义侵略势力是"全世界反动势力的中心"，它们"所实行的政策使它们自取灭亡，自己造成埋葬自己的掘墓人"。宣言说："维护着和平事业的是当代的这些强大的力量：不可摧毁的以苏联为首的社会主义阵营；站在反帝立场上并且同社会主义国家一起构成广大和平地区的亚非爱好和平的国家；国际工人阶级，首先是它的先锋队——共产党；殖民地和半殖民地人民的解放运动；世界各国人民争取和平的群众运动。坚决反抗新战争的策划的，还有欧洲宣布中立各国的人民，拉丁美洲的人民以及帝国主义国家的人民群众。这些强大力量的联合可以阻止战争的爆发。如果帝国主义的战争狂人硬要不顾一切发动战争，那么帝国主义就注定灭亡，因为人民决不会再继续容忍那个给他们带来如此惨重的痛苦和牺牲的制度。"和平宣言也写道："今天我们共产党人说，现在战争可以防止，和平可以维护住。我们是满怀信心地这样说的，因为现在世界上的情况改变了，力量的对比改变了。"

十月革命是世界历史的根本转折点，它从根本上动摇了资本主义的世界统治，开辟了新的无产阶级革命的时代。在这以后，世界反法西斯战争的胜利和接着发生的中国革命的胜利，是又一个重大的转折点，它大大扩大了社会主义的力量而削弱了帝国主义的力量。现在，世界形势正在进入一个新的转折点：以苏联为首的社会主义阵营的力量，不但在人心归向、人口众多方面，而且在若干最重要的科学技术方面，确定地超过了以美国为首的帝国主义阵营的力量。按照毛泽东同志的通俗的说法，现在是东风压倒西风，而不是西风压倒东风。

社会主义的力量强于帝国主义的力量，以前就已经在一系列的事实中表现出来了。这些事实就是：在第二次世界大战中,消灭希特勒和战胜日本侵略者的主力是苏联而不是美英的联合力量;在中国人民解放战争中,胜利的不是美国所大力支持的蒋介石,而是中国的革命人民;在朝鲜战争中,中国人民志愿军和朝鲜人民军把以美国武力为主的所谓联合国军从鸭绿江边赶到三八线以南;在越南,越南民主共和国彻底击败了美国所支持的法国殖民者的武力;在埃及保卫苏伊士运河主权的斗争中,苏联对于英、法、以色列的警告,加上全世界广大舆论的反对,起了制止侵略的决定作用;在最近叙利亚维护民族独立的斗争中,苏联对于美国和土耳其的警告也阻止了它们原定的侵略计划的实现。此外,帝国主义势力的衰落还突出地表现在英国从印度、缅甸、埃及和其他殖民地的撤退,荷兰从印度尼西亚的撤退,法国从西亚北非的一系列殖民地的撤退;这种撤退不用说是帝国主义受到了社会主义力量和反对殖民制度的民族主义力量双重打击的结果。在所有这些事件中表现出来的反帝国主义力量对于帝国主义力量的优胜,由于苏联人造卫星的发射,并且由于各国共产党和工人党在莫斯科举行的两次会议所达到的团结一致,得到了更为集中的表现,形成了新的前所未有的高峰。所以说,这是国际局势中的一个新的转折点。

有些从表面现象而不从本质观察问题的人,不相信社会主义的力量果真比帝国主义的力量优胜。他们说,美国的钢铁产量和其他许多产品总量比苏联还是高得多,美国不久也会造出自己的人造卫星和洲际导弹等等。他们不了解,力量的对比不能单由钢铁或者其他产品的数量来决定。根本问题是:正义在哪一方面,人心向着哪一方面,政治力量属于什么性质,制度属于什么性质。历史经常是弱者战胜强者,手无寸铁的人战胜全副武装的人,因为这些弱者和手无寸铁的人站在正义方面,代表历史前进的方向,代表生产力发展的要求,他们团结一致,就能战胜那些表面上是强者的全副武装的反动派。得道者多助,失道者寡助。在我们的时代,社会主义就是道,就是正义,就是大势所趋,人心所向。我们方面的若干产品的数量纵然暂时少于帝国主义国家,但是由于我们是站在社会主义方面,社会主义制度加上一定的物质力量,这就使我们能够在整个力量对比上占优势。在我们上面所列举的第二次世界大战及其以后的一系列事件发生的时候,美国的钢铁产量和其他产量难道不是比苏联高得很多吗?但是这一点难道改变了那些事件的结局吗?美国无疑将有它的人造卫星和洲际导弹,但是在这里重要的是社会生产力发展的速度。社会主义国家的发展速度在过去已经高过了资本主义国家,在今后也必然继续是这样。如果苏联当按人口计算的产量还没有赶上美国的时候,就已经在重大的科学技术领域内超过了美国,那么,在今后,就总的趋势说来,苏联的优势只会愈来愈扩大。美国会赶上来,但是苏联会跑得更远。而且还必须估计到,除了苏联以外,其他有近八亿人口的社会主义国家也在迅速地发展着。赫鲁晓夫同志在庆祝十月革命四十周年的演说中说,在十五年以后,苏联将在按人口计算的产量方面超过美国。可以预期,在同一期间,或者稍多一点时间,中国可能在钢铁和其他重要工业产品的产量方面赶上或者超过英国。到那个时候,社会主义阵营将在和平竞赛中把帝国主义阵营更远地抛在后面。

　　有人说,共产党和工人党的会议既然在自己的宣言中号召和平,号召和平共处,为什么要大讲其力量对比呢? 我们共产主义者从来主张和平,但是和平只能争取,不能哀求而得。帝国主义者对于人民是不讲什么恻隐之心的,他们只承认力量。历史上发生过多次侵略战争,这些战争的发生,从来不是反对战争的人民和被侵略者的力量过于强大的结果。相反,侵略者之所以发动战争,总是因为他们可以为所欲为,至少他们认为是如此。共产党人是全力反对战争的,这个立场在六十四个党所通过的热情洋溢的和平宣言中有集中的表现。当共产党人要求"给世界以和平"、要求实行社会主义和资本主义的和平竞赛、要求举行东西方最高级会谈以便缓和国际紧张局势的时候,美帝国主义者却公然提出"多一些大炮,少一些牛油"的希特勒口号,加紧战争准备,并且企图利用这种姿态加紧对于参加西方军事集团的一切国家的控制。在这种情况下,谁在争取和平,谁在反对和平,不是非常清楚吗? 和平不能向侵略者哀求,不是非常清楚吗? 莫斯科的两个会议的宣言都指出,当前形势的特点是人民已经有强大的力量足以制止战争,维护和平,只要人民在这个斗争中团结一致,并且经常保持警惕。宣言说明了力量对比的变化,正是为了使人民对于和平事业具有充分的信心,为了有说服力地动员广大群众去迫使帝国主义侵略集团放弃穷凶极恶的战争计划。

　　两个宣言都号召全世界的人民为和平而实现最广泛的团结。社会主义国家共产党和工人党代表会议的宣言指出:各国共产党和工人党的团结,社会主义国家的团结,是一切更广泛的团结的核心。而在莫斯科举行的两个会议,无疑是开始了共产主义运动的国际团结的新阶段。

历史发展的迅速经常超过人们的估计。当一八六六年第一国际在日内瓦举行第一次大会的时候，参加大会的六十个代表只代表英、法、瑞士和德国的二十五个支部。第二国际在没有背叛无产阶级的革命立场以前，扩大了国际工人运动的队伍，但是只限于欧洲和美国的范围。第三国际使共产主义运动的队伍在全世界范围内发展了。但是在第二次世界大战以前，全世界总共只有四十三个共产党，有三百一十多万党员。这一次出席莫斯科会议的却有六十四个党的代表，另外还有一些党因为反动派的阻挠没有能够参加。全世界共产党员的总数已经增加到三千三百万人以上。更重要的是，共产党不但在苏联一国，而且已经在其他一系列的国家中掌握了政权，领导着社会主义的建设，在若干资本主义国家中也已经成为强大的广泛群众性的政治力量。

莫斯科的两个会议不但在团结的规模上超过了国际共产主义运动的过去任何时期，而且由于总结了近一百年特别是近四十年的国际共产主义运动的经验，对于这种团结的加强做了伟大的贡献。社会主义国家共产党和工人党的宣言，着重地讨论了这种团结的思想政治基础。宣言阐明了社会主义国家关系中的国际主义原则，阐明了它们的团结互助的立场。宣言用相当多的篇幅解释了马克思列宁主义的普遍真理和各国民族特点的相互关系，在实际工作中而不仅是在哲学教科书中宣传和运用辩证唯物论的必要，修正主义的阶级实质、历史根源和它是目前条件下的主要危险的事实，社会主义国家中两条道路斗争在长时期内的存在，各国从资本主义向社会主义过渡的两种可能的形式,在争取和平、争取民族独立、争取社会主义和建设社会主义的斗争中建立统一战线的重要性等问题。对于这些问题的正确的说明,无论在理论上或是在实际上,都有巨大的意义。

共产党和工人党的会议没有考虑成立国际性的组织,像过去的三个国际和后来的情报局那样,因为这在目前的条件下没有必要。但是会议肯定:"在现代条件下,除了举行领导人员的双边会谈和相互交换情况以外,在必要的时候还应该举行更广泛的共产党和工人党的会议,以便讨论迫切的问题,交流经验,了解彼此的观点和立场,协商为和平、民主和社会主义的共同目的而进行的共同斗争。"这次会议采取了协商的方法使各国党在许多问题上的意见达到一致,这对于加强今后共产主义运动的国际团结,也将产生深远的有益的影响。

莫斯科会议指出了苏联作为社会主义国家的团结中心的作用,这是有重大意义的。团结必须有一个中心,必须有一个头。在帝国主义阵营拒绝和平共处、竭力破坏社会主义国家和国际共产主义运动、并且用新的战争计划威胁全人类的时候,对于世界和平堡垒的社会主义阵营和国际工人运动的骨干各国共产主义队伍说来,认识这个真理尤其必要。苏联的这种团结中心的地位是历史形成的客观事实,不是任何人人为地造成的。苏联是第一个和最强大的社会主义国家,苏联共产党具有比较最完备、最丰富和受过最严格考验的经验。加强以苏联为首的社会主义阵营的团结,加强以苏联共产党为中心的国际共产主义运动的团结,不但符合于社会主义各国人民和国际无产阶级的利益,而且符合于全世界和平事业和进步事业的利益，符合于全人类的利益。

表现共产党和工人党的伟大的国际团结的两个会议，是在世界政治发生有利于社会主义和一切反帝国主义力量的伟大的转折的时候举行的，而这两个会议的召开，又将大大加强社会主义国家和国际共产主义运动的力量，大大加强广大人民群众争取和平、民主和民族解放的力量。这两个会议的有历史意义的成功，同帝国主义阵营内部矛盾的扩大，成了一个鲜明的对比。世界的未来是属于人民的，是属于社会主义的。无论帝国主义者和各国反动派怎样阻挠历史的前进，但是历史仍然在前进着，就像地球在转动着一样！

必须坚持多快好省的建设方针

（一九五七年十二月十二日《人民日报》社论）

在执行第一个五年计划的过程中，党中央提出了又多、又快、又好、又省的发展国民经济的方针。这个方针对于我国的社会主义建设事业起了巨大的积极作用。一九五六年我国国民经济的跃进的发展，证明这个方针是完全正确的、必需的和行之有效的。

多快好省方针的提出并不是出于偶然。首先，我们共产党人对于一切前进的事业历来就是促进派，历来就要求一切前进事业按照需要和可能多多地发展，快快地发展。我们促进了人民民主革命，促进了社会主义革命，从而给我国生产力的发展开辟了广阔的道路。从第一个五年计划开始，我们又集中力量来促进我国的社会主义建设事业，使我国尽可能迅速地完成国家工业化和农业现代化的任务，把我国建成为一个社会主义强国。很明显，这不但对于我国本身有极大的意义，而且对于加强整个社会主义阵营，对于维护全世界的和平，都有极大的意义。其次，还因为我国是一个人口多、耕地少、经济文化落后、底子很薄的国家。要在这样一个国家里建立起强大的社会主义物质基础，使我国的经济水平在几十年内赶上世界上的先进国家,使人民生活得到很大的改善,建设的步子就必须迈得比较快、比较大,就必须采取勤俭建国的方针,采取又多又快又好又省的建设方针。除此以外的道路是走不通的。

实现多快好省的方针,有没有可能呢? 回答是完全肯定的。前面所说我国人口多、耕地少、经济文化落后、底子很薄,只是我国情况的一个方面,是我们建设的困难的一面。我们还必须看到另一面,即有利的一面,看到我们的国家是一个劳动力多、人民勤劳勇敢、幅员广大、自然条件良好、资源丰富的国家。根据第一个五年计划期间估算的资料,我国单是水力资源,就有五亿千瓦以上的蕴藏量。铁的远景储量约有一百二十亿吨,煤的远景储量达一万亿吨。因为幅员广大,我们还可以垦荒植林、开发山区,做很多很多的事情。特别是我们有一个具有伟大生命力的社会主义政治制度和经济制度,广大的劳动群众在共产党的领导下不断地提高自己的觉悟性和积极性,提高自己的劳动生产率;同时,我们还有以苏联为首的社会主义各国的支援。这就完全能够保证我们在不太长的时间内把我国建设成为一个有现代工业、现代农业和现代科学文化的富裕、强大的国家。而且,就是困难的那一面,也可以转化成为刺激我们前进的力量。正如毛泽东同志所说,在一定的条件下,坏事可以转变成为好事。我国所以能够在一九五五年冬天到一九五六年春天这个短短的时间内在全国范围内基本上实现了农业合作化,原因之一就是绝大多数的农民穷,农民看清了只有坚决走社会主义道路,才能摆脱穷困的境遇。这些都说明,我们采取多快好省的方针有很多有利条件,对此我们必须有足够的估计。

第一个五年计划的实践结果，证明了多快好省的方针是切实可行的。按照一九五七年的预计完成数字，同一九五二年比较，我国的工农业总产值增长百分之六十二，其中工业增长百分之一百三十二，手工业增长百分之六十六，农业和副业增长百分之二十四。以主要产品的年产量说，预计到一九五七年底，发电量达到一百九十亿度以上，等于解放前最高年产量的三点二倍；原煤产量达到一亿二千八百三十七万吨，接近解放前最高年产量的二点一倍；钢产量达到五百二十四万多吨，差不多等于解放前最高年产量的五点七倍；粮食达到三千七百亿斤，超过解放前的最高年产量九百多亿斤；棉花达到三千二百八十万担，差不多等于解放前最高年产量的二倍。在这五年当中，许多产品的产量超过了解放前几十年的总和。同原订的第一个五年计划相比，在工业、农业、交通运输、基本建设、教育事业等方面都超额完成了。

但是，这并不是说在我们的建设事业中就没有问题了。总的说来，我们基本上是按照多快好省的方针进行建设的。但是，是不是已经动员了一切积极因素，利用了一切有利条件，发挥了一切潜在力量，想尽了一切办法来贯彻执行多快好省、勤俭建国的方针呢？应当说，我们的努力还是很不够的，而且在广大群众和干部的积极性的掩盖下，还有少数有保守思想的人实际上在反对这个方针。

在去年秋天以后的一段时间里，在某些部门、某些单位、某些干部中间刮起了一股风，居然把多快好省的方针刮掉了。有的人说，农业发展纲要四十条订得冒进了，行不通；有的人说，一九五六年的国民经济发展计划全部冒进了，甚至第一个五年计划也冒进了，搞错了；有的人竟说，宁可犯保守的错误，也不要犯冒进的错误，等等。于是，本来应该和可以多办、快办的事情，也少办、慢办甚至不办了。这种做法，对社会主义建设事业当然不能起积极的促进的作用，相反地起了消极的"促退"的作用。

　　为什么去年秋天以后，在部分干部中间产生了这种保守的倾向呢？这是因为，他们对一九五六年的成绩和缺点作了错误的估计。一九五六年，我国的工农业生产和基本建设有一个很大的跃进。从一方面说，这是当时社会主义改造高潮中广大群众和干部的积极性空前高涨的必然产物。从另一方面说，这又是在生产和基本建设上有了前三年的经验积累，有了各方面的大量准备工作之后的一个合乎逻辑的发展。一九五六年是第一个五年计划的第四年，为了保证完成第一个五年计划，在这一年来个跃进也是必要的。事实上，一九五六年经济战线上的大跃进，确实有力地保证了第一个五年计划的完成和超额完成。在一九五六年的跃进当中，也发生了某些偏差：基本建设投资多了些，企业、机关的人员和高等学校、中等技术学校的学生招收得多了些，一部分职工的工资增加得多了些，因此引起了生产资料和消费资料供应的某些紧张。加以一九五六年的农业遭受了比较严重的灾荒，而国家的储备物资又有了减少，对下一年度的经济安排造成了一定的困难。但是，总的说来，一九五六年的主流是经济上的大跃进，是群众的积极性和创造性的高潮。然而，有些人却不这样看。他们只看到一九五六年跃进中的次要的偏差的一方面，而没有看到主流,因而以为今后再不能讲多和快,只要保守一些,就是"充分可靠",就好过日子了。他们曲解了"充分可靠"的要求,忘记了它的前提应该是调动一切积极因素,加速我国的社会主义建设,而且也只有从积极方面调动群众的力量,发挥生产和建设中的一切潜力,才能克服我们前进道路上的各种困难。他们的思想仍然停留在三大改造高潮以前的阶段,而没有认识三大改造基本完成后的新形势,没有充分估计在新条件下大大增长了的生产潜力,结果就背离了多快好省的方针,变成了经济战线上的懒汉。

当然,在某种情况下,局部地、暂时地放慢步子,甚至作适当的后退,是必要的和容许的。拿最近的例子来说,在一九五七年,我们就接受一九五六年的教训,适当减少了一些基本建设投资,削减和削除了一部分基本建设项目,调整了某些部门的发展速度,在劳动工资方面进行了严格的控制。这样做,正是为了更好地积聚力量,不仅保证第一个五年计划的完成,而且为第二个五年计划首先是一九五八年的计划作好准备,使今后能够更多更快更好更省地前进。一九五七年国家计划执行的结果,证明了这样做是完全必要的,正确的。

主张促进,提倡多快好省,是不是就一定会盲目冒进呢?不论做什么工作,我们历来反对主观主义的做法;既反对因循旧规的保守主义,也反对急躁盲目的冒险主义。我们所要求的多和快,是实事求是的、合乎实际情况的多和快。盲目的、主观主义的多和快,并不能真正达到多和快的目的。那种做法,不但不能有效地促进建设事业,反而会给它带来损害。例如去年,由于对南方北方、山地水地的不同需要没有作具体的分析,在中央和地方的布置下一下子制造了一百八十万部双轮双铧犁和双轮单铧犁,以致积压了差不多一半。像这样的多和快,就带有主观主义成分。那些超过了需要的双轮双铧犁和双轮单铧犁没有起促进农业生产的作用,反而积压了资金和钢材,浪费了人工和设备能力。当然,由于经验不足,对情况不能一下子摸得很清楚,要求在任何具体工作中完全避免盲目冒进或者盲目保守的错误,也是不可能的。正确的态度应当是从这些错误中吸取教训,更好地前进,而不应当借口多和快而冒进,或者借口反对冒进而保守甚至冒退。

毛泽东同志在一九五五年十二月写的《中国农村的社会主义高潮》序言中曾经这样说:"人们的思想必须适应已经变化了的情况。当然,任何人不可以无根据地胡思乱想,不可以超越客观情况所许可的条件去计划自己的行动,不要勉强地去做那些实在做不到的事情。但是现在的问题,还是右倾保守思想在许多方面作怪,使许多方面的工作不能适应客观情况的发展。现在的问题是经过努力本来可以做到的事情,却有很多人认为做不到。因此,不断地批判那些确实存在的右倾保守思想,就有完全的必要了。"这一段话,值得我们再读几遍。

多、快、好、省,这是一个不可分割的完整的勤俭建国的方针。建设必须贯彻勤俭建国、勤俭办企业、勤俭办合作社、勤俭办一切事业的方针,必须按照需要和可能力求增产,并且在一切方面力求节约资金。为了多、快、好,这就需要勤;为了省,这就需要俭。多和快是对数量和时间的要求,好和省是对质量(包括品种、规格)和成本的要求。有了好和省,就限制了片面的盲目的多和快,限制了粗制滥造和浪费资金,同时也就使我们有可能用同样的资源和资金,进行更多的生产和建设,使生产和建设发展得更快。只顾追数量,只顾赶时间而不顾质量、品种和成本,是错误的;只顾质量,不顾数量不顾成本,不注意按时完成,也是错误的。我们在建设中,既要有按量按时的增长,也要有质量的提高、品种的适合需要和资金的节约。这两个方面,互相制约,互相推进。因此,我们必须经常坚持完整的多快好省的方针,坚决反对忽视其中任何一个方面的错误倾向。当然,只顾多、快和省,而不顾生产和建设的安全,造成工伤事故和人力物力的损失,同样是错误的,同样也必须坚决反对。

多快好省这四个要求,是相对的。怎样算做多快好省,要根据整个国家的具体情况统一考虑,才能做出正确的判断。例如,有时新建或扩建一个工厂,从一个地区一个部门来看是发展了生产;但是可能因此不合理地影响了其他地区其他部门原有企业的设备能力的充分利用以及原料供应和产品销售,或者影响了更重要的建设工程,从全国来看,反而造成了浪费。因此,我们对每一项生产建设事业,都必须从全局出发,周密考虑需要和可能,原料和市场,各部门各地区的协作配合,以及上一年度和下一年度的衔接,以保证国民经济的各个部分在国家统一的计划下按比例地协调地全面地发展。在建设当中,任何脱离整体的本位主义思想,是同实事求是的、合乎实际的多快好省的方针相违背的。

建设要有重点,要分清轻重缓急,区别对待,不能在同一时期内百废俱兴。孟子说得好,"人有不为也,而后可以有为。"意思是说,只有不做那些不该做的事,少做那些可以不做的事,才有力量去做那主要的、必须做的事。同时百废俱兴,结果会俱不能兴。例如水利要着重中小型,只办若干极可能又极必需的大型水利工程。钢铁业第一个五年重点在扩建鞍钢,第二个五年就有可能建设包钢、武钢,同时还要办一些中型的和小型的钢铁厂。各项工作要分期分批办。不分期不分批,就是无重点,就会办坏,也就不符合实事求是的、合乎实际的多快好省的方针。

人的思想要符合实际是不容易的。我国有六亿几千万人,特别是分成不同的阶级和阶层,各种不同的观点不可避免地会反映在我们的工作人员的思想中。就是高级领导干部也是以成万计,他们虽然一般是站在无产阶级的立场上,但是也各有不同的经历和岗位,各有不同的想法。而且社会主义的经济建设,对于我们大家都还是一件新事,还缺少必要的经验。在这种情况下,要求一个统一的符合实际的计划,当然不容易。但是不容易并不等于不能够,这是能够办到的。我们的伟大的革命事业和建设事业不是都在一个统一意志和统一计划之下取得了伟大的成功吗? 由分歧到统一,是经过调查,经过研究,经过辩论,最重要的是经过实践的考验来达到的。反复研究和反复实践,这就是我们的方法。

现在,第一个五年计划时期快要结束。第二个五年计划就要开始了。我们在第一个五年计划期内,已经建立起国家工业化的初步基础,已经有条件促进工业、农业和其他各种经济事业的进一步发展。广大群众和干部在各项建设工作中取得了许多经验,国民经济计划水平和管理水平也有了提高,这就使我们有可能在今后的建设中能够依靠群众的经验把工作做得更好一些,避免犯大的错误。根据国务院最近公布的规定,国家的管理体制已有适当的改变,各地方、各企业和广大群众的积极性,将得到进一步的发挥。特别是经过全党整风和全民的社会主义教育,广大干部和群众提高了政治觉悟,克服了工作中的错误和缺点,主观主义将大为减少,就更将直接促进社会主义事业的发展。目前,在全国农业发展纲要(修正草案)的推动下,农村中已经掀起了一个兴修农田水利和积肥的高潮,工业方面也正在走向新的高涨,经济战线上的各级领导干部,要注意这个时机,在经济工作的各个方面加紧进行准备。当前的重要任务,就是要在充分可靠的基础上,把一九五八年的各项计划指标订得尽可能先进些,并且相应地做好原料、市场等各个方面的平衡调度工作。为了更好地发掘企业的潜力和加强企业之间的配合协作,各个地方的党组织要积极领导所在地区各个企业(包括中央各部所管的企业)编好计划。如果我们努力的结果,在经济工作的各个方面都能够跟上全国规模的工农业生产高潮,贯彻执行勤俭建国的方针,那么,我们就可以为第二个五年计划打下良好的基础,从而把我国的社会主义建设事业更多、更快、更好、更省地大大向前推进一步。

乘 风 破 浪

（一九五八年一月一日《人民日报》社论）

　　人们的思想常常落后于实际，对于客观形势发展之快估计不足。回顾一九五七年，国际和国内形势的发展，谁能不得出这个结论来呢？

　　苏联两颗人造卫星的发射成功，各国共产党和工人党的莫斯科会议，在几十天中间，把整个世界形势的面貌改变了。苏联人造卫星上了天，宣告了人类进一步征服自然界的新纪元的开始，最有说服力地证明了社会主义制度优于资本主义制度。莫斯科会议表明：世界共产主义运动已获得了辉煌的胜利，共产主义力量空前强大和空前团结。东风压倒西风，社会主义的力量胜过帝国主义的力量，和平的力量胜过战争的力量，如果在不久以前，甚至在共产主义者中间对于这一点还有争论的话，那么，现在在西方世界中，这却已经成为人们的常识了。现在西方帝国主义的代言人所谈论的，已经不再是什么"共产主义的危机"、"苏联的衰退"等等，而是"自由世界的危机"、"美国的落后"了。

　　在社会主义力量迅速上升的同时，亚非各国民族独立运动在过去一年中有了巨大的发展。民族独立运动的高潮，从亚洲涌到了非洲。在埃及人民取得了反抗英法和以色列的侵略战争的胜利之后,叙利亚人民粉碎了美英帝国主义策划的国内政变,并且胜利地挫折了美国和土耳其的侵略阴谋。印度尼西亚人民展开了收复西伊里安的声势浩大的爱国运动,坚决打击荷兰殖民者的势力。加纳和马来亚已经宣布独立。在阿尔及利亚、也门、阿曼、西属摩洛哥等地,到处燃烧着反殖民主义斗争的烽火。目前正在开罗召开的亚非团结大会,有力地表达了占世界人口三分之二的十八亿亚非人民争取独立自由和世界和平的斗争的高涨。亚非各国人民的独立运动深刻地动摇了殖民主义的基础,大大地削弱了帝国主义的力量。社会主义力量和亚非各国民族独立运动互相支援,构成了当代维护世界和平的强大力量。

帝国主义阵营的情况同社会主义各国和反殖民主义力量的情况相反。由于社会主义力量的空前团结和壮大,由于亚非各国民族独立运动的高涨,由于各国和平运动的发展,帝国主义的困难大大增加了,它们内部的矛盾更加尖锐了。美帝国主义对叙利亚和印度尼西亚的干涉都没有成功,对社会主义国家的虚声恫吓也失败了。在苏联发射洲际弹道火箭和人造卫星成功,而美国的"先锋"号卫星试验失败后,美帝国主义的以"实力地位"为基础的外交政策,彻底破产了。这种情况不能不引起西欧各国对美国加紧扩军备战政策的抗拒,不能不引起美国和它的盟国之间的矛盾尖锐化。不久以前在巴黎举行的北大西洋集团最高会议,一方面固然反映了美国统治集团妄图督促其西欧盟国加紧扩军备战步调,但是另一方面更重要的是反映了美帝国主义的原定计划的失败。

　　一九五七年国际上三个会议——各国共产党和工人党的莫斯科会议、北大西洋集团最高会议和亚非团结大会——如此生动地表明了我们时代的新的转折点,社会主义力量和各国民族独立运动正在走上坡路,而帝国主义正在走下坡路。和平、民主、社会主义事业展现着无限美好的前景。当然,人们也应该看到,以美国为首的帝国主义集团正力图扭转它们的颓势;美国统治集团正疯狂地策划加速扩军备战;甚至有些战争狂人竟鼓吹“先发制人”的战争。因此,全世界爱好和平人民必须保持高度的警惕,再接再厉地为和平而奋斗,决不能让美国侵略集团的战争政策得逞。现在,社会主义力量同各国民族独立运动和各国和平运动团结在一起,有足够的力量制止帝国主义的战争阴谋。各国爱好和平人民坚持斗争,一定能够停止军备竞赛,实现和平共处。瞻望未来,各国爱和平的人民满怀信心,在一九五八年中,以苏联为首的社会主义阵营必将更加团结和壮大,各国民族独立运动必将取得更大的胜利,世界和平运动必将更加高涨,国际局势必将有进一步的缓和,和平、民主、社会主义事业必将获得更大的成就。

　　在我国,一九五七年也是全国人民在各个战线上取得辉煌胜利的一年。

　　在过去的一年中,我国展开了全民性的整风运动和反对资产阶级右派的斗争。这是继一九五五年和一九五六年基本上完成了在经济战线上(生产资料所有制方面)的社会主义革命之后的、在政治战线和思想战线上的社会主义革命。在经济战线上基本完成了社会主义革命之后,资产阶级和无产阶级之间的斗争,资本主义道路和社会主义道路之间的斗争,依然是过渡时期的主要矛盾。资本主义道路和社会主义道路的斗争,在我国目前的条件下,表现为敌我矛盾(资产阶级右派同劳动人民之间的矛盾)的情况是比较少数的,表现为人民内部矛盾则是大量的。而且,人民内部矛盾有属于两条道路斗争性质的,也有不属于或者不完全属于这种性质的。因此,在一九五七年初,党中央和毛主席提出了正确处理人民内部矛盾问题,接着又展开了以处理人民内部矛盾为主题的整风运动。资产阶级右派乘共产党整风的机会,对党、对社会主义发动了猖狂的进攻,激起了全国广大人民群众的极大的义愤。因而整风运动就进入以处理敌我矛盾为主的阶段——反右派斗争阶段。经过了声势浩大的反右派斗争,资产阶级右派的进攻被粉碎了,右派分子被孤立了,人民群众的政治觉悟大大提高了,社会主义制度更加巩固了。这是我国人民在政治战线和思想战线上社会主义革命的一次伟大胜利。目前,全国多数单位的整风运动已经从反右派斗争转入以整改为主的阶段,即转入仍然以处理人民内部矛盾为主的阶段。在整风运动中出现的大鸣大放、大辩论、大字报的方法,已经证明不但是教育和团结人民群众对敌人进行斗争的有效方法,而且是正确处理人民内部矛盾的有效方法。在整风运动中,干部和人民群众的革命积极性大大提高,有力地推动了我国的社会主义革命和社会主义建设。

当前的任务是在一九五八年五月以前,争取这次整风运动在各个战线上取得完全的胜利。整风运动是推动一切工作的动力,应该把整风运动作为"提起一切工作的纲"。在机关团体、工矿企业、农村、城镇居民中全面地贯彻整风运动,使全国人人都受到整风的教育。凡是反右派斗争取得了胜利的单位，都应转入以整改为主的阶段，坚决整顿作风和改进工作，克服官僚主义、主观主义、宗派主义；在整改告一段落之后，应转入个人学习文件、批评反省、提高自己的阶段，批判个人主义、本位主义、自由主义和绝对平均主义等资产阶级思想和小资产阶级思想，树立无产阶级的社会主义的思想，争取改造思想的胜利。在整风运动的整个过程中，都应该通过大鸣大放、大辩论、大字报的群众路线的方法，批判错误思想，划清是非界限，提高群众觉悟，克服工作缺点。这样，就将使我国出现这样一种政治局面，这就是一个又有集中又有民主的、又有纪律又有自由的、又有统一意志、又有个人心情舒畅、生动活泼的政治局面。这将是整风运动的有重大意义的收获。我们相信，胜利地完成这次整风运动，将使我国社会面貌焕然一新，将使人民群众的积极性空前高涨，将掀起一个发展工农业生产和各项建设工作的规模宏大的高潮。

　　在全民整风运动的推动下，我国一九五七年的社会主义建设获得了巨大的成就。一九五七年是我国第一个五年计划的最后一年，在这一年中，我国工农业生产继续有了很大的增长。工业方面，一九五七年工业总产值超过了第一个五年计划预定指标的百分之十七点三左右，比一九五二年增长了百分之一百三十二点五，钢产量达到了五百二十四万吨，生铁五百九十万吨，煤一亿二千八百万吨，发电量一百九十亿度，棉纱四百六十一万件。在第一个五年计划期间，我国共有四百五十个限额以上的工厂建成，其中包括苏联援助的一百五十六项中的五十七项。我国现在已经拥有能够制造飞机、汽车、蒸汽机车、远洋货轮、新式机床、发电、冶金和矿山设备等近代工业企业。农业方面，一九五七年虽然遭受不小自然灾害，粮食产量仍比一九五六年增产，达到三千七百亿斤，比一九五二年增加了六百一十多亿斤；棉花达到三千二百八十万担，比一九五二年增加了六百七十多万担。其他如交通运输业、商业以及文教、卫生事业，也都有了很大的发展。我国第一个五年计划，由于全国人民在党的领导下辛勤努力，由于苏联以及其他兄弟国家的帮助，已经胜利地超额完成了。

第一个五年计划的完成仅仅是把我国建设成为社会主义强国的万里长征中的第一步。在我国建立一个现代化的工业基础和现代化的农业基础，从现在算起，还要十年到十五年的时间。只有经过十年到十五年的社会生产力的比较充分的发展，我们的社会主义经济制度和政治制度，才算有了自己的比较充分的物质基础（这个基础现在还很不充分），我们的国家（上层建筑）才算充分巩固；社会主义社会才算从根本上建成。我们要在十五年左右的时间内，在钢铁和其他重要工业产品产量方面赶上和超过英国；在这以后，还要进一步发展生产力，准备再用二十年到三十年的时间在经济上赶上并且超过美国，以便逐步地由社会主义社会过渡到共产主义社会。这是我国人民光荣的伟大的和艰巨的历史任务。我国人民既然能够推翻了压在我们头上的三座大山——帝国主义、封建主义和官僚资本主义，既然又能够在不太长的时间内使我国的经济建设和文化建设有了飞跃的发展，那么我们就完全有理由相信，我国人民一定能够把我国建设成为现代工业和现代农业的强国，建设成为社会主义社会和共产主义社会。我国地大、物博、人多，我国人民又勤劳又勇敢，我国又有了最先进的社会主义制度，没有任何理由不去尽最大努力实现这个远大的理想。

一九五八年是我国第二个五年计划的第一年。我们应该利用整风运动的伟大成就和第一个五年计划的胜利完成以及其他一切有利条件，调动一切积极的因素，根据勤俭建国的方针，又多又快又好又省地进行各项建设工作，为第二个五年计划创造一个胜利的开端。我国第二个五年计划的方针，是在优先发展重工业的基础上，发展工业和发展农业同时并举。优先发展重工业的方针是决不能动摇的。在第二个五年计划期间，必须使我国重工业继续高速度地发展，并且使为农业服务的重工业有更多的发展，同时还要相应地发展轻工业和交通运输业，以适应日益增长的人民物质生活和文化生活的需要，以及社会主义建设的需要。农业在第二个五年计划中应该比第一个五年有更大的发展。党中央提出的全国农业发展纲要（修正草案），不仅是全国农民的行动纲领，而且全国各个部门的职工也应当积极支持实现这个纲要草案所规定的目标。目前全国农村已经掀起了空前的生产高潮。各地党委必须积极地妥善地领导这个高潮，争取一九五八年农业生产的大跃进和大丰收。

事在人为。在一九五七年以前，人们何尝预料到，在世界和中国，会如此迅速地发生如此巨大的变化？如果我们善于接受教训，那么，我们首先就必须彻底纠正那种落后于客观实际的思想状态，就必须鼓足干劲，力争上游，充分发挥革命的积极性、创造性，扫除消极、怀疑、保守的暮气。一九五五年底一九五六年初的干劲,曾经造成一九五六年的我国经济事业中的大跃进。目前,这种干劲又在活跃起来,显出威力来了。安徽全省去冬今春原计划兴修水利八亿土方,现在已经超额完成,并且决定再做八亿土方。这是一种何等可贵的革命气概!我们的事业是革命的事业,最需要的就是革命的乐观主义,就是在战略上藐视一切"强大"的敌人,藐视一切"严重"的艰难困苦——虽然在战术上需要重视它们,需要一个一个地加以征服,但是这也只有在战略上藐视它们的前提之下才能够实现。古人说要"乘长风破万里浪",在我们的面前正是万里浪:建成社会主义和共产主义,建成强大的现代工业、现代农业和先进的科学文化。但是我们完全有信心达到目的。让我们乘风前进!让我们乘压倒西风的东风前进,乘压倒右派、压倒官僚主义、压倒保守思想的共产主义风前进!

伟大的一年

（一九五八年六月十九日《人民日报》社论）

毛泽东同志的《关于正确处理人民内部矛盾的问题》的著作发表一周年了。一年来我国形势的发展，充分证明了它的伟大的历史意义。

毛泽东同志的著作是发表在我国历史的转折时期。一九五六年，我国取得了生产资料所有制的社会主义改造的决定性胜利，这个胜利使我国进入了一个剥削阶级走向永远消灭、社会生产力可以空前迅速发展的新时代。我国的社会主义改造进行得异常迅速，这说明了广大群众对于社会主义制度的迫切要求。但是新建立的社会秩序是不会马上巩固起来的。在一方面，生产资料所有制方面的社会主义革命的基本完成，是我国社会主义和资本主义两条道路斗争的重大成果，但是并不是两条道路斗争的结束。对于社会主义心怀不满的资产阶级分子以及某些上层小资产阶级分子，在经济战线上失败了，但是还要在政治战线思想战线上继续同无产阶级较量较量。这种迹象到一九五六年底一九五七年初已经逐步显露，而正确地对待这种矛盾已经提到无产阶级的议事日程上来了。在另一方面，在劳动人民内部，首先是在领导者同群众之间，由于旧时代的影响的遗留，由于新制度的还不完善，也存在着许多妨碍社会主义充分发挥威力的迫切问题，需要加以澄清。一九五六年某些国际事件的发展，特别是十月下旬的由纳吉反革命集团所组织的匈牙利反革命叛乱，更加使人们觉得有正确认识社会主义社会中的矛盾的根源、性质和解决方法的必要。

毛泽东同志的著作答复了这些问题。根据毛泽东同志所提出的原理，党领导了全国人民的整风运动，这个运动大大提高了无产阶级和劳动人民的觉悟，从而大大加速了我国的社会发展。

毛泽东同志的著作从原则上肯定了社会主义社会中的矛盾，并且区别了两类性质完全不同的矛盾——敌我之间的矛盾和人民内部的矛盾。这个论断具有重大的理论意义和实践意义。

任何社会都必然有矛盾，都必然以矛盾为发展的动力，这本来是人类历史的基本事实，也是马克思主义的基本观点。但是有一个时期，有些人曾经讳言社会主义社会中的矛盾，甚至否认这种矛盾的存在。这样，这些人就不得不在事实面前陷于被动和混乱。当然，反对社会主义的人企图用社会主义社会中的矛盾来否定社会主义的优越性，否定人民群众在社会主义社会中的根本上的团结一致。但是为了驳斥他们的诽谤，并不需要否认社会主义社会中的矛盾。问题是在对于矛盾加以科学的分析，使无产阶级的先锋队得以根据矛盾的客观规律积极地正确地解决这些矛盾，不断地把社会推向前进。我们国家一年来的一系列的重大发展，正是把社会主义社会中的矛盾大谈特谈的结果；事实表明这并没有阻碍了我们，反而保证了我们以最高的速度前进。

把社会主义社会中的矛盾区别为敌我之间的矛盾和人民内部的矛盾，这首先就给了形形色色的反社会主义分子和修正主义分子一个致命的打击。这些人企图把社会主义社会中的人民内部的矛盾故意歪曲成为敌我之间的矛盾，利用共产党和人民政府的缺点和错误煽动人民起来"革命"。匈牙利的纳吉分子、南斯拉夫的修正主义分子和我国的资产阶级右派分子就是这样做的。同时，他们又把真正的敌我矛盾（包括他们自己同人民之间的敌我性质的矛盾）说成为人民内部的矛盾。他们的这些手法都曾经欺骗过一部分群众。毛泽东同志的著作指出了两者的根本区别，提出了六项政治标准作为两者的界限，并且指明了修正主义和教条主义的不同的阶级根源，这就使我国人民的反右派斗争得到了有力的武器。

但是区别两类矛盾的意义远不限于这一点。严格区别两类矛盾，还使那些有官僚主义倾向的、脱离群众高高在上的、对人民群众滥用强制方法而不依靠说服方法的人们处于非改正错误不可的地位，从而使无产阶级先锋队同人民群众的联系大大地加强了起来。在我们的社会主义国家中，一部分管理工作人员受资产阶级思想作风的熏染，同人民群众之间存在着隔阂，甚至用处理敌我矛盾的方法来处理人民内部矛盾。这种危险的倾向是必须纠正的，而整风运动的经验证明，对于绝大多数的工作人员说来，这种倾向也是完全能够纠正的。绝大多数的工作人员在整风运动中接受了群众的批评建议，克服了工作中的缺点，并且采取了一系列的步骤打掉官气，深入群众，跟群众同甘共苦，一切从群众的利益出发。这样，他们在工作中就获得了充分的主动。他们做了群众的学生，因而就能做群众的先生；他们为群众服务，因而就能充分调动群众的积极性、创造性。在这样的情况下，我们国家的政治面貌发生了极大的变化；随之而来的是，我们国家的经济面貌也发生了极大的变化。

由此可见，正确地认识社会主义社会中的矛盾，正确地区别两类矛盾，正确地处理人民内部的矛盾，这些原则，对于我国一年来的反右派斗争、整风运动和社会主义建设的大跃进，起了怎样难以估量的作用。完全可以说，离开了毛泽东同志所提出的这些原则，全国人民就不可能鼓足干劲，力争上游，多快好省地建设社会主义。因此，党中央把正确处理人民内部矛盾作为社会主义建设总路线的一个不可分的组成部分，这是完全正确的。

毛泽东同志曾经反复指出：正确处理人民内部矛盾，这对于马克思主义并不是一个新问题，对于我们党并不是一个新问题。正确处理人民内部矛盾，也就是党的群众路线的工作方法。为什么对于许多同志好像是一个新问题呢？这是因为，在革命时期的大规模的急风暴雨式的群众阶级斗争基本结束以后，人民内部矛盾更多地被人们注意了，而正在这个时候，却又有一部分同志忘记了历史的教训，错误地以为在社会主义建设事业中可以不依靠群众，可以不依靠政治，可以只依靠少数人的行政命令方法去进行的原故。这种思想的错误在过去一年我国的飞速发展的历史中已经暴露无余了。但是这决不是说，经过了过去一年的教训，正确处理人民内部矛盾的原理，就已经被全党和全国人民所充分掌握，从此可以万事大吉了。事实决不是如此。资产阶级和小资产阶级的思想影响不会这样容易扫清，主观主义和形而上学的思想倾向不会这样容易克服。我们党的任务，我国一切马克思主义者的任务，就是在已经得到的胜利的基础上，继续为宣传正确处理人民内部矛盾的思想而斗争，继续为巩固反右派斗争和整风运动的成果而斗争。只有这样，我们的新建立的社会主义制度才能日趋巩固，我们的伟大的社会主义建设事业才能在依靠群众的基础上跃进再跃进！

美国赶快悬崖勒马

（一九五八年九月九日《人民日报》社论）

　　全国人民的大示威，毛泽东主席在最高国务会议上对美国侵略者的警告，我福建前线炮兵对于在美国侵略者保护下肆意挑衅的金门蒋军及其运输舰只的惩罚，这些就是两天来我国对于美国侵略者的严正答复。

　　美国政府现在正在进行着第二次世界大战结束以来最危险的军事冒险。这是最危险的冒险，因为美国所选择的对象是拥有全人类四分之一的人口的大国，这个国家是曾经同美国较量过的，而从那时以来，它无论在政治上、经济上和军事上，都已经更加强大了许多倍。同时，人们不能不注意到，这个国家是同强大的苏联结成同盟的，苏联已经表示，侵犯中国就是侵犯苏联。美国早就侵略过中国的邻邦朝鲜民主主义人民共和国，因而引起中国人民志愿军的胜利的抗美援朝战争。美国早就侵略中国的领土台湾，而台湾是中国迟早一定要解放的。但是现在的情况同那两次不同。金门、马祖既不是中国的邻国，同中国大陆又没有公海的间隔。美国宣布要帮助蒋介石集团保护金门、马祖，或者保护由台湾通向金门、马祖的运输线，这就使美国陷入随时可能同中国直接发生武力冲突的极端危险的境地。

美国的决策者可能以为,中国政府九月四日关于领海的声明和九月六日关于中国内政不容美国干涉的声明只是虚声恫吓,因而继续执行着"战争边缘"的政策,继续向中国挑衅。但是这样想的美国人是完全错了。伟大的中华人民共和国决不是那种在敌人的战争威胁面前吓得发软的国家,决不是那种只说不做的国家。全国人民的空前激昂的大示威显示了这一点。全中国人民表示决心,只要祖国号召,就马上拿起武器,走上前线。全世界都知道,美国人尤其知道,中国人是为了争自由而不怕死的人民,中国人是永远不能征服的人民。

毛泽东主席九月八日在最高国务会议上的讲话准确地说明了中国人民的决心和信心。毛主席指出:美国侵略者侵占我国领土台湾,同侵占黎巴嫩和在许多国家建立了几百个军事基地一样,只是替自己的脖子套上绞索。美国在台湾海峡地区制造紧张局势,同在黎巴嫩以及其他地方制造紧张局势一样,起了动员全世界人民起来反对美国侵略者的作用。事实的真相难道不是如此吗?难道美国侵略政策近来的每一次施展,不是越来越显得荒谬和疯狂,不是把美帝国主义越来越推向在国际和国内完全孤立的绝境吗?这种事实难道会让我们在伟大的革命斗争中生长起来的伟大的人民有丝毫害怕吗?美国侵略者的这一套只能去征服那些时刻准备着向美国的原子弹、氢弹和美国小麦、美国金元屈膝投降的机会主义者,而在我们的创造着新历史的大无畏的人民看来,美国侵略者手里的一切法宝,不过是在人类前进道路上一些还没有扫除、还在散发着臭气的垃圾罢了。美国的决策者们决心非要收紧他们自己套在自己脖子上的绞索不可,那么,就让他们这样做吧!

中国人民爱好和平,中国政府愿意同世界各国和平相处。但是中国一定要解放自己的领土台湾,这纯粹是中国的内政,绝不容许外国干涉。中国人民尤其不能容忍在自己的领海内存在着每天威胁着自己的安全、危害着自己人民的生命财产的蒋介石集团的前哨阵地,不能容忍美国军舰在我国的领海内行驶。这一切清楚得像晴天的太阳一样,毫无含糊妥协之余地,也没有一个头脑清醒的人对这一切表示任何怀疑。蓄意挑衅的金门蒋介石集团不顾我人民解放军的一再警告,向厦门附近沿海村镇的和平居民和学校学生进行炮击,造成重大伤亡;而美国军舰也不顾我外交部的一再严重警告,一再侵入我国领海活动。对此我福建前线炮兵部队已经在九月八日采取行动,给予金门蒋军和受美国军舰保护的蒋军舰船以惩罚性的打击。炮火已经打响了,美国军事挑衅所造成的严重危险已经大大增加了。美国政府现在还有机会防止事态的扩大,使台湾海峡地区的国际争端通过和平谈判来解决。美国当局如果还以和平为念,应该悬崖勒马,立即住手。

认真贯彻党的中医政策

（一九五九年一月二十五日《人民日报》社论）

党的中医政策是党在我国卫生工作方面的一项重要的方针政策。由于卫生行政领导部门过去在一个时期内没有认真执行这个政策，卫生工作曾经一度受到很大的损失。卫生行政领导部门的这个错误受到批判和纠正之后，近二三年来，中医工作有了发展，并且取得了一定的成绩。在多数地区，中医已经得到了医疗工作上的适当安排，有很多中医已经参加了基层卫生机构和医院的工作。许多省市成立了中医学院和中医专门学校，中医带徒弟也已经广泛地推行起来。中医中药的研究工作正在开始，采集中医验方秘方的工作也正在进行。西医学习中医的运动已经开展起来，并且有一部分西医已经在西医离职学习中医班毕业。中药的生产、加工、销售和使用也得到了推广。由于进行了这样一些措施，中医中药对于很多疾病的疗效，就被更多的人所认识和承认了。现在大家都知道，中医所用之有效的药物和方剂是很丰富的，而中医的治疗方法，除去用药之外，还有针灸、推拿、气功等等的疗法。采用中医的方法治疗例如流行性乙型脑炎、痢疾、急性阑尾炎、关节炎、神经痛、烧伤、骨折、脱臼以及很多种皮肤病等，都有比较显著的效果。对于高血压病、晚期血吸虫病、肝硬变、慢性肾脏炎、再生不良性贫血等，用中医的方法也有一定的疗效。越来越多的事例，证实了中医中药在人民卫生事业中所起的重大作用。

一九五八年十一月十八日，党中央发布了对卫生部党组关于组织西医离职学习中医总结报告的批示。在这个批示里面，中央再一次地明确指出："中国医药学是我国人民几千年来同疾病作斗争的经验总结。它包含着中国人民同疾病作斗争的丰富经验和理论知识，它是一个伟大的宝库，必须继续努力发掘，并加以提高。我们必须组织力量认真地学习、研究、加以整理。"中央指示各省、市、自治区，凡是有条件的，都应该办一个七八十人的西医离职学习中医的以两年为期的学习班，学生应该有大学毕业水平和二三年的临床经验。这样，在一九六〇年冬或一九六一年春，全国大约就可以有二千名中西结合的高级医生，其中可能出几个高明的理论家。中央并且着重指出："这是一件大事，不可等闲视之。"党中央发布了这个批示以后，西医学习中医的情况有了新的进展。我们的中医工作正在以更快的步伐向前迈进。

然而，我们绝不能满足于我们已有的成绩。要知道，在我们的实际工作中，还存在着不少的缺点。我们还不能说，对于党的中医政策已经贯彻得够好了。我们还不能说，对于党的中医政策，人们都已经有了正确的认识，那种对于民族遗产抱着虚无主义的否定态度的资产阶级思想已经不再为害了。继续深入贯彻党的中医政策，使每一个医药卫生工作者，特别是每一个卫生行政干部，对于这个政策都有正确的、明确的认识,继续纠正轻视和排斥中医中药的错误观点,仍是卫生部门当前一项非常重要的任务。

在我国的卫生工作队伍中,存在着西医和中医的关系问题;在我国医学今后的发展中,存在着现代医学和我国原有医学的关系问题。这两个问题的存在,是我国医药卫生事业的历史条件形成的。必须从我国六亿多人民的实际需要出发,从科学的发展规律出发,正确地解决这两个问题。这就是党的中医政策提出的依据。

我国的地方广,人口多,人民过去长时期处在贫困和文化落后的状态中,因而严重地遭受着疾病的危害,我们的医药卫生工作任务是非常繁重的。为了解决广大人民的医药卫生问题,我们必须发动一切可以发动的医药卫生技术力量。西医受过现代的科学教育,掌握着现代的医疗技术,使用着现代的医疗设备,他们能够治好很多疾病。在人民的保健事业中,必须充分发挥他们的作用,团结他们很好地为人民服务,这是毫无疑义的。但是仅仅依靠西医,还远不能完成我们向疾病作斗争的任务。中医有很大的数量,他们虽然多数没有受过现代科学教育,但是他们掌握着我国几千年来积累下来的医药科学知识和治病经验。他们也能治好很多疾病,包括一些用西医方法疗效较差的疾病。在人民的保健事业中,也必须充分发挥他们的作用,团结他们很好地为人民服务,这也是毫无疑义的。如果我们轻视中医,不把他们的力量和西医的力量一起发动起来,组织起来,那就是无视于人民的医药卫生需要,无视于人民的疾苦。毛泽东同志在一九四四年十月在陕甘宁边区文教工作者会议上曾经讲过这样的话:"陕甘宁边区的人、畜死亡率都很高,许多人民还相信巫神。在这种情形之下,仅仅依靠新医是不可能解决问题的。新医当然比旧医高明,但是新医如果不关心人民的痛苦,不为人民训练医生,不联合边区现有的一千多个旧医和旧式兽医,并帮助他们进步,那就是实际上帮助巫神,实际上忍心看着大批人畜的死亡。"毛泽东同志的这些话虽然是针对着当时陕甘宁边区的具体情况来讲的,但是深刻地说明了中西医团结合作的必要性,在原则上是适合我国整个情况的。西医和中医,只有紧密地团结起来,很好地合作,才能共同战胜疾病这个敌人。近几年来的事实更加有力地证明了这一点。在防治疾病的战线上,由于发动中医西医共同参加了工作,不仅解决了医务人员数量不足的问题,而且经过中医西医在技术上的合作,各尽其所长,各补其所短,互相学习,互相帮助,大大提高了防治疾病的效率。有许多地方在这方面取得了很多经验,我们应该把这些经验加以积极推广,进一步加强中西医的团结合作,并且把已经证明有效的中医治疗办法和中西医结合的治疗办法加以认真的普及。

　　研究整理我国的医药学遗产,把它提高到现代科学的水平,这是我国医药学家应做的工作,应尽的责任。科学是全人类的事业,各国在科学发展上都有其贡献,我们也有我们的贡献。在医药学方面,我国过去有过重大的成就,今后还应做出更多的成就。我国医药学家的任务是:不仅要全面掌握现代医学,和世界各国的医药学家一起,在现代医药学的一些亟待发展和亟待解决的问题上,比如在抗菌素研究、心脏外科、脑外科、放射性同位素在医学上的应用的研究、癌瘤研究等等方面,努力获得自己的成绩;而且要在研究整理我国的医药学遗产方面获得成绩。科学都是在前人的知识的基础之上发展起来的,医学也是如此。现在的西洋医学是欧洲古代医学的继续。不过近二三百年来,西洋医学由于有近代自然科学作为依据,所以发展到了一个新的阶段,成为现代的世界医学。我国原有的医学包含着我国历代医学家对于疾病的观察、分析和治疗经验。虽然由于历史条件所限,他们没有能够掌握近代自然科学这个工具,因此在观察和分析上不可避免地有不正确的地方,需要用现代科学的知识和方法加以补充修正;但是事实证明,在他们的丰富经验和理论知识中间,的确蕴藏着许多宝贵的东西,是一个"伟大的宝库",是我们所必须加以继承和发扬光大的。毛泽东同志曾经指示我们,我国在长期的封建社会中,创造了灿烂的古代文化。我们对于这种古代文化所取的态度应该是去其糟粕,取其精华,这是发展我国的新文化的必要条件。在我国的医药学遗产里面,有大量的具有科学性的精华,我们必须把这些精华认真地吸收起来,这也是发展我国的新医学的必要条件。而用以发掘、整理这一座伟大宝库的手段,则是现代科学的方法。发掘、整理我国医药学遗产的结果,无疑将使我国现代的医药科学知识更加丰富,便于我国的医药学家对现代医学作出更多的创造性的贡献,便于发展有独创性的医药学派。很明显,这一切是既有利于民族遗产的发扬,又有利于现代医学的发展的。党所以号召西医学习中医,正是因为西医具有一定的现代科学知识,他们应该义不容辞地把研究整理我国医药学遗产这个光荣的任务承担起来。总之,忽视文化遗产的民族虚无主义的倾向是不对的,认为可以离开现代科学来整理遗产也是不对的。全国的医药卫生工作者都应该明确地认识这个问题。

当然,为了做好我国医药学遗产的研究整理工作,不能单靠西医的力量,还必须通过中西医的密切合作。在这个工作中,中医和西医都不应当故步自封。凡具有一定条件的中医,应该尽可能学习一些解剖学、生理学、细菌学、药理学等现代医学基础知识;西医也应该采取实事求是的精神,不要把自己的眼光局限于现代医学今天已经掌握的科学知识的范围,不要对于中医治疗办法中暂时还不能作出科学解释的部分轻易加以否定。要知道,科学知识永远是不断发展的。人类的医学知识现在还有限,还有许多疾病不能治疗,不能解释,或者虽能治疗而不能完满地解释,因此必须继续提高。中国的医药学既然是我国人民几千年来同疾病作斗争的产物,研究整理这个丰富的遗产,对于征服现代医学所还没有占领的阵地,必然可以有所帮助。如果采取故步自封的态度,不但不利于研究整理祖国的医药学遗产,就是对于现代医学的发展也是不利的。

研究整理祖国的医药学遗产,决不是一件轻而易举的事情,而是一件长时间的艰苦的工作。因此,从事这一工作的西医,除去像中央在一九五八年十一月十八日的批示中所指出的,要有较高的医学理论水平和一定的临床经验之外,还应该有诚心诚意、坚决献身于这一工作的志愿,把这一工作当做自己的终身事业。因此,必须选拔一部分具备这种条件的人员,使他们有可能集中必要的时间和精力,来从事我国医药学遗产的研究整理工作,像集中另一些人专门从事医药科学中间其他问题的研究那样。只有这样，才能希望在若干年内，在中国医药学遗产的研究方面得到重大的科学成果。在这里，消极态度是不行的，急躁也是不行的。当然，除去集中一部分西医离职学习中医中药，以便专门从事对祖国医药学遗产的研究整理工作之外，还应当号召在职西医根据自愿和可能，在结合业务的原则下学习中医。但是不应当要求全体西医都无条件地研究中医中药，以免对于他们目前已经十分繁重的工作任务有所妨碍。

　　认真贯彻党的中医政策，是加强中西医团结合作、更好地为人民服务的关键，也是做好我国医药学遗产研究整理工作的关键。希望各级卫生行政领导部门，团结全体中医西医，努力地正确地执行党的这个政策，取得更大的胜利。

西藏的革命和尼赫鲁的哲学

（一九五九年五月六日《人民日报》编辑部根据
中共中央政治局扩大会议讨论写成的文章）

　　西藏少数卖国贼发动的一场叛乱战争，已经基本上平息
了。叛乱分子所造成的流血冲突，随着他们的可耻的失败，在
西藏绝大部分土地上停止了。现在，西藏正在面临着一次和
平的革命，这就是全国人民代表大会决议所指出的西藏广大
人民期待已久和迫切要求的民主改革。这是一场革命，是一
九四九年前后席卷中国大陆的人民大革命在西藏的继续。这
场革命在西藏和平解放以来的八年中，一直因为原西藏地方
政府的阻挠而拖延了。在叛乱平定之后接着进行的革命，将
是一场和平的革命，就是说，不流血的革命。西藏人民对于西
藏的没有参加叛乱的上层阶级将采取赎买的政策，就跟在汉
族地区对待民族资产阶级的政策差不多。因为在西藏人民的
背后，有全中国已经完成了民主改革和社会主义改造的几亿
人民的支援，有充分的条件这样做。
　　现在世界上很多国家的舆论正在对西藏问题大谈特谈，
这是一件极大的好事。这个从来不曾被人们认真注意过的世

界屋脊上的一百多万人民，完全有权利享受这份光荣，让全世界注意他们，让他们在全世界的议论中得到教育，得到锻炼。有些外国人说：西藏的少数反动分子的叛乱是"革命"，是"民族主义"的、"反侵略"的、"反殖民主义"的、"反帝国主义"的"革命"，他们应该获得"完全"的"不受侵犯"的自治或者"独立"；而人民解放军在藏族人民的积极支持下对于叛乱的平定，则是"武装干涉"，是"侵略"，是"殖民主义"和"帝国主义"，是"希特勒"。这样说的人是西方帝国主义者，是各国的反动派，例如亚洲的岸信介、李承晚、乃沙立、吴庭艳和蒋介石（但是他并不赞成西藏独立，而要求西藏归顺台湾）。还有一些资本主义国家的一部分资产阶级，他们的一般政治态度同上述那些人不同，但是在这个问题上却同帝国主义站在一边，例如印度的某些资产阶级分子。所有上述的这些人在世界上是少数，在本国也是少数，但是他们控制着相当大量的宣传机器，一时显得颇为嚣张。世界上更多的人说，西藏的叛乱是反动的，平定叛乱是正义的。社会主义各国人民一致支持中国人民对叛乱分子的斗争。就是在资本主义世界，站在中国人民方面的也占大多数。他们包括各国的劳动人民，主张正义和进步的人士，和正在反对外国侵略外国干涉的民族资产阶级。这些民族资产阶级懂得，赞成外国干涉西藏，就等于赞成外国干涉印度尼西亚、锡兰、柬埔寨、尼泊尔、伊拉克、古巴以及亚洲、非洲、拉丁美洲许多国家的内政，等于赞成侵犯这些国家的主权和领土完整。但是在有一些资本主义国家，这种正义的声音暂时没有那批反中国的宣传机器所造成的喧声高。有些人感觉难过：好端端一个中华人民共和国，好端端的中印友好,如果不出西藏叛乱,岂不更好! 他们的心是好的,但是,他们没有看出,西藏叛乱既然发生了,而又迅速平定了,坏事就变成了好事。西藏的革命被这次叛乱加速了,而西藏的民主化将最终结束外国干涉西藏的历史,这对于中印友好的真正巩固也是完全必要的。总之,对于这种种不同议论,不但西藏人民和全中国人民应该认真研究,得到教训,而且许多资本主义国家的人民,特别是那些对西藏问题大嚷特嚷的资本主义国家中的人民,也将会加以研究,得到他们所需要的教训。

我们现在想谈谈尼赫鲁先生四月二十七日在印度人民院的讲话。(本报编辑部按:在我们写好这篇评论以后,我们读到了尼赫鲁总理五月四日在印度联邦院的讲话。这篇讲话的主要论点并没有超出四月二十七日讲话的范围。所以,我们没有对它作任何的修改和补充。)

尼赫鲁先生从今年三月十七日到四月底,在议会讲西藏问题,这是第七次了。尼赫鲁先生曾经多次表示同情所谓"西藏人的自治愿望",反对中国的所谓"武装干涉"。在四月二十七日,他讲的话比较更有系统,本报已经在四月三十日全文发表过了。为了读者的方便,我们现在把他的话再引出一段,这段话在很大程度上可以作为他对于西藏叛乱和印度作用的看法的一个提要:

"情况无疑是困难的。一方面,是一个生气勃勃的、迅速前进的社会;而另一方面是一个停滞不前的、没有改变的、担心可能会在改革的名义下对自己采取什么行动的社会。两者之间的距离很大,看来很难有任何会合点。与此同时,某种形式的改变不可避免地来到了西藏。交通迅速地发展了,西藏长期的与世隔绝的状态部分地被冲破了。虽然物质上的障碍逐步消除了，可是心理上和感情上的障碍却增加了。显然，冲破这些心理上和感情上的障碍的尝试或者没有作，或者作了没有成功。

"如果说这完全要由西藏若干'上层反动分子'负责，看来这种说法是把一种复杂的情况异乎寻常地简单化了。甚至根据得自中国方面的消息，西藏暴乱的规模也是相当大的，这个暴乱的基础一定是强烈的民族主义情绪，这种情绪不仅影响着上层阶级的人，而且影响着其他人。毫无疑问，既得利益集团参加了暴乱，并且企图从中得利。试图用颇为陈腐的字眼、措辞和口号来解释情况，是很少有什么帮助的。

"当这些不愉快的事态发展的消息传到印度来的时候，立即引起了强烈的普遍的反应。这种反应并不是政府引起的。这种反应实质上也不是政治性的。这种反应主要是一种基于情感和人道原因的同情。它的产生也还基于同西藏人民久远的宗教和文化联系所造成的亲密感情。这是本能的反应。不错，印度有些人的确企图把这种反应引导到不当的方向，而从中得利。但是，印度人民的反应却是明摆着的事实。如果这里的反应尚且如此，那么人们就不难设想西藏人自己的反应怎样了。也许亚洲的其他佛教国家也有这种反应。当这种实质上不是政治性的强烈情绪存在的时候，那是不能仅仅用政治方法来处理的，更不能用军事方法来处理了。我们一点也不想干涉西藏；我们非常希望保持印度和中国之间的友谊；但是同时，我们非常同情西藏人民，我们对于他们的困难处境感到非常难过。我们仍然希望，中国当局会采取明智的态度，不使用他们巨大的力量来对付西藏人，而根据他们自己就西藏地区的自治作出的保证，争取他们友好合作。首先，我们希望，目前的战斗和杀戮将会终止。"

尼赫鲁所谓西藏的"停滞不前的、没有改变的、担心可能会在改革的名义下对自己采取什么行动的社会"，究竟是一个什么样的社会，他没有说明。但是，这正是全部问题的出发点。我们的讨论必须从这里开始，也只能从这里开始。

西藏社会是一个领主庄园制的农奴社会。在西藏，主要的生产资料——全部土地和绝大部分牲畜都属于三种领主，也就是农奴主，即官家（封建政府）、寺院和贵族。这三种农奴主只占西藏一百二十万人口中的百分之五左右，即六万人左右。所有的农民和大部分牧民都没有自己的土地和牲畜，只能为农奴主劳动。他们自己，连同他们的子女，世世代代，都分别隶属于不同的农奴主。农奴主的领地一部分属于专为封建政府支差的土地，被分配种这些土地的农奴要无偿地担负封建政府各种名目的差役。兵役也由这些领地上的一部分农奴担负。其余的领地是农奴主的所谓"自营地"。在这种领地上，农奴要用自己的耕牛农具（有时还要带自己的伙食）为领主耕种全部土地，而领主只给一小块（约占领主土地的十分之三）不好的份地给农奴作为代价。农奴每年要用绝大部分时间在农奴主的土地上劳动，并且要为农奴主作各种无偿的劳役。在以上这两种领地上，农奴的劳动收入的百分之七十以上都成为农奴主的剥削收入。农奴的收入一般都难于维持生活，因此不能不向农奴主借高利贷。大批农奴所欠的债无法偿还，以至有已经欠了几百年的债。农奴不但没有任何政治权利,而且没有普通的行动自由,短期外出也必须由领主准假。

西藏的贵族是世袭的。全西藏现在有贵族二三百家,其地位高低看财产多少而定。大贵族约占贵族总数的十分之一,即二十几家,他们每家都有几十处庄园,几千个农奴。西藏封建政府的权力始终掌握在这些大贵族手中。贵族和农奴等级的界限很森严。农奴见了贵族要回避或鞠躬吐舌,表示敬畏,讲话也要有一定的讲法,不许讲错。贵族对于逃亡的农奴或者其他被认为违法的农奴,可以任意用刑,除了最通常的鞭打以外,还有剜眼、割鼻、割手、割脚筋、挖膝盖骨等各种骇人听闻的酷刑。

西藏的寺院在社会生活中占有重要地位。寺院的正当宗教活动和人民的宗教信仰自由,无论在什么时候,都是必须加以保护和尊重的。但是,西藏寺院的统治者,到目前为止,却都同时是农奴主。寺院在高利贷和商业方面对于农奴的剥削,比官家和贵族更苛刻。寺院对农奴还多一重以宗教名义进行的剥削。寺院内部也是等级森严,农奴出身的贫苦喇嘛和小喇嘛,在寺院中也是被剥削者。寺院内也设有各种刑具和牢狱,对于农奴和下层喇嘛可以任意处刑,其残酷的程度同其他农奴主没有两样。

大致说来,贵族和寺院各占有全西藏土地的百分之三十左右,其余的百分之四十左右属于封建政府。

建筑在这样反动的、黑暗的、残酷的、野蛮的农奴制基础上的西藏政教中枢,当然就是一小撮最大的农奴主的集合体。在这些最大的农奴主中间,不可避免地要产生各种可怕的腐败现象和内部斗争。在达赖喇嘛周围的一部分掌握权力的高级官员中,为了争权夺利互相残杀毒毙的事件层出不穷。达赖喇嘛,并不是像尼赫鲁所说的那样,无条件地被这些人非常崇敬;相反,这些人经常把达赖喇嘛当作傀儡,把自己的意见强加于他,在他们认为必要的时候,甚至把达赖喇嘛本人活活害死。例如,人们知道,一八五五年,达赖十一世只在十八岁的时候就在布达拉宫暴亡;随后,一八七五年,达赖十二世又在二十岁的时候在布达拉宫暴亡。英帝国主义侵入西藏以后,西藏上层反动统治者倾轧异己的手段,也更加卑鄙和残酷了。一九二三年,班禅九世被迫终身逃亡内地;一九四七年,担任了八年摄政的热振呼图克图被逮捕并勒毙狱中;同年,现在穆索里的达赖十四世的父亲,也因为具有爱国思想,被里通外国的反动分子为了便于控制达赖而毒死;一九五○年,致力于和平解放西藏的格达活佛,在昌都被毒死和焚尸灭迹。这些著名的罪行,都是西藏统治集团中外国干涉者的走狗干的。

这个社会过去确是停滞不前的,不但经济衰敝,文化落后,连人口也不能增殖。但是,这个社会的制度丝毫也不"温和",丝毫也不"人道"!这个社会制度是一个十足的落后、反动、残酷、野蛮的制度!

试问世界上一切大吵大闹的所谓西藏人民的同情者:你们同情的"西藏人民"是谁呢?你们所宣传的西藏的自治或"独立"是谁的自治或独立呢?你们痛哭哀悼的西藏叛乱的失败是谁的失败呢?看起来,很多所谓"同情者"只是假冒西藏人民之名,假冒西藏自治之名,假冒人道之名。他们所同情的并不是西藏人民,而是西藏人民的世世代代的压迫者、剥削

者、残杀者，而是西藏的吃人制度的首脑。在西藏的大农奴主
剜出农奴的眼睛和心脏来的时候，这些同情专家不觉得是悲
剧，不向这些农奴主要求温和和人道。在这些大农奴主向驻
守在自己国土上的人民解放军举行武力进攻的时候，在他们
用野蛮的方法残杀被他们俘虏的解放军战士和人民政府的工
作人员的时候，同情家们只是叫"打得好"，只是鼓吹这些农奴
主能够进行百年的游击战争，也不向他们要求温和和人道。
而唯有在人民解放军对于这些坚持叛乱的豺狼由防御转入进
攻的时候，也就是说，唯有在这个世界上最残酷最野蛮的农奴
制度由于武装匪徒的叛乱的失败而最后遭遇着危机的时候，
一切什么悲剧呀、同情呀、人道呀、自治呀、独立呀的叫喊，就
像潮水冲破了闸门一样地泛滥起来了。由此可见，进行这种
叫喊的人们，除了有一些是出于误会以外，根本是最反动的农
奴制度和最野蛮的大农奴主的卫士，根本是西藏人民自由解
放的敌人。也正因为这样，这个梅特涅①式的反革命的"神圣
同盟"才会把美国国务院、英国殖民主义者、南朝鲜李承晚、南
越吴庭艳、中国蒋介石和印度的反动党派人民社会党、人民同
盟联系在一起。这有什么奇怪呢？

　　我们感到惊异的是印度总理尼赫鲁先生，一方面显然跟
这个同盟中的许多肮脏人物存在着重要的矛盾，懂得他们所

---

　　①　克勒曼特·梅特涅从一八〇九到一八四八年先后担任奥地利帝国的外交
大臣和首相。一八一五年俄国的沙皇、奥地利帝国的皇帝和普鲁士的国王为了共
同镇压当时欧洲的资产阶级革命运动，签订了一个同盟条约，结成了所谓"神圣同
盟"。后来，欧洲各国的君主都参加了这个同盟。梅特涅是这个"神圣同盟"的组织
者和领导人。

玩弄的不利于印度、不利于中印友好、不利于尼赫鲁自己的阴谋诡计，另一方面却不由自主地被这个同盟推到他们的所谓"同情"西藏运动的重要地位，而让他们坐山观虎斗，拍手称快。我们现在被迫在自己的评论中同尼赫鲁先生有所争辩，这是我们非常难过的事。尼赫鲁先生是我们尊敬的友好邻邦印度的总理，是世界上有威望的政治家之一。对于我们来说，尤其不能忘记的是，他是一位中国的友人，一位帝国主义的战争政策和侵略政策的反对者。而且，他对于社会进步，也曾经发表过不少开明的言论。例如，他在一九三四——一九三五年在狱中所写的《自传》一书中，尽管对共产主义表现很多误解和偏见（他自己也说，他是"典型的资产阶级"，带着在资产阶级环境的"熏陶中所养成的一切偏见"），但是他仍然承认，由于用科学方法研究过去的历史和当前的时事，"马克思主义的作家对今天世界上发生的变化做出了最精辟、最深刻的分析"。他并且说："经济利益形成各团体和各阶级的政治观点。理智或道德的看法都不能超越这种利益。个人可以接受感化，可以放弃特殊的权利，虽然这是少有的事情，但阶级和团体却不会这样。因此，感化一个统治的特权阶级使它放弃它的权力和特权，这样的企图一直是失败的，似乎也没有什么理由说将来能够成功。"尼赫鲁在这里说得很对。但是，他在一九五九年四月二十七日的讲话中却唱着一种多么不同的调子！他或者是完全抛弃了他以前发表过的见解，或者是实际上没有了解他所曾以为了解过的马克思主义的科学方法。他现在责备我们没有能够感化统治西藏的特权阶级使它放弃权力和特权，而且企图把对于西藏社会的阶级分析作为"颇为陈腐的字眼、措辞和口号"一笔勾销,把极端对立的农奴和农奴主这样两个阶级,描写成为"担心可能会在改革的名义下对自己采取什么行动"的一个单一的社会! 当然,尼赫鲁的这个企图是我们所无法同意的。西藏社会的阶级对立是一个活生生的事实,根本不是什么字眼、措辞、口号的问题,更谈不到什么陈腐。改革当然要采取行动,当然要有利于绝大多数要求改革的人,只是不利于极少数坚决反对改革的人。在西藏的情况下,改革首先就是要有利于占人口百分之九十五的一百十四万人。其余占人口百分之五的六万人,这里面也有种种不同的情况。坚决反对改革、直至举行叛乱和死不悔改的,只是其中的极少数。我们已经说过,两万左右的叛匪大部分是被裹胁欺骗的劳动人民(任何反革命军队都是如此),如果除去其中三分之一左右的康巴人,那么,参加叛乱的西藏人只占西藏一百二十万人的百分之一多一点。以为整个西藏上层阶级都叛变了的想法是不正确的。而且,在这六万人中还有相当一部分赞成改革的开明人士。因此对于上层阶级也必须分别情况,适当对待,这是我们所一向坚持的政策。如果说,上面说的这些不同情况的人对于改革都是同样担心的,在心理上和感情上都是同样有障碍的,那是不合乎实际的。至于要求改革的绝大多数人,他们对于改革有什么要担心,有什么心理上感情上的障碍呢?

尼赫鲁在讨论西藏社会的时候,虽然并不反对改革,也不否认既得利益集团在叛乱中的作用,但是整个说来,他不但没有涉及这个社会的极端残酷的剥削制度,而且实际上把极大多数被剥削者和极少数剥削者混为一谈,并且在这个基础上否认西藏叛乱要由少数上层反动分子负责,把中国人民平定叛乱的正义行动说成是"悲剧",对于叛乱表示同情。这样,他就犯了一个极可惋惜的错误。作为印度的朋友,作为尼赫鲁所讨论的问题的当事人,我们认为,指出这个错误是必要的。如果同意尼赫鲁的逻辑,那么,不但西藏的革命是不能允许的,整个中国的革命也是不能允许的。大家记得,中国汉族地区在解放前虽然不是农奴制度,但是基本上也没有脱离封建社会的范围。这个社会也是一向被称为停滞不前的、没有变化的、与世隔绝的社会。有些人也曾经讥笑我们是从陈腐的、过时的、极端简单化的和完全不合国情的外来思想——马克思列宁主义出发,断言我们的改革运动将受到整个社会整个民族的抵抗,甚至宣布我们是分裂民族,背叛祖国,是听命于莫斯科的所谓"赤色帝国主义"的代理人,等等,等等。现在历史已经作出结论:正确的是我们而不是他们。所有对于共产主义者的种种攻击和诽谤,一概都彻底地破产了。停滞不前的、没有变化的中国,在无产阶级领导之下,一变而为生气勃勃、迅速前进的中国,证明马克思列宁主义的分析是放诸四海而皆准的。过去的停滞不前,不过是因为生产力的发展受到落后的生产关系的束缚罢了。马克思列宁主义者、共产主义者才真正代表了民族的利益和祖国的利益,而那一小撮自称为代表全民族利益的反共分子,尽管也曾暂时迷惑过一部分群众,却真正被证明为帝国主义的代理人。我们相信,中国历史的这个结论,尼赫鲁总理也是不至于反对的。但是按照尼赫鲁在西藏问题上的逻辑,只要他的同情不仅仅限于"西藏人民",而扩大到整个"中国人民",那么,整个中国革命也就要变成为令人百倍难过的空前的大"悲剧"了。在中国人民解放战争时期,蒋介石的国民党和国民党军队比西藏的两万左右叛匪多得多,说他们不止是"上层反动分子"的"理由"也多得多,战争的规模也大得多,总之,值得引起的"同情"也应该强烈得多。但是,据我们所知,尼赫鲁总理在同情整个中国的时候,并没有同情于汉族的"大农奴主";而在同情中国的一部分——西藏的时候,却同情于西藏的"小蒋介石"。这种极端的矛盾,究竟令人如何理解呢?

尼赫鲁先生可能说我们不公正,因为他所讲的只限于西藏,而西藏人和汉人是不同的。这就是说,汉人在西藏人中间领导革命,将不可避免地遇到民族的障碍。西藏人和汉人不同,千真万确。不但如此,蒙古族人、维吾尔族人、壮族人、回族人、苗族人、朝鲜族人,以及中国的其他许多少数民族,也都和汉人不同。在中国共产主义者和中国政府面前,存在着国内的少数民族问题。我们是十分谨慎地对待这个问题的。我们用了近十年的时间,培养了各少数民族自己的干部,并且在汉族人民中,特别是在汉族干部、共产党的汉族党员和人民解放军的汉族官兵中,认真地进行了反对大汉族主义的教育。我们采取了资本主义世界上没有先例的办法,在汉人占人口多数的民族杂居地区说服汉人,建立了少数民族的自治区。例如内蒙古自治区、广西壮族自治区、宁夏回族自治区和其他的一些自治州、自治县,就是这样建立起来的。在西藏,为了争取西藏上层分子的合作,我们用了特别大的耐心,在和平解放了八年之久的时间里,一直保存着原来的西藏地方政府,它的一套制度、它的军队甚至它的货币,一直说服西藏人民暂时不要进行他们所迫切要求的改革。如果中央人民政府像所谓达赖喇嘛声明所说,不给原西藏地方政府任何自治的权利,那么,那些叛国有据的反动分子早就会被逮捕惩处,西藏的民主改革也不会拖延到现在了。中央人民政府对那些反动分子采取了如此仁至义尽的态度,甚至在拉萨叛乱爆发以后,甚至在知道达赖喇嘛已经被劫出拉萨以后,人民解放军西藏军区的部队还是一直等到叛匪向军区直接发动了武装攻击的七小时以后,才开始举行还击。很明显,到了这一步,反动分子已经把和平解决的路都堵死了,除了坚决讨伐和平定叛乱以外,任何其他的办法都没有可能了。人民解放军既然有力量迅速平定拉萨地区的叛乱,如果它愿意先下手,当然早就可以把罗布林卡包围起来,使叛匪无法劫走达赖喇嘛。每个明白事理的人稍微想一想,都会懂得这个道理,而决不会去理睬什么两三发炮弹打向宫殿、落入池塘的童话。中央人民政府和人民解放军面对着这种严重局面,始终坚持不打第一枪的方针,正是说明了共产党人对待民族问题始终是很慎重的,对于争取西藏上层分子尤其尽了最大的努力。这种政策,只有革命的无产阶级才能认真执行,资产阶级或者其他剥削阶级就是想要这样做,也是做不到的。

在这里,在民族关系问题上,根本的关键仍然是阶级分析的方法问题。尼赫鲁先生希望我们"争取他们友好合作",这无疑是一个好的主意,虽然尼赫鲁先生的意思是为了间接地指责我们过去和现在没有这样做。事实上,只有革命的无产阶级才能彻底地正确地解决历史上的民族问题。民族之间的纠纷和隔阂,基本上是剥削阶级造成的,剥削阶级也永远不可能消除这种现象。但是各民族的劳动人民,在革命的无产阶级的正确领导之下,完全能够通过一定的努力,消除历史上遗留下来的一切纠纷和隔阂,结成兄弟般的融洽的友谊。中国历史上有过长时期的民族压迫和民族斗争。蒙古统治者和满洲统治者压迫过汉人、维吾尔人和西藏人,而汉族统治者也压迫过蒙古人、满洲人、维吾尔人和西藏人。在无产阶级领导的中华人民共和国成立以后,情况就根本改变了。占人口绝大多数并且是革命主力的汉人,现在仍然需要派遣一部分人员到内蒙古去,到新疆去,到西藏去,但是,现在不是去压迫和剥削那里的少数民族,而是跟当地民族的革命干部在一起,帮助那里的劳动人民从本民族的压迫者、剥削者手中获得自由和解放,实现民主和社会主义,也就是说,建立使各少数民族的经济和文化繁荣昌盛起来的基础。在这些地区工作的共产主义的汉族人员,包括人民解放军的汉族官兵,不但没有骑在少数民族人民的头上摆威风,相反,他们是跟当地民族的革命干部一道,做少数民族人民的勤务员。他们常常不避艰险,同少数民族的劳动人民同甘共苦,为他们的权利和幸福而斗争。这样,各少数民族的劳动人民,以及各少数民族的一切爱国的、赞成改革的上中层分子,就同汉族的劳动人民联合一致,像汉族人民一样地推翻了他们本民族的上层反动分子的反动统治。这样,各民族的纠纷和隔阂的根源就消灭了,各民族的友好合作就获得了真正巩固的基础。这个过程,在内蒙古,在新疆,在西北的宁夏、甘肃、青海,在西南的四川、贵州、云南、广西,都已经实现了。在这个过程中,领导改革的人员都竭力团结各少数民族的赞成改革的各阶层人士,在改革以前、改革中间和改革以后都同他们保持密切的合作。诚然，不可能没有斗争，而四川、甘肃和青海的藏族地区还曾经发生了武装叛乱。但是，如我们在别的地方已经指出过的，这些藏族地区的叛乱，正是由西藏的反动分子利用他们的特殊地位指使和煽动起来的。

在西藏，由于那里的大农奴主的统治在和平解放的过程中没有受到变动，他们仍然能够利用合法地位指挥保卫农奴制度的旧藏军、康巴叛匪和其他反动的政治机构，并且继续跟一些外国干涉者相勾结。因为这样，在那里不但没有进行改革，而且还能够发动这一次的叛乱。但是，即使如此，从人民解放军进驻西藏以来，西藏人民仍然是屡次三番地热烈地要求改革。水深火热中的西藏人民所担心的不是改革，他们担心的倒是中央人民政府过于迁就西藏的大农奴主，而一年又一年地拖延改革！世界上的人道主义者诸君须知：西藏的农奴也是人，要他们相信那些无情地勒索他们、鞭打他们、挖出他们的眼睛的魔鬼是他们的保护人，是不可能的；要他们相信那些帮助他们劳动和治病、不取他们一针一线的解放军战士是他们的仇敌，是不可能的。这就是这次叛乱尽管打着民族旗号和宗教旗号，尽管有高山深沟的地形，尽管有各种名目的外国援助，却完全得不到西藏人民支持，转瞬之间就被打得落花流水的根本原因。西藏人民对于平定叛乱的人民解放军收缴了封建政府的官印，收缴了叛匪的枪枝，收缴了农奴主的刑具"法鞭"，普遍感到久旱逢甘雨一般地高兴，这三样东西把他们压迫得太惨了！他们给解放军自动带路，自动报告匪情，自动协助捕捉残匪，搜查枪支。只是在拉萨人民法院一处，就接收了群众自动收缴来的枪几百支。在山南,许多村庄的居民听说解放军要来,马上聚集起来向战士献哈达,献鲜红的桃花和嫩绿的柳枝,同时向解放军哭诉叛匪奸淫掳掠杀人放火的罪行,要求解放军一定要替他们报仇。贡噶宗的叛匪曾在公路上挖了四条横沟阻挡解放军前进,但是叛匪一走,当地居民马上把壕沟填平。解放军一到林芝,当地的群众马上自动组成一支骡马运输队,帮助解放军运送弹药粮草,并且跟随解放军一道追剿残匪。这种感动人的例子是说不完的。叛乱一平,广大群众很快协助人民政府恢复秩序,很快在人民政府协助下转入生产。山南的春耕虽然因为叛匪骚扰推迟了半个月,但是,在解放军的帮助下,播种期并没有延长。那里成群的人正在地里送粪、播种,整修渠道,并且唱出了多久没有唱过的欢乐的歌声。农民们纷纷询问什么时候分配土地。在根据群众要求,宣布叛乱头目的土地今年实行谁种谁收以后,劫持达赖喇嘛的主犯之一大农奴主索康·旺清格勒在开苏溪卡的农奴,马上自动把所有劳动力组织成为劳动互助小组,共同耕种所有的土地,争取丰收。很明显,西藏的农民们相信,他们在西藏的土地上翻身作主的日子不久就要到来了。很抱歉,我们在这里的话说得太长了一点……但是,关心西藏的一切善良的人们请看,这一切跟清朝以来的旧式中国军队进驻西藏的时候所遇到的景象多么不同!跟英国侵略军由印度攻入拉萨的时候所遇到的景象多么相反!试问:怎么能够把人民解放军跟西藏人民在一起平定杀人放火、无恶不作的叛匪的正义行动,描写成为民族镇压和民族侵略呢?

尼赫鲁先生断言,汉族社会和藏族社会两者之间很难有任何会合点，冲破双方心理上感情上的障碍的尝试不是没有作，就是作了没有成功。对于西藏的劳动人民，这个问题现在已经由事实作了答复，而且将来还会作出更大量更生动的答复。就是对于藏族的上层分子，他们中间许多人的心理上感情上的障碍，也已经在不同程度上起了变化。达赖喇嘛在被劫持的情况下完全自发地、秘密地写给谭冠三将军的三封信，和班禅额尔德尼、阿沛·阿旺晋美、喜饶嘉错、阿旺嘉错、黄正清等人在人民代表大会上的讲话，就是这一方面的显著证明的一部分。站在西藏自治区筹备委员会方面的，有大批西藏的爱国的上中层分子。拉萨的中小学的学生，大都是上中层分子的子女，叛乱一结束就来上学，而且人数比叛乱以前大大增加。可见，断言叛乱是民族性的"革命"，叛乱的平定是民族性的"悲剧"，是没有根据的。

有一些对中国并无恶意的印度朋友，由于受了长时间的有偏见的宣传的影响，由于他们没有直接看见西藏社会生活和人民解放军活动的真相，而他们的报纸又很少发表中国方面的完整的资料，一时误解中国的立场和政策，这是有可能的。但是，事实胜于雄辩，水落自然石出。我们完全相信，那些暂时有所误解的、对于我们现在所说的话仍然将信将疑的印度朋友们，终会得出客观的结论来的。我们希望，尼赫鲁先生也是他们中间的一个。当然，尼赫鲁先生有很大的自信，他有一套对于西藏问题的独立的见解。他倾向于假定原西藏地方政府的有势力集团是一群纯洁的羔羊，因而甚至在他们向我们发动进攻的时候，仍然是我们不对。我们不能要求我们的外国朋友对于中国的事情一定要跟我们一样看，我们更不能要求尼赫鲁先生一定要改变他的哲学的、历史的、政治的观点。在尼赫鲁先生的思想中，显然是存在着矛盾的，但是，我们不打算讨论应当怎样解决这些矛盾。在这类问题上，我们固然可以进行友好的辩论，也完全可以不辩论。大家家里的事情都很多，各人自扫门前雪就够忙了，何必多管他家瓦上霜呢？尼赫鲁先生在北京的时候说得好："要把一个国家的意愿强加在另一个国家的头上，或者要把一国人民的生活方式强加在另一国人民的头上，任何这种尝试一定会产生冲突，危及和平。"但是，现在的问题是，一批印度人，其中不幸也有尼赫鲁先生，一定要我们按照他们的主张办事。我们是很好的朋友和邻人，你走你的阳关道，我走我的独木桥，不是完全可以相安无事吗？你的办法如果在印度行得好，那么我们再向你学习也还不迟。究竟有什么必要像现在这样地迫不及待，甚至不惜采取某种妨碍友好的干涉行为，这是我们所百思而不得其解的。

　　尼赫鲁总理否认印度曾经干涉西藏。他追述了印度独立和分治前后的情况，证明印度对西藏从来"没有政治的或者不可告人的野心"。我们承认，尼赫鲁的话，在这样的意义上是合乎实际的，这就是说，印度政府不打算吞并西藏，或者派遣武力来干涉西藏的事务。印度始终承认：西藏是中国的一部分，中国政府享有对于西藏的主权。印度在一九五四年四月同中国签订了以五项原则为基础的关于中国西藏地方和印度之间的通商和交通协定，并且随后从西藏撤出了自己的部队，移交了印度的邮电设施。这些都是中国人民认为满意的。但是一个国家对另一个国家的内政的干涉，方式可以有多种多样。要说印度政府对中国的西藏过去和现在根本没有任何方式的干涉，那是不能令人信服的。

人们记得，本报也公布过，一九五〇年十月中国政府命令自己的部队进入西藏的时候，印度政府就曾经经由外交途径进行干涉。当时，中国政府在下令进军西藏的同时，曾要求西藏地方政府派代表前来北京谈判。这完全是中国主权范围内的内政问题。但是，印度政府却在一九五〇年十月二十一日、十月二十八日、十一月一日三次照会中国政府，说"中国军队之侵入西藏不得不被认为是可悲叹的"，是"没有理由的"，说这对印度政府"是最为惊异和遗憾的"。照会中还提出，中国军队进驻自己的领土西藏，"将使对中国不友好的那些国家在这一国际事务紧急和微妙关头，有借口来进行反华宣传"；在联合国恢复中国代表权的问题上"将会引起严重后果，并将使那些反对人民政府参加联合国和安全理事会的国家获得有力的支持"；"会使中国的地位在世界人士心目中产生偏见"；会使中央人民政府同西藏地方政府的"和平谈判就难于与此同时进行"；将不"符合中国或和平的利益"；"已经大大地增加了世界的紧张形势和导向大战的趋势"；"已经影响到"印度与中国的"友谊关系以及全世界和平的利益"。对此，中国政府在答复印度政府的照会中曾经指出，人民解放军进军西藏是行使国家主权，西藏问题是中国的内政，任何外国的干涉都是不容许的。这个问题跟中华人民共和国在联合国的代表权问题，是完全不相干的两件事；如果那些对中国不友好的国家竟然利用联合国的代表权问题威胁中国不得在自己的领土上行使主权，那只是再一次表示这些国家对中国的敌对态度罢了。

在中国政府一再坚决地表示了这种严正的态度之后,特别是在人民解放军在昌都地区取得了歼灭企图阻挡进军西藏的藏军主力的重大胜利以后,滞留印度的西藏地方政府的谈判代表团才在一九五一年四月下旬到达北京。经过谈判,终于在同年五月达成了关于和平解放西藏的十七条协议。

重提这一段经过,可能是不愉快的。但是事实终究是事实。怎么能说,印度政府从来没有干涉过西藏呢?

不幸的是,这种干涉仍在以某种形式继续着。这种干涉发生在中印两国政府联合声明以和平共处五项原则为指导两国关系的原则之后,就不能不令人更为遗憾了。就以尼赫鲁总理本人来说,他在西藏叛乱发生后发表过的声明和谈话,其中虽有不少友好的表示,但是有些话我们觉得不能认为是符合和平共处五项原则的。例如,他说,"北京没有遵守西藏同中国关于西藏自治地区的协议和对印度提出的保证。那里发生了武装干涉"(四月十三日)。"我衷心希望西藏人民将能维持并且享受他们的自治,而不受其他人的压迫和镇压"(四月十四日)。试问:把中国对于自己的一个地方发生的叛乱实行平定称为"武装干涉",称为"压迫和镇压"他们的"自治",并且说什么没有遵守"对印度提出的保证",这一切怎么能说不是干涉呢? 印度政府坚持说达赖喇嘛不是被叛乱分子劫持的,而是叛乱分子的领袖,既然如此,印度政府对于达赖喇嘛的隆重欢迎和尼赫鲁总理本人到穆索里的访问,岂不意味着对于一个友好国家的叛乱领袖的欢迎和会商吗? 由于印度政府始终没有明确执行不干涉的政策,人们就不难理解,为什么执政的国大党主席甘地夫人和国大党总书记克里帕拉尼夫人都宣称西藏是一个"国家"或者"自治国家",包括国大党在内的印度多数政党组织的"支援西藏人民委员会"公然要求把西藏问题提交联合国,印度的报刊公然污蔑中国政府"采取强盗行径和实行帝国主义",污辱中国国家元首是"可恶的雪人",并且要求召开有所谓印度、西藏和中国三方面参加的另一次西姆拉会议①式的会议来解决纯属中国内政的西藏问题。西藏叛乱发生以后,甚至在这以前,印度的一些政界人物和一些报刊就展开了一个诽谤中国的运动,规模之大,使人想起美国政界和报界对于古巴处决反革命罪犯的干涉。试问,对于一个友好国家的内政采取这种施加政治压力的方法,难道能说是符合五项原则吗?

尼赫鲁总理说,印度对于西藏问题的反应实质上不是政治性的而是本能的,它主要是一种基于情感和人道原因的同情,也基于同西藏人民久远的宗教和文化联系所造成的亲密感情。我们了解,印度人民对于中国的西藏人民具有亲密感情;不但如此,印度人民对于整个中国人民也具有亲密感情。

---

① 西姆拉会议是一九一三年十月在印度北部的西姆拉召开的所谓"中英藏会议"。这次会议是英帝国主义侵略西藏的重要阴谋。参加会议的,有英国代表印度殖民政府的外务大臣麦克马洪,西藏代表伦兴香托拉,袁世凯政府的代表西藏宣抚使陈贻范。

英国代表一手把持西姆拉会议,在会上提出一个所谓解决西藏问题的方案,其主要内容包括:"中国政府承认西藏有完全自治权,不得改为行省";"中国政府除西藏办事长官的卫队外,不得驻兵藏境";"中国政府与西藏有争议时,由印度政府判决之";"英国人得在西藏自由经商,中国政府不得加以限制"以及"西藏内政暂由印度政府监督,英国政府得派代表常驻拉萨"等等。很显然,英国提出这个方案的目的是要使西藏从中国分裂出去,由英国在印度的殖民政府统治西藏,奴役西藏人民。因此,这个方案遭到中国人民的坚决反对,连当时的袁世凯政府也拒绝接受。

周恩来总理访问印度的时候,到处听到"印度人中国人是兄弟"的热烈口号,此情此景,恍如昨日。对于西藏人民的感情,怎么能被用来作为一些政界人士损害对中国人民的感情和干涉中国内政的理由呢? 这种逻辑具有一种显然的危险,因为,如果这样的逻辑是可以成立的话,那么,在西藏走上了民主的社会主义的繁荣强盛的道路之后,是不是也可以用久远的宗教和文化联系为理由,组织什么"支援阿萨姆邦人民委员会"、什么"北方邦事务委员会",来干涉印度的阿萨姆邦或者北方邦的事务呢? 西藏自治区政府以及整个中国政府,是否也可以把对于阿萨姆邦人民或者北方邦人民的深切同情宣布为一项基本政策,并且根据这种政策对那些邦的事务指手画脚呢? 如果印度政府可以用对西藏人民的深切同情和悠久联系为理由,要求中国政府给予印度某种保证,那么,印度政府不是也可以干脆用对全中国人民的深切同情和悠久联系为理由,要求中国政府对全部内政给予印度某种保证吗? 同样,中国政府不是也可以用对印度人民的深切同情和悠久联系为理由,要求印度政府对自己的内政给予中国某种保证吗? 那还有什么和平共处,什么五项原则可言呢? 世界不是就陷在互相干涉的混乱中吗? 我们相信,我们的印度朋友一定跟我们一样,不会欢迎而且也无法容忍这样一种国际秩序的。

　　把印度方面前后两次对于中国西藏的干涉联系起来,人们不难看出,印度政府虽然不打算占领西藏,或者使西藏正式独立,但是的确力图阻挠中国在自己的领土西藏行使完全的主权。印度的一些政界人士在这一方面继承过去英国政府的传统:只承认中国对西藏的所谓"宗主权",有如印度对于不丹和锡金的"宗主权"。他们所谓的西藏"自治",不同于中国宪法上所明文规定的民族区域自治,不同于内蒙古、新疆、广西、宁夏等地的民族区域自治,而是一种半独立状态。不错,西藏不是一个省,而是中华人民共和国的一个自治区,它比省具有宪法和法律所规定的更多的权限,但是它决不是什么保护国——既不是中国的保护国,也不是印度的保护国,也不是中印两国共同的保护国,也不是中印两国之间的什么缓冲国。中华人民共和国对于西藏地方享有完全的主权,跟对于内蒙古、新疆、广西、宁夏等地方享有完全的主权一样,这是丝毫不容怀疑的,这是丝毫不容任何外国或者联合国以任何名义任何形式干涉的。因此,西藏的任何问题,都只能由中国解决,在中国解决,而不能在任何外国去解决。西藏的任何半独立状态不利于西藏人民,不利于全中国人民,不利于印度人民,不利于中印友好和亚洲和平,而仅仅有利于西藏的卖国的、反动的大农奴主和支持这伙卖国的、反动的大农奴主的外国干涉者,仅仅有利于那些企图在中印两国之间制造纠纷的扩张主义分子和帝国主义阴谋家。中印两国是两个爱好和平并且有悠久友谊的国家,我们两国有一千种理由要和睦相处,互不侵犯,互不干涉,而没有任何一种理由要互相冲突,要设什么缓冲地区;如果硬要设,那就恰恰是要制造本来不存在的真正可悲叹的冲突了。鉴于印度政府在这个问题上的态度,鉴于印度一些并非不负责的人士的言论,我们认为,彻底澄清这一点,对于巩固中印友谊是十分必要的。尼赫鲁总理在四月二十七日讲话中提及五项原则的时候,只说到"互相尊重"(这无疑是必要的),而没有说"互相尊重领土完整和主权"(这是五项原则的原话，而且是任何互相尊重的前提）。我们希望，这不过是一种疏忽。

印度的一些政界人士对中国内政的干涉，不是一种偶然的现象。它带有时代的特征。印度是一个摆脱英帝国主义殖民统治而获得独立的国家，它要求在和平的国际环境中发展民族经济，同帝国主义和殖民主义势力存在着深刻的矛盾。这是一方面。另一方面，印度的大资产阶级同帝国主义又有千丝万缕的联系，对外国资本有一定程度的依赖性。而且，大资产阶级的阶级本性，也决定了它的某种向外扩张的欲望。这就使它在反对帝国主义干涉政策的同时，又或多或少地有意无意地反映某些帝国主义干涉政策的影响。在国际事务中，以尼赫鲁总理为首的印度政府，在反对战争、维护和平、反对殖民主义的问题上，在执行对中国友好、对苏联和其他社会主义国家友好、不参加美帝国主义的军事集团的外交政策上，一般地反映了印度人民的意志，起了并且继续起着重要的、受人尊敬的作用。但是，由于历史的原因，印度大资产阶级却继承着而且企图继续保持英国殖民统治者所留下的某些遗产。当然，伟大的印度人民对于印度资产阶级的这种两面性不负任何责任。我们也相信，不但印度人民，而且印度政府中的一切有远见的明智的人士，都承认印度的出路是在进步方面，是在向前看，而不是向后看。我们跟他们一样地认为，一个不久前才获得独立、而现在也还受着帝国主义干涉者威胁的国家的当局，竟然干涉自己邻国的事务，这是现代国际政治中一种令人惋惜的现象。

我们同尼赫鲁先生可以有这样那样的意见分歧，但是在这一点上大概是没有分歧的，就是中国并没有干涉印度的内政。中国人民只是在印度方面发出了大量的污蔑性的言论之后才开始回击的。尼赫鲁总理在四月二十七日的讲话中正当地谴责了某些印度人的旨在破坏中印友好关系的言行。可惜他随即集中力量攻击中国的反干涉言论。他说，"中国的负责人物对印度所作的评论和指责"，是"不顾事实真相和礼节，使用了冷战的语言"。但是，中国指责印度方面的干涉是有事实根据的，已如上述，中国舆论界怀疑所谓达赖声明的真实性，也是有事实根据的，这个声明中的大量漏洞和冒名顶替的痕迹，现在仍然是客观地存在着。很明显，那些把达赖喇嘛劫到印度的西藏反动分子跟那些长期以来聚集在噶伦堡进行叛国活动的西藏反动分子在一起，正在竭力利用所谓达赖喇嘛的声明，来堵塞达赖喇嘛回到祖国的道路，而这是跟尼赫鲁总理多次表示的愿望不相符的。

说到重视事实真相和礼节，我们感到遗憾的是，印度的一些政界人物和一些报刊，在过去一个多月中对中国所说的很多话，决不能认为合乎事实和礼节。我国人民注意到，尼赫鲁总理在这一方面不止一次地起了节制作用，这无疑是有益于中印友好的。但是，我们究竟不能说，在他指责中国中央人民政府破坏十七条协议、提出所谓中国对印度的"保证"等等的时候，他的话也是合乎事实真相和礼节的。至于说到冷战的语言，那么，印度的一些政界人士和报刊，咒骂中国是"新的和凶恶的帝国主义"、"扩张帝国主义"，攻击中国平定西藏叛乱是"军事干涉"，"殖民行动"，"强盗行径"，所有这些，难道不正是"冷战的语言"吗？对于这类"冷战的语言"，我们在一个相当长的时间内一忍再忍，作了最大限度的克制，我们的报纸几乎守口如瓶。人们记得，直到四月十八日，周恩来总理还在第二届全国人民代表大会上发出维护中印友好的热诚呼吁。但是令人痛心的是，这一切所换来的却是对于所谓达赖喇嘛声明的大事宣扬，却是对于我国政府和我国人民的更放肆的攻击。退无可退了，我们不得不起而反击。有人企图用"言论自由"来为印度的反华诽谤运动辩解。但是他们为什么不想一想，难道中国人就不要言论自由吗？西藏是我国的领土，西藏问题是我国的内政，外国人尚且可以有所谓本能的反应，我国人民反而会没有本能的反应吗？现在，某些外国对于我们的诽谤运动似乎已经趋于低落了，理智正在重占上风，但是也还有极少数人企图继续煽风放火。可以正告这些人：你们的反华诽谤运动一天不停，我们的反击就一天不止。你们愿意用多长的时间我们就准备付出多长的时间，而且还准备着你们煽动别的国家来对我们进行围攻，也准备着在你们后面还有世界上一切帝国主义分子的助威。但是，想用任何压力来干涉中国内政，来挽救西藏大农奴主的穷凶极恶的统治，那是毫无希望的。世界上一切反共反华的人们对于我们越骂得凶，就越能暴露他们的真面目，也就越能教育全世界人民。

　　如前所说，现在世界上议论西藏问题的人很多，他们的出发点也有许多不同。尼赫鲁总理跟许多对中国显然怀有恶意的人们不同，他跟我们在西藏问题上有某些分歧，但是在总的方面，他是主张中印友好的。对于这一点，我们没有任何怀疑。我们所以对于尼赫鲁总理的指责作这样详细的答复（当然在文章里也有不少地方涉及了那些对我们显然怀有恶意的人），正是因为，我们怀有充分的信念：分歧是可以缩小的，争论是可以解决的。诚然，争论是有些尖锐，因为这是我们祖国和西藏人民的切身利益所在。但是我们仍然希望，我们的争论从本质上能够有益于两国人民的相互了解，有益于两国人民和两国政府的友好，并且在语言上也能够没有疏忽了友谊和礼貌。我们完全同意尼赫鲁总理的一些语重心长的、对中国人民十分亲切的话。他说，"我们非常希望保持印度和中国之间的友谊。""如果印度和中国这两个亚洲的伟大国家，这两个过去世世代代一直是和睦的邻邦的国家竟然彼此产生了敌对情绪，这将是一个悲剧。"中印友好是有悠久历史和深厚基础的，我们的基本利益相同，我们的主要敌人也相同，我们决不会忘记我们的共同利益，而落入我们的共同敌人的圈套。这次的争论虽然令人遗憾，但是我们坚决相信，它不会造成敌对情绪，它不会动摇我们两国的友谊。尼赫鲁总理宣布：印度一点也不想干涉西藏。我们热烈欢迎这个友好的声明。只要印度方面停止干涉西藏的言行，目前的争论就会随之结束。中国从来没有也永远不会干涉印度。我们还愿意郑重地告诉一切关心印度安全的全体印度爱国者：一个民主的、繁荣的、作为中国各族人民大家庭之一员的西藏自治区，必然会成为巩固和加强中印友好的因素，而决不会也决不可能成为对于印度共和国的什么"威胁"。社会主义中国的和平睦邻政策是永远不会动摇的，我们两国近十一亿人民的友谊是永远不会动摇的，就像喜马拉雅山的不会动摇一样。那些诽谤者的胡说八道是毫无根据的。在尼赫鲁总理一九五四年十月访问我国的时候，他曾经说："中国和印度都是大国，面对着类似的问题,并且都已经坚决地走上前进的道路。这两个国家彼此了解愈深,那么,不但亚洲的福利,而且全世界的福利就愈有保证。今天世界上存在的紧张局势,要求我们共同为和平而努力!"我们愿意两国人民永远记住尼赫鲁总理在这里所指出的真理。跟中国人民一样,伟大的印度人民是一贯珍惜中印两国的友谊的。我们深信,那些毒化中印关系的谰言,随着对于事实真相的了解,随着两国有关人士的共同努力,必将为印度广大人民所识破,所抛弃。中印两国和两国人民,将在和平建设的事业中继续友好合作,并将继续为亚洲和世界的和平而携手奋斗。

警惕军国主义的逻辑

（一九八二年八月二日《解放军报》评论）

日本文部省在审定历史教科书时，强行删去对中国侵略的字样而改为"进入"，这不是一个小问题，这是日本军国主义企图复活的重要信号。对于这个问题，日本的教育界和舆论界，日本的一切主张中日友好和尊重历史事实的人士，对日本文部省进行强烈的批评，是日本人民真正爱国的表现，因为他们不愿意再让日本人民遭受一九三七年至一九四五年的悲剧。至于中国政府和中国人民的抗议，更是直接受过侵略的国家的神圣不可侵犯的权利。这些都不必多说了。

值得注意的是，日本政府究竟将对这事采取什么态度。这件事正发生在中日两国建交十周年之际，正发生在铃木首相预定将要访问我国的前夜，这就更值得我国全体军民特别认真的注意了。

报纸上最近每天都有这方面的报道。按照这些报道，可以看出，日本文部省篡改侵略历史的事实，完全不是孤立的。日本内阁中有很多长官或大臣是公开坚决支持文部省的篡改的，而且他们的这种支持态度是在最近一次内阁会议以后的当天（七月二十七日）发表的。至于长官或大臣中是不是也有反对篡改的，却至今还没有看见有关的报道。这不能不引起我们的重大关切。

在发表支持文部省篡改侵略历史的长官和大臣们的言论中（很巧，据《东京新闻》二十七日晚刊的报道，发表这样言论的长官和大臣有三个，这三个恰好都是田中派，这是很值得注意的），国土厅长官松野幸泰的一段话特别发人深思。他说："日本在'进入'外国的当时，并没有使用侵略一词。如果把'进入'说成是侵略，就是歪曲事实。孩子们就会说（日本的）祖先们干了坏事，不尊重他们了。"他还说："（别国）可以批评（历史的）记述不同，但若要更改教科书的写法，那就是干涉内政了。"原来如此！真是使人增加见识不浅啊！按照松野长官的逻辑，世界历史上本来就根本不存在什么侵略的事实。因为历来的侵略者，连同在世界第二次大战中与日本结盟的德国的希特勒、意大利的墨索里尼在内，从来在"进入"外国的当时，一概"并没有使用侵略一词"。看来，不但日本的历史教科书应该修改，而且德国、意大利的历史教科书也应该修改，凡是"侵略"都应该改为"进入"。否则"就是歪曲事实"。而且德国、意大利的孩子们就会说，他们的"祖先干了坏事，不尊重他们了"。固然，松野长官声明，他是反对"干涉内政"的。但是，据文部省大臣小川平二七月二十九日在日本参议院文教委员会答辩时所说，"历史必须根据史实客观、公正地记述。我认为'进入'一词是不包含价值判断的客观词汇"。据此，"进入"一词，实乃是最科学的词汇，而科学是无国界的，理应为全世界所接受。据此，不但在德国、意大利的历史教科书中，而且全世界一切国家的一切教科书、一切书籍、一切辞书中，都应该将不客观、不公正的"侵略"一词永远消灭,而一律代以不包含价值判断的"进入"。这样做了以后,不但人类历史将一概变得客观公正,而且所有国家都可以自由地"进入"和"被进入",而不致引起任何价值判断的纷扰。这岂不是日本长官们造福全人类的空前伟大的丰功伟绩? 这种丰功伟绩还不比他们的一九三七年至一九四五年的"祖先"们所创造的伟大无数倍? 他们的这种伟大的科学发明,实在理应授予诺贝尔和平奖金。不但将来日本的孩子们,而且全世界的孩子们,都应该怎样地"尊重"他们所干的"好事"啊!

可惜的是,世界上的大多数人还不能接受日本的这些长官和大臣们的奥妙的学理。他们竟不以受"进入"为光荣,或对于受"进入"采取超然的客观公正的态度,而偏要执迷于价值判断。他们坚持认为:侵略就是侵略,根本不是什么"进入"。这是迄今为止世界人类国际关系的公认准则,不是任何一国的"内政"所能否认的;谁要否认这种国际关系的准则,他的行为也就超出了一国"内政"的范围,就不能不引起有关国家的抗议。奇怪的是,反对"价值判断"的长官和大臣们,这时却不那么客观公正了,他们也搬出了价值判断。他们甚至推翻了自己的逻辑,并不考虑别国在提出抗议的当时,并没有使用干涉内政一词,公然"歪曲事实",硬说这是"干涉内政"。可见,松野长官等人的逻辑是何等专横霸道,何等自相矛盾! 真是只许州官放火,不许百姓点灯。谁叫你以前被"进入"呢? 被武力"进入"的国家的人们,连用言词反"进入"也是不行的。按照这些长官们的逻辑,世界上的国家必须分为两类:一类享有天赋的自由向别国"进入"的权利,另一类却注定只有受"进入"的义务。这才是毫不"歪曲"的事实的真相啊！受这种"客观公正"教育的日本孩子们，将要受到怎样可怕的价值判断的毒害啊！

对日本长官和大臣们非常不幸的是，就在日本国内，全国的舆论界、知识界首先在"干涉"或"进入"自己的"内政"。日本的大多数人民并不领会日本的长官和大臣们的奇智和洪恩。相反，他们深知，这一切不过是要使日本重新走上军国主义的道路。走上这条道路，不但日本的一切邻国要遭殃，首先日本本国的人民要遭殃。历史究竟是客观的，事实究竟是不能歪曲的，要欺骗日本的孩子究竟是不容易的。

作为深受日本侵略的苦难的中国人民，在迎接即将到来的中日建交十周年之际，不能不感谢日本的文部省和那些支持文部省的长官和大臣。因为他们以他们的言论和行为，告诉中国人民，在两国关系的发展中，原来还存在着另一面，即企图复活军国主义的逆流。中日两国和两国人民当然是要友好的，而且要世世代代地友好下去。因为这是两国人民的共同利益所在，是不可抗拒的历史潮流。但是为了这个目的，两国人民就必须共同努力，对一切企图复活军国主义的逆流加以毫不含糊的痛击！

积极吸收合格的大学生入党

（一九八四年七月五日《中国青年报》文章）

吸收要求入党和符合入党条件的大学生入党，已经开始引起了一部分高等学校和中专（为简便计，下文对这些学校的学生统称为大学生）党组织的注意，这是令人欣慰的。但是就全国来说，多数高等学校和中专还没有重视这个问题。许多要求入党而且已经具备入党条件的大学生仍然被拒于党组织门外，他们所写的热情的申请书被锁在抽屉里，无人过问。很多高等学校和中专只在毕业班的同学里吸收少数党员。应该说，这是对我国社会主义事业前途很不负责任的现象，必须坚决迅速纠正。

前些年大学生对要求入党是不那么热心的，这个情况在当时的历史的转折关头是不足为奇甚至是不可避免的。但是随着十一届三中全会以来党的一系列正确路线、方针、政策逐步取得公认的巨大的成就，随着各高等学校党团组织针对同学们的思想状况进行了一系列有效的努力，现在大学生们的情况已经有了很大程度的变化（当然，这不是说在他们中间已经不再有任何思想问题）。许多热情上进、爱国心切的大学生们要求入党，这既不是出于任何人的强制，也决不是任何人所能强制的。单是这个事实就足以说明,还用老眼光对待这一问题的人们对新事物是多么视而不见,对真理的力量是多么缺乏信心,对党的事业的前途是多么漠不关心。

大学生是未来社会的中坚,是建设社会主义事业(包括物质文明和精神文明)的源源不绝的生力军和骨干力量,固然,大学生们不可能十个指头一般齐,但是他们的主流是愈来愈健康,愈来愈想在建设祖国的伟大洪流中贡献自己的聪明才智和全部青春,这是毫无疑问的。愈来愈多的先进同学认识到,既然热爱祖国,这就不能不热爱全心全意领导祖国前进的中国共产党,这就不能不直接投身到党的队伍中来。任何高等学校的党组织有什么理由对他们的火热的心表示冷淡呢?无论在什么时候,我们党都不允许硬拉一些本人不愿意和条件不具备的人入党;同样,我们也没有权利把要求入党而且已经具备入党条件的人拒之门外。这是党章明文规定了的,我们为什么不按照党章办事呢?

吸收大学生入党的工作决不能等到他们临近毕业的时候,而应该从大学一年级开始。因为这样才能使入党后的大学生在整个大学期间接受党的教育和锻炼,因为这样才能使他们在整个大学期间就学会做党的工作,毕业以后在任何岗位上都可以更好地发挥自己的才能,因为这样才能使高等学校的各系、各年级和各班,只要有条件,都有相当的党组织,党的活动可以影响到全校的全体或大部分同学,也可以使全体或大部分同学的要求、意见迅速传输到党组织的领导机构,就像从建国初期到"文化大革命"以前的那个历史时期那样。这样,整个学校的政治空气就很容易革命化了,学校党组织和政治工作人员,也就可以得到强有力的支持者和继承者的队伍了。事实上,现在有些地方(如北京)已经在高中的高年级合乎条件(年龄、政治等)的学生中吸收党员。这也是建国以来就有的老传统。而这又有什么不好呢? 由此可见,只在大学毕业班吸收党员的办法,是多么短视了。

以上所说的,并不只是我个人的意见,也不只是党中央组织部的意见,而是整个党中央的意见,中共中央关于整党的决定在列举吸收新党员的主要对象时就写明了大学生和中专学生。就我自己的亲身经验来说,当我在清华大学一年级入团的时候,清华的每个年级就已经都有党员,当然不是很多,但那是国民党反动统治时期的一九三〇年呀! 再说那时整个清华的学生才不过几百人。今天我们党在高等学校学生中的工作,只要大家下定决心干起来,难道还愁不比半个多世纪以前高出百倍吗?

〔追记〕本文所说的虽只限于大学生和中专学生的入党问题,但原则上也完全适用于全体要求入党并已具备入党条件但至今仍被许多党组织拒之门外的知识分子。就说高等学校的党的组织吧:如果只对合格的学生开门,而不对合格的教师开门,不但道理上说不通,党的工作的开展也还是会遇到种种困难。只有教师和学生中的党员都多起来,这些困难才会迎刃而解。党的力量是大些好还是小些好,这个简单的问题为什么至今对许多同志还是一个解不开的难题呢?

除此以外,合乎入党条件的青年工人和青年农民被吸收入党的,近些年间也很少,这个问题也迫切地需要解决。整个党员的队伍不年轻化,干部队伍也就不容易年轻化,特别是长期年轻化。关于这个问题,本文为题目所限,没有涉及,但这决不表示这个问题不是同样地非常重要。请读者参看一九八四年七月五日《中国青年报》刊登的《青年党员比例为何越来越小?》一文。

大量吸收先进青年入党

（一九八四年八月二十七日《人民日报》社论）

中国共产党党员的总数，从建党以来有过几次变化。在一九二七年国民党反动派反共以后和一九三五——一九三六年一方面军和二、四方面军长征结束以后，党员曾经大量减少，这是可以理解的。从抗日战争以来，尽管敌伪和国民党反动派（从一九三九年起）不断残酷屠杀共产党员和其他革命群众，革命群众特别是革命青年仍然积极加入共产党，因而党员总数到一九四五年七大时期已经增加到一百二十一万人，而到一九四九年又增加到四百四十八万八千多人。同样，建国以来的三十五年间，尽管中间曾有十年内乱的摧残，党员总数始终逐年增长。一九七六年，党员总数为三千五百七十八万人，到一九八三年已经增加到四千零九十五万人，约占全国人口百分之五。粉碎"四人帮"以来七年间，党员人数迅速增长，表明党在群众中的威信正在逐渐恢复。党不愧是全国各族人民的团结核心，是领导广大群众为开创社会主义新局面的中坚力量。

但是在党员不断增长的过程中，也有一些值得注意的地方。例如在我们党内，女党员、少数民族党员和知识分子党员都还比较少，需要认真克服各种"左"的思想，努力增加这几类党员的比重。现在只说二十五岁以下的青年党员所占党员总数比重过低的问题。随着党员年龄的增长，加上多数党组织（除人民解放军的党组织外）对经常吸收青年党员重视不足，二十五岁以下的党员，一九五〇年曾占党员总数的百分之二十六点六，一九八三年竟降至百分之三点三四。据上海地区统计，一九八三年这一百分比只占百分之二点二五；据河北省老根据地遵化县统计，这一百分比只占百分之一点三六。这些令人触目惊心的数字，不能不引起全党高度的迫切重视，并且采取具体措施尽快扭转目前的不良局面。

为什么青年党员在党员总数中的比例这样低？难道是因为先进青年少，或者他们不愿意入党吗？事实决不是这样！大家都知道，近年全国各族青年的思想有了明显的进步，先进青年和先进青年集体大量涌现，他们写的入党申请书多至不可胜数，但是先进青年能够入党的仍然很少。这里除了很多党组织的负责同志日常工作太忙这个客观原因以外，他们对先进青年入党的要求主观上也往往不很关心。这是目前青年党员所占党员总数比重过低的主要原因。

据初步分析，至少有四种思想妨碍着很多党组织负责人对这个问题的重视。第一，他们没有充分认识这是关系党的生命的重大问题。他们只看到党员人数已经不少，除了由于党中央再三督促，吸收一些著名的老年和中年的知识分子入党（这个问题至今也还有不少来自"左"的思想影响的阻力需要扫除，这里暂且不谈）以外，对于吸收青年党员的重大意义认识不够。先进青年是国家的将来，也是党的将来。干部要青年化,党的整体就要青年化,这样青年干部才会有大量的而不是勉强的来源。今天的先进青年,既有更多的知识,又更少受旧框框的影响,对于建设现代化的社会主义中国和在建设道路上进行改革,具有最大的积极性创造性。吸收他们入党,不但使党的机体不断得到新的血液的补充,而且使党的事业的开拓进展得到新的重要动力。这是任何时候都万万不能忽视的。

第二,很多党组织负责人对于先进青年的要求往往过高过苛,因而认为他们不够入党标准。青年有上述的优点,当然也不免有缺点,首先是缺乏实际工作的经验,并由此容易对许多问题产生一些片面的简单化的想法。但是谁在青年时期能够没有这些缺点呢?难道中国革命和中国共产党基本上不就是由这样的青年发展起来的吗?不吸收他们入党,他们又怎能掌握和积累党的工作的经验呢?至于他们在思想上的一些缺点,主要是教育问题,我们成年的党员也很难完全避免,对于年轻的同志更不应当要求过苛。

第三,很多党组织的负责人往往对青年党员给以过多过重的任务(这个现象本身也由于青年党员过少而更为加重),使一部分先进青年对入党产生一种精神上的压力。入党不久的青年党员,往往要担负很多很复杂的任务,要开很多会,要做许多他们感觉困难的工作。这样,一部分先进青年就怕入党以后会妨碍他们更多地劳动,妨碍他们更多地钻研学业、技术或业务。这也是一个实际问题。党组织对于新入党的青年党员一定要体谅和鼓励他们在学习和工作上的上进心,在分配他们工作的时候一定要注意适当,尤其不要多开会——就是老党员也不该多开会。

第四，很多党组织的负责人往往不重视对共青团工作的领导，不重视在优秀团员中首先发展党员。党章规定："中国共产主义青年团是中国共产党领导的先进青年的群众组织，是广大青年在实践中学习共产主义的学校，是党的助手和后备军。"但是许多党组织常常忘记了这一条。他们很少讨论怎样加强共青团的工作，怎样在团员中间进行共产主义教育，怎样通过团组织加强对团员和其他青年进行党的基础知识的教育，以便团组织积极推荐符合入党条件的团员和其他青年入党。目前团员中党员很少，有些地方甚至团的支部书记中的党员也很少，即使这些团支书是党员，有些党组织也往往不根据党章的规定，在党的县级以下各级委员会和常务委员会的会议上吸收他们列席。这就削弱了吸收先进青年入党的一条重要渠道。

当然，有些党组织还是重视吸收先进青年入党的。它们积极组织党的知识讲习班，吸收广大的先进青年参加，从而使不少先进青年由此参加了党的组织。但是应该承认，这样做的党组织毕竟还不够多。我们迫切希望全党都来认真重视和解决这个问题，使大批符合入党条件的先进青年源源不绝地加入到党的战斗队伍中来，使党的组织不断得到新鲜血液的补充。这是一个长期性而不是突击性的工作，但是在迎接建国三十五周年、全国整党第一年和加速城乡改革步伐之际，提出这个问题，更具有重大的意义。

两岸合作　振兴中华

（一九八六年二月七日新华社春节献词）

一九八六年新春到了。海内外的炎黄子孙都在欢度中华民族的传统佳节。在这喜庆吉祥的日子，我们向各位台湾同胞、港澳同胞、海外侨胞，按老习惯拜个年，祝贺各位身体健康，精神愉快，全家幸福！

众所周知，近年海峡两岸的形势，朝野明暗，出于种种考虑，实际上是在向着祖国和平统一的最后归宿接近。这是大势所趋，不论天时地利人和，一概洞若观火。即或竭力反对的人，也只好左顾右盼，徐徐退却，只是不能直截了当地承认而已。我们欢迎这种事态发展，也可以对一些人的处境姑且有所谅解；同时，与台湾同胞和各方同胞一样，不能不希望事态发展得快一点，明朗一点。无论如何，"中国应当早日实现和平统一"，已成为全中华同胞的强烈呼声和海内外舆论的重要话题。台湾各界人士，海外侨胞，以及国民党内的众多文武要员，对台湾执政当局坚持反共拒和的僵硬立场深致不满，认为拒绝"三通"究竟是不通情理，要求海峡两岸恢复骨肉同胞之间的正常往来。他们冲破种种"禁区"，举办各种有关中国统一和台湾前途问题的座谈会，发表种种旁敲侧击的言论，探讨实现祖国和平统一的途径。与此同时,海峡两岸在间接贸易、探亲访友,以及学术、文化、体育等方面的交流接触,也日渐增多。以上所说的事实,恐怕没有人能够出面否认吧?随着交往的增进,抱客观态度的台湾同胞和海外侨胞,会自然而然地观察到,频年祖国大陆政治安定,国际地位日益重要,香港问题已获得海内外一致赞许的解决,大陆经济建设的发展和城乡人民生活水平的提高,已如异军突起,为全球所注目。当然,关心大陆的各方人士对大陆决非一切满意,自属事理之常。祖国大陆上下,也尚未说过可以一切满意。何况见仁见智,各有自由,本无强异从同的必要。真正重要的是祖国大陆确实在逐步前进。去年九月举行的中国共产党全国代表会议,顺利完成了中央机构领导成员的新老交替,国家的根本大计和各项方针政策可望长期稳定持续。中国共产党提出的"一个国家,两种制度"的构想,逐渐为台湾各界同胞、世界各国侨胞以及关心中国前途的各方人士所共同理解。这种构想,由于香港局势的变化,已证明为具有实际可行性,愈来愈多的人已经看到,祖国按"一国两制"原则实现统一,既符合国家民族长治久安的要求,也是维持台湾同胞现有生活方式和现实利益的保障,既大利于台湾经济发展的长远前景,也使台湾同胞得为祖国大陆的"四化"大业助一臂之力。此举一成,真所谓"四美俱,二难并",凡与有力者,均得功垂竹帛,泽被子孙。今日我中华有识之士,皆肩负兴亡,身非草木,安能无动于衷?

一九八六年,定然是祖国和平统一事业继续深入发展的一年。在这新的一年里,我们殷切希望台湾各民族各方面同胞继续发扬爱国精神,使谋求岛内民主繁荣和谋求祖国和平统一的努力汇为一流,通过种种渠道,为实现祖国统一各展所长,共商国是;敦促国民党当局拆除人为藩篱,改变"不接触、不谈判、不妥协"的政策。同时,也希望港澳同胞和海外侨胞,继续为沟通海峡两岸各方面的交流发挥桥梁作用,为祖国统一群策群力。

我们注意到台湾国民党当局始终坚持只有一个中国,反对"两个中国"和"台湾独立"的正义立场;对台湾执政人士采取了少许有助海峡两岸局势缓和的步骤,也觉得欣幸。当前祖国大陆的发展正处在振兴和腾飞的重要时刻,台湾也面临着摆脱困境力图振作的风云际会。世变日亟,人谋宜臧。恩仇终是同根,他助莫如自助。夜长梦多,株守当思叶落;日新月异,璧合宁失天成?理有固然,义无反顾。尽早统一,两岸人民将共享安宁富庶,整个民族亦将与世界各发达国家齐驱并进。盛衰功过,决于反掌。我们真诚期待国民党当局善自衡量在历史上的地位作用,辨利害,悟安危,识潮流,顺民心。早在约七十年前,孙中山先生就说过:"夫事有顺乎天理,应乎人情,适乎世界之潮流,合乎人群之需要,而为先知先觉者所决志行之,则断无不成者也,此古今之革命维新、兴邦建国等事业是也。"大哉言乎! 能知必能行,国民党当局诸公其三思之! 归根到底,今天的急务,就是毅然决然,摈除一切不必要的疑虑,停止一切不切实的空谈,在新的一年中,为祖国的和平统一昂首阔步,勇开新境。这固然是全中国人民全中华民族同声呼唤的幸福,也显然是国民党当局自身唯一可能的幸福。

责任编辑：张伟珍
封面设计：王春峥
责任校对：周　昕

图书在版编目（CIP）数据

胡乔木文集（第一卷）/胡乔木 著. —北京：
　人民出版社，2012.5（2020.4 重印）
（胡乔木文集）
ISBN 978 - 7 - 01 - 010920 - 6

Ⅰ.①胡…　Ⅱ.①胡…　Ⅲ.①胡乔木(1912～1992)-文集
　Ⅳ.①C52

中国版本图书馆 CIP 数据核字(2012)第 102627 号

胡乔木文集
HUQIAOMU WENJI
（第一卷）

胡乔木　著

人民出版社 出版发行
（100706　北京市东城区隆福寺街 99 号）

北京新华印刷有限公司印刷　新华书店经销

2012 年 5 月第 2 版　2020 年 4 月北京第 3 次印刷
开本：635 毫米×927 毫米 1/16　印张：43.75　插页：2
字数：445 千字　印数：7,001—9,000 册

ISBN 978 - 7 - 01 - 010920 - 6　定价：120.00 元

邮购地址 100706　北京市东城区隆福寺街 99 号
人民东方图书销售中心　电话 (010)65250042　65289539